Jane Roberts

DAS SETH-MATERIAL

Jane Roberts

DAS SETH-MATERIAL

Ein Standardwerk esoterischen Wissens

Ariston Verlag · Genf

CIP-Kurztitelaufnahme der Deutschen Bibliothek

ROBERTS, JANE:
Das Seth-Material : e. Standardwerk esoter. Wissens / Jane Roberts. [Aus d. Amerikan. übers. von Marfa Berger]. – 2. Aufl. – Genf : Ariston Verlag, 1987.
Einheitssacht.: The Seth Material <dt.>
ISBN 3-7205-1339-4

Deutsche Fassung: Ariston Verlag
aufgrund der Übersetzung aus dem Amerikanischen
von Dr. phil. Marfa Berger

Das Original ist erschienen unter dem Titel
The Seth Material
bei Prentice-Hall, Inc., Englewood Cliffs, New Jersey, USA

Erstveröffentlichung April 1986
Zweite Auflage Mai 1987
Printed in Austria

ISBN 3 7205 1339 4

Folgende Werke von Jane Roberts
sind im Ariston Verlag erschienen:

Gespräche mit Seth
Von der ewigen Gültigkeit der Seele

Die Natur der Psyche
Ihr menschlicher Ausdruck in Kreativität, Liebe, Sexualität

Die Natur der persönlichen Realität
Ein neues Bewußtsein als Quelle der Kreativität

Das Seth-Material
Ein Standardwerk esoterischen Wissens

Andere Werke aus unserem Verlagsprogramm
finden Sie am Schluß dieses Buches verzeichnet

Dieses Buch ist Seth gewidmet
und Rob, meinem Mann

Inhaltsverzeichnis

Vorwort

von Professor Raymond van Over

Der Mediumismus hat uns faszinierende und provozierende neue Aspekte eröffnet. Zweifellos haben medial begabte Menschen an Fragen gerührt, die das Wesen unseres Seins und unsere Bestimmung betreffen. Heutzutage würden wir ein Medium als einen besonders sensitiven Menschen, der über hochentwickelte psychische oder paranormale Fähigkeiten und Kräfte verfügt, definieren.

Das steht natürlich im Gegensatz zu der noch immer vorherrschenden landläufigen Vorstellung vom Medium als einer Dame, die, in exotische Kleidung gehüllt, in obskuren Winkeln darauf lauert, leichtgläubigen Kunden schwerverdientes Geld abzuluchsen. Ich hege keinen Zweifel, daß es Medien dieses Schlages auch heute noch gibt, ich bin solchen sogar begegnet. Doch im ganzen ist dieses Bild nicht mehr zeitgemäß; es hängt allerdings mit der Geschichte des Mediumismus zusammen, die eng verwoben ist mit den Anfängen des Spiritismus.

Der Spiritismus – den wir heutzutage als eine vorwissenschaftliche Strömung der modernen Wissenschaft der Parapsychologie ansehen – nahm, ausgehend von den von Medien produzierten Phänomenen, seinen Aufschwung im neunzehnten Jahrhundert. Da wurden in halbdunklen, eigens dafür eingerichteten Räumen Séancen abgehalten. Die Teilnehmer waren meist Menschen, die infolge eines tragischen Todesfalls in der Familie seelisch stark mitgenommen waren. Mittelpunkt einer jeden Séance war ein Medium, fast immer, aber nicht notwendigerweise, eine Frau. Das Medium fiel in Trance und vermittelte mit Hilfe seines »Kontrollgeistes« Botschaften verstorbener Lieber aus der »Geisterwelt«. Sehr häufig waren diese Botschaften aus dem Jenseits trivial oder unverständlich. Die Hinterbliebenen aber gingen mit dem Trost nach Hause, daß die geliebten Verstorbenen weiterlebten und »glücklich« waren.

Soweit spiritistische Medien sogenannte »physikalische« Phänomene, also die Materialisation Verstorbener im Diesseits, produzierten, sind nie Beweise für die Glaubwürdigkeit derartiger Demonstrationen erbracht worden; wohl aber wurden diverse solcher »Medien« bei betrügerischen Machenschaften ertappt und als Schwindler entlarvt.

Bisweilen gaben solche Medien allerdings auch ein Wissen von sich, das nur schwer zu erklären war. Vereinzelt vermittelten sie Informationen über die Schranken von Raum und Zeit hinweg, die nur telepathisch oder hellseherisch empfangen worden sein konnten. An diesem Punkt setzte später die wissenschaftliche Erforschung der außersinnlichen Wahrnehmung (ASW) durch die Parapsychologie ein. Es besteht kein Zweifel, daß es mehr betrügerische Medien gab – und noch gibt – als solche, die über echte ASW-Fähigkeit verfügten und diese zu entfalten verstanden. Jeder seriöse Parapsychologe kann davon ein Lied singen. Unter kontrollierten Laborbedingungen läßt sich durch Experimente, die in großer Serie durchgeführt werden, heutzutage ziemlich leicht feststellen, ob ein Medium tatsächlich über die Fähigkeit der außersinnlichen Wahrnehmung verfügt oder sich dies nur einbildet. Zuverlässige Ergebnisse kann man allerdings nur von erfahrenen professionellen Parapsychologen erwarten.

Demgegenüber sind natürlich auch viele Dilettanten am Werk, deren »Forschungsergebnisse« hauptsächlich auf guten Glauben gegründet sind, und leichtgläubige Menschen gab es immer und wird es immer geben. Einer der als Entlarver spiritistischer Medien berühmt gewordenen »Geisterjäger«, der sich vor allem für physikalische Phänomene interessierte, war Harry Price, dessen Ausspruch sicher nicht unrichtig ist: »Der Spiritismus ist in seiner besten Form eine Religion, in seiner schlechtesten ein ›Spektakel‹.«

Mit dem Einsetzen der wissenschaftlichen Erforschung des Mediumismus und der ASW-Phänomene wurde bald klar, daß der Trancezustand durch einen veränderten Bewußtseinszustand gekennzeichnet ist. Zu solchen veränderten Bewußtseinszuständen gehören natürlich auch diejenigen, die sich infolge Krankheit (Koma, Starrkrampf beziehungsweise Katalepsie, Scheintod) oder etwa unter Drogeneinwirkung einstellen. Solche pathologischen Zustände verändern die Persönlichkeit eines Menschen stärker als etwa der Schlaf-, Traum- oder Hypnosezustand.

Beim Trancezustand eines Mediums nun handelt es sich in der Regel um einen selbstinduzierten Zustand veränderten beziehungsweise herabgesetzten Bewußtseins, der dem Hypnosezustand sehr ähnlich ist. »Ein sensitiver Mensch kann sich«, wie der britische Arzt Raynor

Johnson erklärt, »freiwillig in einen solchen Zustand versenken. Das Bewußtsein ist zeitweise auf die tiefere Schicht des Selbst zentriert, hält aber gleichzeitig dennoch die Verbindung mit der Außenwelt aufrecht.«

Genau dies trifft auf Jane Roberts zu. Ihre Erfahrungen erinnern an die anderer herausragender Medien wie zum Beispiel Eileen Garrett und Osborne Leonard. Viele Medien erliegen der Versuchung, das ihnen im Trancezustand zugekommene Material in fast religiöser Gläubigkeit zu verteidigen, und nur wenigen gelingt es zu vermeiden, daß sie von den Mitteilungen der aus ihnen sprechenden Trancepersönlichkeit abhängig werden. Dies haben die vorgenannten Medien zu vermeiden verstanden. Frau Garrett hat allerdings unter dem Eindruck ihrer Erfahrungen ihr Leben der Erforschung der außersinnlichen Wahrnehmung, ihrer eigenen wie auch der anderer Sensitiver, gewidmet. Frau Leonard unterzog sich im Interesse der Wissenschaft zahlreichen ASW-Kontrolltests – wie auch Jane Roberts. Ich persönlich bezweifle nicht, daß sie ein außergewöhnlich ASW-begabtes Medium ist.

Es war schon immer so, daß nur ungewöhnliche Persönlichkeiten es wagten, aufgrund ihrer subjektiven Erfahrungen kühn herumzuexperimentieren, um die Quellen der Inspiration, der Imagination und der Kreativität zu erforschen. André Breton, Verfasser des *Manifeste du surréalisme* (deutsch erschienen unter dem Titel *Schönheit heute*), war besessen von der Idee, das Reale mit dem Irrealen in der Kunst zu verbinden, vielleicht weil er – wie die japanischen Sumi-Künstler – nicht sicher war, worin der Unterschied zwischen der Erlebniswelt unserer äußeren Wirklichkeit und der der Seele bestehen sollte. Er leitete eine Reihe von Versuchen in automatischem Schreiben im Bestreben, den geheimnisvollen Untergrund dessen, was wir »unsere Wirklichkeit« nennen, zu entdecken. Für Breton trat dabei der »reinere Ausdruck des inneren Menschen« zutage, die Verflochtenheit unbewußter Erfahrung mit bewußtem Erleben.

Dies hat auch Jane Roberts an sich erfahren. Für eine junge Frau, die ihre mediale Begabung ohne fremde Hilfe entdecken und mühsam entwickeln mußte, ist die selbstkritische Offenheit, die sie gegenüber ihren Erfahrungen bewahrte, erstaunlich; diese war aber wohl auch für das richtige Verständnis ihrer Medialität und ihrer tiefen Einsichten notwendig. Zweifellos hat sie mit ihrem Erfahrungsmaterial an grundlegende Fragen der Philosophie gerührt. Von diesem Material ist einiges aber auch der Eigenart Seths zuzuschreiben, der Trancepersönlichkeit, die sich aus ihrer Medialität entwickelt hat.

Natürlich stellt sich da die Frage, was unter einer Trancepersönlichkeit zu verstehen ist. Die Spiritisten hielten sie für den »Kontrollgeist«, der das Medium als Vehikel benutzte, um mit lebenden Menschen Verbindung aufzunehmen. Seit F. S. Edsall nehmen wir jedoch an, daß die Entwicklung von Trancepersönlichkeiten auf den unbewußten Erfahrungen beruht, die auf den psychischen Hintergrund des Mediums oder auf dessen Umgebung zurückgehen. Die Frage, was nun tatsächlich eine Trancepersönlichkeit genau ist, wurde jahrzehntelang von Psychoanalytikern und Parapsychologen erörtert. (Seth zum Beispiel weist, wie mir scheint, ebenso humorvoll wie ernsthaft auf das Problem der Verzerrung des durch ein Medium vermittelten Materials hin.)

Es gibt nicht wenige psychologische Hypothesen, die das Phänomen der Trance- oder Kontrollpersönlichkeit zu erklären versuchten. Ein Beispiel ist die der New Yorker Psychoanalytikerin Ira Progoff. Nach eingehender Untersuchung Eileen Garretts kam Dr. Progoff zu dem Schluß, daß die »Funktion der verschiedenen Kontrollfiguren wichtig ist, um in Frau Garretts Seele das Gleichgewicht aufrechtzuerhalten«. Dr. Progoff betrachtet die von Medien bezeugten Trancepersönlichkeiten »als symbolische Ausdrucksformen der Dramatisierungen des Unbewußten, durch die grundlegende Lebensprinzipien menschlicher Erfahrung zugänglich werden«. In diesem Sinne hatte zum Beispiel Sokrates seinen »Daimon«, pries Robert von Ranke-Graves seine »weiße Göttin« der Poesie. So dramatisiert jeder Mensch das, was er ist, und überschreitet dabei die Grenzen seines beengten materiell-körperlichen Seins. Sensitive, wie zum Beispiel Eileen Garrett oder andere, waren überzeugt, sie würden ihre eigenen alternativen Selbst erschaffen.

W. H. Salter, der bekannte, um Objektivität bemühte Erforscher medialer Phänomene, kam allerdings zu einem anderen Ergebnis: Wenn sich eine Trancepersönlichkeit Jahr um Jahr kundgibt, »dabei immer ihre geistige und gefühlsmäßige Wesensart und auch ihre übrigen arttypischen Eigenarten beibehält, ist daraus schwerlich eine plausible Erklärung, die sich auf eine unbewußte Dramatisierung seitens des Mediums beschränkt, abzuleiten«.

Die endgültig Klarheit schaffenden Antworten zu geben bleibt wohl der Zukunft vorbehalten. Doch obwohl es wichtig erscheint, solche Fragen zu stellen, sollten diese doch nicht von einem wichtigen anderen Aspekt ablenken: Der *Inhalt* der Botschaften eines Mediums, das in Trance ist, wird oft nicht angemessen gewürdigt. Manche dieser Botschaften – etwa die Trancemitteilungen eines Edgar Cayce, des »schlafenden Propheten«* – enthalten wichtige und provozierende Ideen, die Beachtung verdienen. Und die Botschaften Seths, der Trancepersönlichkeit Jane Roberts', verdienen zweifellos unsere Beachtung.

Gutes Trancematerial zeugt regelmäßig von psychologischer Einsicht und dem Mitgefühl einer starken Persönlichkeit; das trifft auf das Seth-Material zweifellos zu. Während es sich in vergleichbarem Schrifttum, ob es nun von Medien früherer oder dieser Zeit stammt, meist nicht nur hinter wirrer Syntax, sondern auch hinter konfusen Inhalten versteckt, hat Seth, so glaube ich, ein beachtliches Talent, kompliziertes Themen einfach und klar darzustellen. Dem einschlägig gebildeten Leser, ja sogar Philosophen und Parapsychologen, erscheint es mitunter, als habe er es mit einem Gesprächspartner seines Fachs zu tun. Für jene Leser jedoch, die gerade erst ihre Bekanntschaft mit der faszinierenden Welt der Träume, der außersinnlichen Wahrnehmung und anderer Phänomene des Unbewußten machen, wird Seth ein hervorragender Lehrer sein.

Und diese, die Sucher, die Fragenden, sind es auch, an die sich Seth ständig wendet. Der erklärte Sinn seiner Mitteilungen besteht darin, Mittel anzubieten, mit deren Hilfe Menschen sich selbst besser verstehen, ihre Realität neu einschätzen und sie verändern können. Seth erteilt klaren und vernünftigen Rat, wie man das eigene Bewußtsein erweitern, meditative Techniken entwickeln und die Fähigkeit der außersinnlichen Wahrnehmung aktivieren kann. Jane Roberts' Seth zugeschriebene Trancemitteilungen beinhalten – vergleichbar nur etwa denen des Edgar Cayce – in einmaliger Art praktikable, nützliche Ratschläge und ein zutiefst mitfühlendes Eingehen auf die persönlichen Probleme eines jeden Menschen, die fern rein philosophischer oder metaphysischer Spekulationen sind. Dies ist sicher einer der Vorzüge des Seth-Materials, den ich persönlich am attraktivsten finde.

* Das Hauptwerk über Leben und Wirken von Edgar Cayce, Jess Stearns *The Sleeping Prophet*, ist in deutscher Sprache unter dem Titel *Der schlafende Prophet* im Ariston Verlag erschienen.

Interessanterweise sind Seths Persönlichkeit und seine Darstellungsweise so individuell geprägt, daß man nach einer kurzen Phase des Einlesens und Bekanntwerdens dazu geneigt ist, die Herkunft dieser Mitteilungen eher einem Intellektuellen unserer Zeit als einer Quelle »jenseits des Schleiers der Isis« zuzuschreiben. Das Material deckt aber auch einen erstaunlich breiten Fächer von Ideen ab, die zuhöchst fesselnd und originell sind.

Mich persönlich hat Seths Behandlung des Themas der Projektion der Persönlichkeitsfragmente beeindruckt, das deutlich an die Tradition des »Doppelgängers« deutscher Herkunft und des slawischen »Vardoger« anknüpft. (Es ist dies ein weitverbreitetes Phänomen. Sogar Sigmund Freud sah beispielsweise seinen »Doppelgänger« flüchtig im Spiegel. Und Guy de Maupassant sah einmal sein »Double« ins Zimmer eintreten, ihm gegenüber Platz nehmen und hörte es den Teil seines Buches diktieren, der ihm größte Schwierigkeiten gemacht hatte. Als er fertig war, stand es auf und verschwand.) Daneben gibt es freilich auch die okkulte Tradition der Gedankenprojektion, wie sie von der Tibetforscherin Alexandra David-Neel beschrieben wurde, die ihren tibetischen »Tulpa« erschuf.

Natürlich ist, wie Seth sagt, eine Idee wirklich ein Ereignis. Es ist darum nur logisch, daß jede Idee – in welcher Sphäre unseres Erlebens auch immer, sei sie materiell verwirklicht oder nicht – auf unser Leben einwirkt. Die »Idee als Realität« ist ein Konzept, das sich von Platon an durch die Jahrhunderte bis zu Philosophen unserer Zeit verfolgen läßt. Doch anstatt dieses Konzept nur abstrakt zu erörtern, entwickelt Seth es zu seiner logischen Tragkraft. Er postuliert ein Universum, in dem die *Idee* eine ebenso wichtige, nämlich verursachende Rolle spielt wie jedes materiell-körperlich feststellbare Ereignis.

Hierfür ist Seths These über die Kreuzigung ein ideales Beispiel. Seth zufolge nahm die Kreuzigung ihren Ursprung im »Universum der Träume«, die sich innerhalb einer anderen Realität ereignet und »als Idee in der Geschichte aufgetaucht ist«. Seth sagt nicht, die Kreuzigung sei nur ein »Traum«, der dem allgemeinen Bedürfnis des Menschen entsprungen sei, vielmehr sei sie als Idee auf einer anderen Ebene von Zeit und Raum aktualisiert worden, so daß sie unsere Welt berührt und unsere Kultur und Zivilisation verändert habe. Das ist für uns natürlich eine zwar interessante, aber gewagte Spekulation. Andererseits bedenke man einmal, wie bereitwillig wir das einfache philosophische Diktum akzeptieren, daß »eine Idee die Welt verändern kann«. Hiefür stehen viele Beispiele: »Der Mensch lebt nicht vom Brot allein« oder »Liebe deinen Nächsten wie dich selbst.« In unserem Alltagsleben versuchen wir, diesen Ideen in der Realität unseres Lebens und unserer Welt Geltung zu verschaffen, sie zu verwirklichen.

Seth geht jedoch noch weiter; er erklärt: Die Idee *ist* Realität, die stets ihre Wirkung auf unsere zeitgebundene Erscheinungswelt ausübt. Es gilt daher, unsere Wahrnehmung und unsere Bewußtheit so zu erweitern, daß wir die Wirkung dieser Welt der Ideen auf unser persönliches Leben und unsere Zivilisation wahrnehmen können.

Es gibt im *Seth-Material* Hinweise, deren Inhalte so provozierend sind, daß diese unsere volle Aufmerksamkeit verdienen. So erwähnt Seth zum Beispiel die Existenz symbolischer Figuren, die sich innerhalb des Unbewußten zu identifizierbaren Gestalten verdichten, die einen besseren Erfahrungsaustausch ermöglichen. Das erinnert an die von dem Schweizer Psychoanalytiker Carl Gustav Jung postulierten, im Unbewußten beheimateten Archetypen, die sich in symbolischer Verkleidung als mythische, religiöse oder berühmte historische Persönlichkeiten ins Bewußtsein drängen. (Jung selbst hat Jahre damit zugebracht, mit Philemon Kontakt zu unterhalten, einer archetypischen Figur seines eigenen Unbewußten.)

Philosophisch und psychologisch gesehen ist das *Seth-Material* das beste seiner Art, das ich je gelesen habe. Ein vergleichbares Studium der hier vorgebrachten Ideen würde sich als sehr interessant erweisen. Natürlich tauchen beim Lesen zahlreiche Fragen auf; viele sind auch unbeantwortet geblieben. Doch mir selbst will scheinen, daß dies keine schlechte Sache ist. Wenn wir geistig, seelisch und emotional provoziert werden, Fragen zu stellen, unsere eingeschliffenen Haltungen zu überprüfen und unser Bewußtsein zu erweitern, können wir viel erreichen. Gerade darin besteht, so glaube ich, der größte Wert, den die Botschaften der Trancepersönlichkeit Seth uns bieten. Wie er von sich selbst gesagt hat, ist er ein Übermittler und Anreger von Ideen – wie es nur wenige unserer Lehrer sind.

Es kann wohl niemand wissen, wohin die Suche nach Wissen und Wahrheit uns noch führen wird. Sicher ist: Erfahrungsübermittlung, wie sie das *Seth-Material* bietet, ist von unschätzbarem Wert, denn sie ermöglicht uns, in das Wesen des Menschen einzutauchen. Dieses Material gewährt uns Einblicke in den Urquell eines Flusses, der die

Quelle für das Menschsein ist. Es ist die Quelle jeglicher Inspiration, unserer Intuition und Kreativität, die Quelle, aus der die Träume der Dichter hervorbrechen und aus der sich unser Leben entfaltet – nach Begriffen sowohl der Zeit als auch der Energie.

Raymond van Over*

---

* Professor Raymond van Over, der jahrelang das *International Journal of Parapsychology* herausgab, betreut nunmehr als Herausgeber die *Classical Papers in Parapsychology* und den *Explorer of the Mind.* Er lehrt Parapsychologie an der Hofstra University und an der New York University.

Einleitung

Es war der neunundzwanzigste Februar 1968. Das große Erkerfenster meines Wohnzimmers stand offen und ließ die für diese Jahreszeit ungewöhnlich warme Nachtluft herein. Das Zimmer war wie üblich hell erleuchtet. Es herrschte erwartungsvolle Stille. Die Blicke der Seminarteilnehmerinnen – es war eine an den Phänomenen der außersinnlichen Wahrnehmung (ASW) interessierte Gruppe von Collegeschülerinnen – waren auf mich gerichtet. Ich schwieg, aber plötzlich spürte ich, daß der erwartete Besucher bereits unter uns war.

Die bei mir versammelten Seminarteilnehmerinnen waren keine Neulinge; sie alle hatten schon an einem oder mehreren meiner ASW-Kurse teilgenommen. Daher wußten sie schon von Seth, doch sie hatten noch nie einer Seth-Sitzung beigewohnt. Meine Augen schlossen sich. Ich fiel ohne auto- oder fremdhypnotische Einleitung unvermittelt in Trance und begann, für Seth zu sprechen. Er hatte, selbst unsichtbar, mit einer raschen, unsichtbaren Geste meine Brille auf den Boden geworfen. Und doch sah ich die mich erwartungsvoll anstarrenden jungen Frauen sehr deutlich. Die Stimme, die aus mir sprach, war tief, recht laut; es war die Stimme eines Mannes.

Spontan manifestierte sich Seth, und spontan lief auch die Sitzung ab. Seth wollte sich wohl den Seminarteilnehmerinnen vorstellen. Deshalb gebe ich hier vorab ein paar von Seths Aussagen wieder, um auch Sie, die Sie von Seth noch nie etwas gehört haben, mit dieser – zunächst verwirrend wirkenden – Wesenheit bekannt zu machen.

»Man hat euch gelehrt, ihr bestündet aus Materie und könntet ihr nicht entfliehen. Das ist nicht so. Das Materielle eurer Physis wird sich auflösen, eure Wesenheit aber nicht. Obwohl ihr mich nicht sehen könnt, wißt ihr, daß ich hier bin. Eure eigenen Eltern scheinen vor euren Augen zu verschwinden und für immer zu nichts zu werden. Ich kann euch versichern, daß sie weiterleben werden. Ich kann euch versichern, daß der Tod ein neuer Anfang ist, und daß ihr, wenn ihr tot seid, nicht zum Schweigen gebracht seid. Denn ist die Stimme, die ihr jetzt hört, Schweigen? Ist die Gegenwart, die ihr in diesem Zimmer spürt, der Tod?

Ich bin hier, um euch zu sagen, daß eure Freude nicht von eurer

Jugend abhängig ist, denn ich bin sicher nicht jung. Ich bin hier, um euch zu sagen, daß eure Freude nicht von eurem physischen Körper abhängig ist, denn, wie ihr es versteht, habe ich keinen Körper. Ich habe das, was ich immer gehabt habe: meine Wesenheit. Sie ist sich immer gleichgeblieben, nur wächst und entwickelt sie sich.

Auch ihr seid, was ihr seid; doch ihr werdet mehr sein. Habt keine Angst vor Veränderung, denn ihr selbst seid Veränderung, und ihr verändert euch jederzeit, auch jetzt, da ihr vor mir sitzt. Jedes Handeln bringt Veränderung. Das Universum kennt nichts Statisches. Andernfalls wäre der Tod wirklich das Ende. Was ich bin, seid auch ihr: individualisiertes Bewußtsein.

Verändert euch mit den Jahreszeiten. Denn wißt: Ihr seid mehr als die Jahreszeiten. Ohne euch gäbe es sie nicht. Sie sind die Widerspiegelungen eures inneren, sagen wir, eures psychischen Zustands. Ich spreche heute abend zu euch nur aus einem Grund: Ihr sollt meine Vitalität spüren, und, indem ihr sie spürt, wissen, daß ich zu euch aus Dimensionen spreche, die jenseits derer liegen, mit denen ihr vertraut seid. Das Grab ist nicht das Ende. Ein so deutlich sich aussprechendes Wesen wie ich kann schwerlich die Stimme des Todes sein.

Ich bin in diesem Zimmer, obwohl ihr mich da nicht sehen könnt. Ihr seid dem Wesen nach ebenso körperlos, wie ich es bin. Nur habt ihr als Vehikel, das ihr braucht, einen Körper, den ihr euer eigen nennt. Ich borge mir Ruburts Körper [Ruburt ist Seths Name für mich; Seth spricht außerdem von mir immer in männlicher Form], und zwar mit Ruburts Einwilligung. Doch was ich bin, ist nicht abhängig von Atomen und Molekülen, und was ihr seid, ist nicht abhängig vom Materiellen eures Körpers. Ihr habt schon vorher gelebt und werdet auch nachher leben. Wenn ihr eure körperliche Existenz hinter euch habt, werdet ihr weiterleben.

Ich komme hierher wie durch ein Loch in Raum und Zeit. Es gibt Kanäle durch Raum und Zeit, durch die ihr reisen könnt, und in Träumen wart ihr schon oft, wo ich bin. Ich möchte, daß ihr eurer eigenen Vitalität gewahr werdet. Spürt eure Vitalität. Sie befähigt euch, durch das Universum zu reisen. Und ihr müßt auch wissen, daß sie unabhängig ist von eurer physischen Realität. In Wirklichkeit projiziert ihr aus eigener Energie die materielle Erscheinungswelt, und ihr gestaltet sie so. Darum müßt ihr, wenn ihr eure Welt verändern wollt, euch selbst ändern. Ihr müßt das verändern, was ihr projiziert.

Ihr wart immer, und ihr werdet immer sein. Das ist die Bedeutung und die Freude eures Lebens. Der Gott, der da ist, ist in euch, denn ihr seid ein Teil von dem, was ich ›All-das-was-ist‹ nenne.«

Seth sprach durch mich über zwei Stunden lang, und zwar so schnell, daß die Kursteilnehmerinnen Mühe hatten, sich Notizen zu machen. Sie waren von Seths vitaler Präsenz und Freude tief beeindruckt. Ihren Versicherungen zufolge war die Persönlichkeit, die aus mir sprach, nicht die meine. Seths trockener, sardonischer Humor habe, sagten sie, aus meinen Augen geleuchtet, die Muskeln meines Gesichts hätten andere Züge angenommen, meine normalerweise weiblichen Gesten seien durch die seinen abgelöst worden.

Seth wirkte, obwohl er sich eher als alter Mann gab, sehr scharfsinnig, sehr lebendig, ganz und gar menschlich. Wenn er von Lebensfreude sprach, die schon in seinem Ausdruck spürbar wurde, dröhnte seine tiefe Stimme. Später sagte Carol, eine der Teilnehmerinnen, zu mir, sie habe, obschon sie ja wußte, daß die Worte aus meinem Mund kamen, den Eindruck gehabt, diese seien von überall her, sogar von den Wänden her, auf sie eingedrungen.

Während der Pause las Carol die Notizen vor, die sie gemacht hatte. Plötzlich, ohne Übergang, fiel ich wieder in Trance; ich war von neuem Seth und beugte mich scherzend vor: »Wenn du meine Stenographin sein willst, mußt du es besser machen. So bist du keine gute Stenographin.«

Dann gab es ein Hin und Her, in dessen Verlauf Seth Carols Notizen, die sie vorlas, Satz für Satz korrigierte, verschiedene Randbemerkungen hinzufügte, um bestimmte Inhalte klarzumachen, und sie herausfordernd neckte. Die Kursteilnehmerinnen stellten auch Fragen, und Seth beantwortete sie.

Dies hätte eine Sitzung wie jede andere sein können. Doch sie unterschied sich von anderen: Seth sprach zum erstenmal nicht nur zu mir, sondern zu Dritten. Und doch berührte er bereits jetzt mehrfach ein Thema, das künftighin noch häufig im Seth-Material vorkommen sollte: Die Persönlichkeit eines jeden Menschen ist multidimensional. Das Individuum ist grundsätzlich frei von Raum und Zeit. Das Schicksal eines jeden von uns liegt in unserer eigenen Hand. Wir können nicht Gott, die Gesellschaft oder unsere Eltern für unser Leben verantwortlich machen, denn vor diesem unserem Leben haben wir die Umstände, in die wir geboren wurden, ebenso wie die Herausforderungen, die unsere Entwicklung fördern, selbst gewählt. Wir gestalten die materiellen Umstände unseres Lebens so mühelos und so unbewußt, wie wir atmen. Aufgrund innerer Erfahrung sind wir uns alle des Ideenreservoirs bewußt, aus dem wir die Konzeption unserer körperlich-materiellen Realität schöpfen.

Bis zum Dezember 1969 hatten mein Mann Rob und ich über fünfhundert Seth-Sitzungen abgehalten, und dies seit rund fünf Jahren. Ich habe in meinem ersten, das Thema der ASW behandelnden Buch *(How to Develop Your ESP Power)* die Umstände erklärt, die zu meinem Interesse an der außersinnlichen Wahrnehmung führten, und die Experimente geschildert, die mich mit Seth bekannt machten. Seitdem hat Seth außersinnliche, also telepathische und hellseherische Fähigkeiten so häufig demonstriert, daß die Beispiele, wollte ich sie hier erörtern, den Rahmen dieses Buches sprengen würden. Seth hat vielen Freunden, Fremden, Studenten geholfen; und indem wir seine Anleitungen befolgten, lernten mein Mann und ich, unser eigenes sensitives Potential zu entwickeln.

Und doch war ich nicht etwa eine »geborene Sensitive«, eine ASW-Begabte, die um ihre paranormalen Fähigkeiten gewußt hätte. Weder Rob noch ich hatte Kenntnis von solchen Erfahrungen. Trotz meiner ersten großen Begeisterung akzeptierte ich meine eigenen Erfahrungen nicht ohne kritische Infragestellung und intellektuelle Analyse. Ich wollte meine Erfahrungen auf einer so wissenschaftlichen Grundlage wie nur möglich erklärt und abgesichert wissen.

»Ja«, sagte ich mir und zu anderen mit Nachdruck, »ich spreche tatsächlich in Trance für eine Persönlichkeit, die von sich sagt, sie habe den Tod überlebt. Ja, ihr könnt eure außersinnlichen Fähigkeiten wecken und entwickeln. Ja, Seth besteht tatsächlich darauf, daß richtig verstandene Reinkarnation eine Tatsache ist. Aber ... aber ... aber!« Ich fand die im Seth-Material enthaltenen Ideen faszinierend, aber ich war nicht bereit, sie als unumstößliche Tatsachen zu akzeptieren wie, sagen wir einmal, meinen Schinken mit Ei, die ich zum Frühstück esse. Inzwischen weiß ich, daß diese Tatsachen um vieles der Wirklichkeit näher sind.

Für mich kam es intellektuellem Selbstmord gleich, nur schon die Möglichkeit zuzugeben, Seth sei tatsächlich eine Wesenheit, die den Tod überlebt hat. In meinem ersten Buch habe ich nirgends gesagt, ich hätte gedacht, Seth sei wirklich das, was er selbst zu sein behauptet, nämlich »ein Energiepersönlichkeitskern, der nicht mehr in der physischen Realität zentriert ist«. Statt dessen beschäftigte ich mich mit den verschiedenen Erklärungen, die für solche Trancepersönlichkeiten von Psychologen und Parapsychologen auf der einen Seite und Spiritisten auf der anderen Seite gegeben werden. Nirgends aber fand ich, meine ich heute, eine Erklärung, die so logisch und selbstverständlich ist wie die im Seth-Material selbst.

Ich war so daran gewöhnt, von mir selbst als einem vom Körper abhängigen Wesen zu denken, das an Raum und Zeit gebunden ist, daß ich mich weigerte, die Tatsache meiner eigenen Erfahrungen zu akzeptieren, so deutlich sie auch waren. Während ich mit Erfahrungen befaßt war, die einem Menschen nur intuitiv und jenseits der materiellen Erscheinungswelt zuteil werden, versuchte ich, mich im Streben nach Objektivität an diese anzuklammern, ja in eine Welt zurückzufinden, die ich in Wirklichkeit für immer verlassen hatte – eine Welt, in der die Kommunikation mit höheren Realitäten des Geistes unmöglich ist. Und doch hielten wir weiterhin zweimal pro Woche unsere Seth-Sitzungen ab!

Ich hatte, völlig unvorbereitet, Erlebnisse, die Parapsychologen als außerkörperliche Erfahrung (AKE)* und Spiritisten als Astralexkursionen bezeichnen würden. Während ich im Wohnzimmer saß und für Seth sprach, war ich im Geiste weit weg, und Seth beschrieb, was ich dort sah. Mein Bewußtsein weilte an meilenweit entfernten Orten, und ich nahm Ereignisse wahr, die sich in einer anderen Stadt oder einem anderen Staat abspielten. So haben zum Beispiel zwei in Kalifornien wohnende Brüder bestätigt, daß Seth ihr Haus und dessen Nachbarschaft haargenau beschrieben habe, obwohl ich in Elmira im Staat New York für ihn sprach, also viereinhalbtausend Kilometer entfernt, und nie an ihrem Wohnort gewesen war. Das sind Tatsachen, an denen ich nicht vorbeigehen kann.

Nach Erscheinen meines ersten Sachbuches erreichten uns Briefe von Fremden, die um Rat oder Hilfe baten. Schließlich stimmte ich zu, ein paar Sitzungen für Menschen abzuhalten, die besonders in Not waren, obwohl mich die Verantwortung erschreckte. Die betreffenden Leute waren bei den Sitzungen nicht anwesend gewesen, denn sie lebten in anderen Teilen des Landes. Doch sie versicherten mir später, der Rat habe ihnen geholfen und die Richtigkeit der jeweiligen

* Die AKE gilt in der wissenschaftlichen Parapsychologie als ein besonderes Phänomen der außersinnlichen Wahrnehmung (ASW) und wird auch als »reisendes Hellsehen« bezeichnet.

Hintergrundinformationen habe sie zuhöchst erstaunt. Seth sah in den Problemen ungelöst gebliebene Schwierigkeiten aus früheren Leben, obwohl seine Ratschläge immer dem Hier und Jetzt galten.

Zuerst hatte ich den Verdacht gehabt, die Zuflucht bei Phänomenen der Reinkarnation sei eine phantasievolle Projektion meines Unbewußten. Als all das anfing, war ich überhaupt nicht sicher, ob etwas von uns den Tod einmal, geschweige denn mehrmals überleben werde.

Rob und ich waren kaum religiös im herkömmlichen Sinne. Wir waren seit Jahren in keiner Kirche mehr gewesen, außer zu Hochzeiten oder Beerdigungen. Ich bin zwar katholisch erzogen worden; aber als ich älter wurde, fiel es mir zunehmend schwerer, an den Gott meiner Vorfahren zu glauben. Mein Gefühl sagte mir, er sei ebenso tot wie sie. Der Himmel, der mich als Kind seelisch aufrechterhalten hatte, erschien mir als Teenager bereits schal. Wer möchte schon zur Rechten Gottes herumsitzen und einem Gottvater Hymnen singen, selbst wenn es ihn geben sollte? Und welcher allweise, allgütige Gott würde solch ständige Bewunderung fordern? Jedenfalls erschien mir eine solche Gottesvorstellung als sehr unsicher und erschreckend menschlich.

Die von unseren Vätern gefürchtete Hölle erschien mir gleichfalls unglaubhaft. Und dann auch die unglückliche Idee, daß da Gott, offensichtlich ohne Skrupel, umschart von den Seligen, im Himmel sitzen sollte, während der Teufel den Rest der unglücklichen Toten quält. Diese Gottesvorstellung, entschied ich, war für mich überlebt. Doch Jesus Christus achtete ich, schätzte ich, liebte ich; er war hier auf Erden gewesen; er wußte, was da los war. Noch ehe ich zwanzig wurde, hatte ich die archaischen Glaubensüberzeugungen meiner Altvorderen von Gott und dem Teufel, von Himmel und Hölle hinter mir gelassen.

Robs Voraussetzungen waren andere. Die Religion seiner Eltern war eine Art gesellschaftsbewußter Protestantismus gewesen, herzerfrischend unschuldig in bezug auf Dogmen: Im allgemeinen liebte ihr Gott kleine Jungen mit gestärkten Hemden und Mädchen mit halshoch geschlossenen Kleidern, mit geputzten Schuhen und Vätern, die viel Geld verdienten – und es half auch, wenn ihre Mütter für die Gemeindekirche Kuchen backten.

Rob und mir waren diese offensichtlichen Ungerechtigkeiten eines von Menschen so vorgestellten Gottes nicht nahegegangen. Ich hatte meine Literatur, Rob seine Malerei. Wir beide fühlten uns eng mit der Natur verbunden.

Niemand war daher überraschter als ich, als ich mich plötzlich für jemanden sprechen hörte, der angeblich den Tod überlebt hatte. Mitunter schimpfte ich mit mir selbst, wenn ich daran dachte, daß sogar meine irische Großmutter Geister im Wohnzimmer als Zumutung empfunden hätte – und ich hatte immer gedacht, *sie* sei abergläubisch! Eine Seele, die überlebt, schien mir zu dem Unsinn zu gehören, dem ich dank meiner Collegeerziehung und meinem respektlos kritischen Verstand entkommen zu sein glaubte. Ich brauchte eine Weile, bis ich entdeckte, daß ich bei dem Gedanken an ein Weiterleben nach dem Tod ebenso voreingenommen war wie andere. Inzwischen weiß ich: Obwohl ich so stolz auf meine Aufgeschlossenheit war, ließ meine geistige Flexibilität doch nur Ideen zu, die zu meinen Voreingenommenheiten paßten. Jetzt weiß ich, daß die geistige Persönlichkeit des Menschen in andere Realitäten hineinreicht, als man gewöhnlich bereit ist, ihr zuzubilligen. Irgend jemand hat mehr als fünfzig Notizbücher mit faszinierendem Material volldiktiert, und selbst in meinen skeptischsten Momenten muß ich doch die Tatsächlichkeit der Sitzungen und des Materials anerkennen. Der Umfang, die Qualität und der Tiefgang des Materials sind, gemessen an meinem Wissen, unbegreiflich.

Rob und ich sind daher überzeugt, daß das Seth-Material aus Quellen kommt, die jenseits meines Wissens und meiner Erfahrung liegen, und daß es weit weniger verzerrt ist als so manches andere esoterische Schrifttum, das wir gelesen haben. Seth sagt, dieses Material sei von ihm selbst und anderen Wesen zu anderen Zeiten und an anderen Orten weitergegeben worden, aber es werde später fernerhin weitergegeben auf neue Art, und zwar über die kommenden Generationen hin durch die Jahrhunderte. Sie als Leser werden Ihr Urteil selbst fällen. Ich persönlich halte Seths Ansichten für umwälzend und wichtig.

Darüber hinaus ist zu sagen, daß das Rätsel solcher Trancepersönlichkeiten – seien es Dramatisierungen des Unbewußten oder seien es Stimmen aus einer höheren Welt des Geistes (Sokrates' »Daimon«) – die Menschheit seit jeher beschäftigt hat. Das Phänomen ist nicht neu. Indem ich meine eigene Geschichte erzähle und das mir zugekommene Material vorlege, hoffe ich, ein wenig Licht in Erfahrungen dieser Art zu bringen und zu zeigen, daß der Mensch über Fähigkeiten verfügt, die noch lange nicht ausgeschöpft sind, und daß es andere Wege als die üblichen gibt, Wissen zu erlangen.

Das Seth-Material hat meine Vorstellungen von der Natur der Realität völlig verändert und mir ein neues Gefühl meiner Wesenseigenart verschafft. Ich meine nicht mehr, wie ich es vorher tat, daß der Mensch ein Sklave von Zeit, Krankheit und Verfall und der Willkürlichkeit zerstörerischer Tendenzen, über die er keine Macht hat, ausgeliefert ist. Ich meine nun, daß ich Macht über mein Schicksal habe und mein Leben nicht mehr von den mir im Laufe meiner Kindheit eingepflanzten Glaubensüberzeugungen gesteuert wird.

Das soll nicht besagen, daß ich mich von Angst und Sorgen vollkommen befreit fühlen würde. Nur weiß ich jetzt, daß wir wirklich die Freiheit haben, uns selbst und unsere Umwelt zu ändern, und daß wir tatsächlich unser Leben selbst gestalten. Ich glaube, daß wir die Urheber unserer eigenen Realität sind – jetzt und nach dem Tode.

Der Sinn dieses Buches besteht darin, Sie mit Seth und dem Seth-Material bekannt zu machen. Seth hat im Verlauf von fast fünf Jahren durch mich ein fortlaufendes Manuskript diktiert, das mehr als fünftausend Schreibmaschinenseiten umfaßt. Ich kenne viele Menschen, die in ihrem ganzen Leben nicht soviel zu Papier gebracht haben. Und doch geht, ungeachtet dieses Seth-Materials, meine eigene Arbeit weiter: Seit die Sitzungen begannen, habe ich zwei Sachbücher (dieses nicht mitgerechnet) geschrieben, ferner zwei Gedichtbände und ein Dutzend Kurzgeschichten. Seth hat also meine eigene Kreativität nicht beeinträchtigt.

Die ersten Kapitel dieses Buches handeln davon, wie Seths Persönlichkeit in Erscheinung trat, und von der Wirkung, die sein Auftreten auf unser Leben hatte. Wir versuchten zu verstehen, was da vor sich ging. Aus dem Nichts heraus, so schien es, machte ich Erfahrungen, die ich, anfänglich, einfach für unmöglich hielt. Nie in unserem Leben hatten wir uns so hin und her gerissen gefühlt zwischen Neugier und Vorsicht, nie zuvor waren wir so fasziniert und irritiert gewesen.

Auszugsweise enthalten die ersten Kapitel auch Äußerungen, die Seth im Verlauf der ersten Sitzungen machte. Damals waren Seths Ideen so neu und fremd für uns gewesen wie die Sitzungen selbst. Diese hatten mit einem Ouija-Brett-Experiment ihren Anfang genommen, indem ich, zu Robs und meinem eigenen Erstaunen, plötzlich für Seth zu sprechen begann.

Der größte Teil des Buches handelt jedoch von Seths Ideen zu so verschiedenen Themen wie der Frage nach Gott und dem Leben nach dem Tod, der Reinkarnation, der Gesundheit und der Natur der körperlichen Realität, der Bedeutung der Träume, der Zeit und der Art menschlicher Wahrnehmung. Ich bin sicher, daß dieses Material den meisten Lesern größere Einsicht in ihre eigene Persönlichkeit und in die Lebenssituation, in der sie sich befinden, geben wird. Ich hoffe, daß Seths Theorien über die Gesundheit sich für alle meine Leser nützlich erweisen werden und daß das Material über das Wesen unserer Persönlichkeit jedem Menschen hilft, für sich selbst die multidimensionale Realität zu entdecken, die unser Erbe und unsere geistige Heimat ist.

Die philosophischen und psychologischen Grundlagen der Medialität und somit der ASW-Leistungen werden ebenso erörtert wie der mögliche Ursprung des Seth-Materials oder die Frage, wie wir unsere parapsychischen Fähigkeiten entwickeln können.

Wäre ich zu Beginn meiner Erfahrungen mit parapsychologischer Literatur und ASW-Experimenten vertraut gewesen, wäre ich auf Seths Enthüllungen besser vorbereitet gewesen. Dessenungeachtet möchte ich diese Erfahrungen um nichts in der Welt missen.

I
Wir machen Bekanntschaft mit Seth

Die Umstände, die zu den Seth-Sitzungen führten, erstaunen mich immer noch. Ich lebte damals durchaus nicht ziellos vor mich hin. Mein erster Roman war gerade als Paperbackausgabe erschienen, und ich verwandte meine ganze Energie darauf, eine gute Schriftstellerin zu werden. Ich hielt die Literaturgattung des Sachbuches für eine Domäne der Journalisten oder Wissenschaftler, nichts für Menschen, die schreibend ihre Kreativität entfalten wollen. Ich dachte, mein Leben und meine Arbeit seien vorgezeichnet, mein Kurs stehe fest. Und nun sitze ich hier und schreibe an meinem dritten Sachbuch!

Im allgemeinen war das Jahr 1963 für uns kein gutes gewesen. Rob litt unter schmerzhaften Rückenbeschwerden und fühlte sich oft so elend, daß er nicht malen konnte, wenn er von der Arbeit nach Hause kam. Ich kämpfte um die Idee für ein neues Buch. Mischa, unser lieber alter Hund, war gestorben. Vielleicht hatten diese Umstände zur Folge, daß mir mehr als gewöhnlich unsere menschliche Verwundbarkeit bewußt wurde. Doch sicher haben viele Menschen Schwereres durchlebt, ohne daß sich deswegen parapsychische Erlebnisse eingestellt hätten. Vielleicht habe ich damals, ohne es zu wissen, eine innere Krise mitgemacht, und meine psychischen Fähigkeiten wurden als Ergebnis einer inneren Notwendigkeit geweckt.

Auf jeden Fall lagen Erfahrungen dieser Art nicht in meiner Absicht. Soviel ich wußte, hatte ich in meinem Leben an mir nie die Fähigkeit der außersinnlichen Wahrnehmung (ASW) entdeckt, und ich kannte auch niemanden, der diese Gabe gehabt hätte. Es gab in meiner Vergangenheit nichts, das mich auf den erstaunlichen Abend des neunten September 1963 hätte vorbereiten können. Doch es waren die Erlebnisse dieses Abends, die unsere Bekanntschaft mit Seth einleiteten.

Es war ein besonders schöner Herbstabend. Nach dem Abendessen setzte ich mich im Wohnzimmer an meinen alten Tisch, um, wie immer, an meinen Gedichten zu arbeiten. Rob malte im hinteren Studio, drei Räume weiter. Ich nahm einen Schreibstift und Papier zur Hand und machte es mir, es war wohl die neunte oder zehnte Tasse des Tages, bei Kaffee und Zigaretten bequem. Willy, unser Kater, döste auf der blauen Decke.

Was dann geschah, erlebte ich wie einen »Trip«. Hätte mir jemand heimlich eine LSD-Droge einverleibt, so hätte die Erfahrung nicht phantastischer sein können. Von der einen Minute zur anderen ergoß sich mit ungeheuerlicher Gewalt eine Lawine radikal neuer Ideen in meinen Kopf, als ob sich mein Hirn in eine Empfangsstation phänomenaler Leistungsfähigkeit verwandelt hätte. Nicht nur Ideen kamen auf dem Kanal unbekannter Frequenz durch, sondern auch Gefühle; mein Schädel vibrierte. Ich war eingestimmt, eingeschaltet – wie immer man das nennen will – auf eine unglaubliche, eine gewaltige Energiequelle. Ich hatte nicht einmal Zeit, Rob zu rufen.

Es war, als ob die mir bekannte Erscheinungswelt plötzlich dünn wie Seidenpapier geworden wäre, durch das andere, höhere Realitäten durchschimmerten, und ich urplötzlich, begleitet vom Geräusch des Zerreißens, durch das Seidenpapier hindurchgeschleudert würde. Mein Körper saß am Tisch, meine Hand kritzelte wie wild die Ideen auf, die mir durch den Kopf blitzten. Und doch schien ich gleichzeitig an anderen Orten zu sein; mir kam vor, durch Dingliches, durch Gegenstände, hindurchzureisen. Ich stürzte durch ein Pflanzenblatt und fand mich vor dem offenen Tor zu einem ganzen Universum wieder; dann wurde ich von dort zu anderen Wirklichkeiten weggezogen.

Ich hatte das Gefühl, als sei Wissen in die Zellen meines Körpers eingepflanzt, so daß ich es nicht vergessen konnte – ein zellulares Wissen im Sinne einer geradezu biologischen Spiritualität. Es war eher ein über das Gefühl erfaßtes Wissen als eine intellektuelle Erkenntnis. Zur selben Zeit erinnerte ich mich, in der Nacht zuvor einen Traum gehabt zu haben, den ich vergessen hatte. Doch in dem Traum hatte ich die gleiche Erfahrung gemacht. Und ich wußte: Beides stand irgendwie in einer Verbindung zueinander.

Als ich wieder zu mir kam, merkte ich, daß ich etwas kritzelte, das offensichtlich als Titel für diesen merkwürdigen Ideenschub gemeint war: *Das materielle Universum als Ideenkonstruktion.* Später sollten diese Ideen im Seth-Material ausgebaut und erklärt werden, aber das wußte ich zu jener Zeit noch nicht. In einer der später abgehaltenen Sitzungen sagte Seth, dies sei sein erster Versuch gewesen, mit mir

Verbindung aufzunehmen. Ich weiß nur, daß ich furchtbar erschrokken wäre, hätte ich an jenem Abend für Seth zu sprechen begonnen.

Damals wußte ich zwar nicht, was mit mir geschehen war, aber ich wußte sicher, daß sich mein Leben mit einem Schlag verändert hatte. Das Wort »Offenbarung« kam mir in den Sinn, und ich versuchte, es loszuwerden, aber das Wort saß, es war treffend. Mir war schlichtweg bange vor diesem anspruchsvollen Begriff mit seinem mystischen Bezug. Inspiration war mir von der eigenen Arbeit her vertraut, aber dies hier hatte mit gewöhnlicher Inspiration so wenig zu tun wie ein Vogel mit einem Wurm!

Die Ideen, die ich »empfangen« hatte, waren ebenso verwirrend. Sie stellten all meine Vorstellungen von dem, was die Realität sei, auf den Kopf. Bisher war ich mir einer Sache immer sicher gewesen: Du kannst auf die physische Realität deines Körpers, deiner Welt vertrauen. Die Welt mag dir in vielem gar nicht gefallen, aber du kannst dich auf sie verlassen. Du magst deine Einstellungen im Hinblick auf sie ändern, wenn du willst, aber das würde in keiner Weise etwas an der Realität ändern. Nun konnte ich diese Vorstellung nicht mehr aufrechterhalten.

Aufgrund meiner neuen Erfahrung wußte ich, daß wir die Dingwelt gestalten, nicht umgekehrt, daß unsere Sinne uns nur den Ausschnitt einer dreidimensionalen Realität innerhalb einer unbegrenzten Zahl anderer Realitäten vermitteln, die wir gewöhnlich nicht wahrnehmen, und daß wir unseren Sinnen und unserem rationalen Verstand nur so weit und nur so lange trauen können, als wir nicht fragen nach dem, was jenseits ihrer begrenzten Reichweite liegt.

Mehr noch: Ich wußte zum Beispiel nicht, daß alles, was da lebt und ist, sein eigenes Bewußtsein hat. Jetzt plötzlich fühlte ich die phantastische Vitalität, die sogar in Dingen präsent ist, die ich vorher für unbelebt gehalten hatte. Ein Nagel steckte im Fensterbrett, und ich war mir der Atome und Moleküle, aus denen er bestand, bewußt!

Urplötzlich begriff ich auch, daß die Zeit nicht eine Abfolge von Augenblicken ist, die einander folgen wie die Stiche einer Nähmaschine, sondern daß alle Erfahrung in einer Art umfassendem Jetzt stattfindet.

All das war ganz schnell hingekritzelt – ich habe das Manuskript noch. Auch jetzt noch erfüllt es mich mit jenem Gefühl der Entdekkung und Offenbarung. Es folgen hier ein paar wörtliche Aufzeichnungen aus diesem Manuskript:

»Wir sind individualisierte Energieteile, die in der physischen Existenz materialisiert sind, um zu lernen, aus Energie Ideen zu formen und aus diesen wiederum Körperliches zu erschaffen (das eben ist Ideenkonstruktion). Wir projizieren unsere Vorstellungen in ein Objekt hinein, damit wir mit diesem umgehen können. Aber wir sollten uns bewußt sein: Das Objekt ist ein materialisierter Gedanke. Solche Vergegenständlichung unserer Vorstellungen erlaubt es uns, zwischen dem ›Ich‹, das denkt, und dem Gedanken, dem Gedachten, unterscheiden zu lernen. Die Ideenkonstruktion lehrt das ›Ich‹, was es ist, indem es ihm die eigenen Produkte in materieller Form zeigt. Wir lernen also, indem wir unsere eigenen Kreationen betrachten. Wir lernen die Kraft und die Wirkungen unserer Vorstellungen kennen, indem wir sie in materielle Realität verwandeln; und wir lernen, die Verantwortung für unseren Umgang mit kreativer Energie zu tragen ...

Die Entität ist das innere Selbst; es ist nichtkörperlicher Natur und unsterblich. Es kommuniziert auf einer Energieebene mit anderen Entitäten und verfügt über einen schier unerschöpflichen Energievorrat. Das Individuum ist der Teil des Gesamtselbst, den wir körperlich-materiell auszudrücken vermögen ...

Das Auge projiziert das innere Bild unserer Vorstellung auf die Seinsebene der materiellen Welt genau so, wie ein Filmprojektor ein Bild auf die Leinwand wirft. Der Mund bringt Wörter hervor, das Ohr Laute. Der Grund, warum dieses Prinzip so schwer zu verstehen ist, liegt darin, daß wir als gegeben annehmen, daß das Bild und der Laut zuvor existieren, damit die Sinne sie wahrnehmen können. Tatsächlich sind jedoch die Sinne die Schöpfungskanäle, durch die die Vorstellung zum materiellen Ausdruck gelangt. Wir verfügen über hochentwickelte Sinne, nicht um eine bereits existierende materielle Welt wahrzunehmen, sondern um die unsere zu erschaffen ...«

Solche Ideen waren nur der Anfang dessen, was später noch kommen sollte. Das Manuskript bestand immerhin aus ungefähr hundert Seiten und umfaßt neue Definitionen altbekannter Begriffe. Zum Beispiel: »Das Unbewußte gewährleistet das Hochsteigen der Ideen ins Bewußtsein des Individuums. Es verbindet das Selbst mit dem Ich ... Instinkt ist die Mindestfähigkeit, die bei der Ideenkonstruktion das physische Überleben der materialisierten Vorstellungen sicherstellt ... Die Gegenwart ist der Punkt, an dem jedwede Idee im Körperlich-Materiellen sichtbar wird.«

Ich denke, meine Erfahrung, die sich in dem Manuskript niedergeschlagen hat, war eine Ausstülpung der unbewußten Schöpfungsprozesse, die hinter jeder Erfahrung stecken: Plötzlich war alles in mir auf Kreativität, auf Produktion »eingeschaltet« und schoß aus mir hervor. An jenem Abend wurde genug Energie freigesetzt, die Richtung meines Lebens und das meines Mannes zu ändern. Darum glaube ich, daß solche Erfahrungen von psychologisch allergrößter Bedeutung sind. Ich bin überzeugt, daß dieses Ereignis in mir völlig unerwartet die Fähigkeit der außersinnlichen Wahrnehmung freisetzte und der Auslöser für den späteren Empfang des gesamten Seth-Materials war.

Offensichtlich hatte ich einen Punkt erreicht, an dem diese Fähigkeit soweit entwickelt war, daß sie hervortreten konnte, wie das tatsächlich geschah. Infolge meiner bisherigen Tätigkeit als Schriftstellerin äußerte sie sich folgerichtig eher in Worten als, sagen wir, in Visionen oder in Form einer anderen Erfahrung, die mich vermutlich sehr erschreckt hätte.

Ich möchte in diesem Zusammenhang klar sagen: Ich glaube, daß die Fähigkeit der außersinnlichen Wahrnehmung selbst ein Zutagetreten oder eben eine »Ausstülpung« kreativer Kräfte darstellt, die in uns allen schlummern und die daher etwas völlig Natürliches sind. Wie Sie aber später noch sehen werden, bin ich auch davon überzeugt, daß diese Fähigkeit ein Attribut eines anderen Teils unserer Persönlichkeit ist, der uns verhältnismäßig fremd ist. Ich glaube weiterhin, daß überhaupt alle kreativen Fähigkeiten, wenn man sie sich entwickeln und zur Wirkung kommen läßt, uns das Innewerden anderer, höherdimensionierter Realitäten ermöglichen.

Im Anschluß an das Ereignis dieses für mich so bedeutungsvollen Septemberabends änderte sich mein ganzes Leben. Das zeigte sich zunächst an meinen subjektiven Erfahrungen. Schon bald danach vermochte ich mich meiner Träume zu erinnern, ganz plötzlich und ohne jeden ersichtlichen Grund. Es war wie das Entdecken eines zweiten Lebens. Doch nicht nur das. In den zwei darauffolgenden Monaten hatte ich zwei lebhafte präkognitive Träume, die ersten meines Lebens, soviel ich weiß.

Unsere Neugier war, um es vorsichtig auszudrücken, geweckt. An einem Zeitungskiosk entdeckten wir ein Buch über ASW. Der Titel *Hellseherische Träume* auf dem Buchumschlag sprang uns in die Augen, und wir kauften es. Ich suchte damals, wie schon gesagt, nach einer neuen Idee für ein Buch. »Ich habe Entwürfe zu drei Romanen ausgearbeitet, aber keiner davon gefällt mir wirklich«, sagte ich zu Rob. Das Taschenbuch, das wir gerade gekauft hatten, lag auf dem Teetisch, an dem wir saßen und uns unterhielten, zwischen uns. Rob nahm das Buch zur Hand und sagte scherzhaft: »Warum machst du nicht ein Buch mit Anleitungen zur Weckung und Aktivierung der ASW?«

»Du bist wohl verrückt geworden, mein Lieber! Ich weiß nichts über ASW – also darum nicht! Und dann kommt noch dazu, daß das ja ein Sachbuch wäre, und ich habe in meinem Leben doch nie etwas anderes als Prosa und Lyrik geschrieben.«

»Weiß ich«, sagte Rob. »Aber du interessierst dich doch für Träume, besonders nach den beiden eigenartigen, die in die Zukunft weisen. Und wie nennst du deine Erfahrungen vom letzten Monat? Haben diese nicht dein Leben verändert? Schließlich: Die Bücher, die es am Markt zu diesem Thema gibt, handeln regelmäßig von bekannten Sensitiven. Aber was ist mit den ganz gewöhnlichen Leuten? Was wäre, wenn jeder Mensch solche Fähigkeiten in sich hätte?« Ich sah ihn sprachlos an. Er war ganz ernst geworden. »Könntest du dir nicht eine Reihe von Experimenten ausdenken und sie selbst durchführen? Du verlierst doch nichts als dein eigenes Versuchskaninchen!«

So gesehen hatte Rob recht mit seiner Idee. Ich konnte mich mit einer Sache befassen, die mich interessierte, und vielleicht war das sogar die langgesuchte Idee für ein neues Buch.

Gleich am nächsten Tag fing ich an. Nach einer Woche hatte ich mir eine Reihe von Experimenten ausgedacht, mit deren Hilfe man herausbekommen muß, ob »gewöhnliche« Leute über die Fähigkeit der außersinnlichen Wahrnehmung verfügten oder nicht. Ich schrieb das Exposé für das Buch und schickte es meinem Verleger. Große Hoffnungen hatte ich nicht.

Zu meiner Überraschung antwortete er schnell, und er war vom Thema begeistert. Er bat um drei oder vier Probekapitel. Rob und ich waren erfreut, doch gleich darauf auch entsetzt, als wir die Kapitelüberschriften lasen, die ich mir für das Buch hatte einfallen lassen: »Wie man selbst eine ASW-Sitzung abhält«, »Telepathie und Hellsehen, Wahrheit oder Dichtung?«, »Wie man das Ouija-Brett handhabt« und so fort. Wie sollte ich ein solches Buch zustandebringen?

»Also los«, sagte Rob und lachte.

»Du mit deinen Ideen!« fauchte ich zurück. Doch ich war bereits woanders, bereits mittendrin. Ich überlegte: Wir waren noch nie bei einem Medium gewesen. Wir hatten noch nie mit Telepathie experimentiert, und wir hatten noch nie ein Ouija-Brett gesehen. Andererseits sagte ich mir: Was habe ich zu verlieren? (Erst viel später fiel mir wieder ein, daß Rob mich seinerzeit ja auch ermutigt hatte, Gedichte und Erzählungen zu schreiben.)

Also fingen wir an. Wir nahmen uns als erstes das Ouija-Brett* vor, weil uns das noch das unkomplizierteste der in Frage kommenden Experimente zu sein schien. Unsere Hauseigentümerin hatte ein Ouija-Brett auf dem Speicher, das sie uns lieh. Zugegebenermaßen war uns, als wir uns erstmals mit dem Brettchen auf der Tafel versuchten, komisch zumute. Meine Einstellung entsprach genau der Äußerung, die ich gegenüber Rob machte: »Na ja, laß uns das hinter uns bringen, damit wir bald mit dem loslegen können, was uns wirklich interessiert, nämlich mit Telepathie und Hellsehen.« Kein Wunder, daß unsere ersten Versuche Pleiten waren!

Als wir es ein drittes Mal versuchten, begann sich endlich das Brettchen unter meinen Fingerspitzen zu bewegen. Es buchstabierte Botschaften, die angeblich von einem Frank Withers stammten (der Name ist geändert), der in Elmira gelebt und in den vierziger Jahren gestorben war.

Rob stellte die Fragen, und der Zeiger unter meiner Hand buchstabierte die Antworten.

»Kannst du uns dein Todesjahr nennen?«

1942.

»Hast du einen von uns gekannt?«

Nein.

»Warst du verheiratet?«

Ja.

»Lebt deine Frau noch, oder ist sie gestorben?«

Gestorben.

»Wie war ihr Vorname?«

---

* Das Ouija-Brett (vom französischen »Oui« und vom deutschen »Ja«) besteht aus einer Tafel mit den eingezeichneten Wörtern »ja« und »nein«, den Buchstaben des Alphabets und den Zahlen von null bis neun und einem Holzbrettchen, meist (wie hier) in Form eines Zeigers. Unter der leicht auf dem Brettchen aufliegenden Hand des Mediums kommt dann »Bewegung ins Holz«: Der Zeiger zeigt ein Ja oder Nein, Zahlen und Buchstaben an, aus denen sich Wörter und schließlich ganze Sätze ergeben.

Ursula.
»Wie war ihr Nachname?«
Alteri.
»Welcher Nationalität warst du?«
Englischer.
»Welcher Nationalität war sie?«
Italienischer.
»In welchem Jahr wurdest du geboren?«
1885.

Wir waren überrascht, wie das Brettchen für uns arbeitete. Ich amüsierte mich eher darüber, daß zwei erwachsene Menschen ein zeigerförmig zugespitztes Holzbrettchen beobachteten, das da Buchstaben und Zahlen anzeigte, und wir nahmen im ganzen die Antworten nicht sehr ernst. Allerdings muß ich eingestehen, daß keiner von uns an ein Leben nach dem Tode glaubte, geschweige denn an ein bewußtes Leben, das eine Kommunikation mit Lebenden ermöglicht hätte.

Später erfuhren wir, daß tatsächlich ein Mann des angegebenen Namens in Elmira gelebt hatte und in den vierziger Jahren gestorben war, und das beunruhigte uns ein bißchen. Aber wir waren viel mehr daran interessiert herauszubekommen, was das Holzbrettchen unter meiner Hand dazu brachte, sich zu bewegen, als an den Botschaften, die es uns vermittelte.

Als wir es das nächste Mal versuchten, sagte Frank Withers, er sei während eines seiner Leben als Soldat in der Türkei gewesen; auch bestand er (immer über die Anzeigen des Brettchens) darauf, Rob und mich in einer Stadt namens Triev in Dänemark, und zwar in einem wieder anderen Leben, gekannt zu haben. Er gab uns Daten und Ortsbezeichnungen durch, aus denen hervorging, daß Triev seit langem nicht mehr existiert.

Am achten Dezember 1963 saßen wir wieder am Ouija-Brett und fragten uns, ob es wohl funktionieren würde oder nicht. Es war ein angenehmer Abend, in unserem Zimmer war es warm. Draußen schneite es. Plötzlich bewegte sich der Zeiger so schnell, daß wir mitzukommen Mühe hatten.

Rob stellte wiederum die Fragen; dann hielten wir jeweils inne, bis er die Buchstaben zusammengesetzt und die sich daraus ergebenden Antworten aufgeschrieben hatte. Der angeblich sich kundgebende Frank Withers hatte bei den vorhergegangenen Sitzungen einfache

Antworten gegeben, die aus einem Wort bestanden hatten. Jetzt wurden die Antworten länger, und ihr Inhalt schien uns von neuer Art zu sein. Auch die Atmosphäre im Zimmer war irgendwie anders.

»Hast du eine Botschaft für uns?« fragte Rob.

Bewußtsein ist wie eine Blume mit vielen Blättern.

Schon bei den allerersten Botschaften hatte Frank Withers auf der Tatsächlichkeit der Reinkarnation bestanden, und so fragte Rob: »Was denkst du über deine verschiedenen Leben?«

Sie sind, was ich bin, aber ich werde mehr sein: das Ganze ist die Summe seiner Herzen.

Zum erstenmal wurden hier vollständige Sätze zusammenbuchstabiert. Ich lachte.

»Spricht hier etwa Janes Unbewußtes?« fragte Rob.

Das Unbewußte ist ein Korridor. Ist es nicht egal, durch welche Tür ihr reist?

»Womöglich ist das *dein* Unbewußtes«, sagte ich zu Rob.

Doch er stellte schon die nächste Frage: »Frank Withers, können wir dir in Zukunft ganz bestimmte Fragen stellen?«

Ja. Nennt mich aber nicht Frank Withers. Diese Persönlichkeit war recht farblos.

Rob und ich sahen uns an und zuckten die Schultern. Das war ja eine wilde Sache, und das Zeigerbrettchen sauste immer schneller über die Tafel. Rob wartete einen Moment und fragte dann: »Wie sollen wir dich nennen?«

Für Gott sind alle Namen sein Name.

Aha, jetzt wurde Withers religiös! Ich verdrehte die Augen und tat so, als schaute ich zum Fenster hinaus.

»Aber wir müssen dich doch irgendwie ansprechen können«, sagte Rob.

Ihr könnt mich nennen, wie ihr wollt. Ich selbst nenne mich Seth. Es paßt zu meinem Ich, zu meiner Persönlichkeit besser und kommt meinem Gesamtselbst am nächsten oder dem, was ich zu sein bemüht bin. Joseph ist dein Gesamtselbst, mehr oder weniger das Summenbild deiner verschiedenen Persönlichkeiten in Vergangenheit und Zukunft.

Dies wurde so schnell vorbuchstabiert, daß ich kaum die Hände auf dem Holzbrettchen halten konnte. Unwillkürlich beugte ich mich vor. Es kribbelte etwas in meinem Genick. Was ging hier vor?

»Kannst du uns mehr sagen?« fragte Rob. »Wenn du mich Joseph nennst, wie nennst du Jane?«

Ruburt. Und das ist ein Männername.

Wir sahen uns an. Ich schnitt eine Grimasse. »Könntest du das etwas erklären?« fragte Rob.

Was erklären?

»Nun, der Name klingt ungewohnt für unsere Ohren. Ich glaube, Jane gefällt er nicht sehr.«

Ungewohnt dem Ungewohnten.

Es entstand eine Pause. Wir wußten nicht, was wir fragen oder wie wir weitermachen sollten. Schließlich fragte Rob: »Kannst du mir sagen, warum ich Anfang des Jahres so schlimm unter meinem Rücken zu leiden hatte?«

Vertebra 1 leitete die Vitalkraft nicht durch den Organismus. Zurückgehalten durch Ängste drückte sie auf deine Nerven. Geistige Ausdehnung entspannt den Körper und löst den Druck.

Dies sind nur ein paar Auszüge aus dieser ersten Sitzung mit Seth. (Ein paar Wochen später hatte Rob wiederum Schwierigkeiten mit seinem Rücken und ging zu einem Chiropraktiker, der ihm sagte, sein erster Rückenwirbel sei verschoben.) Die Sitzung dauerte bis nach Mitternacht, und im Anschluß an diese sprachen wir uns aus.

»Vielleicht erwächst Seth unser beider Unbewußtem auf eine Art, die wir nicht verstehen«, sagte ich.

»Vielleicht«, sagte Rob und fügte mit einem Grinsen hinzu: »Vielleicht ist er wirklich jemand, der den Tod überlebt hat.«

»Unsinn«, gab ich ziemlich verärgert zurück. »Und wenn, was sollte das für einen Sinn haben? Wenn es Geister gäbe, hätten die doch sicher Besseres zu tun, als sich über Ouija-Brettchen kundzugeben.«

»Was sagtest du, Ruburt?« fragte Rob. Am liebsten hätte ich ihm eine aufs Dach gegeben.

Dessenungeachtet hatte all das, wie ich heute weiß, seinen Sinn. Seth sollte uns das Material liefern, das wir seit nunmehr fünf Jahren zweimal wöchentlich zuverlässig erhalten. Aber das wußten wir damals noch nicht. War dies zwar schon unsere vierte Sitzung am Ouija-Brett, so war sie doch unsere erste wirkliche Seth-Sitzung.

Die nächsten zwei Sitzungen verliefen ganz ähnlich. Allerdings gesellte sich etwas Verwirrendes hinzu: Ich wußte die Antworten des Brettchens regelmäßig schon im voraus! Das erschreckte mich maßlos, und mir wurde unbehaglich zumute. Bei der nächsten Sitzung –

der vierten mit Seth – hörte ich in immer kürzeren Zeitabständen die Worte in meinem Kopf, und zwar nicht nur Sätze, sondern ganze Absätze, noch ehe sie buchstabiert waren.

Die nächste Sitzung begann wie die anderen. Ich arbeitete nachmittags in einer Kunstgalerie, und nach dem Essen, als Rob mit seinem Malen für den Tag fertig war, setzten wir uns an das Ouija-Brett.

»Warum macht Jane der Kontakt zu dir so zu schaffen?« fragte Rob, als ich meine Fingerspitzen auf dem Holzbrettchen plaziert hatte. »Ich muß dir sagen, sie ist gar nicht begeistert.«

Weil sie meine Antworten im Kopf empfängt, ehe sie buchstabiert sind. Das würde auch dich nervös machen.

»Aber warum sollte das ein Grund zur Besorgnis sein?« erwiderte Rob, und ich dachte: Mein Gott, wie er den Ahnungslosen spielt!

Das ist verwirrender.

»Warum?« beharrte Rob.

Ein Brett ist neutral. Botschaften im Kopf sind es nicht.

Einige Tage zuvor hatten wir einem Freund, Bill Macdonell, von unseren am Ouija-Brett zugebrachten Abenteuern erzählt. Bill hatte uns, gleichsam als Gegenleistung, von einer Erscheinung erzählt, die er vor vielen Jahren als Kunststudent gehabt hatte. Er hatte vorher nie etwas davon erwähnt. Jetzt wollte Rob wissen, was das gewesen war, und er fragte, was Bill damals gesehen hätte.

Ein Fragment seiner eigenen Entität, seiner Wesenheit also, Teil einer vergangenen Persönlichkeit, die momentan auf visueller Ebene eine gewisse Unabhängigkeit wiedergewann. Manchmal passieren Ausfälle dieser Art.

»War sich das Bild der Gegenwart Bills bewußt?«

Ich hörte kaum die Fragen, die Rob stellte. Während der ganzen Sitzung vernahm ich die Worte in meinem Kopf, ehe sie buchstabiert waren, und ich spürte den Drang, sie auszusprechen. Dieser Drang wurde immer stärker, und ich wurde zunehmend entschlossener, ihn zu unterdrücken. Und doch war ich auch fürchterlich neugierig. Und was sollte letzten Endes passieren? Ich wußte es nicht – und das machte mich noch neugieriger.

Das Holzbrettchen unter meiner Hand buchstabierte behend die Antwort auf Robs Frage.

Alle Fragmente einer Persönlichkeit existieren in untergetauchter Form innerhalb der Wesenheit mit ihrem eigenen individuellen Bewußtsein …

Das Brettchen hielt still. Ich kam mir vor, als stünde ich zitternd an einem hohen Sprungbrett ganz vorn und versuchte zu springen, während alle möglichen Leute ungeduldig darauf warteten. Tatsächlich waren es die Worte, die mich vorwärtsschubsten. Sie jagten, so empfand ich es, durch meinen Kopf. Auf eine verrückte Art und Weise hatte ich den Eindruck, als ob die von Haupt- und Zeitwörtern strotzenden Laufbänder in meinem Kopf immer größer würden und alles andere aussperrten, wenn ich sie nicht aussprach. Und ohne wirklich zu wissen, wie und warum, öffnete ich den Mund und ließ sie heraus. Zum erstenmal begann ich, für Seth zu sprechen, und vollendete die Sätze, die am Ouija-Brett einen Augenblick zuvor vorbuchstabiert worden waren.

»Als Bill das Bild sah und seine Anwesenheit erkannte, hatte das Fragment seiner Persönlichkeit wohl selbst einen Traum. Die Wesenheit handhabt ihre Teile auf eine – wie ihr sagen würdet – unbewußte Art, das heißt ohne bewußtes Ziel. Die Entität gibt dem Fragment unabhängiges Leben, und dann vergißt sie mehr oder weniger das Fragment. Wenn es vorübergehend zu einem Kontrollausfall kommt, begegnen sich beide von Angesicht zu Angesicht. Es ist einer Wesenheit ebensowenig möglich, ihre Fragmentpersönlichkeiten unter Kontrolle zu halten, wie für das Bewußtsein, die Herzschläge des Körpers zu beherrschen.«

Plötzlich vernahm ich nichts mehr. Ich starrte Rob an.

»Hast du dich selbst gehört?« fragte er.

Ich nickte; ich war ganz durcheinander. »Verschwommen hörte ich, was ich sagte. Es war, als wäre ein Radiosender einer entfernten Station in meinem Kopf eingeschaltet gewesen.« Ich holte tief Luft, legte die Fingerspitzen wieder auf das Zeigerbrettchen und dachte, daß ich jetzt von dem Sendeprogramm – oder was immer es war – genug hätte, jedenfalls für diesen Abend.

»Seth, hat Jane die Botschaft von soeben richtig empfangen?« fragte Rob.

Ja. Sie sollte sich jetzt besser fühlen.

Ich fühlte mich tatsächlich etwas entspannter. Der Zeiger buchstabierte die Botschaft noch einmal vor. Aber Rob stellte eine weitere Frage: »Ist es dann möglich, daß man einem Persönlichkeitsfragment seiner selbst begegnet, wenn man auf einer Straße spazierengeht?«

Von neuem kam Bewegung ins Brettchen. Der Anfang der Antwort war klar:

Natürlich. Ich suche nach einem guten Vergleich, um es euch klarerzumachen. Sogar Gedanken sind, zum Beispiel, Fragmente, wenn auch auf anderer Ebene ...

Wieder schossen die Worte durch meinen Kopf, während das Zeigerbrettchen langsam und methodisch vorbuchstabierte. Ich erinnere mich genau an mein Gefühl der Ungeduld, das kaum auszuhalten gewesen war, und dann vervollständigte ich die Botschaft laut: »Sie müssen in physische Realität übersetzt werden. Fragmente anderer Art, eben Persönlichkeitsanteile, handeln unabhängig, allerdings unter der Schutzherrschaft der Wesenheit.«

Einmal mehr blieben die Worte plötzlich aus. Diesmal war ich entschlossen, nicht noch einmal das gleiche wie vorher geschehen zu lassen; ich wollte Zeit haben, darüber nachzudenken, und das sagte ich Rob. Trotzdem kamen wir überein, meine gesprochene Antwort am Ouija-Brett abzuchecken. »War Janes Antwort richtig, Seth?« fragte Rob.

Ja. Es macht sie munter, daß sie nicht dasitzen und warten muß, bis die Antworten am Brett vorbuchstabiert worden sind.

»Ich bin froh, daß jemand so denkt«, sagte ich zu Rob. Jetzt aber war meine Neugier aufs neue geweckt. Ich sagte Rob, er solle fragen, ob jeder von uns beiden allein das Holzbrettchen in Bewegung versetzen könne. Vom Ouija-Brett kam die Antwort, wir sollten es versuchen. Rob legte seine Hand auf das Zeigerbrettchen und stellte eine Frage, aber es bewegte sich nicht.

Dann legten wir beide unsere Hand darauf. »Was hältst du davon, Seth?« fragte Rob.

Nicht viel. Kontakte von deiner Seite ergeben wahrscheinlich nur innere visuelle Daten. Jane ist fähig, mich direkt zu empfangen. Doch in jedem Fall gilt: Kontakt ist nicht zu jeder Zeit möglich. Ihr werdet das verwirrender finden als ich.

»Hm«, machte Rob. Wir lachten und beendeten dann die Sitzung.

Ich weiß nicht, was Rob gedacht hätte, wenn er damals schon gewußt hätte, was Seth mit den »inneren visuellen Daten« meinte. Jetzt aber, da ich dies schreibe, fällt mir wieder ein, wie Rob aufs höchste erstaunt war, als sich bei ihm die ersten Visionen mit außergewöhnlicher Lebhaftigkeit einstellten. Ich werde sie später beschreiben. Bei dieser Sitzung waren wir in erster Linie betroffen durch die Tatsache meines vom Ouija-Brett losgelösten Sprechens. Wenn ich gewußt hätte, wie sich das bei der nächsten Sitzung noch entfalten sollte, wäre ich wahrscheinlich mit meinen Nerven am Ende gewesen.

Und wirklich! Was uns der nächste Monat an Erfahrungen brachte, war so aufregend, daß wir drauf und dran waren, mit allem Schluß zu machen. Andererseits fühlten wir uns wohl in dieser Zeit, wie beschwingt sogar. Wenn es auf dieser Welt und in unserer Realität mehr gab, als wir vermuteten, wollten wir das natürlich herausfinden. Und wir sind auch heute noch dabei, Neues zu entdecken, denn immer wieder tauchen neue Elemente bei den Sitzungen auf. Das Seth-Material geht weiter, und nach wie vor bedrängen uns unzählige Fragen, auf die wir eine Antwort erhalten möchten.

Am achten Dezember hatte Seth sich sozusagen vorgestellt. Am fünfzehnten sprach ich zum erstenmal für ihn. Bald darauf begann sich seine Persönlichkeit, da sie nun vom Ouija-Brett befreit agierte, mit viel größerer Freiheit auszudrücken. Es ist faszinierend, diese Entwicklung zu beobachten. Aus diesem Grunde widme ich den ersten Sitzungen in den vorliegenden Ausführungen genügend Raum, damit Sie zum einen mit dem Material, das Seth durchgab, vertraut werden und zum anderen erkennen, wie er dabei seiner ureigenen Wesenheit zum Ausdruck verhalf.

2
Die Bilder von York Beach – Fragmentpersönlichkeiten

Vor der nächsten Sitzung war ich ziemlich nervös. Ich hatte in der Galerie einen Tag mitgemacht, der mich besonders gefordert hatte, und auch Rob war müde. Er allerdings sollte bald sehr munter werden, denn ich sprach über zwei Stunden für Seth. Die Sitzung war aber noch aus einem anderen Grund aufregend, denn der Inhalt der Informationen war ebenso überraschend wie die Art, in der ich diese vermittelte.

Von Anfang an hörte ich wieder die Worte in meinem Kopf; doch ich bestand darauf, am Ouija-Brett anzufangen. Erstaunlicherweise bewegte sich aber das Holz, noch ehe einer von uns etwas gesagt hatte.

Ja. Guten Abend.

Rob gähnte, und prompt kam die vorbuchstabierte Antwort: *Ich hoffe, der Grund ist nicht meine Gesellschaft.*

Rob lachte und fragte: »Seth, sind Pflanzen und Bäume Fragmente?«

Das Brettchen sauste über die Tafel: *In gewissem Sinn sind alle Dinge Fragmente ...*

Aber die Worte fügten sich unabhängig davon in meinem Kopf zusammen, und nachdem die ersten Sätze vorbuchstabiert waren, hatte ich wieder das schon erwähnte Gefühl, in etwas Unbekanntes untertauchen und diesem Drang nachgeben zu müssen. Dann sprach ich erneut für Seth. »Aber es gibt verschiedene Arten. Persönlichkeitsfragmente unterscheiden sich von anderen dadurch, daß sie aus sich heraus wieder andere Persönlichkeitsteile hervorrufen können ...«

Rob sagte, es sei so, als läse ich von einem unsichtbaren Manuskript ab. Meine Augen waren, so versicherte er mir, weit geöffnet. Ich widerstand allerdings dem Drang, sie zu schließen, und ich wollte mich auch nicht hinsetzen. Was immer passierte, ich wollte startbereit sein, um, sobald ich Angst bekäme, zur Tür hinausrennen zu können.

Wenn ich heute darüber nachdenke, kommt mir diese Haltung ziemlich albern vor. Jedenfalls aber sprach ich für Seth und ging dabei hin und her, war mir dessen aber so gut wie nicht bewußt. Rob machte Notizen, so schnell er konnte. Er beherrscht Stenographie nicht, mußte also alles in Normalschrift niederschreiben und tippte es dann am darauffolgenden Tag ab. Er begann allerdings schon bald, ein eigenes System von Wortkürzeln und Satzabkürzungen zu entwickeln.

»Jedes in der Gegenwart lebende Individuum stellt – ganz gleich, in welchem Leben – ein Fragment seines Gesamtwesens dar, und es hat alle Eigenschaften des Urwesens, wenn diese auch unentdeckt und ungenutzt bleiben. Das Bild, das euer Freund Bill Macdonell sah, war ein Teil seiner eigenen Persönlichkeit, der über alle Fähigkeiten, die euer Freund – bewußt oder unbewußt – hat, verfügt. Dieses Persönlichkeitsfragment hat einen anderen Ursprung als euer Freund, der selbst ein Teil seines eigenen Wesens ist. Nennt das einen abgespaltenen Persönlichkeitsteil oder ein Teilbild der Persönlichkeit. Für gewöhnlich kann ein solcher Persönlichkeitsteil nicht auf allen Ebenen eurer physischen Existenz zur Geltung kommen.

Ein Individuum kann sich mit einem Persönlichkeitsteil auf eine andere Existenzebene begeben, sogar ohne sich dessen bewußt zu sein. Er nimmt dabei möglicherweise wertvolle Informationen auf dieser anderen Ebene auf und kehrt dann zurück. Oft kann aber ein Mensch die so erworbene Kenntnis gar nicht aufnehmen und bemerkt nichts von dem Vorgang. Einen solchen Persönlichkeitsteil hat euer Freund gesehen; der Persönlichkeitsteil hatte aber zum Zeitpunkt der Erscheinung des Bildes keine Verbindung zu eurem Freund, so daß die erworbenen Informationen direkt an das Wesen, das euer Freund ist, weitergeleitet wurden.«

Später sagte mir Rob, er sei versucht gewesen, alle möglichen Fragen zu stellen, habe aber nicht unterbrechen wollen, außerdem sei seine Hand vom Mitschreiben schon müde gewesen. Die ganze Zeit hindurch war ich ständig im Zimmer auf und ab gegangen, die Augen halb geschlossen, und hatte diesen Monolog ohne Zögern von mir gegeben. Nach kurzer Pause ging es weiter.

»Dabei wird als Ziel angestrebt, die Bewußtheit des Individuums zu steigern. Nur so können diese abgespaltenen Persönlichkeitsteile oder -bilder unter Kontrolle gehalten werden, ohne daß das Ich des in der Gegenwart lebenden Individuums zu stark beansprucht beziehungsweise belastet wird.

Nun: Es ist das, was ihr das Unbewußte nennt, das die Aufgabe hat, solche Vorgänge zu steuern; es darf aber nicht allzu viele Erfahrungen bewußtmachen, denn das Ziel besteht nun auch wieder nicht darin, daß ihnen allein die Aufmerksamkeit gewidmet wird. Das Bewußtsein soll sich ja auch auf der Ebene eurer Wirklichkeit entfalten. Der Bewußtseinshorizont des Individuums wird zwar erweitert, aber alle Persönlichkeitsteile und -bilder bleiben durch die aufeinanderfolgenden Inkarnationen hindurch im Individuum zentriert. So vollzieht sich das Gesetz der Evolution, wenn auch natürlich in dem ihr eigenen, langsamen Tempo.«

Mit diesem Material fuhr ich von 21.00 Uhr ununterbrochen fort, bis Rob um 21.50 Uhr einen Krampf in seiner Schreibhand bekam. Ich habe hier nur Auszüge wiedergegeben. Wir beide waren überrascht, wie lange ich gesprochen und daß ich so bedeutsame Aussagen ohne Korrekturen und ohne Stocken oder Pausen zu machen vermocht hatte. Dann, zehn Minuten später, als wir uns ausruhten, sagte Rob, er wolle fragen, ob auch wir solche Persönlichkeitsteile je bildhaft gesehen hätten. Sofort begannen sich wieder die Worte in meinem Kopf zu formieren, und ich diktierte weiter. Während ich sprach, hatte ich keine Ahnung von der Bedeutung der Worte, so daß ich bis zu unserer nächsten Pause nicht wußte, was Seth gesagt hatte. Die folgende Stelle fanden wir beide später recht beunruhigend.

»Der Mann und die Frau in der Tanzbar in York Beach ... waren Fragmente eurer selbst, waren überwundene Materialisationen eurer negativen und aggressiven Gefühle ... Die Bilder wurden von der dynamischen Kraft eurer damals vorherrschenden destruktiven Energien geformt. Während ihr sie bewußt nicht erkannt habt, kanntet ihr sie unbewußt sehr gut. Unbewußt saht ihr das Bild eurer destruktiven Neigungen, und diese Bilder bewirkten, daß ihr sie bekämpft habt.«

Rob erinnerte sich sofort an die Episode, auf die Seth anspielte. Wie er es fertigbrachte, still dazusitzen und mitzuschreiben, was Seth sagte, ist mir bis heute schleierhaft geblieben.

Gegen Ende 1963, einige Monate bevor unsere Sitzungen begannen, hatten wir Ferien in York Beach, Maine, gemacht, in der Hoffnung, ein Umgebungswechsel würde Robs Gesundheitszustand bessern. Der Arzt hatte nicht gewußt, woher seine Rückenschmerzen kamen, und daher vorgeschlagen, daß er einige Zeit im Streckbett eines Krankenhauses zubringen sollte. Da aber wir meinten, Streß sei, zumindest teilweise für seine schlechte körperliche Verfassung verantwortlich, fuhren wir ins Blaue los, genauer: nach York Beach.

An besagtem Abend besuchten wir einen Nachtclub, weil uns nach unbeschwerter Atmosphäre zumute war. Rob hatte ständig starke Schmerzen. Er beklagte sich zwar nicht, konnte aber die sporadisch auftretenden Krämpfe nicht verbergen. Plötzlich bemerkte ich ein älteres Paar, das in dem uns gegenüberliegenden Teil des Raumes saß. Die beiden flößten mir wegen ihrer unheimlichen Ähnlichkeit mit Rob und mir Angst ein. Sahen wir auch so aus, der Welt und den Menschen entfremdet, bitter, nur jünger? Ich konnte meine Augen nicht von dem Paar abwenden und machte schließlich Rob auf die beiden aufmerksam.

Rob sah zu dem Paar hinüber und stöhnte unter einem erneuten Schmerzanfall. Da passierte etwas, das weder Rob noch ich erklären konnte: zu meiner großen Überraschung erhob sich Rob, ergriff meinen Arm und bestand darauf, mit mir zu tanzen. Eine Minute vorher war er fast unfähig gewesen zu gehen.

Ich schaute ihn verblüfft an. Wir hatten in den acht Jahren unserer Ehe nicht mehr miteinander getanzt; die Band spielte einen Twist, den wir überhaupt nicht kannten. Doch Rob hätte ein Nein nicht akzeptiert. Ich hatte zwar Angst, mich lächerlich zu machen, aber Rob zog mich geradezu auf die Tanzfläche. Wir tanzten den ganzen Abend, und von jenem Augenblick an besserte sich sein Zustand deutlich. Er schien überhaupt auf einmal wie ausgewechselt zu sein.

Jetzt sagte dazu Seth: »Zurückschauend könnt ihr sagen, daß die Wirkung heilsam für euch war. Hättet ihr unbewußt die Bilder akzeptiert, hätte das eurer beider Situation verschlechtert, und zwar sowohl in persönlicher als auch in schöpferischer Hinsicht. Die Bilder bezeichneten den kritischen Höhepunkt eurer destruktiven Energien. Die Tatsache, daß die Bilder aus euch kamen, zeigt, daß die destruktiven Energien nach innen gerichtet waren, auch wenn diese vergegenständlicht für euch sichtbar wurden.

Euer Tanzen bedeutete die erste Bewegung weg von dem, was die Bilder euch vor Augen führten, und entschiedenes Aktivwerden war unter diesen Umständen zweifellos am besten ... Eine heimliche Verwandlung hätte stattfinden können, indem du und Ruburt das Wesentliche eurer Persönlichkeit auf die Bildpersonen, ich meine die Fragmentpersönlichkeiten, übertragen hättet, die ihr selbst geschaffen habt ... und aus deren Augen ihr euch vom gegenüberliegenden Teil des Raumes aus beobachtet hättet. In dem Fall wäre eurer beider jetzt dominierende Persönlichkeit nicht länger dominant geblieben.«

Während einer Pause sagte mir Rob, was Seth über die Bilder gesagt hatte. Keiner von uns hatte damals je etwas von der Gestaltungskraft der Gedanken gehört, und das Ganze klang unglaubwürdig für mich. Und doch, dachte ich, reden Psychologen von Projektionen und Übertragungen, durch die wir unsere Ängste nach außen auf eine andere Person oder Sache projizieren, auf die wir dann reagieren.

»Vielleicht meint Seth eine symbolische Schöpfung«, sagte ich. Doch sofort kamen mir die Worte wieder, und es wurde klar, daß Seth auf der wörtlich zu nehmenden Vergegenständlichung bestand.

»Wer verließ zuerst den Raum, Jane und ich, oder waren es die Bildpersonen?« fragte Rob.

Wieder sprach ich für Seth: »Die projizierten Fragmentpersönlichkeiten verschwanden. Sie standen auf, gingen über die Tanzfläche und verschwanden in der Menge. Sie hatten nicht die Macht, den Ort zu verlassen, auf dem sie geboren worden waren, bis ihr ihnen diese Macht gegeben habt. Erinnert euch, daß sie tatsächlich da waren ... und euer Triumph verstärkte die gesunden Aspekte eures jetzigen Ich.«

Es wurde später und später, doch Seth zeigte keinerlei Anzeichen von Ermüdung. Kurz vor Mitternacht machten Rob und ich eine weitere Pause und beschlossen, die Sitzung zu beenden. Es war übrigens Seth, der vorgeschlagen hatte, etwa jede halbe Stunde eine ungefähr fünfminütige Unterbrechung einzulegen. Wir wußten nicht, was wir von dieser Sitzung halten sollten. Es war das erste Mal, daß ich an einem Stück so lange gesprochen hatte.

Seths Erklärung der York-Beach-Geschichte leuchtete uns intuitiv ein. Sicherlich war etwas Wesentliches an jenem Abend passiert. Aber hatten wir tatsächlich die Bildpersonen aus dem Fundus unserer verborgenen Ängste projiziert, tatsächlich materialisiert? Machen Menschen so etwas häufig? Wenn ja, wären die Schlußfolgerungen daraus beunruhigend. Oder war die Erklärung psychologisch oder symbolisch zu verstehen und als solche richtig oder, im Hinblick auf die behauptete *Tatsächlichkeit* des Vorgangs, einfach reiner Unsinn?

Sollten wir mit den Sitzungen fortfahren? Mein Widerstreben war stärker als das Robs, weil ich so unmittelbar beteiligt war. Andererseits dachte ich auch: Was für eine Gelegenheit! Wir beschlossen, wenigstens noch ein paar Sitzungen abzuhalten, um zu sehen, wie sich alles entwickeln würde.

Rob hatte einige Fragen in bezug auf Seths »Fragmentpersönlichkeiten« und wollte sie beantwortet haben: Was meinte Seth, als er sagte, wir hätten uns in die Bilder verwandeln können? Rob schrieb die Fragen auf, damit er sie nicht vergaß, und zwei Tage später setzten wir uns wieder an das Ouija-Brett. Zu diesem Zeitpunkt wußten wir natürlich vor einer Sitzung nie, ob sie überhaupt zustande kommen oder nicht vielleicht die letzte sein würde, ungeachtet unseres Beschlusses, sie fortzusetzen. Nach dem, was wir bisher wußten, konnte Seth verschwinden, so wie Frank Withers verschwunden war. Rob hatte seine Frageliste griffbereit zur Hand.

In dieser Sitzung sprach ich länger für Seth als je zuvor. Er gab uns einen detaillierten Bericht über zwei frühere Leben. Auch überraschte er uns mit einer Reinkarnationsgeschichte, die Robs Familie betraf. Das Material enthielt einige ausgezeichnete psychologische Ratschläge, die, als wir sie später im Alltag anwandten, uns halfen, mit unseren Verwandten viel besser zurechtzukommen. Aber mir gefiel gar nicht, wie sehr Seth auf der Wiedergeburt beharrte.

»Die psychologischen Einsichten sind fabelhaft«, sagte ich zu Rob in einer Pause. »Doch die Sache mit der Reinkarnation ist wahrscheinlich reine Phantasie. Wunderbar, aber Phantasie!«

»Du mußt dich ja nicht heute abend für Billigung oder Ablehnung entscheiden, oder?« bemerkte Rob. »Wozu die Eile? Wart ab, was er sonst noch zu sagen hat. Und im übrigen habe ich heute abend mehr über meine Familie erfahren als in meinem ganzen Leben zuvor. Das ist ja auch etwas wert.«

Als wir die Sitzung wieder aufnahmen, stellte Rob sogleich die Frage, die uns beschäftigt hatte, seit Seth die York-Beach-Bilder zum erstenmal erwähnt hatte: »Hätten Jane und ich unbewußt diese Bilder akzeptiert und wären nach Hause gefahren, hätte man uns erkannt? Die Bildpersonen waren älter.«

Sofort sammelte sich die Antwort in meinem Kopf und fiel mir aus dem Mund. Ich war aus-, Seth eingeschaltet. »Die Bilder stellten den Höhepunkt nach langjähriger negativer Entwicklung dar. Hättet ihr sie akzeptiert, hättet ihr als Repliken dessen geendet, was ihr in die Bilder übermittelt habt. Zwar hätte eure Kreativität die Wirkung abgemildert: eure Freunde hätten euch wiedererkannt, aber auch die Veränderung festgestellt. Es wäre wohl die Bemerkung gefallen, ihr sähet euch selbst nicht mehr ähnlich oder wie verwandelt aus. Mit gutem Grund.«

»Hat einer von uns schon einmal etwas Ähnliches erlebt?« fragte Rob.

»Eines Nachmittags spieltest du in einem kleinen Park; du warst noch ein Junge, etwa elf Jahre alt. Du glaubtest, du wärest allein. Es war am siebzehnten September, kurz vor fünf. An dem Tag hattest du keine Schule. Ein anderer Junge tauchte auf. Du hattest ihn nicht kommen sehen. Du meintest, er wäre auf dem Rundweg hinter dem Orchesterpodium hergekommen. Er hatte Fähnchen in der Hand. Ihr saht euch an und wolltet gerade anfangen, miteinander zu sprechen, als ein Eichhörnchen vor euch an einem Baum hinauflief.

Du sahst dem Tierchen zu, und als du dich wieder dem Jungen zuwandtest, war er verschwunden. Du wundertest dich darüber, dann hast du den Vorfall vergessen. Tatsächlich sah zur selben Zeit dein Bruder Loren aus dem Fenster des gegenüberliegenden Ladens deines Vaters. Er hatte niemanden gesehen.«

»Gab es den Jungen wirklich – oder nicht?« fragte Rob.

»Es war das Teilbild deiner eigenen Persönlichkeit. Du sehntest dich nach einem Spielkameraden und warst eifersüchtig, weil dein Bruder so lange bei deinem Vater war. Ganz ohne es zu wissen, hast du eine Fragmentpersönlichkeit als Spielkameraden kreiert. Damals konntest du nicht wissen, was da vorgegangen war, und du vermochtest dem Bild keine Dauerhaftigkeit zu verleihen.

Es kommt vor, daß jemand vor dem Bild, das er produziert hat, erschrickt. Gewöhnlich verschwinden solche Erfahrungen, wenn der Mensch erwachsen wird; Kinder aber machen sie häufig. Wenn ein Kind weint, weil es den Schwarzen Mann gesehen hat, so liegt dessen Leibhaftigkeit oft eine solche Projektion zugrunde, die dem tiefen Wunsch des Unbewußten entstammt.«

»Wie er doch das alles aus der Motivation des Unbewußten zusammenpackt!« sagte ich später.

Rob grinste. »Wäre es dir lieber, er täte es nicht?«

»Aber Reinkarnation ... und Kinder, die Fragmentpersönlichkeiten als Spielkameraden erschaffen?« Ich runzelte die Stirn. »Andererseits ist es faszinierend, zum Kuckuck! Und stell dir vor, was es bedeutete, wenn es stimmt!«

»Wir haben doch selbst Leute gekannt, die plötzlich völlig verändert waren. Und wir standen vor einem Rätsel. Wenn Seth recht hat, wurden sie tatsächlich die destruktiven Bilder, die sie von sich selbst gemacht hatten«, sagte Rob.

Es schüttelte mich vor Unbehagen. »Aber das muß doch nicht nur immer destruktiv sein, oder? Könnte das nicht auch andersherum funktionieren?«

»Bange?« fragte Rob. Er zog mich auf.

»Überhaupt nicht«, sagte ich leichthin. Aber ich sah im Geiste die Gesichter dieses Paares noch genau vor mir. Auch blieben so viele Fragen offen. Einige wurden in den darauffolgenden Sitzungen beantwortet. Eine Erklärung – sie entstammt einer etwa drei Jahre später stattgefundenen Sitzung – ist besonders interessant:

»Jetzt zu den Bildern von York Beach. Da wurden aggressive und destruktive Energien unbewußt nach außen projiziert. Sie erlangten Pseudorealität und vorübergehend die Erscheinungsform materieller Tatsächlichkeit. Die Gefühlsfracht liefert das Muster und die Antriebskraft für solche Schöpfungen. Je nach dem Ausmaß der körperlich-materiellen Verwirklichung solcher Projektionen steuert der physische Körper des Schöpfers Anteile seines biochemischen Organismus bei. Proteine werden gebraucht, ein hoher Verlust an Kohlenhydraten tritt ein.

Wie der Mensch körpereigene Stoffe oder Chemikalien mobilisieren kann, um Fragmentpersönlichkeiten zu erschaffen, kann er sie auch einsetzen, um ein Geschwür, einen Kropf und andere Veränderungen im Körper zu erzeugen. In einem solchen Fall werden bestimmte Gefühle geleugnet, verdrängt, unterdrückt. Das Individuum will sie nicht als Teilerfahrung seines Selbst akzeptieren. Statt die Gefühle nach außen zu projizieren, wie ihr es in York Beach gemacht habt, werden sie auf eine bestimmte Stelle des Körpers abgeladen. In anderen Fällen wird ihnen eingeräumt, sozusagen als Unruhestifter im Körper herumzuwandern.«

Als Seth diese Erklärungen durchgab, hatten wir bereits genügend Wissen erworben, um sie verstehen zu können. In seinen Ausführungen hat Seth stets betont, Krankheit sei oft das Ergebnis als verboten erachteter und daher unterdrückter Gefühle und die Psyche versuche dann, sie loszuwerden, sie durch Projektion in bestimmte Körperregionen abzuschieben. Im Fall einer Krebserkrankung produziert tatsächlich solch umgeleitete Energie die Geschwulst. Wenn wesentliche Anteile des Selbst verboten sind, kann sich eine Sekundärpersönlichkeit mit Eigenschaften herausbilden, die das Primär-Ego verabscheut und verleugnet. In anderen Fällen können die als verboten erachteten Gefühle nach außen in eine andere Person hineinprojiziert werden.

Oder die angestaute Energie entlädt sich, wie im Fall von York Beach, in pseudorealen Bildpersonen, die den Urheber der Gefühle mit dem im Körperlichen erkennbaren Ausdruck seiner Ängste zeigt.

Damals allerdings war das alles neu für uns. Meines Wissens war Seth selbst eine Sekundärpersönlichkeit, und an diesem Punkt hätten wir die Sitzungen beenden können. Wir setzten sie aus reiner Neugier fort. Wir waren keineswegs davon überzeugt, daß Seth eine Wesenheit war, die den Tod überlebt hatte. Höchstwahrscheinlich, so dachten wir, war er ein sehr lebendiger Teil, eine Dramatisierung meines eigenen Unbewußten. Wir hatten uns inzwischen anhand grundlegender psychologischer Literatur ein beträchtliches Wissen angeeignet, so daß wir wegen der Geschichte mit der Sekundärpersönlichkeit keine Angst zu haben brauchten. Im übrigen enthielt das Material nichts, was auf exzessive Gefühle wie etwa verdrängten Haß oder unterdrückte Sehnsüchte hätte schließen lassen. Auch stellte Seth an uns keinerlei wie immer geartete Forderungen.

In der Zwischenzeit war Weihnachten nähergerückt. Zwei Wochen lang hatten wir ohne Sitzungen verbracht, und wir fragten uns, was wohl passierte, wenn wir sie wieder aufnehmen würden. Der Inhalt der bei der nächsten Sitzung auf uns einstürzenden Erfahrungen warf allerdings unsere Vorstellungen über das, was möglich ist, derart über den Haufen und beleidigte unsere im Konventionellen verhafteten Überzeugungen in einem solchen Maße, daß wir nahe daran waren, die ganze Sache fallenzulassen.

Nun, wir taten es nicht! Und die Folgen dieser Sitzung bestimmten unser ganzes Leben und Tun in den darauffolgenden Jahren. Mich selbst bestärkten sie in meinem Anliegen, meine medialen Fähigkeiten zu aktivieren und zu entfalten.

3
Seth besucht uns – »Zweitfinger«

Wollte ich mein Buchprojekt nicht fallenlassen, drängte sich eine experimentelle Sitzung auf. Wir hatten noch nie an einer »Séance« teilgenommen, wie solche in bestimmten Zirkeln abgehalten wurden, und hatten nur eine höchst nebulose Vorstellung, was da eigentlich geschah. Wir hielten es allerdings für geboten, daß nicht nur wir beide daran teilnehmen sollten; deshalb entschlossen wir uns, Bill Macdonell zu bitten mitzumachen. Er war der einzige, der von unseren Experimenten wußte. Bill kam am Abend des zweiten Januar 1964 zu uns.

Die Ergebnisse dieser Sitzung waren laut Robs Mitschrift so erstaunlich, daß ich sie hier genau so, wie er sie niederschrieb, wiedergeben will. Zweifellos war er als Beobachter und Berichterstatter viel objektiver, als ich es je sein könnte. Der Inhalt seiner Formulierungen läßt zudem auch seine damalige Haltung, seine kritische Vorsicht und seine kühle Skepsis, erkennen. Bill Macdonell las nach der Sitzung die Notizen und bestätigte deren Richtigkeit.

Wir setzten uns an den kleinen Tisch in unserem Wohnzimmer. Wir bedeckten die Tischplatte mit einem dunklen Tuch. Man sieht bei uns vom Wohnzimmer aus das Küchenfenster; darum ließen wir in beiden Räumen die Jalousien herunter und zogen die Vorhänge zu.

Wir wußten nicht, was zur Vorbereitung einer Sitzung gehört. Auf gut Glück schalteten wir eine kleine rote elektrische Lampe, ein Weihnachtslicht, ein. Unsere Wände sind weiß, und so konnten wir, nachdem unsere Augen sich an das Halbdunkel gewöhnt hatten, einigermaßen gut sehen.

»Ich bat Jane«, so heißt es in Robs Notizen, »ihren Ehering auf den Tisch zu legen. Um ihn herum legten wir unsere Hände aneinander. Als wir so in dem schummerigen Licht dasaßen und auf den Ring sahen, kam mir der Gedanke, daß ein unkritischer Beobachter keine große Mühe hätte, irgend dies oder das zu sehen, was er gerade sehen wollte.

Ein winziger Lichtpunkt wuchs am Rand des Ringes. Als ich aber meinen Arm bewegte, entdeckte ich, daß ich das Licht an- und ausblinken konnte. Es war nur der rote Reflex des Lämpchens; ich stellte es darum hinter den Vorhang, der nur ein diffuses Licht durchließ. Als wir wieder auf den Ring sahen, passierte nichts. Ich begann aufs Geratewohl, Fragen zu stellen, richtete diese aber nicht an Seth.

Da verkündete Jane plötzlich mit fester klarer Stimme: ›Beobachte die Hand!‹ Es war ein Befehl, und ich wußte, daß Seth durch Jane sprach. Jane fühlte, sagte sie, ihre Hand kalt werden. Mit offensichtlichem Genuß beschrieb nun Jane mit Seths Stimme im Detail alles, was folgte, so daß – wie Seth sagte – kein Zweifel an dem bestehen könne, was geschah.

Er forderte uns auf, Janes Daumen zu beobachten. Die Kuppe begann zu glühen; von innen her schien das Fleisch von kaltem weißem Licht durchflutet zu sein. Es hatte keine Leuchtwirkung, nur die Farbe des Fleisches änderte sich. Da die Hand im Schatten lag, konnte über die Veränderung kein Zweifel bestehen.

Das Glühen erstreckte sich bald über den ganzen Daumen bis zu seiner Wurzel und ging dann auch auf die Handfläche über. ›Achtet auf den Hügel‹, sagte Seth mit ziemlich deutlicher Befriedigung. ›Seht ihr, wie sich die Farbe ändert und wie die Schatten in der Handfläche verschwinden? Wenn ihr eine Demonstration wollt, sollt ihr sie haben, wenn sie auch noch so töricht ist ... Und jetzt das Handgelenk. Merkt ihr, wie es dicker und weiß wird?‹

Janes Handgelenk wurde tatsächlich dicker. Sie saß da und hielt das Gelenk ihrer linken Hand auf den Tisch gedrückt. Sie trug einen schwarzen Pullover, dessen Ärmel sie halb aufgestülpt hatte, und das kalte weiße Licht kroch weiter über das dicker werdende Handgelenk an ihrem Unterarm hoch bis zum Pullover.

Dann veränderte die Hand ihre Proportionen und ähnelte im Umriß eher einer Pranke. Ich hatte das unangenehme Gefühl, es sei die Vordertatze eines Tieres. Janes Finger, die normalerweise lang und schlank sind, waren zu plumpen Auswüchsen zusammengeschrumpft, jedenfalls erschien es mir so. Das Licht durchflutete die Handfläche und ließ die Schatten verschwinden, die man normalerweise sieht, so daß es nicht sein konnte, daß die Finger nur nach innen gebogen waren.

Langsam gewann die Hand ihre normale Form zurück. Jane saß noch immer da, die Handfläche nach oben. Jetzt lief Seth zu großer Form auf. Die Finger wurden immer länger und weißer. Dann entsproß, aus Janes Fingern heraus, ein zweiter Satz Finger. Jetzt wäre es für Jane ein leichtes gewesen, ihre eigenen Finger über die anderen zu biegen, aber dann sahen wir, wie auch der zweite Satz Finger in die Länge wuchs und weiß wurde. Darüber hinaus waren die Fingernägel der Zweitfinger oben. Wären es Janes eigene Finger gewesen, hätten sich die Nägel auf der Unterseite befunden, sie wären also nicht sichtbar gewesen.

›Dafür, daß das ein erster Versuch ist, mache ich das doch sehr schön‹, sagte Seth. ›Was haltet ihr davon? Schaut genau hin.‹ Einige Minuten lang betrachteten wir schweigend, was wir da vor uns sahen. Die Zweitfinger bogen sich auf groteske Weise; sie sahen wächsern aus, als wären sie feucht und wie frisch benetzt. Jane schien sich nicht zu fürchten. Dann bildeten sich auf einmal die Zweitfinger wieder zurück.

›Jetzt verändert die Hand sich noch einmal‹, sagte Jane-Seth. ›Sie wird fett und kurz. Frank Withers hatte so eine Hand, genau eine solche. Frank Withers war ein Dickwanst‹, sagte er mit volltönender Genugtuung, obwohl Frank doch, laut Seth, ein Persönlichkeitsfragment seiner eigenen Wesenheit war.

Die Hand wurde für einen Augenblick kurz und fett. Dann nahm sie wieder die Form einer Pranke an. ›Jetzt‹, sagte Seth zu mir, ›strecke ganz vorsichtig deine Hand aus und berühr die andere Hand. Ich möchte, daß du sie berührst, damit du spürst, wie sie sich anfühlt.‹ Sachte tippte ich mit den Fingerspitzen auf Janes Handfläche. Sie fühlte sich sehr kalt an, feucht und schweißnaß, und die Haut war runzlig und ganz und gar nicht so, wie ich sie gewohnt war.

Nun steigerte sich der kalte innere Leuchteffekt in Janes Handgelenk und Handfläche noch um einen bemerkenswerten Grad. Am Handgelenk schwoll das Fleisch zu einem eiförmigen Klumpen. Das Weiß kroch hinauf bis zu Janes Pulloverärmel und floß in der entgegengesetzten Richtung bis zu ihren Fingern; jede Spur von einem Schatten an Arm und Handfläche war verschwunden. Wie um diesen Teil der Demonstration zu beenden, legte Jane ihre beiden Hände nebeneinander auf den Tisch, damit wir überdeutlich den Unterschied zwischen den beiden sehen konnten. Langsam nahm indessen die Hand wieder normale Ausmaße an, und Seth hieß uns eine Pause machen.

Nach der Pause schlug Seth vor, wir möchten die Tür zum Badezimmer schließen. Diese Tür ist auf der Wohnzimmerseite in Rahmengröße mit einem Spiegel ausgekleidet, und Seth sagte, wir sollten hineinsehen. Da die Spiegeltür hoch und schmal ist, mußten wir drei an dem kleinen Tisch sehr eng zusammenrücken, um uns alle drei im Spiegel sehen zu können. Jane saß in der Mitte. Ihre Lippen waren sehr nah an meinem Ohr, als sie sprach. Ich konnte jeden ihrer Atemzüge und ihr Schlucken hören. Ihre Stimme verlor jetzt beträchtlich an Lautstärke. Ich hatte das Gefühl, daß sie tatsächlich für jemand anderen sprach, nicht etwa für eine Persönlichkeit, die ihrem Unbewußten entstammte und die sich zufällig Seth nannte.

›Jetzt seht ihr drei eure Spiegelbilder klar im Spiegel. Paßt auf, jetzt verändere ich Janes Bild und ersetze es durch ein anderes‹, sagte Seth. Und Janes Bild veränderte sich tatsächlich. Ihr Kopf rutschte tiefer. Gleichzeitig veränderte sich der Umriß ihres Schädels, das Haar wurde kürzer und lag wesentlich enger am Kopf an. Die Schultern des Spiegelbildes rückten nach vorn und erschienen schmaler. Und dann neigte sich der Kopf im Spiegel und blickte nach unten, während Jane mit aufgerichtetem Kopf dasaß und geradeaus in den Spiegel sah.

Jane sagte später, dies habe sie mehr schockiert als irgend etwas sonst. Ich sah sie an, die Frau neben mir, dann die im Spiegel. Es bestand kein Zweifel über den Unterschied. Ich sah auch einen Schatten über das Bild im Spiegel streichen. Gleichzeitig hatte ich den Eindruck, daß das Gesicht vor dem Körper herunterhing. Der Kopf im Spiegel schien kleiner zu werden. Ich entdeckte ein schwaches Glimmen um den Schädel herum, das dem Anschein nach zwischen dem Spiegel und uns dreien im Raum hing.

Ebenso deutlich war zu erkennen, daß das Bild im Spiegel einige Zentimeter tiefer saß als Jane und daß ab und zu der mysteriöse Kopf nach vorn kippte und vor dem Körper hing.«

Soweit Robs Aufzeichnungen der Sitzung.

Während der Sitzung hatte ich weder Nervosität noch Angst verspürt. Gegen Ende allerdings war ich über den eklatanten Unterschied zwischen dem Bild im Spiegel und dem mir aus dem Alltag bekannten Spiegelbild meiner selbst sehr erschrocken. Ich glaube, einen Augenblick hatte ich Angst, wirklich so auszusehen. Aber schließlich war diese Angst zu verstehen. Denn normalerweise gibt ja ein Spiegel unser genaues Spiegelbild wieder, und keine Frau ist entzückt, statt dessen einer unheimlichen Erscheinung zu begegnen.

Als Seth durchgekommen war, hatte er mit seiner Präsenz andere Gedanken und mögliche Zweifel weggewischt. Die ganze Zeit über aber waren meine Augen geöffnet gewesen. Ich hatte zum Beispiel den Unterschied zwischen meinen Händen prüfen und die Zweitfinger deutlich sehen können, ebenso das weiße Glühen, das bis zum Ansatz meiner hochgekrempelten Pulloverärmel lief.

Es schien einfach in mir etwas »auszuklinken«, wenn Seth sprach, zugleich aber durchströmte mich währenddessen ein ungeheures Gefühl von Energie. Bis auf das Bild im Spiegel fühlte ich mich durch nichts irritiert.

Sobald die Sitzung vorüber war, war ich entsetzt. Anstatt durch Seths Rolle bei den Ereignissen ermutigt zu sein, waren wir empört. Wir wußten alle drei, was wir gesehen hatten. Rob hatte sogar einmal die Hand berührt, und Seth hatte uns genug Gelegenheiten geboten, die Wirkungen zu prüfen, als sie sich einstellten. Einerseits konnten wir jedoch unsere Sinneswahrnehmung ganz einfach nicht akzeptieren, andererseits aber das, was wir gesehen hatten, nicht ableugnen. Obwohl wir das Experiment im Hinblick auf das von mir geplante Buch unternommen hatten, hielten wir doch solche Sitzungen für Mumpitz, für irgendwie nicht seriös. Wir wollten Seth da nicht hineinziehen und hatten ja besonders darauf geachtet, nicht nach ihm zu fragen.

Meine intellektuelle Skepsis war erwacht, gerade weil die Sache bisher so erfolgreich verlaufen war. Wir argumentierten hin und her, ob Suggestion verantwortlich sein könnte oder nicht, aber wir wußten, daß damit nicht einmal die Hälfte dessen, was geschehen war, erklärt werden konnte: schon einmal kaum die runzelige Haut, die Rob in meiner Handfläche ertastet hatte, und noch viel weniger die unerklärliche Erscheinung der Zweitfinger. Wir kamen zu dem Ergebnis, daß vielleicht das seltsame Bild im Spiegel auf Suggestion zurückgeführt werden *könnte*.

Tatsächlich experimentierten wir zum erstenmal in unserem Leben mit Phänomenen, die wir nicht erklären konnten und die uns an der Glaubwürdigkeit unserer Sinne zweifeln ließen – das kann niemandem wünschenswert erscheinen. Das Ganze hatte für uns zur Folge, daß ich mich auf Sitzungen dieser Art ganze drei Jahre lang nicht mehr einließ. Und als wir später weitermachten, ließen wir jedenfalls immer alle verfügbaren Lichter brennen, damit wir Wirkungen, die sich einstellen mochten, besser prüfen konnten.

Im Laufe meines Arbeitens gelangte ich zur Überzeugung, daß sich psychische (oder parapsychische) Phänomene nicht einfach einstellen, weil wir sie erwünschen oder weil ihnen in welcher Form immer Suggestion zugrunde liegt. Ich habe auch zahllose Male erlebt, daß solche Phänomene bei voller Beleuchtung zum Beispiel in so manchen meiner ASW-Seminare spontan auftraten. Demgegenüber habe ich seitdem auch von Veranstaltungen erfahren, in denen Gruppen erwiesenermaßen hochsensitiver, also ASW-befähigter Menschen mit weniger kritischer Einstellung in dunklen Zimmern versammelt waren und alle möglichen Erscheinungen erwarteten – und es passierte überhaupt nichts.

Ich glaube, Rob und ich waren ärgerlich, in so kurzer Zeit so vieles erlebt zu haben, obwohl wir auf solche Erfahrungen nicht eingestellt waren. Es war noch kein Monat her, seit wir mit dem Ouija-Brett begonnen hatten. Unsere Vorstellungen von dem, was möglich ist, waren völlig umgekrempelt worden. Wir kamen überein, noch eine Sitzung abzuhalten und zu sehen, was Seth zur Sache zu sagen hatte, und danach wollten wir – einmal mehr – die Experimente einstellen, Buch hin, Buch her.

Am nächsten Abend hielten wir die Sitzung ab, die wir für unsere letzte erachteten. Im Anschluß an diese aber wußten wir, daß wir zur Fortsetzung des Begonnenen verpflichtet waren. Für uns bedeutete diese Sitzung tatsächlich den Beginn des »Seth-Materials« und zugleich das Ende der Vorbereitungsphase.

Zum erstenmal kam Seth durch, und zwar als eine deutlich von mir verschiedene Persönlichkeit, die mehr als ich lacht und sehr gern Scherze macht. Rob konnte nicht glauben, daß *ich* es sein sollte, die so sprach und die er ja gut genug kannte. Doch darüber hinaus fesselte uns Seths langer Monolog über die Natur der Realität und machte uns neugierig auf mehr. Wir hatten damals noch keine Ahnung, daß es sich dabei tatsächlich um eine höchst vereinfachte Erklärung handelte, die klugerweise unserem damaligen Verständnis angepaßt war. Jedenfalls machten Seths Ausführungen auf uns nichtsdestoweniger einen ungeheuren Eindruck.

Fast drei Stunden lang sprach ich für Seth, wobei ich im Zimmer auf und ab ging, Scherze machte, ab und zu auch Pausen einlegte, um Rob die Möglichkeit zu geben, mit seinen Notizen nachzukommen. Dabei lieferte sehr wohl ich diesen Monolog, doch meine Gesten, der sprachliche Ausdruck, Tonfall und Gesichtsausdruck waren vollkommen anders als meine eigenen. Ich sprach, ohne zu stocken, ohne

Verzögerungen, brachte ernst zu nehmendes philosophisches Material mit jovialen Einschüben hervor, ähnlich wie ein Professor vor einem kleinen Studentenkreis spricht. Die Sitzung weckte zuhöchst und zutiefst unsere intellektuelle und intuitive Neugierde, so daß an ein Aufhören künftig nicht mehr zu denken war.

»Stellt euch ein Netzwerk aus Drähten vor, ein Labyrinth untereinander verknüpfter Drähte ohne Ende, das, wenn ihr hindurchschaut, weder Anfang noch Ende zu haben scheint. Eure Erfahrungsebene könnte man vergleichen mit einem kleinen Ausschnitt davon, der von vier sehr dünnen Drähten eingefaßt ist, und meine Ebene wäre vergleichbar mit einem kleinen Ausschnitt benachbarter Drähte. Doch wir sind gleichzeitig darüber oder darunter, je nach eurem Blickwinkel.

Wenn ihr euch nun die Drähte so angelegt vorstellt, daß sie Würfel bilden – das ist für dich, Joseph, weil du Bilder so schätzest –, dann würden die Würfel ineinander passen, ohne daß dabei die Bewohner des einen oder des anderen Würfels auch nur im geringsten gestört würden. Und diese Würfel stecken wiederum in anderen Würfeln – und dabei spreche ich immer noch von dem kleinen Ausschnitt, der zu eurer und zu meiner Ebene gehört.

Stellt euch wiederum eure Ebene vor: wie sie in dünne Drähte eingefaßt ist; meine Ebene ist auf der anderen Seite. Beide haben, wie ich schon andeutete, ein grenzenloses Zusammengehörigkeitsgefühl und unergründliche Tiefe. Nur auf der einen Seite aber ist die andere Ebene transparent. Ihr könnt nicht hindurchsehen, aber die beiden Ebenen durchdringen einander ununterbrochen. Ich hoffe, ihr seht, was ich hier gerade getan habe. Ich habe euch die Idee der Bewegung eingepflanzt, denn wahre Transparenz ist nicht die Fähigkeit, durch etwas hindurchzusehen, sondern sich durch etwas hindurchzubewegen.

Das meine ich, wenn ich von fünfter Dimension spreche. Nehmt jetzt die vorgestellten Strukturen von Drähten und Würfeln weg. Das Wahrnehmbare verhält sich, als ob Drähte und Würfel vorhanden wären, dennoch sind sie nur notwendige Konstruktionen, sogar für jene auf meiner Ebene ... Wir konstruieren auf diese Weise mit Hilfe der Sinne, deren wir uns gerade bedienen, Bilder. Wir bauen vorgestellte Verbindungen nur, um darauf gehen zu können.

Die Wandkonstruktionen in eurem Zimmer sind so real, daß ihr im Winter ohne sie frieren würdet, und doch gibt es weder Wände noch

Zimmer. In ähnlicher Weise sind die Drähte, die wir konstruieren, real, obwohl es gar keine Drähte gibt. Die Wände eures Zimmers sind für mich durchsichtig, obwohl ich das, lieber Joseph, lieber Ruburt, im Zuge eines Gruppenexperiments wohl kaum demonstrieren könnte.

Und doch *sind* diese Wände durchsichtig, weil nicht vorhanden, und ebenso die Drähte, doch aus praktischen Gründen müssen wir uns so verhalten, als ob die einen wie auch die anderen vorhanden wären ... Wenn ihr aber zur Vorstellung von dem Netzwerk aus Drähten zurückkommen wollt, so bitte ich euch, dieses Labyrinth in eurer Phantasie mit allem, was es auf eurer und meiner Ebene gibt, anzufüllen – ihr habt dann vergleichsweise zwei kleine Vogelnester in dem ebenso nestähnlichen Aufbau irgendeines gigantischen Baumes ...

Stellt euch weiter vor, daß diese nicht vorhandenen Drähte beweglich sind, ständig vibrieren und auch insoweit lebendig sind, als sie nicht nur den Stoff des Universums tragen, sondern selbst Projektionen desselben sind. Versteht ihr, wie schwierig es ist, das zu erklären? Ich kann euch auch nicht vorwerfen, daß ihr langsam müde werdet. Immerhin bat ich zunächst, euch diese seltsamen Strukturen vorzustellen, dann bestand ich darauf, daß ihr sie wieder vergeßt; tatsächlich ist ja das alles genausowenig zu sehen oder anzufassen wie das Brummen von Millionen unsichtbarer Bienen.«

In dieser Sitzung schlug Seth uns vor, künftighin zweimal wöchentlich Sitzungen abzuhalten. Er meinte, ein planmäßiges Vorgehen sei sporadischer Aktivität bei weitem vorzuziehen. Er fuhr fort: »Hin und wieder geben diejenigen, die sich auf meiner Erfahrungsebene befinden, solchen Unterricht. Doch zwischen Lehrern und Schülern müssen seelische Bande bestehen. Das heißt, wir müssen warten, bis die Persönlichkeiten auf eurer Ebene genügend Fortschritte gemacht haben, um einen Unterricht beginnen zu können. Dann wird der Unterricht mit denen aufgenommen, die uns seelisch verbunden sind.

Was ihr Emotion oder Gefühl nennt, ist das uns wechselseitig Verbindende, und das ist es, was eindeutig die Lebenskraft auf jeder Ebene darstellt, ganz gleich unter welchen Umständen. Daraus wird alles Material gewoben, in eurer Welt wie in meiner.«

Im Anschluß an diese Ausführungen blieb Seth in der Nähe, als wolle er deutlich machen, daß für ihn nun die Zeit eines zwanglosen, geselligen Beisammenseins gekommen sei. Er forderte zu Fragen auf, gestikulierte häufig, blieb (in meiner Person) vor Rob stehen und sah ihn direkt durch meine geöffneten (aber mir unähnlichen) Augen an.

»Es ist nichts Falsches dabei und möglicherweise viel zu gewinnen«, sagte er, »wenn ihr Experimente anzustellen wünscht und durchführt. Nennt sie Schulaufgaben, wenn ihr wollt. Vielleicht gebe ich euch dafür sogar den Goldenen Stern. Ihr werdet ja, wie ich euch kenne, selbst damit einverstanden sein, daß der Lehrer den Schülern den sprichwörtlichen Apfel gibt und nicht umgekehrt ...«*

Dann sprach er in sehr humorvollem Ton über das Ouija-Brett, das wir nach wie vor benutzten, um eine Sitzung einzuleiten und zu beenden. »Das ist eine äußere Formsache; die Verbindung wird so auf die gewohnte Art hergestellt. Das Ouija-Brett erlaubt euch ein gemächliches Buchstabieren, und seine Funktion kommt auch etwa einem ›Guten Tag‹ oder ›Guten Abend‹ oder dem Lüften des Hutes gleich. Doch solche kleinen Rituale tragen dazu bei, sich Einzelheiten einzuprägen und sie vorteilhaft zur Geltung zu bringen – etwa genauso, wie eine gute Küche erst durch feines Geschirr voll zur Geltung kommt ... Am Ende einer Sitzung, so empfehle ich euch übrigens, solltet ihr in einer herzlichen Geste eure auf dem Ouija-Brett liegenden Hände berühren. Ihr könnt von Glück sagen, daß ich euch nicht auffordere: Abendanzug erwünscht.«

Rob lachte, und ich auch, als ich die Aufzeichnungen las. Wir waren fasziniert von dem Monolog über die fünfte Dimension – der im Vorstehenden natürlich nur bruchstückweise wiedergegeben ist. Seths Persönlichkeit beeindruckte Rob tief; er war seither überzeugt, daß Seth eine von mir vollkommen unabhängige Persönlichkeit ist. Er kennt mich selbstverständlich bestens und in allen meinen Stimmungen, so daß er die Unterschiede und Ähnlichkeiten zwischen mir und Seth sehr wohl beurteilen kann.

Nachdem mir Rob die Sitzung beschrieben und ich die Notizen gelesen hatte, konnte ich nur staunen. Rob und ich sind sehr zwanglos, wie auch übrigens unsere Freunde. Im Alltag tragen wir weder Hüte noch Anzüge, eher Jeans, Hemden, Pullover. Gerade auch deswegen

---

* Der »sprichwörtliche Apfel« ist nicht etwa der der Erkenntnis, sondern das Symbol eines Geschenks an den Lehrer. Der »Goldene Stern« ist eine an amerikanischen Schulen übliche Auszeichnung für besondere Leistungen der Schüler, wobei einem so Ausgezeichneten ein aus Goldfolie ausgestanzter Stern, der aufklebbar ist, überreicht wird.

fand ich Seth einnehmend, wer immer er war. Wen sonst kannten wir von »alter Schule«, daß er vom Hutlüften sprach oder »gute Küche« mit »feinem Geschirr« assoziierte! Jedenfalls klang all das, was er sagte, in keiner Weise beängstigend, und sein Monolog über die fünfte Dimension hatte uns zutiefst beeindruckt.

In der Folge begann ich mehr und mehr, mein eigenes psychologisches Verhalten zu beobachten; und die Frage, ob Seth eine von mir unabhängige Wesenheit sei, beschäftigte mich zunehmend. Da ich im Zuge der Sitzungen in gewisser Weise Seth »werde«, kann ich mich als Seth nie sehen, wie Rob das kann oder ein jeder Teilnehmer meiner Seminare. Ich weiß aber, daß Seth auf andere Menschen einen sehr starken Eindruck macht. Wer oder was ist er? Ich frage Rob andauernd. Wie sehe ich aus, wenn ich für ihn spreche? Wieso wollte er, Rob, wissen, daß jemand anderer aus mir sprach? Was hat Seth an sich, daß Rob so überzeugt davon war, Seth sei mehr als nur eine Spaltpersönlichkeit meines eigenen Unbewußten?

Weit davon entfernt, Seth in jeder Ecke zu suchen, bewahrte ich meine geistige Integrität mit der entschiedenen Bestimmtheit, die mir eigen ist. Bisweilen kam ich mir dumm vor, denn Seth unternahm keinerlei Versuche, in meinen normalen Arbeitsalltag »einzudringen«. Mehr noch, ich fühlte, daß ihn all das amüsierte, er aber verstand, daß meine Anstrengungen, obgleich im Grunde unnötig, wichtig waren für meine innere Ausgeglichenheit.

Und doch war ich mir nie neuer Entwicklungen bewußt, bevor sie jeweils tatsächlich und spontan – und zu meinem eigenen Erstaunen – auftraten. Wenn wir dachten, daß Seth in der letzten Sitzung »durchgekommen« sei, so hatten wir schon in der nächsten noch eine Menge zu lernen. Denn da kam plötzlich wirklich Seths eigene, mächtige Stimme durch.

Die erste Sitzung mit Frank Withers hatten wir am zweiten Dezember 1963 abgehalten. In der vierzehnten Sitzung, am achten Januar, sprach ich bereits für Seth in seiner tiefen maskulinen Stimme *und* bediente mich seiner eigenwilligen Gestik. Wir waren in wenig mehr als einem Monat sehr viel weitergekommen. Ganz ohne Zweifel waren die seit dem zweiten Dezember vergangenen denkwürdigen Tage von intensivster psychologischer Aktivität, großen Aufregungen und auch Spekulationen erfüllt gewesen. Nie zuvor hatten wir solches erlebt. Erst drei Jahre später, als mein Buch bereits erschienen war, waren wir fähig zu begreifen, was da geschehen war.

4
Die Stimme Seths – erstaunliche Erklärungen

Während der folgenden Zeit arbeitete ich jeden Nachmittag in der städtischen Kunstgalerie. Morgens beschäftigte ich mich mit meinem Buch. Eine wesentliche Aufgabe erschien mir, die Ergebnisse unserer Experimente festzuhalten. Außer unserem Freund Phil hatten wir noch niemandem erklärt, was wir ins Werk setzten. Tatsächlich wußten nur wenige unserer Freunde, was wir zu verwirklichen im Begriff waren. Heute frage ich mich, warum wir das Ganze so geheimhielten, aber damals erachteten wir es für besser, unser Anliegen und Tun noch nicht publik zu machen. Wir hatten mit uns selbst genug zu tun.

Seths Persönlichkeit drückte sich jetzt, da sie nicht mehr an das Ouija-Brett gebunden war, viel freier aus, besonders nach der überraschenden vierzehnten Sitzung. Rob wird das, glaube ich, nie vergessen. Noch immer waren wir beide über die Sitzungen als solche erstaunt. Ich war jedesmal sehr nervös, bevor es losging, und fragte mich, ob Seth wohl durchkommen würde oder nicht.

Damals hatte ich tatsächlich immer noch die Befürchtung gehegt, ich würde in Trance fallen, den Mund öffnen, und es käme nichts oder – noch schlimmer – nur Unsinn hervor. Doch abgesehen davon war mir auch jetzt nicht bewußt, wie ich mir gewiß sein konnte, wann Seth sich zu äußern bereit war. Wir begannen mit den Sitzungen jeweils um neun Uhr abends. Kurz vor neun war mir immer wieder, als ob ich von einem hohen Sprungbrett in ein tiefes Becken spränge – ohne sicher zu sein, schwimmen zu können.

Die Sitzung begann auch diesmal, wie gewöhnlich, ohne daß sich auch nur im geringsten eine Veränderung meiner Stimme angekündigt hätte. Ich möchte hier erwähnen, daß wir bis zu diesem Zeitpunkt zwar einige Bücher über das Phänomen außersinnlicher Wahrnehmung gelesen hatten, etwa von Fällen, bei denen Gedichte über das Ouija-Brett vorbuchstabiert oder durch automatisches Schreiben diktiert worden waren, aber wir hatten noch nie etwas davon gehört, daß jemand für eine andere Person spricht. Das war uns völlig fremd. Neu war für uns beide auch, daß sich meine Stimme so verändern konnte.

In dieser vierzehnten Sitzung sprach ich in tiefer Trance für Seth fünfzig Minuten lang; das war länger als je zuvor. Seth riet uns eindringlich, ein ausgewogeneres gesellschaftliches Leben zu führen, mehr auszugehen, Menschen zu treffen und mit ihnen zu reden. Seinem Rat zufolge sollten wir uns so ein Gegengewicht zu der intensiven inneren Aktivität schaffen. Sodann leitete er über zu einer Erörterung der inneren Sinne, einem Thema, das uns völlig neu war.

»Alles, was auf eurer Ebene des Erlebens stattfindet, ist die Materialisation von etwas, das unabhängig von eurer Bewußtseinsebene existiert. Es gibt im tiefsten Inneren eures Wesens Sinne, die innerer Wahrnehmung fähig sind. Eure klassischen fünf Sinne nehmen die äußere Erscheinungswelt wahr. Eure innere Wahrnehmung nimmt eine innere Welt wahr und erschafft sie ... Sobald ihr euch einmal auf einer weiter entwickelten Ebene des Bewußtseins bewegt, müßt ihr notwendigerweise auf eure innere Wahrnehmung eingestimmt sein, was zugleich voraussetzt, daß ihr so manche Wahrnehmungen eures Alltagslebens auszuschalten versteht. Ihr werdet dann der psychischen Einstellung auf einen Brennpunkt fähig, einer außerordentlichen Konzentration eurer Bewußtheit. In dem Maße, wie eure Fähigkeiten der Wahrnehmung eurer Umwelt wachsen und ihr es euch frei und sicher erlauben könnt, euch umzuschauen, um zu erkennen, was da ist, könnt ihr euch auch der inneren Wahrnehmung bedienen, um den Spielraum eures Handelns zu erweitern. Das ist nur natürlich. Das Überleben auf einer bestimmten Realitätsebene hängt davon ab, wie fest ihr in ihr verankert und in ihr zentriert seid. Wenn euer Überleben infolge der Aufgeschlossenheit eurer Sinne mehr oder weniger gesichert ist, dann könnt ihr es euch auch leisten, andere, wesentlichere Wirklichkeiten wahrzunehmen.«

Seths Botschaften gingen über mehrere Seiten so weiter. Wie sonst auch schrieb Rob so schnell mit, wie er konnte, um mit der Durchgabe der Mitteilungen Schritt halten zu können.

Von der zweiten Stunde dieser Sitzung an wurde meine Stimme zunehmend heiserer, und es war das erste Mal, daß bei Sitzungen Zeichen von Überanstrengung zutage traten. Nach seinen einführenden Äußerungen über die innere Wahrnehmung sagte Seth: »Es war nicht meine Absicht, dich, Joseph, heute abend so hart arbeiten zu lassen. Wenn deine Hand so schnell ist wie Ruburts Mund, mußt du ziemlich erschöpft sein. Möchtest du Pause machen, oder sollen wir die Sitzung beenden? Ich denke immer an euer Wohlbefinden, jedenfalls –

und Jane-Seth lächelte – wenn ich mich nicht gerade mit eurer Erziehung beschäftige.«

Rob bat um eine Pause; dann aber drängte er mich, die Sitzung abzuschließen, ehe mir die Stimme versagen würde. Ich wußte, daß er um mich besorgt, zugleich aber ungeheuer interessiert war an dem Material, das Seth durchgab. Darüber hinaus wußte ich als diejenige, die für Seth sprach, daß ich überaus lebhaft gewesen war und hier und da spaßige Bemerkungen hatte einfließen lassen; zweifellos wollte Seth so den langen, ernsthaften Monolog auflockern. Das Gefühl, daß sich durch mich eine andere, eine unabhängige Persönlichkeit ausdrückte, war stärker denn je, und so beschloß ich denn auch weiterzumachen.

Inzwischen war es 22.30 Uhr geworden. Während unserer Unterhaltung hatte sich Rob übrigens laut gefragt, was es mit dem Begriff der Zeit auf sich habe. Im weiteren Verlauf der Sitzung nahm Seth prompt die Frage auf.

»Zeit hat keine Bedeutung außerhalb der von euch selbst gesetzten Grenzen. Anders ausgedrückt: Zeit hat keinerlei Bedeutung ohne die euch auferlegte Notwendigkeit, das, was ihr erlebt, gegenüber dem, was ihr auch erlebt, zeitlich abzusetzen. Dies ist, im Prinzip, die Quintessenz einer Erkenntnis, wenn ich selbst so sagen darf; das Traurige daran ist bloß, daß ihr wahrscheinlich jetzt noch nicht in der Lage seid, das zu verstehen. Alles braucht seine Zeit! Da ich versuche, eurer Unwissenheit entgegenzuwirken, konnte ich mir das nicht verkneifen. Ich meine es aber freundlich, denn ihr habt keine Ahnung, wie schwierig es ist, jemandem zu erklären, was Zeit ist, zumal noch jemandem, der Zeit braucht, um die Erklärung zu verstehen.

Die Beschäftigung mit dem Phänomen der Zeit wird euch auch viel über die Natur der fünften Dimension lehren. Unsere imaginierten Drähte, scheinbar zusammengesetzt aus verfestigter Vitalität, sind flüssig, auch wenn sie verfestigt erscheinen. Ich hoffe, ihr versteht das. Denn Festigkeit ist Illusion.«

Hier schlug ich als die, die für Seth sprach, mit Nachdruck auf den Schreibtisch, und plötzlich sprach ich auch mit einer sehr kräftigen Stimme. Gleichzeitig verschwand die Heiserkeit. Von Wort zu Wort wurde die Stimme tiefer, voller, lauter. Rob sah zwar, um mitzuschreiben, auf das Papier vor ihm, merkte aber sehr wohl, daß irgendwie eine stimmliche Veränderung bei mir vorging. Obwohl er so schnell schrieb wie nur möglich, schaffte er es doch, hin und wieder aufzuschauen und zu sehen, was vor sich ging. Jetzt stand ich nahe vor ihm und starrte ihn an, als wollte ich sichergehen, daß er das Gesagte auch wirklich verstanden hatte.

»Ich habe auch gesagt, daß dieses Gefühl der Vitalität – und ich lege auf den Begriff ›Vitalität‹ wert – sich bewegt und selbst ein Teil des lebendigen Stoffs des Universums ist. Wenn nun diese Drähte scheinbar von einer Ebene zur anderen überwechseln, bilden sie in Wirklichkeit die Grenzen einer jeden dieser Ebenen und unterwerfen sie den darin jeweils gültigen Gesetzen. Deshalb werden sie in eurem besonderen dreidimensionalen System auch der Zeit unterworfen.«

Im Zuge der letzten Ausführungen wurde die Stimme immer lauter, als hätte sie eine Bahnhofshalle füllen müssen. Da ich gerade dieses Kapitel schreibe, lese ich natürlich Robs Aufzeichnungen der Sitzung und auch seine Notizen, die er im Anschluß an diesen Text rasch hingekritzelt hat. Sie zeigen seine Einstellung recht deutlich:

»Als ich Jane ansah – ihre natürliche weibliche Stimme kenne ich ja gut –, mußte ich zweimal hinsehen, um mich zu vergewissern, daß diese andere, eine völlig neue Stimme von solcher Lautstärke und so scheinbar ohne jede Anstrengung überhaupt aus ihr kam. Ich weiß nicht, ob ich mehr darüber erstaunt war, daß Jane diese Stimme anscheinend gar nicht verwirrte, oder darüber, daß sie einen so tiefen und männlichen Klang hatte.«

Rob hatte wenig Zeit für solche Nebenbemerkungen, denn sogleich ging es ohne Pause weiter.

»Die Bewegung der scheinbar verfestigten Vitalität ergibt die Illusion von Zeit. Das entgegengesetzte Handeln, das in diesem Fall mitspielt, ist entgegengesetztes Handeln im Innersten der Vitalität selbst, in ziemlich genau derselben Weise wie die geschlossene geistige Einzäunung, von der wir vorher sprachen ... Handeln und entgegengesetztes Handeln sind der Zeitauslöser. Auf anderen Ebenen verläuft die Bewegung gleichzeitig, und Zeit ist unbekannt. Für mich ist eure Zeit manipulierbar. Sie ist eines der Vehikel, durch die ich in euer Bewußtsein eintreten kann ...

Jetzt will ich, als Beweis meiner guten Absichten, diese Sitzung schließen. Ich würde weitermachen, wenn ich mir nicht eurer körperlichen Grenzen bewußt wäre. Heute abend kann ich sehr gut durchkommen, und wenn das so ist, ziehe ich gern meinen Vorteil daraus. Aber nach allem – könnt ihr's mir verdenken? ... Jedenfalls sage ich jetzt ›Gute Nacht‹. Ihr müßt wissen, daß auch ich eine zwanglose

Unterhaltung sehr genieße, sonst hätte ich euch nicht so lange aufgehalten. Es tut mir nur leid, daß ich notgedrungen Joseph mit Schreiben so beanspruche. Nun: Gute Nacht, liebe Freunde.«

Sogleich wurde meine Stimme wieder normal; die Heiserkeit war verschwunden. Jetzt war es aber für uns so gut wie ausgeschlossen, die Sitzung zu beenden. Wir waren zu verblüfft. Trotz Seths Abschiedsworten »fühlte« ich noch seine Gegenwart als Empfindung schier ungeheuerlicher Vitalität und Zuneigung. Rob erzählte mir von der tiefen männlichen Stimme und ihrer erstaunlichen Lautstärke. Überall um mich herum spürte ich Seths Energie und seinen Humor, als säße neben mir ein unsichtbarer Seth da und lüde lächelnd zu weiterem freundschaftlichem Gespräch ein.

Sobald wir beschlossen hatten weiterzumachen, dröhnte wieder die tiefe Stimme aus mir, und ich ging, als Seth, im Zimmer umher, blieb stehen, um Rob anzusprechen oder zum Fenster hinaus zu schauen. Ich spürte deutlich, daß ein anderer sich in meinem Körper niederließ, sich daran gewöhnte, daß er umherbewegt wurde, und so recht zufrieden war mit dem, was er erreicht hatte.

»Ich habe meine Freude daran, mit euch ein bißchen leichte Konversation zu betreiben. So nennt ihr das doch wohl gern. Freunde sprechen nicht immer von hohen und gewichtigen Dingen ... Zuvor waren wir noch zu sehr mit anderem beschäftigt, als daß wir an so etwas wie einen Gefühlsaustausch hätten denken können. Doch wenn auch Ruburts Stimme in dieser Übergangsphase ziemlich tief ist, so bin ich selbst dennoch in sehr heiterer, um nicht zu sagen ausgelassener Laune. Jedenfalls kannst du fragen, was dir gerade in den Sinn kommt.«

Als Seth hielt ich lächelnd inne und sah Rob geradewegs in die Augen. Rob war von neuem über die tiefe Stimme erstaunt. Er brauchte mindestens eine Minute, bis ihm überhaupt eine Frage einfiel. Abgesehen davon lachte er immer noch über Seths joviale Art, seine drolligen Gesten und seinen Tonfall, die so ganz und gar anders waren als meine eigenen.

»Hm. Hast du auf deiner Realitätsebene Freunde, so wie wir sie hier haben?«

»Natürlich habe ich Freunde! Das aber, was eure Ebene zu einem so verlockenden Feld für Bemühungen unsererseits macht, ist die Tatsache, daß einige von uns immer noch gefühlsmäßige Bindungen haben und wir, wenn auch oft ungeschickt, versuchen, mit alten

Freunden Verbindung aufzunehmen. Wie ihr Briefe an in fremde Länder verschlagene Freunde schickt und sie nicht vergeßt, so vergessen auch wir nicht.«

Rob stellte verschiedene weitere Fragen an Seth, und die beiden plauderten eine dreiviertel Stunde so weiter. Über die Stimme und deren Hintergrund sagte Seth: »Ruburts Stimme ist ein Experiment. Die Unmittelbarkeit unserer Sitzungen würde zunehmen, wenn mehr von meiner Persönlichkeit durchkäme. Ich könnte fröhlich so weitermachen, vergnügt, wenn ihr's so nennen wollt, aber das werde ich nicht tun. Ich bin kein alter Egoist. Ab und zu kommt der alte Frank Withers durch, einfach weil er die letzte unabhängige Materialisation war und daran gewöhnt ist, die Führung innezuhaben. Ich habe ihn noch nicht ganz assimiliert, aber ich beabsichtige, das zu tun; das könnt ihr mir glauben!«

Bei diesem Ausspruch mußte Rob wieder lachen. Seth hatte nicht gerade liebevoll, aber auch nicht boshaft von Frank Withers gesprochen. Sein Tonfall und sein breites Lächeln milderten den Inhalt seiner Worte ab. Rob wies auf diese zwiespältige Haltung hin, und Seth antwortete: »Ich fürchte, ich habe noch nicht gelernt, was Demut ist. Andererseits kanntet ihr mich, noch bevor ich Frank Withers kannte, und meine Eitelkeit war damals beachtlich. Du selbst warst auch eitel, und als Frau, die du, Joseph, einst warst, hast du, was die Eitelkeit betrifft, deine jetzige Frau weit in den Schatten gestellt.«

Damit bezog er sich natürlich auf Reinkarnationsmaterial, das er früher schon durchgegeben hatte. Wir hatten schließlich gelernt, daß Seth, Rob und ich Teil einer ehemaligen Wesenseinheit waren. Davon wird in den Kapiteln 15 und 16 die Rede sein. Seth sollte uns später noch sagen, daß diese letzte Beziehung für unsere jetzige Verbindung mit ihm zum Teil der Auslöser ist.

Im Laufe des Hin und Hers zwischen Rob und Seth gewöhnte sich Rob an die Stimme; er fühlte sich sichtlich wohl aufgrund der Erkenntnis, daß zweifellos er, Rob, er selbst und Herr seiner Stimme, Seth aber Seth und ein völlig anderer, von mir unabhängiger Gesprächspartner war.

Seth vermittelte Rob, wie dieser mir sagte, durch Stimme, Gesten und Benehmen den Eindruck eines energischen, gebildeten Gentleman der »alten Schule«, der, so um die Sechzig herum, außerordentlich intelligent, sich jedoch der eigenen Schwächen wohl bewußt war, und eines Mannes mit hochentwickeltem, wenn auch etwas altmodischem Sinn für Humor. Ich berührte eine Begonie (eine meiner Lieblingspflanzen), und sofort kam Seth durch: »Ich mag Janes Pflanzen. Grünes ist ein Prüfstein eurer Existenz. Wie ihr gemerkt haben werdet, zog ich in meinen vorgegangenen Ausführungen den Ausdruck ›Ebene‹ – ›Erfahrungs-‹ oder ›Realitätsebene‹ – dem Ausdruck ›Planet‹ vor: den Planeten habt ihr nämlich nicht für euch allein ...

Ich fürchte, Janes Männerstimme klingt recht unmelodiös. Ich habe ja nicht gerade eine Engelsstimme, aber auch nicht die eines geschlechtslosen Eunuchen, was heute abend fast so herauskam ... und Ruburt, wenn du eine Zigarette rauchen möchtest, nimm eine. Er geht schon zehn Minuten mit einem Streichholz in der Hand herum.«

Ich erinnere mich an nichts von alledem, aber laut Rob nahm ich mir eine Zigarette und trank langsam ein Glas Wein. »Wenn ich ein Glas Wein mit dir, Joseph, trinken und genießen kann, tue ich das gern. Wenn du ein wenig mit mir plaudern willst, ohne Notizen zu machen, tu das. Ich werde sicher so lange bleiben, wie Ruburt es will, und noch viel länger. Und wenn jemals die Gesichtszüge deiner Frau sich ändern sollten, wenn wir abends miteinander sprechen, rate ich dir: Sag ihr nichts davon, bis die Sitzung vorbei ist.«

Seth machte weiter bis nach Mitternacht. Die Bemerkung über die Veränderung meiner Gesichtszüge hatte natürlich doch in Robs Notizen Eingang gefunden; allerdings wurde sie vergessen; sie sollte uns jedoch ein Jahr später ziemlich heftig wieder zu Bewußtsein kommen. Als die Sitzung vorbei war, klang meine eigene Stimme noch frisch und klar und zeigte keinerlei Spuren der von Seth erwähnten Beeinträchtigungen. Ich war nicht einmal müde.

Wieder waren wir, als wir die Notizen durchgingen, fasziniert von dem Stoff. Besonders neugierig hatte uns Seths Versprechen gemacht, er würde uns die »inneren Sinne« genauer erklären und uns lehren, wie sie zu gebrauchen seien. Er hielt sein Wort, denn wie Sie bald sehen werden, gab er uns tatsächlich Anleitungen, und wir machten alle möglichen neuen Erfahrungen, als wir sie befolgten. Wir wußten allerdings nicht, daß diese Anleitungen unserem Verständnis angepaßt und ganz einfach gehalten waren – im Vergleich zu denen, die später folgten.

Wir erkannten auch nicht, daß das Durchkommen von Seths Stimme die psychische Struktur vervollkommnete, durch die wir das Seth-Material erhielten und durch die Seths Persönlichkeit sich ausdrücken konnte. Von dieser Sitzung an sprach ich in allen folgenden regelmäßig mit der für Seth typischen Stimme; der tiefe, dröhnende Ton blieb freilich eher die Ausnahme als die Regel.

Gelegentlich macht sich eine wirklich ungeheure Kraft hinter der Stimme geltend; demgegenüber ließe meine eigene Stimme dies nicht vermuten. Erst viel später erklärte uns Seth, daß solche psychische Energie in einen Klang wie den einer Stimme übersetzt werden, aber auch für andere Zwecke genutzt werden kann. Wenn Seth zum Beispiel hellseherisches Material durchgibt, ist die Stimme selten laut. Die Energie wird vielmehr voll gebraucht, um die Daten zu sammeln. Wie Sie jedoch später noch sehen werden, kann diese Energie aber auch als »Sprungbrett« in andere Dimensionen dienen.

Wenn die Stimme tief und dröhnend ist, fühle ich mich sehr klein und von gewaltiger Energie umgeben. Soviel ich weiß, ist die Stimme eine Art Indikator für die zur Verfügung stehende Energiemenge. Sie dient vielen Zwecken – ganz abgesehen jetzt von dem einen für uns interessanten, weil sich durch sie Seths Persönlichkeit ausdrückt.

Rückblickend scheinen mit dem erstmaligen Durchkommen der Seth-Stimme die Sitzungen eine entscheidende Vervollständigung erfahren zu haben. Selbst das Grundsätzliche des Materials war in höchst vereinfachter Form vermittelt worden: es waren Blöcke, die auf die Fundamente gelegt werden konnten.

Reden wir von psychischen Explosionen! Unsere erste Ouija-Brett-Sitzung hatte am zweiten Dezember 1963 stattgefunden. Bis Ende Januar hatten wir bereits zwanzig Sitzungen abgehalten und rund 230 Seiten getippten Stoff zusammen. Wir wußten natürlich, daß die Veränderung der Stimme von Bedeutung war; aber wir wußten nicht, daß der Kraft hinter der Stimme eine viel größere Bedeutung zukam. Wir sahen, daß die Sitzungen mehr oder weniger planmäßig abliefen, aber die Erkenntnis eines allfälligen Plans ging uns ab. Tatsächlich zeichnete sich anhand des zur Sprache gekommenen Materials eine gewisse Kontinuität und Folgerichtigkeit ab, aber die Sitzungen verliefen flexibel genug, um auch verborgene Entwicklungen zuzulassen, von denen wir damals noch keine Ahnung hatten. Im Rahmen solcher Entwicklungen konnte unter anderen auch das Training meiner ASW-Fähigkeiten ungehindert stattfinden.

An diesem Zeitpunkt unserer Erfahrungen hätte es sich vielleicht aufgedrängt, an dem einen oder anderen der jedermann offenstehenden Seminare teilzunehmen. Wir hätten etwa einen spiritistischen Zirkel aufsuchen oder uns den Tests professioneller Parapsychologen unterziehen können. Doch wir beschlossen, uns weder den einen noch den anderen, noch unseren Freunden oder Bekannten anzuvertrauen, jedenfalls vorläufig nicht. Spiritistische Hilfestellungen lehnte ich schon wegen meiner religiösen Einstellung ab, und mit der uns aus ASW-Büchern bekannten Empfehlung, daß Menschen mit derartigen Erfahrungen einen qualifizierten Psychologen oder Parapsychologen kontaktieren sollten, konnten wir nichts anfangen.

Als wir dann aber Seths Anleitungen befolgten, stellte sich eindeutig heraus, daß wir beide, jeder für sich, hellseherischer Leistungen fähig waren. Wir überlegten uns daher von neuem, ob wir uns doch jemandem anvertrauen sollten, der auf diesem Gebiet mehr verstand. Darüber hinaus bedrängte uns die Frage: Entstammte Seth meinem Unbewußten oder nicht? Konnte ein Fachmann uns das sagen? Wir beschlossen also, uns an einen Experten zu wenden, der sowohl Psychologe als auch Parapsychologe war, also auch in Sachen ASW Bescheid wußte.

Ich glaube, ich würde es wieder tun, wenn ich noch einmal vor der Frage stünde. Aber sicher bin ich mir nicht.

Die folgenden Kapitel werden zum Gegenstand unsere Bemühungen haben, »wissenschaftlich verantwortungsbewußt« zu handeln, das heißt vor allem, Seth auf die Zuverlässigkeit seiner ASW-Fähigkeit zu testen. Unsere Entscheidung trafen wir nur halbherzig, aber ich wurde, glaube ich, ganz einfach von dem Bedürfnis getrieben, alles intellektuell erfaßbar, erklärbar und sozusagen akademisch legitim zu machen. Das war es, natürlich – aber ich hatte noch viel zu lernen!

5
Der Brief eines Psychologen lehrt mich das Fürchten

Anfang Februar schrieb Rob an Dr. Ian Stevenson, der dem Institut für Neurologie und Psychologie an der Universität von Virginia angehörte. Dr. Stevensons besonderes Interesse galt der Reinkarnation, und wir hatten gerade über eine seiner Arbeiten gelesen. Rob sandte ihm auch Kopien seiner Aufzeichnungen von einigen Sitzungen, die Informationen über unsere vergangenen Leben enthielten. Diesen zufolge hatten wir mehrere Existenzen in ferner Vergangenheit durchlebt, darunter eine vor dreihundert Jahren in Dänemark, wo Rob und ich Vater und Sohn waren und Seth ein gemeinsamer Freund. Unsere letzten Leben hatten sich im vorigen Jahrhundert in Boston abgespielt.

Ich war offengesagt nicht glücklich mit dem Material, da ich die Reinkarnationsidee noch immer nicht akzeptieren konnte – sie erschien mir schlichtweg zu abenteuerlich. Deshalb vermochte ich Rob auch nicht zu ermutigen, Seth um weitere Informationen dieser Thematik oder um Vervollständigung der von ihm gegebenen Hinweise zu bitten. Doch waren sie Teil des Materials – das konnte ich schwerlich leugnen.

Dr. Stevenson schrieb uns einen Brief, der so ziemlich dem entsprach, was ich wahrscheinlich heute jemandem unter den gleichen Umständen auch schreiben würde. Er meinte, der kontinuierliche Fluß des Materials lasse seiner Ansicht nach einen unterbewußten Ursprung vermuten, wies jedoch nachdrücklich darauf hin, daß aufgrund des ihm vorliegenden Materials eine diesbezüglich eindeutige Feststellung nicht möglich sei. Auch schrieb er uns, daß medialer Dilettantismus unter Umständen zu geistig-seelischen Störungen führen könne.

»Na fabelhaft!« sagte ich zu Rob. »Habe ich in letzter Zeit einen Sparren zuviel?« Rob versicherte mir hoch und heilig, daß mein Verhalten unverändert geblieben sei. Tatsächlich hatte er, wie auch ich, nach solchen Anzeichen vergeblich Ausschau gehalten. Dr. Stevensons gutgemeinte Warnung warf mich gleichwohl einigermaßen aus dem Geleise, obwohl doch auch wir selbst ähnlichen Warnungen schon in einigen der uns zu Gemüte geführten Bücher parapsychologischen Inhalts begegnet waren.

Eigentlich kam Dr. Stevensons Brief in einem etwas unglücklichen Moment. Es war nicht möglich gewesen, die Sitzungen völlig geheimzuhalten. Unvermeidlich mußte früher oder später der eine oder andere unserer Freunde an einem der Montag- oder Mittwochabende, an denen wir die Sitzungen abhielten, vorbeikommen und durch die Tür Seths sonderbare Stimme hören – wie etwa Philipp, der uns kurz bevor wir an Dr. Stevenson schrieben, besuchte. Folglich nahm Philipp in Zukunft gelegentlich an den Sitzungen teil. Ich gebrauche hier den Namen der Wesenheit, den Seth ihm gab, da seine Familie für sein Interesse an psychischen Phänomenen kein Verständnis hat – eine Situation, der wir nicht selten begegnet sind. Phil lebt außerhalb des Staates New York, kommt jedoch ungefähr alle sechs Wochen geschäftlich nach Elmira.

Wenige Tage bevor Dr. Stevensons Brief eintraf, fand eine außerplanmäßige Sitzung statt, bei der Phil zugegen war. Wir gaben ihm Papier und Stift, um etwaige Fragen aufschreiben zu können, aber er fand gar keine Gelegenheit, irgend etwas zu notieren. Seiner Aussage zufolge beantwortete Seth seine Fragen eine nach der anderen, sobald Phil sich diese ausgedacht und bevor er sie noch ausgesprochen hatte. Phil schrieb und unterzeichnete später eine dementsprechende Erklärung.

Dies war der erste konkrete Hinweis darauf, daß Telepathie und Hellsehen in den Sitzungen im Spiel waren. Phil war darüber erstaunt, und ich nicht minder.

Ich glaubte Phil aufs Wort, meinte aber, daß sich der Vorfall wohl auch durch Zufall erklären ließe. Wie auch immer das sein mochte: ich fühlte mich erleichtert, ja ermutigt. Dann kam, ein paar Tage später, Dr. Stevensons besagter Brief, und mir wurden die Knie weich. »Schau, ob Seth irgend etwas zu dem Brief zu bemerken hat«, sagte Rob. Ich stimmte zu; aber wenn ich so nervös war, fiel es mir schwer, mich für eine Sitzung hinlänglich zu entspannen. Ich ließ daher die nächste Sitzung ausfallen. Am nächsten Montag aber hatte ich mein Gleichgewicht wiedergewonnen.

Seth hatte einiges zu sagen!

»Einen schönen, guten Abend«, begann er. »Ihr seid aufgebracht, weil euer guter Psychologe es beinahe fertiggebracht hätte, das Vertrauen, das ich zu Ruburt in unserer Sitzung mit eurem Freund Philipp herstellen konnte, zu unterminieren. Ich habe versucht, zu Ruburt ein Vertrauensverhältnis aufzubauen, und irgendein Fremder hat das um ein Haar zunichte gemacht. Dabei hatte er die besten Absichten. Aber ich sollte mich ab jetzt verpflichtet fühlen – und das tue ich auch –, auf euer beider geistige und emotionale Stabilität und auf die Gefahren zu achten, die eurer geistig-seelischen Gesundheit drohen könnten.

Soweit Ruburt betroffen ist, besteht keine Gefahr. Zum einen bin ich ein sensibler, aber disziplinierter und vernünftiger – wenn auch manchmal reizbarer – Gentleman. Mitteilungen, die von mir kommen, können nicht im geringsten zu Instabilität führen. Ich bin so kühn zu behaupten, daß ich stabiler bin als du oder Ruburt oder der feine Psychologe.

Ich fühle in mir eine große Verantwortung für euch und für alle Folgen, die aus unserer Verbindung entstehen. Der persönliche Rat, den ich euch beiden gegeben habe, sollte zu eurem geistigen und emotionalen Gleichgewicht beitragen und eine vitalere Verbindung mit der Außenwelt zur Folge haben ... Ich bin andererseits tatsächlich abhängig von Ruburts Bereitschaft zu dissoziieren. Es besteht kein Zweifel daran, daß er während der Sitzungen zeitweise seine Umgebung aus seinem Bewußtsein verliert. Das ist ein Phänomen, zu dem er seine Einwilligung gegeben hat; auch kann er, wenn er will, zu jeder Zeit seine bewußte Aufmerksamkeit auf die körperlich-materielle Umgebung zurücklenken.

Es besteht nicht die geringste Gefahr, daß der zeitweilige Zustand der Dissoziation ihn gefangenhält wie ein schwarzes, zottiges Ungeheuer, das ihn zu den Abgründen der Hysterie, der Schizophrenie oder gar der Geisteskrankheit wegzuschleppen droht. Ich habe immer geraten, mit der Welt draußen verbunden zu bleiben, und euch beiden dringend empfohlen, eure Fähigkeiten einzusetzen, damit ihr den Herausforderungen der Umwelt gewachsen seid. Ein Rückzug in die Dissoziation als Versteck vor der Welt könnte gefährlich werden, und viele sind dieser Gefahr schon zum Opfer gefallen. Bei Ruburt ist das nicht der Fall.

Ruburts Ich ist extrem stark; das steht fest. Seine Intuition macht ihn allerdings weicher und wirkt seinem sonst ziemlich stur dominierenden Ego entgegen.« Rob schaute auf und lachte.

»Die Gabe der Intuition wird aber nicht überschätzt. Ruburts Persönlichkeit ist gut integriert.« Seth fuhr fort, den Zustand der Dissoziation zu beschreiben. Er sagte, ich sei mir während der Sitzungen meiner Umgebung bis zu einem bestimmten Grade immer bewußt. »Es ist wahr«, sagte er, »daß ein der Dissoziation gleichkommender Zustand notwendig ist. Aber wenn ihr eine Tür öffnet, heißt das doch nicht, daß ihr sie nicht auch wieder schließen könntet. Es heißt auch nicht, daß ihr nicht zwei Türen gleichzeitig öffnen könntet; darum aber geht es hier. Ihr *könnt* gleichzeitig zwei Türen geöffnet halten, und ihr *könnt* gleichzeitig zwei Sendern zuhören. Allerdings müßt ihr die Lautstärke des einen Senders drosseln und eure Aufmerksamkeit auf den anderen richten. Diesen Prozeß nennt ihr Dissoziation.«

Als Seth Pause machte, fragte Rob: »Was hast du zu Dr. Stevensons Meinung zu sagen, daß dies alles Janes Unbewußtes bewirken könnte?«

»Wir sind schon früher darauf eingegangen«, sagte Seth, »und ich hege keinen Zweifel, daß wir es bei zahlreichen anderen Gelegenheiten wieder tun werden. Wenn es mir jedoch gelingen sollte, euch von meiner Realität als einer unabhängigen Persönlichkeit zu überzeugen, dann werde ich meine Sache hervorragend vertreten haben. Es sollte klar sein, daß meine Mitteilungen durch Ruburts Unbewußtes kommen, und zwar wie ein Fisch, der durchs Wasser schwimmt, aber der Fisch ist nicht das Wasser. Und ich bin nicht Ruburts Unbewußtes.

Der harmlose Beweis von Telepathie, den ich euch gab, hatte einen Sinn. Ich wollte euch zeigen, daß es Telepathie wirklich gibt, und ich wollte Ruburt zeigen, daß mehr als sein eigenes Unbewußtes, wie er es kennt, dabei eine Rolle spielt ... Nun: Ruburt bringt mich zur Geltung. Ich könnte auch sagen: Er erlaubt mir, mich in einer Weise zur Geltung zu bringen, daß ich für euch erkennbar bin. Dessenungeachtet existiere ich in unabhängiger Form.«

Spätere Mitteilungen führten die vorstehende Feststellung weiter aus und gaben uns eine ziemlich klare Vorstellung von den inneren Prozessen, die ablaufen, wenn ich mit Seth Verbindung bekomme. Dazu ist die Konstruktion einer »psychischen Brücke« nötig. Ich werde das noch erklären.

Ich hatte an diesem Abend als Seth bereits etwa vierzig Minuten gesprochen; darum empfahl er nun, eine Erholungspause zu machen: »Irgendwann zwischen jetzt und fünfundzwanzig Jahren später, wenn eure Zweifel beseitigt sein werden, würde ich mich gerne mit etwas anderem beschäftigen, das ich schon seit einigen Sitzungen vorbereitet habe. Aber macht jetzt Pause, ihr Lieben.«

Ich beneidete Rob schon immer wegen seines Vorteils, den er bei den Sitzungen mir gegenüber hatte. Er konnte, wenn ich als Seth agierte, mich sehen und hören; ich konnte das nicht. Jetzt in der Pause fragte ich ihn wieder aus. Ich bedauerte, mich auf jemand anderen verlassen zu müssen, der mir erklärte, was vor sich ging, aber eines hatte ich gelernt: Ich konnte nicht gleichzeitig Jane und Seth sein. Damit Seth durchkommen konnte, mußte ich auf derlei Ambitionen verzichten – jedenfalls vorläufig.

Nach der Pause sagte Seth: »Noch einmal: Ich bin nicht Ruburts Unbewußtes, obwohl ich aus ihm spreche. Das Unbewußte schafft gleichsam die Atmosphäre, durch die ich zu euch gelangen kann; so ähnlich trägt die Luft den Vogel, der fliegt ... Ein bestimmtes Bewirken meiner selbst, mich zur Geltung zu bringen, ist notwendig. Das wird teilweise durch mich selbst und teilweise durch die wechselseitigen unbewußten Bemühungen deinerseits und Ruburts bewirkt. Genügt euch das fürs erste?«

»Ja, Seth«, sagte Rob.

»Bitte, sei ehrlich. Ich möchte nicht, daß dies dauernd zwischen uns steht.« Dann ließ sich Seth über den Unterschied aus, der zwischen Wesenheiten und den verschiedenen Persönlichkeiten, die einer Wesenheit entstammen, besteht. Rob interessierte sich ganz besonders für diesen Unterschied.

»Individuelles Leben beziehungsweise das Leben irgendeines der Gegenwart verhafteten Individuums könnte man zu Recht vergleichen mit dem Traum einer Wesenheit. Während das Individuum die ihm gegebenen Jahre genießt, sind diese für die Wesenheit nur ein Blitz, nicht mehr. Die Wesenheit betreffen eure Lebensjahre so ähnlich, wie euch eure Träume betreffen. Ihr gebt euren Träumen inneren Sinn, ihr organisiert sie und zieht aus ihnen Einsicht und Befriedigung, obwohl sie nur einen Teil eures Lebens beinhalten; ganz ähnlich steuert und organisiert die Wesenheit sinnvoll ihre Persönlichkeiten.

Von eurem Wesen her sind euch unendlich viele Möglichkeiten der Verschiedenartigkeit und Wahrscheinlichkeit von Persönlichkeiten gegeben ... Eure Träume sind Fragmente eurer selbst, und in noch weiterem Sinne seid ihr Fragmente eurer Wesenheit.«

Seth sagte auch, daß sich ein innerer Teil einer jeden Persönlichkeit ihrer Verflochtenheit mit seinem Wesen bewußt sei, daß dieser Teil die Atmung des Menschen bewirke und überhaupt alle die Körperfunktionen bewerkstellige, die wir für unwillkürlich halten.

Die Sitzung dauerte bis 23.30 Uhr. Rob war beruhigt, weil Seths Versicherung zufolge ich über die Fähigkeit verfüge, mich selbst in dissoziertem Zustand richtig zu verhalten, und er, Seth, sich für meine Gesundheit verantwortlich fühle. Ich war auch beruhigt, obschon ich auch immer wieder an Dr. Stevensons Bemerkung denken mußte. »Natürlich sagt Seth, alles sei in bester Ordnung«, sagte ich zu Rob. »Was hätte er, meinst du, sonst sagen sollen?«

Eine ganze Weile lang habe ich in der einen Hälfte meiner Zeit versucht, Seth psychoanalytisch zu ergründen, die andere Hälfte meiner Zeit widmete ich dem Versuch, mich selbst auszuloten. Manchmal lief ich Gefahr, den Boden unter den Füßen zu verlieren. Diese Unsicherheit meinerseits bestand trotz Seths Ausspruch, mein starkes Ich sei eine gute Stütze für unsere Arbeit, solange ich nichts übertreibe, denn es halte meine Gesamtpersönlichkeit im Gleichgewicht und verleihe mir die Kraft, meine psychischen Fähigkeiten einzusetzen und zu entwickeln.

Ein unbedeutender, aber amüsanter Vorfall läßt die Haltung, die ich während jener Monate Seth gegenüber einnahm, erkennen. Unsere Wohnung ist recht groß, hat leider aber nur eine winzige Küche. Als wir die Wohnung bezogen, stand in der Küche bloß ein Herd und ein viel zu kleiner Kühlschrank. Wir kauften uns einen größeren für all die Lebensmittel, die wir nicht jeden Tag brauchen, und diesen zweiten Kühlschrank stellte ich in unser riesiges Badezimmer, einen altmodisch gekachelten Raum, der wohl fünfmal so groß ist wie unsere Küche. Ich wußte, daß ein Kühlschrank im Badezimmer nicht ideal steht, aber nach einer Weile gewöhnte ich mich daran.

Zu Beginn des Frühlings litt Rob unter schmerzhaften Zahnfleischgeschwüren, und eines Abends fragte er Seth, wie er diese loswerden könne. Seth ließ sich belustigt über die »ungesunden« Aspekte eines Kühlschranks im Badezimmer aus. Er machte auf freundliche, aber bestimmte Art deutlich, daß wir dies eigentlich wissen müßten, und schlug vor, den Schrank in die Küche zu stellen. Dann würden auch, so versicherte er Rob, seine Zahnfleischgeschwüre verschwinden.

»Niemand hat mir zu sagen, wie ich meinen Haushalt führen soll«, sagte ich zu Rob. »Ich brauche keine Kontrollperson. Übrigens ist eine solche, wie wir gelesen haben, immer verdächtig, ja gefährlich. Sie fängt an, Druck auszuüben, und versucht, die Persönlichkeit des Mediums zu beherrschen. Erinnerst du dich, was Dr. Stevenson gesagt hat? Auch gibt es in der Küche für den großen Kühlschrank gar keinen Platz.«

»Mach', was du willst«, sagte Rob. »Ich habe zwar Zahnfleischgeschwüre, aber was soll's? Damit kann ich leben.«

»Nun ...«

»Andererseits«, sagte Rob, »hat Seth dir nicht *befohlen*, irgend etwas zu tun. Ich habe ihn etwas gefragt, und er hat eine Antwort gegeben.«

Wenn ich aufgebracht reagiere und Rob mir eine vernünftige Antwort gibt, bringt mich das immer rasch zur Vernunft; also stimmte ich zu.

Am nächsten Tag stellten wir den großen Kühlschrank um. Um meinen Stolz zu wahren oder aus welchen Gründen auch immer, stellte ich den kleinen Kühlschrank ins Badezimmer und verwandelte ihn in einen Handtuchschrank. Der große Kühlschrank steht noch in der Küche. Den kleinen habe ich seit langer Zeit nicht mehr. Und: Robs Zahnfleischgeschwüre heilten innerhalb von zwei Tagen ab und traten nie wieder auf.

Ich beargwöhnte Seth in jeder Hinsicht, vor allem im ersten Jahr, aber er verhielt sich immer klug, würdig und humorvoll. Mit der Zeit beurteilte ich ihn immer mehr nach seinen Ratschlägen und deren Wirkungen auf uns, und allmählich ließ ich mein argwöhnisches Lauern fallen; ich vertraute ihm. Seth hat uns tatsächlich ausgezeichnete, psychologisch begründete vernünftige Ratschläge gegeben. Dabei hat er nie versucht, uns Befehle zu erteilen.

Manchmal befolgten wir seine Ratschläge, regelmäßig zu unserem Vorteil. Manchmal befolgten wir sie nicht. Zum Beispiel suchten wir 1964 eine neue Bleibe. Seth schlug vor, ein bestimmtes Haus zu kaufen. Uns gefiel dieses Haus auf Anhieb sehr, aber es befand sich in äußerst schlechtem Zustand. Seth mochte recht gehabt haben, und wir wären vielleicht glücklicher geworden, wenn wir das Haus gekauft hätten; doch wir waren damals nicht imstande, die Chance zu nutzen.

Vor etwa eineinhalb Jahren hat Seth mir vorgeschlagen, den Job bei der Kunstgalerie aufzugeben und ASW-Kurse abzuhalten. Er sagte mir sogar, wie viele Teilnehmer ich innerhalb von drei Monaten haben würde. Diesmal befolgte ich seinen Rat, obwohl ich glaubte, nicht viel Echo auf diesem Gebiet zu finden. Seth behielt recht: Ich hatte Freude an diesen Veranstaltungen, lernte eine Menge dabei und entfaltete meine eigenen ASW-Fähigkeiten in einer Weise, wie ich es zuvor nicht für möglich gehalten hätte.

Während der ersten sechs Monate unserer ASW-Sitzungen benahm sich unser Kater Willy höchst ungesellig. Einige Male fauchte und spuckte er kurz vor Beginn der Sitzungen wie verrückt. Eines Abends brachte er uns wirklich auf. Wir wollten gerade anfangen, Willy schlief im Schlafzimmerschrank. Plötzlich brach er mit gesträubtem Fell aus dem Schrank hervor, rannte durchs Wohnzimmer und versteckte sich hinter den Vorhängen. Einmal verkrallte er sich in meinem Fußgelenk, während ich für Seth sprach, und in Trance schleppte ich ihn – der an meinem Hosenbein hing – durchs Zimmer. Rob mußte ihn im Atelier einsperren.

Schließlich fragte Rob, ob er, Seth, wisse, was da los sei. Die Antwort verblüffte uns: Willys sehr wache Sinne nähmen Seths Gegenwart kurz vor Beginn der Sitzung wahr! Er sagte uns auch, das Verhalten der Katze werde sich ändern, sobald sie sich an die Situation gewöhnen würde. Ein Monat später war unser Kater Willy wieder er selbst. Jetzt schenkt er den Sitzungen keine Aufmerksamkeit mehr und springt mir gelegentlich, während ich in Trance bin, sogar auf den Schoß.

In dieser Zeit traten Robs Rückenschmerzen wieder auf, wenn auch weit schwächer als früher. Seth widmete mehrere lange Sitzungen einer Analyse von Robs Zustand und erklärte die Ursachen der Krankheitssymptome. Sie verschwanden ohne jegliche Medikation, und wir sind der Ansicht, daß dies den Einsichten, die Rob im Zuge dieser Sitzungen gewann, zu verdanken war. Rob hatte, wenn er Sitzungsnotizen machte, früher immer in einem Schaukelstuhl gesessen, den wir wegen seiner Rückenschmerzen gekauft hatten. Lange Zeit war dieser der einzige Stuhl gewesen, in dem er gut saß. Er benutzte ihn nicht mehr, nachdem er sich von den Rückenschmerzen erholt hatte. Viel später, als ich mich nämlich entschloß, während der Sitzungen zu sitzen, wurde er mein »Seth-Stuhl«.

Wir erkannten bald, daß Seth körperliche Krankheitssymptome als äußere Materialisation inneren Krankseins betrachtete. Er hob die Wichtigkeit der Suggestionsinhalte und die Gefahren, die Selbstmitleid mit sich bringt, hervor. Er sagte uns damals, daß, wenn einer von uns krank sei, der andere sich nicht in übertriebener Tröstung ergehen solle, weil man so die Vorstellung der Krankheit nur noch verstärke. In späteren Sitzungen gab er ausgezeichnete Ratschläge durch, wie man seine Gesundheit erhalten kann. Davon wird in Kapitel 13 die Rede sein.

Ich habe hier den frühen Seth-Sitzungen Zeit und Raum gewidmet, damit Sie mit einem Teil des Materials so, wie es uns zuteil wurde, vertraut werden können. Einiges davon erscheint uns jetzt so rudimentär, daß es schwerfällt, uns an die bestürzende Neuheit unserer Erfahrungen von damals zu erinnern. Es waren aber die Neuheit unserer fortlaufenden Entdeckungen und die intellektuelle Neugier an den Phänomenen, die uns ermutigten, das Abenteuer fortzusetzen, und die mir schließlich die eigenen Zweifel nahmen.

In den darauffolgenden Monaten machten wir so viele Entwicklungsphasen durch, daß es schwierig ist, sie vollständig wiederzugeben. Unsere Experimente mit dem, was Seth die »psychische Zeit« nennt, verhalfen uns dazu, unsere psychischen Fähigkeiten zu entwickeln. Das Seth-Material nahm an Qualität und Umfang ständig zu. Auch machten wir laufend Bekanntschaften mit anderen Menschen, die sich ebenfalls für parapsychologische Phänomene interessierten. Kurz darauf machten wir schließlich auch die Erfahrung, daß Seth hellseherischer Leistungen fähig war und mein eigenes Training als Sensitive oder, wenn man so will, als Medium erst begonnen hatte.

6
Begegnungen mit Psychologen und Parapsychologen

Über die ersten acht Kapitel meines ASW-Buches war der Cheflektor des großen Verlages mehr als nur überrascht. Er hatte vorher mit mir über die Konditionen der Veröffentlichung und den Inhalt des Buches verhandelt und kannte mich; er war an dem Buchprojekt persönlich interessiert. Er schrieb begeisterte Briefe, äußerte aber auch Bedenken. Das Buch sei, schrieb er, nicht gut angelegt. Meine Erfahrungen bewiesen, daß ich immer schon, allerdings ohne es zu wissen, ein Medium, also ASW-begabt, gewesen sei – unabhängig von der psychischen Erfahrung, die ich jetzt mit Seth machen würde. Die Wichtigkeit, die ich seiner Rolle zumessen würde, beeinträchtige die Glaubwürdigkeit meines Buches. ASW-Experimente verliefen bis zu einem gewissen Grade immer erfolgreich, ungeachtet des psychischen Hintergrundes eines Mediums.

»Aber die Experimente haben meine Fähigkeit ja erst freigesetzt«, protestierte ich gegenüber Rob. »Das beweist doch alles, oder? Ich hatte vorher nie ASW-Erfahrungen gemacht ...«

»Erklär' das nicht mir, erklär' es dem Cheflektor«, sagte Rob. »Ich für meinen Teil kann nicht einsehen, warum die Manifestation Seths, die schließlich eine Tatsache ist, das Buch nicht um vieles noch besser macht.«

Wie sich herausstellen sollte, war es Seths Anteil an dem Buch, der zunächst den Lektor und dann auch den Verleger irritierte. Würde ich Seths Wichtigkeit herunterspielen und mich auf ASW-Experimente, die sich als erfolgreich herausstellten, konzentrieren können, dann hätte das Buch eine sehr gute Chance, erklärte mir der Lektor. Die ASW-Experimente, von denen mein Buch handelte, betrafen Präkognition* im Alltag und Traumerinnerung. Unsere gezielte Traum-

* Präkognition ist in die Zukunft gerichtete ASW: Vorauswissen, Zukunftsschau.

arbeit hatte uns bereits mehrere eindeutig präkognitive Träume geliefert.

Rob und ich übten uns täglich in Voraussagen. Das nahm nur wenig Zeit in Anspruch. Wir schalteten unser rationales Denken ab und schrieben auf, was uns an bevorstehenden Ereignissen des Tages gerade durch den Kopf schoß. Es galt einfach, der Intuition Freiheit zu lassen und jegliche intellektuellen Überlegungen auszuschalten. Die Ergebnisse überraschten uns zuhöchst und überzeugten uns davon, daß wohl den meisten Menschen mehr Vorauswissen über Zukünftiges inne ist, als ihnen normalerweise zu Bewußtsein kommt. Wir entdeckten unter anderem auch, daß wir oft verschiedene Elemente ein und desselben Ereignisses vorherzusehen vermochten.

Ich bin heute sicher, daß die meisten von uns auf ein kommendes Ereignis im voraus schon reagieren; hierauf werde ich in diesem Buch noch zurückkommen. Da uns bei all unseren Experimenten Seth mit Ratschlägen und Erklärungen – beispielsweise wie man solche Informationen bekommt – zur Seite stand, konnte ich seine Bedeutung beim besten Willen nicht herunterspielen, nur um das Erscheinen meines Buches sicherzustellen. Für uns machten Seth und das Seth-Material alles andere erst möglich.

Schließlich lehnte der Verleger die Veröffentlichung des Buches ab, obwohl es der Cheflektor befürwortet hatte. Ich war zutiefst enttäuscht. Einen Augenblick lang spielte ich mit dem Gedanken, die mir von Seth eingegebenen Einsichten als meine eigenen zu veröffentlichen und ihren Ursprung zu verheimlichen. Das erschien mir aber als unredlich, und ich ließ den Gedanken ein für allemal fallen. Darüber hinaus fand ich, daß allein schon die Tatsache der Sitzungen psychologisch faszinierend war und die dabei aufgeworfenen Fragen in dem Material selbst ihre Beantwortung fanden. Also schickte ich meine acht Kapitel an einen anderen Verlag. Ich unterbrach meine Arbeit an dem Buch fast ein Jahr lang und schrieb Kurzgeschichten, die in den verschiedensten Zeitschriften des Landes veröffentlicht wurden.

Dessenungeachtet beschlossen wir, einen anderen Kenner des uns interessierenden Sachgebiets anzuschreiben: Dr. Karlis Osis, Forschungsdirektor der American Society für Psychical Research (ASPR) in New York. Er müßte Erfahrungen mit einem Fall wie dem unseren haben, dachten wir. Also schrieben wir ihm im März 1964 einen Brief. Er antwortete schnell, bat um einige Proben der Sitzungsprotokolle und schlug vor, Seth solle hellseherisch sein New Yorker Büro beschreiben.

Ich weiß nicht, was ich von Dr. Osis erwartet hatte, aber ich weiß sicher, daß ich keinesfalls bereit war zu erproben, was Seth zu leisten vermochte oder nicht. Seth erbot sich, das Experiment durchzuführen, aber ich lehnte ab. Ich weiß nicht, wovor ich mehr Angst hatte: daß Seth die Aufgabe erfüllen oder daß er versagen würde.

»Entweder oder«, sagte ich schluchzend zu Rob. »Wenn das kein leeres Geschwätz bleiben soll, dann muß Seth jetzt durch Wände spazieren!«

»Aber Seth hat doch gesagt, er würde es tun«, sagte Rob ganz nüchtern.

Doch ich konnte meine Angst nicht loswerden. Angenommen, Seth versagte? Würde das nicht bedeuten, daß alles eine Art Inszenierung meines Unbewußten war? Warum hatte Seth, wer oder was immer er war, zugestimmt, wenn er doch wußte, daß ich vor Angst fast erstickte?

»Du hast Angst, diesen Stoff einem Test zu unterziehen«, sagte Rob. »Aber das ist in der gegenwärtigen Situation verständlich. Ich möchte nur, daß du dich nicht selbst unter Druck setzt.«

»Ich kann Fehler machen, das ist okay«, sagte ich und versuchte, es ihm zu erklären. »Aber nehmen wir an, Seth macht sie auch. Nimm an, er versucht das, was man von ihm erwartet, und versagt – was dann?«

»Wird von ihm etwa erwartet, daß er allmächtig ist?« ulkte Rob und grinste.

»Natürlich nicht«, sagte ich. »Aber es wäre sicher eine große Hilfe, wenn er es wäre!« Nichtsdestoweniger plumpste ich in ein erneutes Tief. Ich war nach wie vor nicht davon überzeugt, daß ein Mensch seinen Tod als geistige Persönlichkeit überleben könnte. Aber wenn das stimmen sollte, von wem kamen dann diese Botschaften? Aus meinem Unbewußten? Ich handhabte diese Erklärung manchmal wie einen Staubwedel, mit dem man leichter Hand Unangenehmes wegwischt. Doch in Wirklichkeit glaubte ich das auch nicht. Mein Unbewußtes konnte sich in meinen Kurzgeschichten und Gedichten ausdrücken, und dabei nahm ich keineswegs mir fremde Persönlichkeitsmerkmale an. Eine Zweit-, eine Spaltpersönlichkeit? Vielleicht, aber Seth paßte in keines der Fallbeispiele, von denen wir gelesen hatten – und ich selbst auch nicht.

Während ich noch zögerte, das Experiment zu versuchen, schickte Rob Dr. Osis noch zusätzliches Material. Dr. Osis schrieb daraufhin, er sei an dem Material selbst nicht interessiert, denn es falle nicht in das Gebiet empirischer Forschung. Er bat, ihm aus dem Material nur Berichte über die Demonstration allfälliger ASW-Leistungen zu schicken. Er äußerte auch sein Interesse, Seth auf seine ASW-Fähigkeit hin zu »testen«, und schlug abermals vor, wir sollten das Hellsehexperiment versuchen.

Der Brief brachte mich auf. Ich reagierte trotzig: Wenn er kein Interesse an dem Material habe, was ich ungeheuer fände, dann solle er jemand anderen finden, der durch seine Wände hindurchglotzte!

Man bedenke: Es war März 1964. Die Sitzungen hatten erst im Dezember des Vorjahres begonnen, und wir hatten im Verlauf derselben nur wenige ASW-Demonstrationen erlebt; die gleichsam »physikalischen« Phänomene infolge der Gegenwart Seths, zum Beispiel die Veränderung meiner Stimme oder das Verhalten Willys, verblüfften mich einerseits und erschreckten mich andererseits.

Ich war offensichtlich noch nicht bereit, das Rätsel Seth oder mich selbst einem ASW-Kontrolltest zu unterziehen. Ich fürchtete, Seths Anspruch, hellsehen zu können, könnte sich als Bluff des Unbewußten – seines oder meines – herausstellen, und ich wußte nicht, ob ich genug Mut hätte, mich einem eventuellen Bluff zu stellen. Und angenommen, es wäre kein Bluff? Auch damit wollte ich nicht konfrontiert werden!

Ich mußte zuerst einmal mit der Erfahrung, die ich selbst gemacht hatte, ins reine kommen. Ich wollte Seth selbst »testen«, und zwar kompromißlos. Seth mußte entweder recht oder unrecht haben. Daß bei ASW-Tests, wie diese von Parapsychologen durchgeführt werden, Erfolge und Mißerfolge auftreten, war mir unbekannt. Ich hatte von den äußeren und inneren Voraussetzungen, die ASW-Leistungen begünstigen, keine Ahnung, und höchstwahrscheinlich hätte damals meine innere Haltung jegliche ASW-Demonstration verunmöglicht.

Ich war wütend auf Dr. Osis, der Beweise oder Wunder erwartete; jedenfalls war das meine damalige Interpretation seines Briefes. Und doch wußte ich, daß ich genau das gleiche wünschte, sobald ich mich stark genug fühlte, mich selbst – oder Seth durch mich – auf den Prüfstand zu begeben.

In der Zwischenzeit traten in bezug auf mein Verhalten im Trancezustand Veränderungen auf. Im ersten Jahr hatte ich, während ich für

Seth sprach, ununterbrochen das Zimmer durchquert. Meine Augen waren Robs Aussagen zufolge geöffnet, die Pupillen erweitert und viel dunkler gewesen als gewöhnlich. In der 116ten Sitzung vom Dezember 1964 dann setzte ich mich zum erstenmal hin und schloß die Augen. Rob sprach davon klugerweise nicht, bis die Sitzung vorbei war. Seth sagte uns, dies sei eine neue »Versuchsanordnung«, die nur mit meinem vollen Einverständnis beibehalten werden könne.

Jetzt erscheint es mir lächerlich, daß ich 116 Sitzungen hinter mich bringen mußte, um endlich aufzuhören, im Zimmer auf und ab zu gehen und mich dem Zustand der Trance mit geschlossenen Augen zu überlassen. Zur Zeit dieser ersten Veränderung meines Tranceverhaltens hatten sich im Zuge meiner täglichen Übungen bereits so manche hellseherischen Erfahrungen eingestellt. Dabei hatte ich zweifellos die Kontrolle über mich, wogegen bei den Sitzungen Seth die Kontrolle inne hatte. Für mich bestand da ein Unterschied, der ins Gewicht fiel.

Obwohl ich nun aber mit dieser neuen »Versuchsanordnung« bei Sitzungen völlig einverstanden war, dauerte es noch eine Weile, bis mein neues Tranceverhalten zur Regel wurde. Die Trance war von da an allerdings regelmäßig tiefer, und das zustande kommende Material wurde zunehmend komplizierter. Von da an nahm ich als Seth, bevor er aus mir zu sprechen begann, auch stets meine Brille weg.

Erst im Januar 1966 trat eine weitere Veränderung in meinem Tranceverhalten ein. Nachdem ich ein Jahr lang die Sitzungen mit geschlossenen Augen abgehalten hatte, fing ich dann auf einmal wieder an, mit geöffneten Augen für Seth zu sprechen – und die Trance war tiefer als je zuvor. Hand in Hand gingen, wie Rob feststellte, bemerkenswerte Veränderungen meines Gesichtsausdrucks; sie kamen einer totalen Persönlichkeitsveränderung gleich. Der Ausdruck der Augen war dem der meinen fremd; dieser Blick gehörte Seth. Offensichtlich hatte er sich zur Verwirklichung seiner Absichten in meinem physischen Körper einquartiert und es sich so gleichsam gemütlich gemacht. Daran hat sich bis heute nichts mehr geändert. Es hat den Anschein, daß dies Seth die notwendige Freiheit des Ausdrucks sichert.

Als wir 1964 an Dr. Osis geschrieben hatten, war mir eine Trance solcher Tiefe noch nicht zugänglich; ich war ja gerade erst dabei, mir anzugewöhnen, während der Sitzungen zu sitzen. Im Verlauf des Jahres 1965 wuchs das Seth-Material aufgrund unserer zwei wöchentlichen Sitzungen beträchtlich an. Anfang jenes Jahres ging Frederick

Fell den Verlagsvertrag für mein nur halbfertiges ASW-Buch ein – und ich hatte mit einem neuen Tiefpunkt zu kämpfen.

Der Gedanke an ASW-Tests erschreckte mich noch immer, aber ich begriff auch, daß sie wichtig und unumgänglich waren.

Im Frühjahr 1965, etwa ein Jahr nachdem wir an Dr. Osis geschrieben hatten, schrieb Rob an Dr. Instream (der Name wurde geändert), der in Verbindung mit einer Universität im nördlichen Teil des Staates New York stand. Dr. Instream war in seinen jüngeren Jahren einer der führenden Psychologen des Landes gewesen und arbeitete nun seit längerem schon auch als Parapsychologe. Als solcher hatte er schon viele Medien auf ihre ASW-Fähigkeit hin geprüft. Wenn Seth eine Zweitpersönlichkeit wäre, so dachte ich, würde er das herausfinden. Wieder fügten wir dem Brief das Material einiger Sitzungen bei. Dr. Instream schrieb zurück, er sei interessiert, und lud uns zu einem Hypnosesymposium ein, das im Juli 1965 stattfinden sollte.

Inzwischen hatten wir uns auch bereits in hypnotischer Rückführung in ein früheres Alter und in frühere Leben versucht. Dabei war ich der Hypnotiseur und Rob der Hypnotisierte. Wir hatten aber nie Hypnosetechniken benutzt, um den Trancezustand herbeizuführen, der die Seth-Sitzungen ermöglichte; immer war ich spontan in Trance gefallen. Auch hatten wir, als die Sitzungen begannen, keine Ahnung von Hypnose.

Wollte Dr. Instream mich nun in Hypnose versetzen? Ich war schon damals keineswegs sicher, ob ich dazu meine Einwilligung geben würde. Nachdem ich dann über die im Hypnosezustand durchgeführten ASW-Tests, denen sich Eileen Garrett, das berühmte Medium, unterzog, gelesen hatte, wußte ich, daß ich mich dazu nicht bereit erklären würde. (Selbsthypnose ist etwas anderes als Fremdhypnose. Ich wende sie manchmal an, um mir einen besseren Gesundheitszustand oder auch sonst Wünschenswertes zu suggerieren.)

Wir waren begeistert von der Aussicht, Dr. Instream kennenzulernen. Um jedoch die Reise und die Kosten für die Teilnahme am Symposium und das Hotel bestreiten zu können, mußten wir auf unser Urlaubsgeld zurückgreifen. Darüber hinaus arbeitete Rob jetzt morgens in der künstlerischen Abteilung einer Glückwunschkarten-Gesellschaft unserer Stadt, und nachmittags malte er. Er mußte daher für diese Reise Urlaub nehmen.

Es wurde der verrückteste und ärgerlichste Urlaub, den wir je erlebt haben. Im Laufe der ersten Vorlesung, die wir uns anhörten, gab der Vortragende eine Demonstration von Gruppenhypnose. Abgesehen von uns und einigen Studenten besuchten das Symposium Psychologen, Ärzte und Zahnärzte. Der Vortragende, ein Psychologe, ist als Fachmann der Hypnose sehr bekannt. Nachdem die meisten der Zuhörer, so erklärte er, Hypnosetechniken beruflich einsetzen würden, sollten sie auch wissen, wie es sei, wenn sie selbst hypnotisiert würden. Also fing er an.

Auf der einen Seite neben mir saß Rob, auf der anderen Dr. Instream. Ich beschloß, mich nicht hypnotisieren zu lassen, senkte aber meinen Blick, um mich nicht verdächtig zu machen. Als offensichtlich wurde, daß die meisten der Zuhörer pflichtbewußt weggetaucht waren – indem sie versunken dasaßen und mich irgendwie an Tauben mit säuberlich angelegten Flügeln erinnerten –, sah ich vorsichtig auf, um zu sehen, was Dr. Instream tat. Er erwiderte meinen Blick. Rob grinste uns beiden zu.

Dr. Instream war reizend. Wir gingen anschließend in Oswego in ein Restaurant und unterhielten uns mit dem Doktor, als ich plötzlich die Anwesenheit Seths fühlte. Wir hatten niemals anderswo eine Sitzung abgehalten als bei uns zu Hause. Nervös versuchte ich, Rob Augenzeichen zu geben; ich stieß ihn ins Bein und hoffte, nicht aus Versehen den Doktor getreten zu haben. Als Rob endlich verstand, was los war, zuckte er nur die Achseln und verzog das Gesicht.

»Hm«, sagte ich, »ich weiß zwar nicht, wie das kommt, aber wenn Sie Seth kennenlernen wollen, bitte. Er ist hier.«

Ich hatte nicht die Absicht, in einem Restaurant eine Sitzung abzuhalten, auch Dr. Instream nicht. Er fuhr uns in sein Büro und schloß die Tür hinter sich ab.

Es war eine Seth-Sitzung besonderer Art, die erste, in deren Verlauf ich abwechselnd bald in Trance, bald nicht in Trance war, so daß wir beide, Seth und ich, an einer gewöhnlichen Unterhaltung teilnehmen konnten. Nachdem er Dr. Instream begrüßt hatte, sagte Seth:

»Mein Anliegen ist Wissensvermittlung, und mein besonderes Interesse besteht darin, daß die scheinbar paranormalen Fähigkeiten der menschlichen Psyche verständlich gemacht und untersucht werden. Diese Fähigkeiten sind nichts Unnatürliches, sondern angeboren ... Dabei bin ich mir der Schwierigkeiten wohl bewußt, auf die man in diesem Zusammenhang stößt.

Ich habe schon oft genug gesagt: Ich bin keine schleieräugige Geistererscheinung, die sich um Mitternacht materialisiert. Ich bin vielmehr eine intelligente Persönlichkeit, die nicht mehr an eure physikalischen Gesetze gebunden ist ...«

Seth sprach im weiteren über die ASW-Tests, die Dr. Instream bei unserer früheren Unterhaltung vorgeschlagen hatte.

»Ich habe ziemliche Schwierigkeiten mit Ruburts zeitweise starrköpfiger Haltung, aber auch das müssen wir hinnehmen ... Ich werde mich ernsthaft bemühen, das zu tun, was ich tun kann, soweit es die Umstände erlauben. Auf meine Mitarbeit kann man zählen. Natürlich geht das alles nicht über Nacht, aber wir werden anfangen. In einer regulären Sitzung werde ich erörtern, was geschehen kann; wir können viel tun und auch nicht. Aber wenn wir einmal sowohl die Möglichkeiten als auch die Grenzen kennen, können wir das Beste aus dem machen, was wir haben.«

Ich vermute, daß wir uns an eine Art ungeschriebene Spielregel hielten. Zuerst sagte ich etwas, dann Dr. Instream, dann Seth, dann Rob – lebhaft ging es hin und her. Seth nannte Dr. Instream bei seinem Vornamen, und das Gespräch zwischen den beiden hörte sich an, als seien sie uralte Freunde. Ich war ein wenig verlegen. Schließlich war Dr. Instream ein vornehmer älterer Herr. Rob machte Notizen, soviel er nur konnte; er kritzelte wie wild.

Seth sagte: »Spontaneität muß erlaubt sein. Nur so können die Beweise erbracht werden, um die es Ihnen geht. Wenn wir uns zu sehr mit den Ergebnissen befassen, geht die Spontaneität verloren. Das Ego kommt ins Spiel, und wir sind verloren.«

»Genau«, sagte Dr. Instream. »Wir müssen sanft vorgehen und dürfen nichts erzwingen ... Ich stehe hier vor einer schwierigen Aufgabe, Seth. Spontaneität ist wichtig, aber ...«

»Sie ist unsere Tür«, sagte Seth. »Wenn irgendein Beweis erbracht werden kann, so kommt er uns durch diese Tür.«

»Ja«, sagte Dr. Instream. »Aber uns sind die bekannten menschlichen Grenzen gesetzt ... Für uns hier ist Methodik wichtig, wenn wir erreichen wollen, daß andere auf uns hören.«

»Bei einer regulären Sitzung werden wir auch das in Betracht ziehen«, sagte ich, und Seth fuhr fort: »Wir werden innerhalb dieser Grenzen arbeiten und sehen, was herauskommt. Es wäre allerdings von großem Nutzen, wenn Sie und andere Menschen verstehen könnten, daß diese Grenzen nur existieren, weil ihr sie akzeptiert.«

»Ja.«

»Die menschliche Psyche ist ihrer Natur nach nicht begrenzt. Der Wachzustand, und das habe ich schon oft betont, ist ebenso ein Trancezustand wie jeder andere Bewußtseinszustand. Bei Sitzungen schalten wir nur den Brennpunkt der Aufmerksamkeit auf einen anderen Kanal um. Betrachten Sie alle Erlebnisfelder der Bewußtheit als Trancezustände. Das Bewußtsein ist die Richtung, in die das Selbst schaut ...

Wir haben viele gemeinsame Interessensgebiete, Sie und ich. Die Psyche der Persönlichkeit muß immer als strukturelle Grundlage jeglichen Handelns begriffen werden. Wenn Sie versuchen, auf verschiedenen Ebenen hineinzupfuschen, verändern Sie die psychische Struktur. Wenn Sie ein Ei zerschlagen, um zu sehen, was darin ist, zerstören Sie das Ei. Es gibt andere Wege voranzukommen. Wir brauchen keinen Hammer, um die Schale eines Eies zu zertrümmern. ... Ich bin ein Intellektueller, also ein Eierkopf, aber man benötigt keinen Hammer, um zu sehen, wer ich bin.« Und dabei setzte Seth ein breites Lächeln auf.

»Wir müssen neue Einsichten auf diesem Gebiet gewinnen«, sagte Dr. Instream. »Ich bin ein Mensch. Ich muß lernen. Wir müssen Beweise haben.«

»Ihre Haltung wird etliche Beweise möglich machen. Aber die, die seelisch-geistig verschlossen bleiben, werden keine Beweise bekommen, die sie befriedigen.«

»Einige Beweise, die erbracht wurden«, antwortete Dr. Instream, »sind schwerlich zu leugnen, aber wir müssen eine methodische Untersuchung dieser Phänomene angehen.«

»Das ist einer der Gründe«, sagte Seth, »warum wir keine Sitzungsatmosphäre aufkommen lassen wollten ... und warum ich große Schaustellung vermieden habe.« Und ich fuhr fort: »Noch einmal: Ich stehe vor einer schwierigen Aufgabe. Ich muß Zeit haben und darüber nachdenken, um das so machen zu können, wie Sie sich das vorstellen.«

»Es kann«, erklärte Seth, »eine Verzögerung geben wie die, die eintrat, als ich Ruburts Bereitwilligkeit in dieser Hinsicht aufbaute. Aber ich sehe keine Schwierigkeiten.«

Dr. Instream behandelte Seth mit Achtung, mit Hochachtung, und ich gebe zu, daß ich das zu jener Zeit irgendwie verdächtig fand. Ich war selbst nicht sicher, wer oder was Seth war, und mehr als einmal kam mir der Gedanke, daß die Haltung des Doktors bewußt darauf abzielte, mein Vertrauen zu gewinnen – wie ein Psychotherapeut vorgibt, an die Wahnvorstellungen des Patienten zu glauben, und zwar so bedingungslos wie der Patient selbst.

Gegen Ende unseres Besuches sagte uns Dr. Instream, er meine, Seth habe einen »beachtlichen Intellekt« und scheine wirklich keine Zweitpersönlichkeit zu sein. Es erheiterte mich einigermaßen, daß er mir versicherte, ich scheine in emotionaler wie auch in psychischer Hinsicht in ausgezeichnetem Gesundheitszustand zu sein.

Unglücklicherweise sprachen wir im Verlauf des Symposiums auch noch mit einem anderen Psychologen etwa meines Alters. Wir lernten ihn bei einer der informellen Zusammenkünfte kennen. Als er erfuhr, daß wir in keiner Weise mit einem Heilberuf zu tun hatten, fragte er nach unserem Interesse an dem Symposium. Also erklärten wir es ihm. Eins führte zum anderen, es folgte eine Diskussion über Seth, und Rob zeigte ihm im Zimmer des Symposiumhotels einige seiner Aufzeichnungen.

Nachdem wir kaum eine halbe Stunde miteinander gesprochen hatten, versicherte mir der Psychologe, ich sei schizoid und benutze die Sitzungen nur zum Zweck, Rob zu beherrschen. Einmal schnappte er die Aufzeichnungen, kam auf mich zu wie ein rachsüchtiger Gott und wedelte mit dem Papier vor meinem Gesicht herum. »Sie halten es wohl für nützlich, all diese überflüssigen Aufzeichnungen zu veranstalten, stimmt's?« fragte er.

»Wir brauchen sie. Rob macht sie«, brachte ich mühsam heraus.

»Aha«, brüllte er. Und er brüllte wirklich. »Das ist eines der Hauptsymptome!«

»Aber Rob ist doch derjenige, der die Notizen macht ...«

Es hatte keinen Zweck. Immer wenn ich etwas zu meinen Gunsten sagte, schrie er triumphierend auf. »Sehen Sie! Sehen Sie? Sie fühlen in sich das Bedürfnis, sich zu verteidigen, stimmt's?«

Diese Entladung fachmännischer Empörung wurde mir in der Zeit zwischen dem ersten und dem zweiten Treffen mit Dr. Instream zuteil. In den Symposiumspausen fuhren wir in der verlassenen Collegestadt herum. Einmal hielten wir an, um einen Drink in einer heißen, kleinen Bar einzunehmen. Nie zuvor hatten mich so viele Selbstzweifel geplagt. Der Psychologe hatte ja nur laut meine eigenen schlimmsten inneren Ängste ausgesprochen.

»Aber Liebste«, sagte Rob, »er hat doch nur eine halbe Stunde mit uns gesprochen.«

»Nehmen wir aber einmal an, er habe recht. Ich weiß es nicht, und das ist das Furchtbare daran. Und: Weder du noch ich möchten es eigentlich wissen, geschweige denn etwas Vernichtendes akzeptieren!«

»Jemand, der geistesgestört ist, würde doch auch im täglichen Leben krankhafte Symptome an den Tag legen.«

»Aber die Sitzungen«, rief ich. »Die Sitzungen, von denen ich glaube, daß sie einen bedeutenden Beitrag leisten ... die Informationen, von denen ich überzeugt bin, daß sie Einblicke in die Natur der Realität erlauben! Stell dir vor, das alles wären bloß Symptome einer Geistesstörung!«

Wir fuhren an den Gebäuden der Staatsuniversität vorbei. Wie ordentlich sie waren, wie sauber! Ich dachte: Wäre doch auch das Leben so ordentlich. Rob versuchte immer noch, mich zu beruhigen, als wir in Dr. Instreams Büro ankamen. War ich wirklich eine dieser egozentrischen, herrschsüchtigen Frauen, denen jeder Trick recht ist, ihren Mann herumkommandieren zu können? Ich sah Rob von der Seite her an. Da stand er, ruhig, selbstsicher, gelassen im Vergleich zu meiner Hitzigkeit – ein Mann. Für gewöhnlich führe ich zwar das Wort, jetzt aber hielt ich den Mund und ließ Rob reden – jedenfalls versuchte ich das.

Dr. Instream erklärte uns, das Benehmen des Schulpsychologen sei typisch für das, was Parapsychologen so aufbringe. Auch versicherte er mir nochmals, daß er an mir keinerlei Anzeichen oder auch nur Verdachtsmomente einer Geistesstörung bemerkt habe. »Dieser Mann hat keine Ahnung von psychischen oder, wenn Sie das vorziehen, parapsychischen Phänomenen.« Deshalb, meinte er, sei es gerade auch für die Überwindung dieses unglücklichen Erlebnisses am besten, jetzt so schnell wie möglich mit den ASW-Tests zu beginnen und den Schulpsychologen zu vergessen.

Und doch machte mir die Geschichte zu schaffen! Es dauerte einige Zeit, bis ich wieder Vertrauen zu mir selbst und dem, was ich tat, fand. Ich konnte tatsächlich nicht länger mit diesem nagenden Zweifel leben: ich mußte endlich wissen, was Seth zu leisten vermochte oder nicht.

Dr. Instream erklärte uns in groben Zügen, wie üblicherweise Parapsychologen vorgehen, um die Echtheit der ASW eines Mediums anhand bewährter Testmethoden zu prüfen, und er schlug vor, Seth solle hellsehend Gegenstände wahrnehmen, auf die er, Instream, sich zu einem festgelegten Zeitpunkt konzentriere. Wir sollten das bei jeder Sitzung machen. Jeden Montag und Mittwoch wolle er sich um genau zweiundzwanzig Uhr auf einen sich in seinem Büro befindenden Gegenstand konzentrieren, und Seth solle gleichzeitig seine Eindrücke wiedergeben. Jede Woche sollten wir ihm die Sitzungsprotokolle zuschicken. Diesmal stimmte ich zu.

Auf unserer Heimfahrt aber hatte Rob eine andere Idee. »Nimm einmal an, wir versuchten etwas Ähnliches unter uns!« Wir setzten die Idee sofort in die Tat um. Rob legte Karten mit Bildmotiven, Briefe, Rechnungen oder andere Gegenstände in Briefumschläge, die er verschloß, und Seth wurde gebeten, den Inhalt der verschlossenen Kuverts anzugeben.

Ich wollte herausbekommen, ob Seth das konnte, was er zu können vorgab. Dr. Instream wünschte wissenschaftlich stichhaltige Beweise für das Funktionieren der ASW, im besonderen des Hellsehens, und wir alle hofften, diese Beweise liefern zu können. Wir hatten uns neue Ziele gesteckt!

Die Monate zwischen August 1965 und Oktober 1966 brachten ebenso viele Erfolge wie Mißerfolge, Triumphe wie auch Enttäuschungen, so daß ich nicht zur Ruhe kam. Im folgenden Kapitel berichte ich von diesem für uns aufregenden – und erstaunlichen – Jahr.

7
Erlebnisse außerkörperlicher Erfahrung

Wir begannen mit den Instream-Tests und unseren eigenen Kuverttests im August 1965. Im Oktober wurde mein ASW-Buch veröffentlicht, und Peg Gallagher, eine Reporterin der in Elmira erscheinenden *Star Gazette*, interviewte mich. Ich kannte sie schon flüchtig, aber im Anschluß an dieses Interview wurden sie, ihr Mann Bill, Rob und ich gute Freunde. Bill ist stellvertretender Anzeigenleiter der Zeitschrift. Er wollte kurz darauf mit Peg zu einem Urlaub nach Puerto Rico aufbrechen. Wir beschlossen, gemeinsam ein Experiment zu machen.

Wir wollten alle üblichen Kommunikationsmittel beiseite lassen und statt dessen Seth bitten, sich auf die Gallaghers »einzustimmen«. Während ihres Urlaubs wollten wir unsere Kartentests durch dieses Experiment ersetzen. Wir wußten, daß Peg und Bill beabsichtigten, nach San Juan zu fahren, aber das war auch alles, was uns bekannt war. Weder Rob noch ich war je in Puerto Rico gewesen.

Wir waren mitten in einer Seth-Sitzung, als uns Seth unvermittelt seine Eindrücke über die Reise der Gallaghers wiedergab. Ich saß in meinem Schaukelstuhl und sprach für Seth. Plötzlich sah ich mich auf dem Rücksitz eines Taxis. Im nächsten Augenblick nahm das Taxi eine Rechtskurve so scharf, daß ich in die Ecke des Sitzes geworfen wurde. Einen Moment lang hatte ich große Angst. Ich war es nicht gewohnt, zuerst gemütlich im Wohnzimmer zu sitzen und dann auf einmal in einem schnell fahrenden Taxi!

Mir blieb gerade noch Zeit, um festzustellen, daß der Nacken des Taxifahrers dick und stiernackig war; sein Gesicht sah ich nicht. Ich hatte jegliche Beziehung zu meinem zu Hause im Wohnzimmer sitzenden Körper verloren. Meine subjektiven Empfindungen drehten sich um das, was in einer Kurve aus dem Gleichgewicht gerät: mir wurde übel. Und während mir all dies zustieß, saß ich aufrecht im Schaukelstuhl und sprach ohne jegliche Unterbrechung für Seth:

»Eine Taxifahrt. Unsere Katzenfreundin lacht [Seths Spitzname für Peg, die Katzen nicht leiden kann]. Der Betrag von drei Dollar scheint ihr zuviel. Sie spricht mit einem eher schon älteren Taxifahrer, er hat einen Stiernacken. Der Bestimmungsort liegt hinter einer scharfen Rechtskurve.«

Als Peg und Bill zurückkamen, erfuhren wir, daß diese Eindrücke genau richtig gewesen waren. Sie hatten drei Dollar für die Fahrt vom Flughafen zum Motel bezahlt. Peg hatte sich darüber geärgert, denn die gleiche Fahrt hatte zwei Jahre zuvor weniger als zwei Dollar gekostet. Der Taxifahrer hatte eine Rechtskurve sehr scharf genommen. Peg und Bill erinnerten sich lebhaft daran, nicht so sehr allein wegen der wild genommenen Kurve, sondern weil der Fahrer bei Orange über eine Kreuzung gerast war. In der scharfen Rechtskurve danach waren sie ziemlich durchgeschüttelt worden. Allerdings war der Taxifahrer nicht eben alt gewesen. Interessanterweise bestätigte jedoch Peg, er hätte vom Rücksitz aus alt ausgesehen, denn sein Hals sei nicht nur narbig, sondern auch dick und stiernackig gewesen.

Über diesen Ausgang unseres Experiments war ich zutiefst erleichtert. Ich hatte gesehen, was man sehen konnte, wenn jemand tatsächlich in einem Taxi gesessen hätte. Peg und Bill hatten von meiner Präsenz nichts gemerkt.

Der Vorfall warf mehrere Fragen auf, provozierende Fragen. War ich oder mein Bewußtsein das, was »draußen« war, während Seth beschrieb, was ich sah? Oder war etwa Seth da draußen? Nein. Seine Stimme, seine Persönlichkeit steuerte mein physisches System, während mein Bewußtsein woanders – viele Kilometer entfernt – war. Ich brauchte andererseits Seth nicht zu erklären, was passierte, denn er beschrieb es sofort.

Er erwähnte allerdings nicht meine Empfindungen, die ich durchlebte, als es mich in die Ecke des Taxis warf. Nahm er diese nicht wahr? Oder war ich mir sicher, mich ihrer zu erinnern? Und noch eine rätselvolle Frage blieb offen: Vorausgesetzt, mein Bewußtsein reiste von Elmira nach San Juan durch den Raum, was war dann mit der Zeit? Wir hielten die Sitzung am Montag, dem 25sten Oktober 1965, ab, aber der Vorfall passierte den Gallaghers *eine Woche früher*, am Montag, dem 18ten Oktober. Und doch erlebte ich dies so intensiv, als wäre es in Puerto Rico in eben demselben Augenblick geschehen.

Bei der nächsten Episode war Seth nur indirekt beteiligt; ich befolgte lediglich seine Anweisungen zum Gebrauch der inneren Wahrnehmung. Ich wollte herausfinden, welche Eindrücke von der Reise der Gallaghers ich auf eigene Faust bekommen konnte. Zu diesem

Zweck legte ich mich an einem Morgen derselben Woche ins Bett, schloß die Augen und erteilte mir die Suggestion, ich wolle Peg und Bill finden.

Plötzlich wurde ich mir, ohne Übergang, gewahr, daß ich durch die Luft reiste und auf einer langen, schmalen Veranda landete, die von einem niedrigen Geländer umgeben war. Ich wußte, daß mein Körper im Bett lag, hatte aber jeden Kontakt mit ihm verloren. Wo immer ich war, ich war mit allem, was ich bin, irgendwo anders. Ich sah mich um und entdeckte, daß ich auf der Veranda eines merkwürdig gebauten zweistöckigen Motels stand.

Das Gebäude war völlig anders gebaut als üblich. Über das Geländer hinweg sah ich auf ein kleines Gewässer, und dahinter war ein viel größeres Wasser, ein Meer, dachte ich. War dies Puerto Rico? Ich hatte keine Ahnung.

Die Türen gingen auf die Veranda, die die gesamte Motellänge entlanglief. Ich fragte mich, ob hier die Gallaghers gerade waren. Sofort wußte ich, daß dies so war und daß die Mitteltür zu ihrem Zimmer führte. Ich sah allerdings weder Peg noch Bill.

Vor diesem ASW-Experiment hatte ich, um elf Uhr morgens, den Wecker auf halb zwölf gestellt. Jetzt klingelte er. Mein Bewußtsein kehrte so schnell in meinen Körper zurück, daß es mir schwindlig wurde. Ich setzte mich auf – und war enttäuscht. War das alles, was ich herauszufinden vermochte? Konnte ich nichts Konkreteres ausmachen oder den Ort eindeutiger lokalisieren?

Ich wußte zwar nicht, ob irgend etwas dabei herauskommen würde, aber ich stellte meinen Wecker beherzt auf zwölf. Dann legte ich mich wieder hin und suggerierte mir, an denselben Ort zurückzukehren. Kurze, aber eindeutige Reiseempfindungen folgten. Berge und Wolken sausten vorbei. Dann schwebte ich in der Luft – über dem Motel.

Ich befand mich in zu großer Höhe, als daß ich Einzelheiten hätte erkennen können, darum bestimmte ich mich tieferzugehen. Ohne jedwede Schwierigkeit bewegte ich mich nach unten, allerdings nicht bis zum Boden. Unter und etwas vor mir stand ein Mann. Er trug einen Straßenanzug mit Hut und hatte einen Aktenkoffer in der Hand. Ich beobachtete, wie er Straße und Bürgersteig überquerte und ein großes, dem Motel gegenüberliegendes Gebäude betrat. Ich erinnere mich, daß mir der Straßenanzug des Mannes an einem Ort, den ich für ein Erholungsgebiet hielt, merkwürdig vorkam. Mir schien, als wären nur Augenblicke vergangen, als der Wecker von neuem klingelte. Und ich befand mich augenblicklich wieder in meinem Körper.

Ich war sehr aufgeregt. Sofort machte ich eine Zeichnung von dem Motel und seiner Umgebung. Ich konnte die Rückkehr der Gallaghers nicht abwarten, um ihre eigenen mit Seths Eindrücken zu vergleichen. Also bat ich Peg, von ihrem Motel und der unmittelbaren Umgebung ebenfalls eine Zeichnung zu machen. Pegs Zeichnung entsprach weitgehend der meinen!

Meine Beschreibung des Motels bestach im besonderen wegen der Tatsache, daß es die von mir wahrgenommene Mitteltür, die zu Gallaghers Zimmer führte, wirklich gab. Es handelte sich um ein Motel auf St. Thomas, einer Insel in der Nähe von Puerto Rico. Peg und Bill hatten sich dort am Tag meines ASW-Experimentes und am Tag darauf aufgehalten. Auch der Mann, den ich gesehen hatte, war Bill während seines Aufenthalts aufgefallen, eben weil er einen Straßenanzug trug, aber auch weil er ein Einheimischer war. Das wußte ich nicht, denn ich hatte ihn von oben und hinten gesehen. Das Gebäude, das er betreten hatte, war die Post.

Ich war fasziniert. Doch es gab auch noch viel zu lernen. Soweit es mich betraf, hatte ich genügend Beweise, um selbst überzeugt zu sein, daß sich die von mir wahrgenommenen Episoden tatsächlich abgespielt hatten. Es handelte sich meiner Ansicht nach zweifellos um Erlebnisse außerkörperlicher Erfahrung, doch sind für mich auch heute noch so manche Fragen offen, die sich im Zusammenhang mit diesem Phänomen ergeben. Tatsache ist, daß Rob und ich, während ich dieses Buch schreibe, gerade mit einer Serie von Projektionsexperimenten, die Seth ausgelöst hat, begonnen haben. All diese ersten Schritte im psychischen Neuland haben jedenfalls mein Vertrauen in Seths und meine eigenen Fähigkeiten sehr bestärkt.

Diese Spontanerfahrungen machten bedeutend mehr Spaß als die experimentellen Instreams-Tests, die wir ebenfalls weiter betrieben. Auch unsere eigenen Kuverttests waren im Vergleich dazu eher langweilig. So schickten wir denn guten Mutes Durchschläge des Gallagher-Materials an Dr. Instream. Ich war sehr gespannt, was er dazu sagen würde, und wartete voll Ungeduld auf seine Stellungnahme. Ich ging natürlich davon aus, daß er das Material nicht als *wissenschaftlich* gültigen Beweis anerkennen würde; ich konnte ja nicht beweisen, daß die so ähnlichen Zeichnungen und die mit den Tatsachen übereinstimmenden Wahrnehmungen ohne jede Verbindung zwischen den Gallaghers und mir zustande gekommen waren. »Trotzdem wird er«, sagte ich zu Rob, »zugeben müssen, daß es sich, wenn unsere Darstellung stimmt, um eine frappierende hellseherische Leistung handelt.«

Wir führten zwischen August 1965 und September 1966 fünfundsiebzig Instream-Tests und dreiundachtzig Kuverttests durch. Wie die meisten Menschen, die in parapsychologischer Arbeit keine Erfahrung haben, erwartete ich bei all den Experimenten eindeutig und ganz einfach durchwegs richtige Ergebnisse – zumal ich mich auf Seth verließ. Wenn er war, was er zu sein vorgab, dann mußte er, entbunden von Zeit und Raum, auch in der Lage sein, den Inhalt verschlossener Umschläge erkennen zu können, wie Sie und ich die Gegenstände in einem Zimmer sehen. Ich wußte noch nicht, wieviel vom rationalen Abschalten, von der Tiefe der Trance und der Bereitschaft, der inneren Wahrnehmung volle Freiheit zu gewähren, abhing. Ich mußte noch lernen, Informationen, die durchkamen, nicht zu blokkieren. Ich wußte auch noch nicht, wie wenig wir über die durch die klassischen fünf Sinne vermittelte Wahrnehmung wissen, geschweige denn über die außersinnliche Wahrnehmung. Bei Experimenten gibt es keine hundertprozentige Trefferquote und bei Spontanerfahrungen keine hundertprozentige Richtigkeit der Wahrnehmungen. Die Eindrücke mußten durch mich, den Menschen, hindurchgehen, und damit ist ja auch klar: Irren ist menschlich.

Und doch brachte ich es dank Seth fertig, mit diesen Tests seine – oder meine – hellseherischen Fähigkeiten unter Beweis zu stellen und meine psychische Weiterentwicklung und Entfaltung voranzutreiben. Seth klärte uns über die sich abspielenden psychischen Abläufe und Mechanismen auf.

Gewöhnlich war bei den Sitzungen außer mir und Rob sonst niemand anwesend – eine wissenschaftlich wohl kaum haltbare Situation. Doch wir legten es auf Beweisbarkeit auch gar nicht an. Das bleibt das Anliegen der Parapsychologen oder anderer Wissenschaftler. Wir wollten lediglich erproben, was von solchen Sitzungen herauskam, was man erwarten konnte und was nicht. Wir wollten etwas herausbekommen, auf das wir uns unbedingt verlassen konnten. Und ich wollte wissen, ob wir mit unserem Vorgehen richtig lagen.

Manchmal bereitete Rob die Briefumschläge erst kurz vor der Sitzung vor, manchmal auch etliche Zeit vorher. Er bediente sich aller möglichen Gegenstände als Zielobjekte, bald solcher, die ich kurz zuvor oder vor längerer Zeit gesehen hatte, bald anderer, die ich noch nie gesehen hatte. Einmal war es zum Beispiel ein Brief, den ich am Tag zuvor erhalten und gelesen hatte, einmal eine Rechnung, deren Datum mehrere Jahre zurücklag, und ein andermal legte er ein Schriftstück hinein, das ich nie zuvor zu Augen bekommen hatte. Er benutzte auch Kuverts, die von einem Freund vorbereitet worden waren und deren Inhalt weder mir noch Rob bekannt war. Es kam vor, daß Rob von der Straße aufgelesene Papierstücke, Blätter, Aufkleber von Bierflaschen verwendete; dann wieder waren es Haarsträhnen, Photographien, Zeichnungen. Bisweilen wählte Rob bewußt Dinge aus, denen starke Emotionen anhafteten. Dann wieder wählte er absichtlich gefühlsmäßig neutrale Zielobjekte aus. Wir wollten herausfinden, welche Kategorie der Zielobjekte am ehesten die ASW-Fähigkeit aktivierten und zu richtigen Ergebnissen führten.

Die Zielobjekte wurden in ein Kuvert gesteckt, und zwar zwischen zwei Lagen lichtundurchlässiger Zeichenpappe, und sodann verschlossen. Dann wurde das Ganze in ein weiteres Kuvert gesteckt und dieses wiederum verschlossen. Ich wußte nie, wann wir solche Tests durchführen würden, und bekam die Kuverts nie vor der Sitzung zu sehen. Ich war immer schon in Trance, wenn sie mir vorgelegt wurden, und hatte gewöhnlich die Augen geschlossen. (Jedenfalls waren die Zielobjekte innerhalb der zwei Lagen Zeichenpappe und der zwei Briefumschläge vollkommen unsichtbar.) Manchmal hielt ich das Kuvert gegen meine Stirn, um Eindrücke aufzufangen. Nach der Sitzung überprüften wir die Ergebnisse. Einige typische Beispiele werden im folgenden Kapitel beschrieben.

Für mich war das eine Gefühlsschaukel! Wenn Seth bei den Tests gut abschnitt, fühlte ich mich tagelang leicht wie eine Feder. Wenn etwas nicht zu meiner Zufriedenheit ausfiel, meinte ich, von bleischwerem Gewicht zu sein und jede Stunde noch schwerer zu werden. Ich glaubte, daß mir nur hervorragende Testergebnisse die Zweifel an Seths Fähigkeiten nehmen könnten.

Unsere Tests erwiesen sich von unschätzbarem Wert, nicht nur als Teil meines Trainings und zur Stärkung meines Selbstvertrauens, sondern auch als Vorbereitung auf weitere Erlebnisse außerkörperlicher Erfahrung, die ich während späterer Seth-Sitzungen machen sollte. Die Tests und Seths Kommentare dazu erlaubten uns Einblicke in die Natur der inneren Wahrnehmung, die wir auf anderen Wegen tatsächlich nicht hätten erlangen können.

Im Verlauf der in unterschiedlicher Trancetiefe absolvierten Sitzungen wurde ich mir zweier Bewußtseinsfelder bewußt, des seinen und meines eigenen, und ich verstand wenigstens bis zu einem gewissen Grad, wann meine höchstpersönlichen Assoziationen eine Hilfe waren und wann ein Hindernis. In jeder tiefen Trance bleiben die ablaufenden inneren Prozesse dem Medium verborgen. Bei den meisten Medien laufen die Mechanismen so automatisch ab, daß man nur wenig über die psychischen Prozesse, die dabei ablaufen, erfahren kann.

Seth betonte, daß wir bei unserer speziellen Versuchsanordnung auch in dieser Hinsicht einen Vorteil hätten. Bei Angaben machte er oft auf die Unterschiede zwischen seinen eigenen und den meinerseits eingebrachten Eindrücken aufmerksam und verband die meinen mit ihrer Quelle, der persönlichen Assoziation, um uns dann zu sagen, ob sie richtig oder falsch waren.

Ich bin während der Sitzungen selten so »ausgeschaltet«, daß ich zu schlafen glaube. Gewöhnlich weiß ich, was vorgeht, obwohl ich meistens sofort vergesse, was geschehen ist. Mitunter geht Seth mit mir einen Dialog ein, wobei ich innerhalb von Sekunden aus der Trance herauskomme und wieder hineingleite. Manchmal habe ich den Eindruck, in Seth aufzugehen, indem ich seine Regungen und Gefühle vollständig mitempfinde, meine eigenen nicht. In solchen Situationen befindet sich das Jane-Selbst weit im Hintergrund, weitgehend abgeschaltet, doch nebelhaft ist es immer noch bewußt da. Zu anderen Zeiten, wenn auch seltener, bin ich selbst im Vordergrund und Seth rät mir nur, was ich zu sagen habe.

Die von Rob und mir untereinander durchgeführten Tests verschafften mir einen Anhaltspunkt, wie ich meine eigenen Leistungen von denen Seths trennen und sofort die Genauigkeit meiner Eindrücke prüfen konnte. Dieses Training war insofern wichtig, als es ja um den richtigen Empfang des Seth-Materials ging. Seth hat oft darüber gesprochen, daß es bei Informationsübermittlungen solcher Art zwangsläufig zu Verzerrungen komme und ihm sehr viel daran liege, daß das Material möglichst unverzerrt durchkommt. Einzelheiten dazu folgen in späteren Sitzungen.

Ich begann den Herbst des Jahres 1965 mit hochgesteckten Hoffnungen, dies nicht zuletzt wegen der bereits beschriebenen Erlebnisse außerkörperlicher Erfahrung. Ich war sehr gespannt, was Dr. Instream dazu zu sagen hatte. Höchstwahrscheinlich würde er unsere Erfahrungen ermutigend finden, obwohl diese mit seinen eigenen Experimenten nur wenig zu tun hatten. Wir schickten ihm, wie vereinbart, die Ergebnisse pünktlich jede Woche. Bis dahin hatten wir allerdings von ihm nichts mehr gehört. Wenn es sich jedoch herausstellen sollte, daß die ASW-Testergebnisse bloß halb so gut waren wie das von uns gelieferte Material außerkörperlicher Erfahrung, dann stand uns, dachte ich, viel Neues und Großartiges bevor.

Zu dieser Zeit gab ich meinen Job in der Galerie auf und schrieb nun ganztags. Ich knüpfte Verbindungen zu einer der bestzahlenden und beliebtesten Zeitschriften des Landes an. Der Chefredakteur lehnte eine Geschichte nach der anderen ab, wobei er mir aber jedesmal versicherte, die nächste werde er bestimmt annehmen. Ich lebte von einem Briefträgerbesuch zum anderen, wartete auf die Zusage des Chefredakteurs und auf den Bericht Dr. Instreams.

Dabei mußte ich einräumen: Einem vorsichtigen Fachmann beweisen zu wollen, daß es Telepathie und Hellsehen gibt, ist etwa gleich schwierig wie der Versuch, beim besten Blatt des Landes mit Erzählungen zu landen. Weniger schwer war es, ein ganzes Jahr lang die Seth-Sitzungen abzuhalten.

8
Ein Testjahr – ASW-Versuche und Kunstunterricht

Während der nächsten elf Monate standen die Seth-Sitzungen hauptsächlich im Zeichen der ASW-Tests der einen oder anderen bereits beschriebenen Art. Um 21 Uhr begann Seth wie gewohnt mit dem theoretischen Material, das uns mehr und mehr interessierte. Um 22 Uhr gab er die ASW-Eindrücke an, die er aufgrund seiner Konzentration auf Dr. Instream empfangen hatte. Danach machten Rob und ich, wenn dies für den betreffenden Abend geplant war, unseren Kuverttest. Wenn wir einen solchen machten, setzten wir uns nach der Sitzung zusammen und werteten die Ergebnisse aus. Das dauerte gewöhnlich bis nach Mitternacht, so daß wir regelmäßig erschöpft waren.

Obwohl die zwei Erlebnisse außerkörperlicher Erfahrung mein Selbstvertrauen gestärkt hatten, war mir doch klar, daß sich mit jeder Testsitzung Seth und ich erneut auf den Prüfstand begaben. Ich wußte vorher nie, ob wir einen Kuverttest machen würden oder nicht. Oft hatte ich vor der Sitzung Angst, weil ich im Fall eines solchen Hellsehversuchs schlechte Ergebnisse befürchtete. (Das ist zwar nie der Fall gewesen, aber oft fielen die Eindrücke nicht so befriedigend aus, wie wir es uns gewünscht hätten.) Mich persönlich interessierte es nicht, was in den Kuverts war; doch war ich höchst interessiert zu wissen, ob Seth es sagen könnte. Jedesmal hatte ich den sehr starken Wunsch, er möge sich nicht irren. Diese Haltung hatte natürlich eine günstige Wirkung. Heute frage ich mich, wie Seth bei all diesen ASW-Tests überhaupt je etwas zustandebringen konnte. Erstaunlicherweise aber machte er meistens seine Sache gut.

Das folgende Beispiel zeigt, wie Rob bei einem Kuverttest vorging. Wie viele andere zeitigte auch dieser Versuch überraschende Ergebnisse. Hier also Robs Aufzeichnungen:

»In meinem Arbeitszimmer lag ein Stapel alter Zeitungen, zum Großteil Ausgaben der *New York Times.* Kurz vor der Sitzung entnahm ich dem Stapel einen Stoß dieser Zeitungen. Ich kehrte dem Stoß den Rücken zu, zog ein Exemplar heraus, ohne es anzusehen, und riß von einem Blatt einen Teil ab. Ich faltete das Papierstück hinter meinem Rücken mehrmals zusammen, bis ich sicher war, daß es in die Kuverts hineinpaßte, und steckte es in das mit Zeichenpappe abgedichtete Kuvert und dieses ins andere. Dann verschloß ich beide Kuverts. Sodann nahm ich mit geschlossenen Augen den Zeitungsstoß, dem ich das Exemplar entnommen hatte, trug ihn zu dem Bücherregal, das vom Boden zur Decke reicht, und legte ihn auf das oberste Regal, wo ich ihn nicht sehen konnte.

Aufgrund dieses Vorgehens konnte ich von dem herausgerissenen Papierstück nur eines wissen, daß es aus einer der Nummern der *New York Times* stammte, wobei mir das Datum nicht bekannt war. Jane wußte überhaupt nichts über das – Kuvert in Kuvert – doppelt verschlossene Zielobjekt.

Nach Beendigung des Experiments öffnete Jane die Kuverts mit dem Zielobjekt, dem Papierstück. Ich ging in mein Arbeitszimmer zurück und nahm von dem Stoß das Blatt heraus, von dem ich das Papierstück abgerissen hatte. Es waren die Seiten 11 und 12 der Sonntagsausgabe vom sechsten November 1966.«

Seth hatte neununddreißig ASW-Eindrücke durchgegeben. Diese hat Rob wortwörtlich mitgeschrieben. Im folgenden sind einige davon, hier sinnvoll geordnet, wiedergegeben und mit unseren nachträglich getroffenen Feststellungen versehen.

»Papier, eher rauh als glatt.« Zielobjekt dieses Experiments ist ein Papierstück einer Tageszeitung mit dem üblichen Holzanteil, das eher *rauh* ist; es handelt sich also nicht um holzfreies, *glattes* Glanzpapier, wie dies meist nur für Zeitschriften verwendet wird.

»Etwas Graues.« Auf beiden Seiten des Zeitungsstückes sind Teile von Abbildungen zu sehen, die in *Grau*tönen gehalten waren.

»Großzügiges Geben.« Das Zeitungsstück enthält die Anpreisung eines »*großzügigen* Nachlasses«.

»Zusammenhang mit dem Telephon oder Telephonanruf.« Auf der einen Seite des Papierstücks steht zu lesen: »Aufträge per Post oder *Telephon* ausgeschlossen!« Auf der anderen Seite finden wir die Angaben: »Prompter Postversand. Telephonische Auftragsannahme über ...«, und es folgen mehrere Telephonnummern.

»Etwas, das mit etwas anderem ein Gleiches ist ... zwei oder zwei derselben Art.« Wir finden das Wort »Zwilling«, das für die übereinstimmende Größe eines zum Kauf angebotenen Bettüberzugs verwendet wird. Ich selbst hatte dabei jedoch den starken Eindruck, daß sich dieses aber eher auf das Zielobjekt bezog: das Papierstück war Teil eines größeren *Gleichen*.

Diese Äußerungen betrafen das Zielobjekt selbst. Nun folgen einige weitere, die sich auf das Blatt beziehen, von dem das Teilstück weggerissen wurde. Seth sagte, und zwar in dieser Reihenfolge: »Eine Methode, wie etwas zur Verfügung gestellt wird ... und dann folgt etwas in Fachsprache ... dann Guvernal.« Ich hatte das Wort »Gouvernal« – von Gouverneur – gemeint, aber wie üblich hatte Rob das Wort so geschrieben, wie ich es in der Trance gesprochen hatte. Diese Angaben verwirrten uns, als wir gemeinsam die Testergebnisse durchgingen. Dann nahm Rob das Blatt zur Hand, aus dem er das Zeitungsstück weggerissen hatte, und wir beide wußten sofort, worum es ging.

»Wau«, sagte ich. »Eine Methode, wie etwas zur Verfügung gestellt wird – das bedeutet Verkaufen und bezieht sich auf all die Angebote, die da unter der Rubrik ›Zu verkaufen‹ zu finden sind. Doch was ist das für eine verrückte Art, das so auszudrücken!«

»Und sieh nur hier«, sagte Rob; er hielt das Zeitungsstück in der einen und das Blatt in der anderen Hand. Da stand, in großer, fetter Schrift gedruckt, die Headline: »Wahltags-Sonderangebote – Preishits!« Diese Kopfleiste fand sich auf beiden Seiten des Zeitungsblattes. »Ja, natürlich«, fuhr Rob fort, »ganz klar: ›Guvernal‹ oder ›gouvernal‹ bezieht sich natürlich auf die Wahl des *Gouverneurs* für den Staat New York vom neunten November. Übrigens kommt mir der Ausdruck ›Preishits‹ wirklich als Fachjargon der Werbesprache vor.«

Beide Seiten des Blattes enthielten Annoncen, die auf den Wahltag Bezug nahmen, allerdings tauchte das Wort »Wahltag« nicht auf dem abgerissenen Teilstück – das ja Zielobjekt gewesen war –, sondern nur auf dem Teil des Blattes auf, das während des Experiments oben auf dem Bücherregal in Robs Zimmer gelegen hatte.

»Warum hat Seth nicht einfach ›Verkaufen‹ gesagt?« fragte ich ärgerlich.

»Nun hör mal«, beschwor mich Rob lachend, »wir müssen die Daten so nehmen, wie sie kommen, und versuchen, daraus zu lernen. Du hast es doch prima gemacht ...«

Heute glaube ich, daß dieser Kuverttest ein ausgezeichnetes Beispiel dafür ist, wie Informationen aufgrund außersinnlicher Wahrnehmung empfangen werden. Verkäufe *sind* eine Methode, durch die etwas zur Verfügung gestellt wird, obwohl der Ausdruck dafür uns nicht so treffend erschien, wie wir uns das gewünscht hätten. Und doch geht es nicht nur um die treffende Formulierung eines ASW-Eindrucks. Solche Antworten, die die Sache in einer unerwarteten Weise nicht genau treffen, lassen uns Bekanntes oder Gewohntes in einem anderen und neuen Licht erscheinen.

Bei diesem ASW-Test fiel einiges überraschend aus. Seth hatte ja nicht nur richtige Angaben über das Zielobjekt gemacht, sondern auch Hinweise auf die zwei Zeitungsseiten des Blattes gegeben, von dem unser Papierstück als Zielobjekt ja nur ein Teil war. Die zwei Zeitungsseiten wiesen, abgesehen von den Kaufangeboten, vier Artikel auf. Das Papierstück im Kuvert als Zielobjekt des ASW-Versuchs enthielt diese nicht, und doch gab Seth Eindrücke durch, die sich auf drei dieser Artikel bezogen.

»Eine Mission mit unvorhergesehenen Folgen ... 1943 ... Illia, und vielleicht ein P und ein R ... etwas, das immer wieder geschieht, eine Art Gedächtnisfeier ... Ein Zusammenhang mit etwas Grünem, wie einer Wiese ... ein Kind ... Januaria.«

Diese Angaben bezogen sich auf einen Bericht über eine Priesterschule des Dominikanerordens, die 1943 in Aldeia Nova, Portugal, gegründet worden war. Wir glauben, daß »Illia« ein tastender Versuch war, »Aldeia« zu finden. Die angegebene Jahreszahl stimmte, und in dem Artikel wurde von einem jungen Ordensmann *P*ate*r* Fernandes, gesprochen (P und R verwiesen auf Pater), der in diesem Land auf *Mission* ging, um Geld zur Modernisierung des Priesterseminars zu sammeln. Es war auch die Rede davon, daß er eine Pilgerfahrt zum *Gedenken* des fünfzigsten Jahrestages der ersten Marienerscheinung nach Fatima organisierte, das nur fünfzehn Kilometer vom Seminar entfernt liegt. In dem Artikel wurde ferner berichtet, daß zu dem Klosterbezirk unter anderem ein eigener Bauernhof, Rebhänge und auch Gemüse- und Obstgärten gehörten. Wir denken, daß »etwas Grünes, wie eine Wiese« sich darauf bezog.

Von »Januaria« war in keinem der Artikel die Rede; dennoch ist dieser Name für mich von größter Wichtigkeit und hat einen starken religiösen Bezug: eine meiner Lieblingslehrerinnen in der Grundschule war Schwester *Januaria*, eine Nonne, gewesen. In dem Artikel sind die drei Kinder erwähnt, die die Marienerscheinung in Fatima gesehen haben. Seth erwähnte ein *Kind*.

In einem anderen Artikel mit der Überschrift »Die Situation der Gefangenen in Portugal« ging es im besonderen um die Notwendigkeit, ein Großgefängnis des Landes zu modernisieren, da es sich in einem desolaten Zustand befinde; auch von der Kriminellenrate war die Rede. Ferner wurde berichtet, Portugal habe das niedrigste Pro-Kopf-Einkommen Europas.

Seths Hinweise waren ziemlich klar: »Im Zusammenhang mit einer Monstrosität ... ein riesiges Gebäude ... Eine Verwirrung ... ein Nachteil ... ein unbefriedigender Zustand.«

Seth gab auch Eindrücke durch, die sich teils auf das abgerissene Papierstück, teils auf die Artikel bezogen. »Ein Datum oben ... Knöpfe ... einige Figuren und ein entfernter Zusammenhang mit Kopfformen ... die Farben Blau und Purpurrot und Grün ... und andere runde Umrisse.«

Das Datum der Zeitung stand natürlich *oben* auf der Seite. Knöpfe, und zwar auffallend viele, zierten die in den Anzeigen abgebildeten Modellkleider. Die Mannequins, die sie trugen, waren die von Seth erwähnten *Figuren*, deren *Kopfform* deutlich hervortrat, weil die Vorführdamen straff zurückgekämmte Haare hatten. Die Farben *Grün* und *Blau* fanden sich im Anzeigenteil der Zeitung. Das *Purpurrot* bezog sich wahrscheinlich auf die »dunkle Orchidee«.

Diese Testergebnisse warfen Fragen auf. Wie hatte Seth Informationen der ganzen zwei Seiten des Blattes aufnehmen können, nachdem doch nur ein kleines Stück davon in dem Kuvert gesteckt hatte? War eine Art Projektion von meiner Seite aus im Spiel, die auf das Blatt des im Bücherregal abgelegten Zeitungsstoßes bezogen blieb? Warum hatte sich Seth nicht einfach auf das Zielobjekt, das Papierstück im Kuvert, beschränkt? Tatsächlich betrafen seine Angaben beide: den Teil und das Ganze.

Wir fragten Seth in einer späteren Sitzung danach, und erhielten eine interessante Antwort: »Ein Teil ist immer verbunden mit dem Ganzen, von dem er Teil ist«, sagte er. »Über das herausgerissene Stück waren mir die ganzen Seiten des doppelseitig bedruckten Blattes präsent, und aus Teilen vom Ganzen kann man das Ganze ablesen. Bei genügend Freiheit einerseits und Training andererseits könnte Ruburt, der für mich spricht, die gesamte Ausgabe der *New York Times* aufgrund einer einzigen abgerissenen Ecke durchgeben. Dabei ist keineswegs Projektion im Spiel.

Halten wir uns an das Nächstliegende; es hat mit Ruburts Charaktereigenschaften zu tun. Es stimmt natürlich, daß im allgemeinen emotional befrachtetes Material von stärkerer Vitalität und deshalb leichter wahrnehmbar ist. Darüber hinaus aber gilt, daß Ruburt Details nicht liebt.« Seth lächelte. »Und deswegen bedient er sich ihrer nur als Schlüssel, um zu sehen, wohin sie ihn führen.

Er wäre also nicht damit zufrieden, einfach Details über ein Stück Papier zu liefern. Dies ist eine ziemlich generell vorherrschende Einstellung seines geistig orientierten Lebens. Und wir werden davon, hoffentlich, in unseren Sitzungen auf andere Art Nutzen ziehen ... In den ASW-Tests traten Ruburts Fähigkeiten zutage, das kann man nicht ableugnen. Es sind, neben meinen eigenen natürlich, Ruburts Fähigkeiten, dank denen und durch die hindurch ich zu arbeiten habe. Dabei macht sich selbstverständlich Ruburts Neigung geltend, das Bild zu erweitern und weitere Details einzubringen, und es kamen ziemlich respektable Gesamtwerte heraus ... und irgendwie ist das Ruburt angemessen.«

Über die ASW-Tests im allgemeinen sagte Seth: »Ich habe Ruburt einiges beigebracht, und zwar unter Zuhilfenahme seiner natürlichen Interessen und Neigungen. Sein Widerwille gegen die Tests bezieht sich nicht auf die Sache selbst, sondern auf den ihm auferlegten Zwang, sich auf Details der Details wegen konzentrieren zu sollen. Er entwickelt also nur gegen diese Art pointillierter Tests Abneigung. Bei der außersinnlichen Wahrnehmung – wie auch bei der Wahrnehmung durch unsere Sinne – beeinflussen die natürlichen Neigungen der Persönlichkeit den Empfang und den Inhalt der Informationen, die aus dem verfügbaren Wahrnehmungsfeld herausgezogen werden. Es gibt Gebiete des Wissens und der Erfahrung, an denen bestimmte Menschen ganz einfach kein Interesse haben. Sie werden sich daher keine Mühe geben, ihre Wahrnehmung – sei es die sinnliche oder sei es die innere – auf das zu konzentrieren, was sie nicht interessiert. Ich vermittle Ruburt den Zugang zu seinen inneren Wahrnehmungsfeldern. Ich helfe ihm, die Energie aufzubringen, die er braucht, um seine Wahrnehmung nach innen zu richten. So mache ich für ihn Informationen verfügbar. Dann bedient er sich derselben, wie dies seiner Eigenart entspricht.«

Der Kuverttest mit dem der *New York Times* entstammenden Stück Papier war natürlich, wie Parapsychologen sagen würden, ein trockenes, kontrolliertes Experiment. Demgegenüber war ein früherer Test spontaner und entsprechend aufschlußreicher. Das Ergebnis überzeugte uns davon, daß vermöge der außersinnlichen Wahrnehmung zunächst eher nur Umfassendes erkannt wird und erst eine Art fokussierenden Einengungsvorgangs die Wahrnehmung konkreter Tatsachen ermöglicht. Dieser völlig andere ASW-Versuch war wirklich lustig. Seth gab sein Bestes. Doch dann warf er mir den Ball zu, und ich fiel fast vom Stuhl. Gegenstand oder Zielobjekt dieses Kuverttests war eine Rechnung, die mit dem fünfzehnten Juli 1966 datiert war. Die Sitzung fand am ersten August statt.

Rob und ich hatten an jenem fünfzehnten Juli ein Baumaterialgeschäft aufgesucht, und Rob hatte zwei mehr als ein mal zwei Meter große, als Masonite bekannte Holzfaserplatten und einen Farbenmischtiegel gekauft. Der Verkäufer, der uns bediente, wurde recht gesprächig, als er erfuhr, daß Rob Maler war und die Platten für seine Arbeit benutzen wollte. Er erzählte uns, ein namhafter Künstler habe, als er im Zweiten Weltkrieg in Europa stationiert gewesen war, ein Porträt von ihm gemacht, er habe aber, so erzählte er leicht amüsiert, sein Gesicht so gezeichnet, als wäre es symmetrisch und ohne jede Entstellung, während es doch in Wirklichkeit ziemlich asymmetrisch und seine Verletzung am Auge unübersehbar sei. Der Verkäufer trug eine Brille.

Ich gebe im folgenden ein paar von Seths Eindrücken wieder: »Zwei viereckige Stücke oder vier viereckige Stücke.« Wir hielten das für eine sehr gute ASW-Leistung. Rob hatte die *zwei* Masonitestücke in zwei Hälften schneiden lassen, damit sie in unser Auto reingingen. Das ergab *vier Vierecke.*

»Schrift oder Druck in der linken unteren Ecke, sehr klein, und auch so etwas auf der Rückseite.« Beides traf zu, außer daß die sehr kleine *Druckschrift* sich über die *linke* Seite erstreckte und nicht nur auf die linke Ecke beschränkt war.

»1966, mit Bezug schon auf 1967.« Auf der Rechnung war das Datum mit dem Jahr *1966* handgeschrieben und darunter der in die Zukunft weisende Vermerk »Kontoauszug folgt« eingedruckt.

»Es besteht ein Zusammenhang mit einer Photographie oder etwas Ähnlichem.« Das, meinten wir, bezog sich ganz konkret auf das von dem Verkäufer des Geschäftes erwähnte *Porträt.*

»Etwas Ovales oder Augenförmiges, und zwar eine Art Auge innerhalb eines Vier- oder Dreiecks.« Robs Aufzeichnungen zufolge deutete ich dabei auf eines meiner geschlossenen Augen. Der Verkäufer hatte sein verletztes *Auge* im Zusammenhang mit diesem Porträt und seiner Brille genannt.

»Zusammenhang mit Transport und mit Wellen.« Wir fanden das

eine recht einmalige Art, eine fünfzehn Kilometer weite Fahrt mit dem Auto nach *Wells*burg zu beschreiben. Der Name der Stadt erschien auf der Rechnung, ebenso auf deren Rückseite das Wort »Auto*transport*«.

»Ein Wort das mit M beginnt, noch ein M, diesmal der Anfangsbuchstabe eines Namens.« Rob hatte *M*asonite gekauft; das war die richtige Bezeichnung der Ware, aber der Verkäufer hatte diese als »Spanplatte« auf die Rechnung gesetzt. Ein großes M fand sich im Rechnungskopf: Glenn *M.* Schuyler.

»Etwas Rechteckiges, auf dem dunkle Farbe ist, vielleicht dunkelblaue.« Die Rechnung war *rechteckig*, die Rückseite schwarz bedruckt.

Alles in allem hatte Seth vierundzwanzig ASW-Eindrücke diktiert. Jeder enthielt etwas Wahres, obwohl einiges nicht so treffend war wie anderes. Zum Beispiel sagte Seth: »Zusammenhang mit Schwarz, Todessymbolik; es hängt mit einem Turnier zusammen, wieder symbolisch, wie zwei gekreuzte Degen.« Wir glauben, daß sich dies auf den Zweiten Weltkrieg bezog, damals hatte ja der Verkäufer, der uns bedient hatte, ein Porträt von sich zeichnen lassen.

Ein anderes Beispiel war dieses: »Zahlen ... vielleicht 01913.« Die Rechnungsnummer wies eine vielstellige Zahl in einer Reihe auf, die mit 0 begann (was uns ungewöhnlich vorkam), nicht aber in der von Seth durchgegebenen Reihenfolge. Sie begann mit 09 (nicht 019); und die von Seth ferner genannten Zahlen 1 und 3 tauchten im unteren Bereich der Rechnung in Form einer groß eingestempelten 13 auf.

Zweifellos waren diese ASW-Eindrücke ohne bewußte Beteiligung meinerseits zustande gekommen. Ich war in tiefer Trance gewesen. Das änderte sich aber. »Ein Gefühl, daß etwas überhängt, bedrohend oder eben überhängend, in der oberen Hälfte des Zielobjektes und dunkel.« Während ich diese Worte für Seth sprach, schien sich in meinem Bewußtsein ein Spalt zu öffnen – ein Zweifel an der Richtigkeit der Deutung der Information. Ich wußte, daß ich Seths Rat zufolge einen solchen Anflug des Zweifels hätte unterdrücken sollen und daß dies zu meinem Training gehörte.

Ich hatte das Gefühl, als hinge etwas sehr Schweres über mir. Sollte dies etwa bedeuten, daß ein schweres Dach über meinem Kopf war, oder bezog sich die Schwere nur auf das Gefühl, das »über mir hing«? Ich wußte es nicht – und vermochte das damals nicht herauszufinden. Es ergab sich kein einwandfreier Zusammenhang. Seth warf mir aber noch etwas zu: »Etwas Glänzendes und auch Kleines, unterhalb dieser überhängenden und bedrohlichen Sache.« Auch in diesem Fall blieb ich ziemlich ratlos eigenen Assoziationen und Deutungsversuchen überlassen und brachte eine ASW-Leistung in Form der von uns erwarteten konkreten Angaben nicht zustande.

Doch Seth ließ nicht locker. Er leitete mich schließlich zu dem Wort »Dachpappe« hin, das im Rahmen einer Auflistung des Warenangebotes in der Kopfleiste, also in der *oberen Hälfte* der Rechnung, zu lesen war. Hieraus kann man etwa ersehen, wie zutreffend und zugleich zweideutig der empfangene ASW-Eindruck war, der seinen Niederschlag in der Formulierung fand: »Das Gefühl, daß etwas überhängt, bedrohend oder eben überhängend, in der oberen Hälfte des Objektes und dunkel.«

Der zweite, mir unklar gebliebene ASW-Eindruck – »Etwas Glänzendes und auch Kleines, unterhalb dieser überhängenden oder bedrohlichen Sache« – bezog sich auf den von Rob eingekauften Mischtiegel, der handgeschrieben auf der Rechnung aufschien. Der Tiegel war klein und *glänzend*; er war aus Aluminium.

In diesem Fall wären die von Seth durchgegebenen Eindrücke ganz wörtlich zu nehmen gewesen. Es war ja so, als ob einzelne in der Rechnung enthaltene Wörter zum Leben erwacht und als das, was sie ausdrückten, erlebt worden wären – nicht wie Wörter, die einen Gegenstand *beschreiben*. Später brachte ich Eindrücke dieser Art, die Seth mir überließ, viel besser herüber, was nur beweist, daß diese Art des ASW-Trainings unschätzbar wertvoll war. Obwohl ich zunächst keine wirklich gute Arbeit leistete, lernten wir doch eine Menge über die Art des Informationsempfangs aufgrund außersinnlicher Wahrnehmung, und genau das entsprach offensichtlich Seths Absicht.

Dieser Test veranlaßte uns zu der Vermutung, daß alle Wahrnehmungsinhalte, die wir über die Sinne oder auf außersinnlichen Kanälen empfangen, ursprünglich weder visuell noch verbal, sondern eher nur rein gefühlsmäßig erfaßt, sozusagen ertastet, und erst später der verbalen Interpretation zugänglich werden.

Wir versuchten es mit allen möglichen Kuverttests. Beim ASW-Test mit der *New York Times* hatte Rob nicht gewußt, womit das Zielobjekt bedruckt war. Er wußte oft überhaupt nicht, welcher Art das Zielobjekt war, und manchmal wußte er nicht einmal, daß ein solcher Test stattfinden würde. Zum Beispiel nahmen bisweilen Freunde unangemeldet an einer Sitzung teil und brachten ihr eigenes Testkuvert mit. Das wurde mir dann mitten in der Sitzung herübergereicht, und weder Rob noch ich hatten zuvor gewußt, daß ein Test dieser Art stattfinden würde. Oft gab Rob mir dann so ein Kuvert sofort, mitunter wartete er eine der nächsten Sitzungen ab.

Es schien für die Ergebnisse keine Rolle zu spielen, ob Rob den Inhalt der Kuverts kannte oder nicht. Eines Abends kam unangemeldet Nora Stevens (der Name ist geändert) zu uns. Sie war die Freundin einer unserer Bekannten und hatte vorher schon zwei Sitzungen beigewohnt. In dieser Phase des ASW-Trainings forderten wir immer wieder Leute auf, mit Testkuverts bei uns hereinzuschneien, was aber nur selten passierte. (Davor und danach zogen wir es vor, bei unseren Sitzungen allein zu bleiben.)

Wir wußten, daß Nora, die Sekretärin in der Verwaltung eines Krankenhauses war, mit dem Einkauf von Medikamenten und anderem für Krankenhäuser typischen Versorgungsmaterial befaßt war, daß sie aber nichts mit Patienten und deren Krankengeschichte oder Behandlung zu tun hatte. Ich wußte nicht, daß sie ein Kuvert bei sich hatte. Sie schob es Rob nach dem Beginn der Sitzung zu.

Seth äußerte sich dazu folgendermaßen: »Der Inhalt steht im Zusammenhang mit einem Familienbericht, etwa wie eine Seite, zum Beispiel, aus einem Buch ... verbunden mit einem turbulenten Ereignis oder etwas Unangenehmem ... vier Zahlen in einer Reihe und andere Zahlen, der Anfangsbuchstabe M, ein Bezug auf eine andere Stadt.«

Nach der Sitzung öffneten wir das Kuvert. Es enthielt einen Krankenbericht über eine Patientin des Spitals, eine Seite aus einem Journal*buch*, die Nora aus dem Papierkorb in einer anderen Abteilung des Krankenhauses herausgefischt hatte. In der unteren Ecke standen *vier Zahlen* in einer Reihe, andere Zahlen oben neben dem Namen der Patientin *M*argaret. Ihr Wohnort begann mit *M*; sie war also nicht von hier. Ein Krankenhausaufenthalt ist sicher etwas *Unangenehmes*, oft ist so etwas auch *turbulent*. Seth gab auch andere Eindrücke, die sich auf das Leben der Frau bezogen, aber diese konnten wir nicht nachprüfen.

Wie immer gut solche Ergebnisse zu sein schienen, so entmutigten sie mich doch manchmal zutiefst. Das Ergebnis eines Tests hatte mir zunächst besonders gefallen. Es war unser 37ster ASW-Versuch, der im Zuge der 237sten Sitzung vom zweiten März 1966 stattgefunden hatte. Zielobjekt war ein Abdruck gewesen, den Rob eine Woche vorher von seiner eigenen Hand gemacht hatte; wir hatten damals mehrere Bücher über Handlesekunst (Chiromantie) gelesen. Seths Eindrücke hätten gar nicht präziser sein können. Tagelang lebte ich deswegen in tiefer Freude, bis mir dazu plötzlich anderes einfiel.

Ich spülte gerade unser Geschirr, als mich plötzlich Zweifel befielen. Rob saß im Wohnzimmer. Ich ging zu ihm, langsam, behutsam. »Ich wette«, sagte ich, »Dr. Instream läßt die ASW-Informationen über den Handabdruck nicht gelten, weil wir uns vorige Woche mit dem Thema der Handanalyse beschäftigt haben.«

»Das kann schon sein«, stimmte mir Rob zu. »Andererseits haben wir eine Menge Briefe bekommen, die ich ebensogut hätte als Zielobjekt wählen können. Und wir haben uns ja auch mit Graphologie beschäftigt. Ich hätte auch eine Handschriftprobe in den Umschlag stecken können. Ich hätte einen Kuverttest mit irgend etwas machen können, das uralt ist, älter als du, älter als ich, wie wir das früher auch schon gemacht haben. Ich hätte *irgend etwas* nehmen können. Doch was immer ich auswähle, Seth hat ja nur dieses eine Zielobjekt zu beschreiben. Und er beschrieb es gut. Seine Eindrücke blieben nicht vage; sie konnten sich nur auf diesen meinen eigenen Handabdruck beziehen.«

Ich stimmte ihm zu. Doch ungeachtet dieser Überlegungen ging Rob immer mehr dazu über, mehrere Kuverts in einem Zuge vorzubereiten und diese zu mischen; er zog dann jeweils erst während der Sitzung einen der Umschläge aus dem vorbereiteten Bündel heraus.

Was aber war mit den Instream-Tests? Vor allem wartete ich noch immer begierig darauf zu hören, was Dr. Instream über meine zwei Erlebnisse außerkörperlicher Erfahrung dachte. *Er ist einfach nie darauf zurückgekommen.* Für mich war das zutiefst enttäuschend. Der Inhalt der Informationen hatte sich als richtig herausgestellt, ob solche Erfahrungen und deren Ergebnisse nun als wissenschaftlich gelten konnten oder nicht. Wenn diese Ergebnisse ihn nicht davon überzeugen konnten, daß bei den geschilderten Phänomenen ASW im Spiel gewesen war, dann wußte ich wirklich nicht, was ihn sonst hätte überzeugen können!

Die insgesamt guten Resultate, die unsere Kuverttests zeitigten, machten uns zuversichtlich, daß Seth auch bei den Instream-Versuchen gut abschneiden würde. Wir nahmen diese sehr ernst und gaben uns bei dieser Arbeit größte Mühe.

Ein Jahr lang gab mir Seth zweimal wöchentlich seine Eindrücke über das durch, was Dr. Instream sich vorstellte oder tat. Die Informationen beinhalteten Hinweise auf Namen, oft in Form von Anfangsbuchstaben, auf Gegenstände, Begebenheiten und Orte. Einige dieser Einzelheiten waren leicht zu überprüfen. Mit Dr. Instream war ja vereinbart, Seth solle den Gegenstand benennen, auf den sich der Parapsychologe in der weitentfernten Stadt, in der er lebte, um zehn Uhr abends konzentrierte. Dabei wurde uns klar, wie wichtig Gefühlselemente waren. Informationen über gefühlsbesetzte Vorgänge kamen klarer durch als Eindrücke von Gegenständen, denen keine Gefühlsenergie anhaftete. Seth machte zwar auch bestimmte Gegenstände beschreibende Angaben, aber viel deutlicher trat seine Fähigkeit zutage, Einzelheiten aus Dr. Instreams Tagesablauf zu erfassen.

Immer wieder hatten wir uns in jenem Jahr die Frage gestellt: Wann werden wir von Dr. Instream etwas hören? Monate vergingen, und wir hörten nichts. Mir erschienen diese Monate endlos. Vielleicht, dachten wir, will er uns seinen Bericht erst zukommen lassen, wenn die Experimente abgeschlossen sein werden. Falls das aber seine Absicht ist, warum sagt er es uns nicht?

Als schließlich die Spannung für mich nicht mehr auszuhalten war, schrieb ich ihm: »Sind die Versuchsergebnisse zufriedenstellend? Sind Treffer zu verzeichnen? Oder nicht?« Dr. Instream versicherte uns nur seines weiterhin bestehenden Interesses, bat uns, die Tests fortzusetzen, erklärte aber auch, er habe noch kein Beweismaterial, das eindeutig genug wäre, einen »hartgesottenen Wissenschaftler« zu überzeugen. Das war alles. Er sagte kein Wort über die zahlreichen Namen, Beschreibungen von Personen und Vorkommnissen, Angaben über die von ihm empfangenen Besucher und Briefe, die in den Sitzungsprotokollen erwähnt worden waren. Waren die Informationen unrichtig? Teilweise richtig? Wir haben es nie erfahren. *Er hat es uns nie gesagt.*

Fortan setzte mich das Wissen, daß sich Dr. Instream bei jeder Sitzung auf irgend etwas konzentrierte, stark unter Druck. In mir machte sich ein innerer Widerstand gegen diese ASW-Versuche geltend. Ich empfand es als Last, unter allen Umständen jeden Montag- und Mittwochabend eine Sitzung abhalten zu *müssen*. Auch außerhalb der Instream-Tests fühlte ich mich jetzt bei den Sitzungen zunehmend gestört: ein unsichtbarer Dr. Instream schien ihnen als Zuhörer beizuwohnen. Wir hatten früher kaum je eine Sitzung ausgelassen. Doch mehr und mehr mußte ich nun gegen die Versuchung ankämpfen, eine Sitzung einfach fallenzulassen, auszugehen, ein Bier zu trinken und mich in der Vorstellung zu suhlen, wie der Wissenschaftler eine alte Vase, einen Tintenklecks – oder was immer er als Zielobjekt gewählt hatte – anstarrte, ohne daß mich das noch etwas anging.

Solche Anwandlungen hatte ich zu Beginn der Versuche nie durchlebt. Ich war einfach zutiefst enttäuscht, daß er uns über die Ergebnisse der Tests nicht informierte; die vielen Stunden konzentrierter Arbeit verloren jeden Sinn. Ohne zu wissen, was bei diesen Tests herauskam, konnte mich nicht länger interessieren, worauf sich Dr. Instream heute oder übermorgen konzentrierte. Die Tests erschienen mir immer mehr als eine Verschwendung unserer Zeit, zumal die diesen geopferte Zeit auf Kosten des theoretischen Materials ging, das Seth uns hätte vermitteln können.

Ich schrieb dem guten Doktor noch einmal, er möchte auf meine Gefühle keine Rücksicht nehmen, wenn die ihm gelieferten Daten falsch sein sollten. Wäre dies der Fall, vergeudeten wir nur seine und unsere Zeit. Wiederum antwortete er, er sei an den Versuchen interessiert, und empfahl uns weiterzumachen. Aber wieder kein Wort, ob wir es gut machten, mittelmäßig oder miserabel! Ebenso keinerlei Kommentar zu den vielen ihm gelieferten Einzelheiten!

Er war besessen, einen statistischen Beweis dafür zu erbringen, daß es Telepathie und Hellsehen gibt, und er hoffte, wir würden ihm diesen liefern. Zuerst war es mir ungeheuer aufregend erschienen, bei einer Aufgabe dieser Wichtigkeit mitwirken zu dürfen. Mit zunehmender Kenntnis der vorhandenen einschlägigen Literatur, die wir uns aus allen möglichen Büchern angeeignet hatten, verwandelte sich die Aufregung in Verwirrung.

Schließlich war doch die Tatsache, daß es die außersinnliche Wahrnehmung, also Telepathie und Hellsehen, den Phänomenen nach gibt, in strengkontrollierten Reihenversuchen von Professor Joseph Banks Rhine von der Duke University in Durham einwandfrei nachgewiesen worden. Wichtiges Beweismaterial hat anhand seiner ASW-Versuche mit Gerard Croiset, einem zuhöchst medial Begabten, auch beispielsweise Professor Willem H. C. Tenhaeff von der Universität Utrecht beigesteuert. Ließ Dr. Instream alle die von diesen und anderen Wissenschaftlern erarbeiteten Forschungsergebnisse nicht gelten? Lehnte er die in allen Teilen der Welt gesammelten Beweise ab?

Offensichtlich war dem so. Und die Arbeit mit uns bereitete ihm besondere Mühe. Dr. Instream verwies auf die Schwierigkeit, wie er die Aussagen statistisch auswerten sollte. Richtige Angaben mußten unrichtigen gegenübergestellt werden können. Treffer und Irrtümer mußten erfaßbar sein, um zu einer zweifelsfreien Auswertung gelangen zu können. Es sei aber, meinte Dr. Instream, fast unmöglich, bei den von Seth aufgestellten Behauptungen den einzelnen Treffern Irrtümer gegenüberzustellen.

Zum Beispiel hatte Seth Dr. Instream vorausgesagt, er werde zu Ende des Jahres an eine Universität des Mittelwestens überwechseln. Ich habe keine Ahnung, ob Dr. Instream zur damaligen Zeit diese Absicht schon gehegt hat, aber tatsächlich wechselte er seine Universität, und er ging tatsächlich an eine Universität des Mittelwestens. Wir haben nie erfahren, wie viele ASW-Eindrücke dieser oder ähnlicher Art sich als richtig erwiesen haben. Mehrere richtige Aussagen dieser Art hätten aber auch schon viel gesagt. Zusammen mit einem hohen Prozentsatz von Treffern bei den Angaben von Namen, Gegenständen, Orten und so weiter hätte dies, statistisch erfaßbar oder auswertbar oder nicht, zweifellos gezeigt, daß da ASW im Spiel sein mußte.

Wir hatten mit unseren ASW-Versuchen, wie Sie sich erinnern werden, angefangen, kurz bevor unsere Freunde, die Gallaghers, 1965 in Urlaub gefahren waren. Nun unternahmen sie eine weitere Reise, und wir vereinbarten, das gleiche Experiment wie damals noch einmal durchzuziehen. Peg und Bill fuhren nach Nassau. Weder Rob noch ich kannten diese Gegend. Wiederum verboten wir uns jegliche Verbindung: keine Postkarte also, kein Brief, kein Anruf.

Zu meiner Freude wußte aber Seth offensichtlich, wo die Gallaghers sich aufhielten. An einem Abend, dem siebzehnten Oktober 1966, gab er eine Reihe von ASW-Eindrücken durch, die genau ihr Hotel beschrieben.

»Ein Gebäude mit einem langen schmalen Trakt; ein Dach auf Pfosten. Auch das Dach ist lang und schmal. Ein Stein- oder Zementfußboden, sandfarben, eine Veranda vor ihrer Tür und ein großer Kübel voll Sand. Unter der Veranda sind Felsen, draußen der Ozean oder eine Meeresbucht. Am Strand befindet sich eine kreisförmige Vertiefung, an der wegen der Felsen eine starke Brandung herrscht. An dieser Stelle, in dieser Vertiefung, gibt es keinen Strand, obwohl links und rechts davon Strandareal ist, sogar ein recht großes.«

Nach der Rückkehr der Gallaghers gingen wir das Material durch.

Die Angaben stimmten. Aber da war noch mehr. Seth hatte einen Nachtclub beschrieben, in dem sie gewesen waren, und zusätzlich ein »Ärgernis« erwähnt. Bill und Peg bestätigten das. Sie hatten sich über einen aufdringlichen englischen Touristen geärgert, die anderen Gäste natürlich auch. Der Engländer hatte etwas vorpfeifen wollen, und die Band hätte ihn begleiten sollen. Ferner hatte Seth behauptet, vor dem Nachtclub hätten achtzehn Büsche gestanden. Bill bestätigte, daß Büsche da waren, aber er hatte sie nicht gezählt.

Seth schien insbesondere Vorkommnisse aufzuspüren, die Peg und Bill gefühlsmäßig beeindruckt hatten. Zum Beispiel hatte er zwischen andere Eindrücke »das Gedenken eines Mordes ... eine Statue« eingeflochten. Es stellte sich heraus, daß die Gallaghers an einer Statue vorbeigefahren waren, die dem Gedenken an Sir Harry Oakes gewidmet war, dessen Ermordung 1943 Gegenstand eines aufsehenerregenden Strafprozesses gewesen war. Peg hatte sich so dafür interessiert, daß sie sogar einen Taxifahrer über die Umstände dieses Mordes ausgefragt hatte.

Dann gab Seth, merkwürdig genug, eine sehr eingehende Beschreibung eines Platzes, den Peg und Bill besucht hatten. Mit der Formulierung lag er aber offensichtlich etwas daneben. »Ein Brunnen, zu dem Stufen hinaufführen; eine runde Form mit Blumen rundum, die sehr dicht gepflanzt sind. Links von der Straße, sehr nah davon und in Reihen, eine alte zweistöckige Struktur.«

Die Angaben stimmten, nur war es ein Wasserturm gewesen und kein Brunnen.

Alles in allem ergaben sich als Ergebnis der drei Sitzungen vierzig richtige ASW-Eindrücke, die sich auf Pegs und Bills Aufenthalt in Nassau bezogen; eigentlich waren es mehr, da viele Eindrücke verschiedene Einzelheiten wiedergaben. Aber bei einem solchen Experiment spielt so vieles mit! Da das Gedächtnis zweifellos fehlbar ist, waren wir immer bestrebt vorzusorgen, daß ein an einem Versuch Beteiligter seine Erlebnisse sofort aufschrieb, damit sie leichter und zuverlässiger nachzuprüfen waren. Die Gallaghers schrieben einiges auf, anderes nicht. So ist der Versuch nach wissenschaftlichen Kriterien vielleicht wiederum nicht stichhaltig genug.

Jedenfalls werde ich dieses »Testjahr«, das mit der Reise der Gallaghers nach Puerto Rico anfing und mit ihrer Reise nach Nassau endete, nie vergessen. Für uns hatte Seth seine ASW-Fähigkeit überzeugend unter Beweis gestellt. Nach der Arbeit eines Jahres schrieben wir Dr. Instream, wir brächen die ASW-Tests ab, und erklärten unsere Gründe. Nach einigen weiteren unter uns abgewickelten Kuverttests hörten wir auch damit auf.

Zugegeben: es tut mir nicht leid um die Zeit, die wir für diese ASW-Tests aufgewendet haben, aber ich bin doch auch froh, daß wir sie dann sein ließen. Ich bin von meinem Temperament her nicht geeignet, mich zweimal in der Woche »unter Strom zu setzen«; das tat ich aber aufgrund der inneren Haltung, die ich damals gegenüber solchen Kontrolluntersuchungen einnahm. Vom Gefühl her lehnte ich die Tests ab; vom Intellekt her hielt ich sie für notwendig. Seth schienen sie nur wenig zu kümmern, aber mich selbst setzten sie unter Zwang; ich dachte einfach, es müßte sein.

Bemerkenswert bleibt aber die Tatsache, daß sich im Zuge unserer Sitzungen die besten ASW-Ergebnisse ergaben, wenn sie sich spontan einstellten, oder wenn ich mich auf Menschen in Not konzentrierte, nicht aber wenn ich versuchte, etwas zu beweisen. Ich war zwar enttäuscht, von Dr. Instream nicht so etwas wie einen »Leistungsnachweis« bekommen zu haben, andererseits haben wir ihn nicht darum gebeten; wir waren, ich gebe es gern zu, aufgebracht, weil er uns keinerlei Bericht über die Ergebnisse der ASW-Tests hatte zukommen lassen.

Fortan nun konnten wir uns voll auf das Seth-Material konzentrieren. Nun waren die Sitzungen vom Zwang der Tests befreit. Wir sollten viele Überraschungen erleben. Hätte ich in Seths und in meine eigenen Fähigkeiten von Anfang an mehr Vertrauen gesetzt, wären mir viel Arbeit und Kummer erspart geblieben. Allerdings hatte sich auch im Zuge der Tests so manches andere ereignet, das mit diesen nicht zusammenhing, aber von großer Bedeutung für uns war.

Kurz nach Beginn der Sitzungen stellten sich bei Rob regelmäßig visionäre Bilder ein. Einige davon blieben schemenhaft, andere waren körperhaft – dreidimensional, jedenfalls schien es so. Es waren imaginierte Menschen, und Rob nahm sie als Modelle für seine Bilder. Jetzt hängen in unserem Wohnzimmer Porträts von Leuten, die wir »nicht kennen«. Seth hat uns gesagt, einige davon stellten uns selbst in früheren Leben dar. Da ist aber auch ein Porträt von Seth in der Erscheinungsform, in der er sich Rob aufgedrängt hat. (Seitdem ist Seth einem Studenten und einem unserer Freunde in gleicher Gestalt wie auf dem Bild erschienen.)

Rob hat ein gutes visuelles Gedächtnis. Wenn er einmal ein solches Bild gesehen hat, behält er es und kann es jederzeit wieder in sich wachrufen. Mein visuelles Gedächtnis hingegen ist schwach, ebenso übrigens mein Sehvermögen. Ich nehme Tiefe kaum wahr. Rob ist ein professioneller Maler und Zeichner; er beherrscht sein Handwerk und hat seine Technik.

Und doch hat Seth Rob im Verlauf mehrerer Sitzungen ausgezeichnete Ratschläge in Sachen Kunst erteilt. Das kommt uns in der Tat komisch vor, denn ich selbst, bestenfalls eine ungeschickte Hobbymalerin, habe zum Beispiel keine Ahnung von Perspektive. Rob hat eine Zeitlang versucht, mir die Technik perspektivisch richtiger Darstellung beizubringen, aber seine Bemühungen haben nichts gefruchtet. Ich habe niemals Kunst studiert, und meine Malereien sind dilettantisch in Ausführung und Farbgebung. Doch Seth hat Rob erklärt, wie er Farben mischen und gebrauchen könne, und Rob hat diese Informationen als Bereicherung seines Wissens bezeichnet. Seth sagte, er habe, der er auch kein künstlerisches Talent sei, sein Wissen von Künstlern, denen er auf seiner Realitätsebene begegnet sei.

In einer Sitzung gab Seth Hinweise, die Rob sofort in die Tat umsetzte. Das Bild zählt zu unseren liebsten und gehört zu Robs »Gesichtergalerie« – Porträts von Menschen, die wir nie gesehen haben. Die Inspiration zu diesem Bild kam Rob ein paar Tage nach der besagten Sitzung, und er wandte dabei die Techniken an, zu denen Seth ihm geraten hatte.

Hier folgen ein paar Auszüge aus dieser denkwürdigen Sitzung:

»Beachte bei einem Porträt das, was ich schon einmal als wichtig herausgestellt habe: Stelle dir den Menschen als Mittelpunkt allen Lebens vor, damit das Bild, wenn es fertig ist, das gesamte Universum vorstellt, von dem dieser Mensch ein Teil ist. Nichts existiert für sich allein, und das ist das Geheimnis, das die alten Meister so gut kannten.

Noch im kleinsten Detail brachten sie es fertig, die Realität eines höheren, geistigen Universums, von dem jedes Detail ein sinnvoller Teil ist, der kosmische Energie ausdrückt, zu vergegenwärtigen. Setze deine Begabung – und die ist beachtlich – dafür ein. Mehr kannst du nicht tun ...«

Nach längerer Pause fuhr Seth fort: »Also: Ölfarben verweisen auf die Erde. Laß dieses Material für die körperliche Erscheinung der Dauerhaftigkeit in jeder dargestellten Figur, für die körperliche Kontinuität jeder menschlichen Gestalt in einem Gemälde wirken. Laß in durchscheinenden Ölfarben die ständige Energieerneuerung, die der Formwerdung ausweicht, zum Ausdruck kommen.

Einer der Reize meines von dir gemalten Porträts besteht darin, daß es unwillkürlich ein unsichtbares Publikum suggeriert, zu dem ich zu sprechen scheine, nicht bestimmte, sondern unsichtbare Zuhörer, die die ganze Menschheit repräsentieren. Das Unsichtbare ist gegenwärtig. Die Gestalt ruft die Vorstellung der Gegenwart aller Menschen und der Welt, die sie hält, hervor, obwohl diese nicht im Bild aufscheinen.

Diese Informationen stammen von einem Künstler, der für die Grundierung der Fleischtöne der von ihm dargestellten Menschen immer Sienafarben verwendete und diesen einen ganz leichten Schimmer von Violett beimischte. Dem setzte er dann einen Hauch transparenten Ockers und einen bestimmten Grünton zu. So erreichte er eine Gesichtsfarbe, die so leicht und hingehaucht wirkte, als könnte sie der geringste Windhauch fortblasen.«

Nach der Sitzung sagte mir Rob, er sei ganz sicher, daß ich solches Wissen im wachbewußten Zustand nicht vermitteln könnte – mein Bewußtsein arbeite in anderer Weise. Rob hatte noch nie versucht, sich dieser besonderen Methode der Farbmischung zu bedienen. Er hat jedoch diese Technik bei einem Porträt, das er ein paar Tage nach der Sitzung malte, erfolgreich angewandt. Später fügte Seth diesen Informationen noch weitere hinzu. Wir verfolgten mit Interesse sein Material über Kunst, Kunsttheorie und Maltechniken.

Seth hat ein paar Hinweise auf die Eigenart des Künstlers gegeben, von dem er dieses Wissen hat. Seinen Äußerungen zufolge handelt es sich um einen dänischen oder norwegischen Künstler aus dem vierzehnten Jahrhundert, der bekannt war für seine häuslichen Szenen und Stilleben. Seinen Namen würden wir, ließ Seth uns wissen, im Zusammenhang mit weiteren Informationen über Kunst in einer späteren Sitzung erfahren.

Seth sagte aber, Robs neuestes Bild, bei dem er erstmals die empfohlene Farbmischtechnik angewandt hatte, sei das Porträt dieses Malers. Er sagte auch, Rob werde noch weitere Gemälde von dem Maler und dessen Umgebung, möglicherweise auch von dessen Atelier, fertigbringen.

Die von Rob bisher gemalten Porträts stellen Persönlichkeiten dar, mit denen wir uns durch eine assoziative Seelenverwandtschaft verbunden fühlen. Von mehreren wissen wir gar nicht, wer sie sind oder waren; andere konnten identifiziert werden. So malte Rob vor nicht langer Zeit einen jungen Mann. Er hatte keine Ahnung, wer das sein könnte. Später glaubte George, einer der Teilnehmer an meinen ASW-Kursen, in dem Bild eine Persönlichkeit namens Bega zu erkennen, mit der er durch automatisches Schreiben kommuniziert. Seth bestätigte dies und ließ uns auch wissen, Bega sei auf einer anderen Realitätsebene sein eigener Schüler.

Obwohl die Sitzungen wie üblich weitergingen, machten wir dabei immer wieder überraschende Erfahrungen: etwa Rob mit seinen Visionen, die auf die eine oder andere Art auch aufgrund des Seth-Materials zustande kamen. Und als ob er uns in der neugefundenen Freiheit und mein eigenes Selbstbewußtsein stärken wollte, sandte mich Seth im Verlauf einer Sitzung nach Kalifornien aus, während er und Rob sich im Wohnzimmer unserer Wohnung in Elmira, New York, unterhielten. Ein solches Erlebnis außerkörperlicher Erfahrung machte natürlich mehr Spaß als jeder Versuch, den Inhalt verschlossener Kuverts zu beschreiben. Dieses Mal waren ganz und gar Fremde an dem Experiment beteiligt, das meine scheinbar endlose Suche nach Beweisen ein für allemal beendete.

9
Ein Psychologe bekennt sich – weitere Bewährungen

Eines Tages, als wir bis über beide Ohren in unseren ASW-Tests steckten, entdeckte ich in einer Zeitung einen Artikel der Associated Press, der mich sehr überraschte. Dr. Eugene Barnard, Psychologe an der North Carolina State University, berichtete über ein Erlebnis außerkörperlicher Erfahrung (AKE). Er habe, sagte er, sein Bewußtsein aus seinem Körper herauswandern lassen, und mit Halluzination habe das nichts zu tun. In dem Artikel beschrieb er auch Einzelheiten seiner wissenschaftlichen Forschungsarbeit auf dem Gebiet der Parapsychologie.

Ich war ganz aufgeregt bei der Vorstellung, daß ein Psychologe mit sich selbst AKE-Experimente durchführte beziehungsweise solcher Erfahrung fähig war, und ich schrieb ihm. Wir korrespondierten eine Zeitlang. Im November 1966 besuchte uns Gene mit seiner Frau. Wir verstanden uns auf Anhieb. Er vermittelte mir nie das Gefühl, ich müßte etwas beweisen, was natürlich klug von ihm war, denn selbstverständlich wollte er herausfinden, was von den Seth-Sitzungen zu halten war.

Er war Zeuge einer faszinierenden Sitzung, die mehrere Stunden dauerte. Erst als sie zu Ende war, erkannte ich, was er vorgehabt hatte; er war also ein guter Psychologe.

Gene hatte Seth in einem philosophischen Fachjargon Fragen gestellt, wobei er mehrfach fernöstliches esoterisches Wissen ins Spiel brachte, ein Gebiet, auf dem ich vollkommen unbewandert war. Gene hatte seinen Doktor der Philosophie auf dem Fachgebiet der experimentellen Psychologie an der University of Leeds in England gemacht und jahrelang in Cambridge gelehrt. Darüber hinaus verfügte er über hervorragende Kenntnisse fernöstlicher Philosophie und Religion. Seth ging nicht nur ganz auf ihn ein, sondern er bediente sich auch Genes Terminologie und Fachjargons, als wäre er da zu Hause (was ich selbst nicht verstehen kann), und begegnete ihm souverän mit seinen eigenen Waffen – und dies mit Geist und Witz.

Der Sitzungsbericht umfaßt insgesamt vierzehn Schreibmaschinenseiten und ist so sehr aus einem Guß, daß es schwierig ist, Auszüge wiederzugeben, ohne nicht auch einige Hintergrundinformationen hinzuzufügen. Es folgt hier einiges, das ich aus der zweiten Hälfte der Sitzung herausgegriffen habe. Vorher hatten Gene und Seth über die Natur der Realität gesprochen, und Gene hatte geäußert, die menschliche Existenz sei »eine Art liebenswürdiger kolossaler Witz«. Seth antwortete darauf: »Sie ist kein Witz. Sie ist ein Mittel, damit das Ganze sich selbst kennenlernt.«

Jetzt sagte Seth: »Der ›Witz‹ ist höchst bedeutungsvoll. Wenn Sie wirklich erkennen würden, daß Ihre körperlich-materielle Welt bloß eine Illusion wäre, könnten Sie mit Ihren Sinnen keine Erfahrungen mehr machen.«

»Kann ich denn nicht Erfahrungen machen aufgrund einer Illusion, die ich mir selbst erschaffe?«

»Sie können Erfahrungen aufgrund der Illusion machen, aber wenn Sie die Illusion als Illusion erfahren, *erfahren* Sie sie ja nicht mehr. Sie laufen sich selbst davon.«

»Aber da ist ja nichts, wohin ich laufen könnte«, sagte Gene.

»Das können Sie nicht *wissen*. Sie denken das. Sie werden nicht sein, wo Sie sind.«

»Gibt es denn ein Anderswo?«

»Nein und ja«, sagte Seth.

»Gibt es ein Anderswo, das nicht Illusion ist?«

»Ich sage Ihnen: Ja.«

»Wie kann ich den Unterschied feststellen? Kann die Unterscheidung zwischen Realität und Illusion anders getroffen werden, als indem mein eigener Geist das eine oder andere erschafft?«

»Sie können das doch nicht wissen. Wenn Sie es wissen, werden Sie in der Lage sein, jedwede Situation im Zeichen des Zwiespalts ›Realität oder Illusion‹ Ihrem Willen gemäß zu erfahren, aber das Selbst, das diesen Zwiespalt ›Realität oder Illusion‹ erfährt, wird sich selbst als Realität begreifen. Es gibt keinen Ort, an den man sich, um das zu erfahren, begeben müßte, denn das Selbst ist die einzige Realität, und es schafft sich seine Welt.«

»Aber dies ist eine Diskussion mit mir als Mensch hier und jetzt.«

»Nach Ihren Begriffen«, sagte Seth.

»Auch nach den Ihren.«

»Nach Ihren Begriffen«, wiederholte Seth.

»Auch nach den Ihren«, beharrte Gene.

»Prüfen Sie Ihre Feststellung sorgfältig.«

»Wir drehen uns im Kreise«, sagte Gene. »Ich bin der eine in einer Realität, die ich erschaffe. Es gibt keinen Ort, an den ich mich begeben könnte.«

»Sie müssen immerhin fähig sein, eine jede dieser Illusionen zu erfahren, dabei wissen, daß sie Illusion ist, sich ihrer illusionären Natur voll bewußt sein, und dabei auch wissen, daß die Grundrealität Sie selbst sind. Es gibt keinen Ort, an den Sie sich begeben könnten, denn Sie sind der Ort; Sie sind, nach Ihren Begriffen, alle Orte. Aber der ›Witz‹ ist höchst bedeutungsvoll, wie gesagt. Sie müssen frei genug sein, die Natur und die Erfahrung alles Lebendigen innerhalb Ihres Systems zu erforschen, und dabei wissen, daß Sie selbst Ihr System sind, und dann Ihr System verlassen. Das muß unmittelbar erfahren werden.«

»Aber ich kann das System nicht verlassen, weil ich in allen Systemen gleichzeitig vorhanden bin.«

»Ich bediene mich der Begriffe eurer materiellen Weltvorstellung ... aber sogar nach diesen Begriffen haben Sie mit anderen Systemen zu tun.«

»Ich habe keine Wahl.«

»Ich gebrauche Begriffe der Kontinuität nur zum Zweck einer für Sie verständlichen Erklärung: Zuerst muß da eine Strecke Zeit sein, und diese ist abgelaufen, wenn Sie vollständig in ein gegebenes System eingetaucht sind, als ob es kein anderes gäbe; so kommt es in der Regel zur Erfüllung der von Ihnen angestrebten Wertvorstellungen. Das bedeutet aber nicht, daß Sie nicht zugleich auch in anderen Systemen heimisch sind. Die Illusion muß ihrer ganzen Tiefe nach erprobt werden.«

»Von der keine da ist«, warf Gene ein.

»Sie erschaffen die Tiefe.«

»Richtig, und indem ich sie erschaffe, hat das Erproben auch schon stattgefunden. Es ist nichts zu erproben.«

»Das Erproben ist wichtig«, widersprach Seth. »Auch Spiele sind wichtig und immer bedeutungsvoll.«

»Läuft das Spiel nicht darauf hinaus, gerade eben nichts zu erschaffen oder nichts zu erproben?«

»Sie selbst sind das Spiel, nach diesen Begriffen.«

»Auch nach allen anderen Begriffen.«

»Sie erschaffen sich Ihre eigenen Grenzen«, sagte Seth.

»Gibt es wirklich mehr als einen Blickwinkel?«

»Ja. Sie können sich die Vielfalt, die es gibt, nicht vorstellen.«

»Ich wäre bereit, mir eine Vielfalt illusorischer Erscheinungsformen ein und desselben vorzustellen ... Zum Beispiel sind da Sie und ich. Alles eins!«

»Es darf keinen Selbstbetrug geben«, sagte Seth.

»Richtig, noch eine Täuschung der anderen.«

»Doch allein schon die Idee des Selbstbetruges kann zu Verzerrungen führen.«

»Doch diese Verzerrungen sind ja Teil des Spiels, das Schiwa spielt.«

»Ich würde das eher liebendes Bemühen nennen.«

»Natürlich«, sagte Gene. »Man denke nur an die klassische Darstellung Schiwas, der auf einem zerschmetterten Kindchen steht – künstlerischer Ausdruck liebender Teilnahme an der Illusion einer Tragödie, sogar an der Illusion der Selbsttäuschung.«

»Sie versuchen da, sich selbst viele Schritte wegzunehmen.«

»Aber es gibt doch gar keine Schritte, oder?«

»Für Sie, jetzt, gibt es Schritte.«

»Sind sie aber nicht illusorisch?«

»Das sind sie in der Tat«, sagte Seth.

»Wenn es künstliche Barrieren gibt, die ich auf meinem Weg mir selbst erschaffen habe, kann ich sie natürlich auch entfernen.«

»Theoretisch schon; praktisch würde Sie das zwingen, auf Ihre Füße sehr aufzupassen.«

»Ja. So wurde Siddhartha belehrt.«

»Es sind zarte Kinder, die wir zur Ruhe betten«, gab Seth zur Antwort. »Wir müssen sie begraben, obwohl sie ... [hier fehlen ein paar Wörter]. Wir müssen mit ihnen fühlen, obwohl sie auch bloß Kuhdung sein könnten.«

»Wir müssen sie lieben, denn sie sind wir selbst.«

»Sie können nicht weniger tun«, sagte Seth. »Doch Sie können auch kaum mehr tun.«

»Mehr zu tun würde bedeuten, ein Auge zu öffnen, um zu sehen, daß nur ein kleiner Schritt weiterzugehen möglich ist.«

»Sie spielen ein Spiel«, ermahnte Seth.

»Natürlich. Sie ja auch. Sie sind mit mir einig, daß Schiwa ein Spiel spielt; und wer ist Schiwa außer Sie selbst?«

»Sie spielen wirklich ein Spiel mit sich selbst, aber es ist nicht wichtig und kann sogar ganz unwichtig sein. Doch sollten Sie mit mehr Ehrerbietung spielen.«

»Ehrerbietung für wen?«

»Mehr Ehrerbietung gegenüber Ihrem Selbst«, sagte Seth mit großem Ernst.

»Okay. Wir verstehen uns schon.«

»Es gibt eine heilige und eine leichtfertige Unehrerbietigkeit. Beide sind in Ihrem Spiel. Sie sollten dies allerdings ganz genau wissen.«

Dr. Eugene Barnard war so freundlich, dem Verleger des amerikanischen Originals dieses Buches einen Brief zu schreiben, in dem er seine Meinungen äußerte und auf die vorstehend auszugsweise wiedergegebene Sitzung einging. (Darüber hinaus erlaubte er mir, ihn bei seinem richtigen Namen zu nennen; er wolle sich nicht hinter einem Pseudonym verstecken.) In seinem Brief hieß es:

»In dieser Sitzung schnitt ich bei der Unterhaltung Themen an, die sowohl für Seth als auch für mich von Interesse waren und die zu jener Zeit Janes Wissen weitgehend entzogen waren; jedenfalls habe ich allen Grund, das anzunehmen. Ich habe absichtlich Themen gehobenen philosophischen Anspruchs gewählt und das Gespräch so geführt, daß Jane mich kaum hinters Licht führen konnte, indem sie ihr eigenes für Seths Wissen ausgab, selbst wenn sie dies unbewußt versucht hätte ...

Die beste Inhaltsbeschreibung, die ich von diesem Abend geben kann, läßt sich in der Tatsache zusammenfassen, daß ich eine erfreuliche Konversation mit einer Persönlichkeit oder Intelligenz (oder als was immer Seth gelten mag) geführt habe, deren Witz, Intellekt und Wissen meine Reserven bei weitem überstiegen. Nach Kriterien, die für einen Psychologen westlicher wissenschaftlicher Schulung maßgebend sind, glaube ich nicht, daß Jane Roberts und Seth dieselbe Person sind – noch dieselbe Persönlichkeit, noch verschiedene Facetten ein und derselben Persönlichkeit ...«

Außerhalb der Sitzung fanden die Barnards, Rob und ich zu einem außerordentlich beglückenden Einverständnis zusammen, als wir uns über unsere Erlebnisse außerkörperlicher Erfahrung unterhielten.

Kurz nach dem Besuch der Barnards erschien mein Buch *How to Develop Your ESP Power* (Wie man seine außersinnliche Wahrnehmung entwickelt). Ein paar Leser schrieben mir, obwohl im ganzen die Resonanz auf dem Postweg spärlich blieb. Einer der ersten Briefe war allerdings der Anlaß für meine nächste außerkörperliche Reise im Verlauf einer Seth-Sitzung.

Am dritten Mai 1967 kamen Peg und Bill Gallagher zu unserer regulären Montagabendsitzung, und als wir noch plauderten, erzählte ich von dem Brief, den ich gerade bekommen und der mich gleichermaßen amüsiert und aufgeregt hatte.

»Er war eingeschrieben, und ich hatte den Empfang zu bestätigen«, sagte ich. »Und wofür? Der Brief stammte von zwei Brüdern, die irgendwo in Kalifornien wohnen und die wissen wollen, was Seth ihnen über sie selbst sagen kann.«

»Wirst du darauf antworten?« fragte Peg.

»Ein paar Zeilen, mit Dank für ihr Interesse – oder so. Seth kann tun, was er will; ich bezweifle aber, ob er in diesem Fall etwas tut.«

Aber wie so oft, wenn ich versucht habe, Seths Absichten vorwegzunehmen, hatte ich mich gründlich getäuscht. Kurz danach begann unsere Sitzung, die 339ste, und fast augenblicklich begab ich mich auf die Reise. Ich befand mich auf einmal in der Luft und sah auf eine Gegend hinab, die mich an Südkalifornien erinnerte. Im Wohnzimmer zu Hause beschrieb Seth, aus meinem Mund sprechend, was ich sah, aber ich wurde seiner Stimme nicht recht gewahr; sie schien von so weit her zu kommen, wie dies bei schlechtem Empfang eines Telephonanrufs aus dem Ausland der Fall ist.

Ich wußte nicht, wie ich Rob erklären sollte, daß ich mich außerhalb meines Körpers befand, während Seth, wie gewöhnlich, weitersprach. Mein körperlicher Organismus mußte ja, das wußte ich, bestens funktionieren, wenn Seth durch mich sprach. Ich mußte selbst lachen bei dem sich aufdrängenden Gedanken: Ich sollte ihm wohl ein Telegramm schicken! Doch während mich dieser Einfall belustigte, schwebte ich in der Luft, ziemlich hoch über dem Boden, und sah auf die Gegend hinab, die Seth beschrieb. Ich war fähig, mich zu bewegen, meine Position zu verändern, um besser sehen zu können; aber ich war jeglicher Beziehung zu meinem Körper entrückt, der im Wohnzimmer saß. Seth sagte:

»Es gibt da einen Hof mit Zitronenbäumen, Zitronen für die Brüder, und ein rosafarbenes Haus mit Stuckverzierung, mit zwei Schlafzimmern im hinteren Trakt; es ist kein neues Haus. Ihr Wohnzimmer befindet sich in der Nähe der rechten Ecke des Haustraktes, nicht jedoch an der Ecke selbst. Sie wohnen nah am Wasser. Es ist da eine

Stelle mit hohem Gras, auch ein paar Holzpfosten sind da und Drähte.«

An diesem Punkt mischte sich Rob ein, weil das Material ihm so merkwürdig erschien. »Bist du dort?« fragte er.

»Bis zu einem gewissen Grade. Es gibt da so etwas wie Sanddünen. Bei diesen ändere ich jetzt meine Position. Ich sehe unmittelbar vor mir das Haus. Das Ganze hat sich etwas verändert, weil ich jetzt eine andere Position einnehme. Rechts von mir ist ein Gebäude, das wie eine Garage aussieht, und dahinter sind andere Baulichkeiten, die zum Wasser führen, weiter unten eine Düne und ein Strand. Es ist Flut.«

»Wieviel Uhr ist es?« fragte Rob. (In Elmira war es kurz nach neun Uhr abends.)

»Früher Abend. Es gibt hier, wie gesagt, diese dünnen Holzpfosten, nicht durchgehend rund, rechteckig oben, weißt du, etwa hüfthoch.«

Seth-Jane gestikulierte vor Rob, um Form und Höhe der Pfosten zu beschreiben. Zur gleichen Zeit schwebte ich über diesen Pfosten und wunderte mich, denn ich konnte nicht erkennen, wozu sie da waren; ich wunderte mich auch, warum sie oben rechteckig waren.

»Das links wirkt wie eine Bucht. Das Land ist so, weißt du, wie die Einsäumung einer Bucht, das Ufer verläuft in Kurven nach innen und außen.« Hier machte Seth wieder ausladende Bewegungen, um die Art der Meeresküste nachzuzeichnen. Er sagte auch, die Familie habe eine besondere Beziehung zum Ausland, obwohl deren Name nicht gerade der von Ausländern sei. Dann machte er noch ein paar Bemerkungen über die Geschichte der Familie und deren Mitglieder.

Rob übersandte eine Kopie des Sitzungsprotokolls den beiden Brüdern. Sie schickten eine Tonkassette zurück, durch die die Richtigkeit von Seths Informationen bestätigt wurde. Später händigten sie uns eine schriftliche Bestätigung aus, die wir in unseren Akten verwahren. Seths Auslassungen über ihr Haus war in jedem Punkt richtig, auch die über die Umgebung und den Verlauf der Meeresküste.

Die Brüder wohnten in Chula Vista, wo ich niemals gewesen war. Sie wohnten in einem Haus mit rosafarbenem Verputz und Stuckverzierung, die Schlafzimmer befanden sich im hinteren Teil. Die Ecke des Haustraktes lag von ihrem Wohnzimmer etwas weiter zur Rechten. Etwa ein Kilometer vom Haus entfernt erstreckt sich die Bucht von San Diego mit ihren zahlreichen Sanddünen, denen entlang Holzpfosten genau der beschriebenen Form aufgestellt sind.

Die Familie war aus Australien gekommen und hoffte, dorthin zurückzukehren. Verschiedene andere Eindrücke, die vorstehend nicht erwähnt wurden, erwiesen sich ebenfalls als richtig, andere nicht. So sagte Seth zum Beispiel, die Mutter sei tot. Sie war aber am Leben. Allerdings war sie mit der Familie zerfallen und lebte meist nicht zu Hause.

Wie immer, wenn sich meine Arbeit als erfolgreich erwies, strahlte ich den ganzen Tag. Ich billige nicht gleich, was andere sagen, obwohl ich zu Zeiten mehr akzeptiert habe, als für mich gut war. Ich wollte immer alles selbst herausfinden. Niemand könnte gegenüber seinen eigenen Erfahrungen kritischer sein, als ich es bin, aber ich nehme mir natürlich die Freiheit zum Experimentieren.

Nach diesem neuerlichen Erfolg fühlte ich mich merklich entspannter. Mein Bewußtsein hatte wieder einmal meinen Körper verlassen, und meine ASW-Eindrücke hatten sich als richtig erwiesen. Wie konnte Seth mir dabei helfen? Wie konnte er meine Wahrnehmungen wiedergeben, während mein Bewußtsein auf der anderen Seite des Kontinents weilte? Meine intellektuelle Neugier war aufs höchste angestachelt. Eines wußte ich: Er war ganz schön listig – er schickte mich »auf die Reise«, ohne mir vorher seine Pläne bewußt werden zu lassen. Auf diese Art mache ich zweifellos alles viel besser, weil ich nicht das Gefühl habe, getestet zu werden; auch habe ich keine Zeit, mir schon vorher den Kopf über die möglichen Ergebnisse zu zerbrechen. (*Er* ist also auch ein guter Psychologe!)

Dieses neuerliche Erlebnis außerkörperlicher Erfahrung und mein von neuem gestärktes Selbstvertrauen waren es, die weitere Entwicklungen meiner seelisch-geistigen Fähigkeiten möglich machten. Unbekannte Menschen schrieben mir, einige baten dringend um Hilfe in der einen oder anderen Sache. Seth besteht zwar darauf, daß den Menschen Hilfe immer nur von innen kommen kann; dessenungeachtet half er schon manchen mit ausgezeichneten Ratschlägen und lieferte später als richtig bestätigte ASW-Eindrücke von deren Umgebung oder Lebensbedingungen mit – was wahrscheinlich dem Zweck diente, eindeutig klarzustellen, wem die Ratschläge galten.

Unsere Montag- und Mittwochsitzungen, in denen Seth uns das theoretische Material durchgab, fanden weiterhin meist nur unter uns statt; gelegentlich kam ein Gast dazu. Bisweilen widmete Seth den Teilnehmern meiner ASW-Kurse eine Sitzung und ging dann auf die praktische Anwendung des Materials ein.

Nur Phil nahm mit einiger Regelmäßigkeit an unseren Privatsitzungen teil. Seth hat ihm in geschäftlicher Hinsicht wertvolle Informationen erteilt. Seths Treffer sind beträchtlich. Einige seiner Voraussagen bezogen sich zwar auf mehrere Jahre und sind deshalb noch nicht überprüfbar, aber in vielen anderen wichtigen Belangen konnte Phil die Richtigkeit der Aussagen nachprüfen. Ungeachtet vereinzelt erteilter Ratschläge besteht Seth darauf, daß die Menschen ihre Entscheidungen selbst treffen sollten.

Wir wußten nie, was in einer Sitzung geschehen würde. Eines Abends kreuzte Phil auf, unangemeldet wie immer. Er erzählte uns, er habe heute »viel Geld gemacht«. Mit verschmitztem Gesicht ließ er die Nennung des Betrags in der Luft hängen. Gleich zu Beginn der Sitzung nannte Seth prompt den Dollarbetrag, breit grinsend. Dann sagte Phil, er habe eine seltsame Stimme gehört, als er eines Abends in einer Bar der Stadt saß. »Ich möchte wissen, was für eine Stimme das war!«

»Die Stimme war männlich, nicht wahr?«

»Ja«, sagte Phil.

»Und du hast sie nicht erkannt? Dann sage ich es dir auch nicht – nein.«

»War es deine Stimme? Das ging so schnell, ich hatte keine Zeit nachzudenken«, sagte Phil und grinste zurück. Als Seth nickte ich be lustigt.

In der Pause erklärte Phil: Vor einem Monat hatte er sich in einer Bar der Stadt mit einer jungen Frau unterhalten, als er plötzlich eine klare, laute männliche Stimme mit großem Nachdruck sagen hörte: »Nein, nein!« Sie schien, wie Phil entschieden versicherte, aus seinem Kopf zu kommen. Er hatte vorher nie etwas dergleichen erlebt und war so betroffen, daß er mit einer rasch erfundenen Ausrede überstürzt die Bar verließ.

Ich erklärte, er habe Seths Warnung vernommen. Nach der Pause sagte Seth:

»Die Frau fesselt auf eine Art, die verhängnisvoll für denjenigen wird, den sie an sich bindet. Sie hätte dich als Puffer zwischen sich und einem anderen Mann benutzt und das leiseste Interesse deinerseits an ihr ausgenutzt. Daraus wäre für dich eine höchst unangenehme Situation entstanden. Aufgrund meines Einschreitens hast du die wahrscheinliche Zukunft verändert.«

Dann folgten diverse Hintergrundinformationen. Die Frau habe ein Kind und sei, obwohl Katholikin, mit einem Mann liiert. »Der Mann, mit dem sie zu tun hat, ist so etwas wie ein Mechaniker.«

Seth beschrieb Phil, wo sie lebte, obschon er keine Adresse nannte: »Sie wohnt im dritten oder vierten Haus in der Mitte einer Sackgasse, das Viertel befindet sich im Nordosten der Stadt, aber westlich von der Bar, in der du sie kennengelernt hast ...«

Alles das interessierte Phil in höchstem Maße, denn er hatte keine Ahnung, wo die Frau lebte, und wußte nichts über sie; er kannte nur ihren Namen und ihr vermutliches Alter. Am nächsten Tag ging Phil in die Bar zurück und erkundigte sich dort über die Frau. Er erfuhr vom Barkeeper deren Adresse und begab sich dahin. Die Frau wohnte tatsächlich drei Häuser vor dem Ende einer Sackgasse, im nordöstlichen Teil der Stadt, aber westlich von der Bar! Sie war Katholikin, hatte ein Kind und einen Freund, der allerdings Autoverkäufer und nicht Mechaniker war! Seit jenem Tag hat Phil die Bar nicht mehr betreten.

Rob und ich wußten nicht recht, was wir mit der Geschichte anfangen sollten. Der Vorfall kann sicherlich als eine Art Beweis für Seths unabhängiges Wissen angesehen werden. Selbst wenn Phil die Stimme Seths nur aufgrund einer Sinnestäuschung glaubte vernommen zu haben (was ich bezweifle), so verfügte Seth doch jedenfalls über Informationen über diese Frau und deren Lebensverhältnisse, die Phil nicht hatte.

Seth zufolge können wir gestaltend die Zukunft verändern. Er versicherte Phil im Zuge einer anderen Sitzung: »Ein Geschehen ist im voraus nie festgelegt. Du änderst dich in jedem Augenblick, und jedes Handeln verändert auch jedes andere Handeln. Ich kann zwar von verschiedenen Standpunkten aus schauen, aber jedenfalls immer nur Wahrscheinlichkeiten sehen. An jenem Abend sah ich die Wahrscheinlichkeit einer möglichen Zukunft, die nicht günstig war. Wir haben sie verändert.«

In einem anderen Fall behauptete ein Freund, er habe Seth gesehen, und zwar unter merkwürdigen Umständen. Eines Abends, als ich im Bett lag, hatte ich spontan ein Erlebnis außerkörperlicher Erfahrung. Mir kam vor, ich befände mich in einem überfüllten Zimmer und spräche eindringlich auf Bill Macdonell ein, unseren Maler-Freund.

Ich schüttelte ihn sehr unsanft an den Schultern. Gleich danach wurde mir bewußt, daß ich im Bett lag. Ich hatte kaum zehn Minuten im Bett verbracht. Sofort stand ich auf, um das Erlebte aufzuschreiben und Rob zu erzählen.

Genau eine Woche später rief Bill uns an. Seine Stimme klang nervös. Er sagte, ihm sei etwas sehr Eigenartiges passiert und er möchte, da er sich noch immer nicht beruhigen könne, mit mir sprechen. Sofort fiel mir mein eigenes Erlebnis wieder ein, und ich bat Bill zu warten, bis Rob meine Notizen geholt haben würde. Ich wollte diese mit dem vergleichen, was Bill mir zu sagen wünschte.

Er erzählte mir, er sei eines Abends – genau vor einer Woche – plötzlich aufgewacht. Seth stand an seinem Bett; leibhaftig, dreidimensional, stand ein Mann da, der genau so aussah, wie Seth auf Robs Bild. Er rüttelte an Bills Schultern und verschwand. Am nächsten Morgen erzählte Bill beim Frühstück das Erlebnis seiner Mutter. Die Frau regte sich sehr auf und äußerte den Wunsch, Seth und ich möchten gefälligst zu Hause bleiben. Ich glaube nicht, daß das bloß witzig gemeint war.

Zunächst hatte ich an jenem Abend ja geglaubt, in einem überfüllten Zimmer zu sein; Bill war aber in seinem Zimmer offensichtlich allein gewesen. Zum anderen sah er Seth eine Zigarette rauchen; ich rauche. Halluzinierte Bill Seths dreidimensionales Bild? Selbst wenn dies der Fall gewesen wäre, so geschah dies bemerkenswerterweise zur gleichen Zeit, da ich mich bei ihm fühlte. Und er meinte, Seth hätte ihn an den Schultern gerüttelt; ich war überzeugt, genau das getan zu haben.

Einige meiner Leser und auch andere Leute haben mich wissen lassen, sie kommunizierten mit Seth durch automatisches Schreiben. Seth jedoch erklärte mehrmals, solche Kontakte habe er nicht, sein Informationsaustausch bleibe auf die Arbeit mit mir beschränkt, damit die Echtheit des Seth-Materials gewährleistet bleibe. Seiner Aussage nach »sieht« er aber gelegentlich bei Freunden »herein«.

Eines Tages berichtete mir Frau N. Brian, eine ehemalige Teilnehmerin an meinen ASW-Kursen, die wegen Krankheit nicht weitergemacht hatte, sie habe in einer Zeitung der Stadt einen Artikel mit Auszügen aus dem vorliegenden Buch gelesen. Neben den Auszügen aus dem Seth-Material sei auch ein Abdruck von Robs Seth-Bild veröffentlicht worden.

Frau Brian hatte während der Lektüre entsetzliche Kopfschmerzen gehabt. Plötzlich meinte sie, Seths Anwesenheit zu spüren. Eine innere Stimme, die sie ihm zuschrieb, sagte ihr, sie ergehe sich in Selbstmitleid, sie solle sofort aufhören, über ihre Gesundheit nachzugrübeln; statt dessen solle sie aufstehen und einen Spaziergang machen. Dann würde sie sich sofort viel besser fühlen.

Die Frau war innerlich zutiefst aufgewühlt. Doch sie setzte den Rat in die Tat um: sie stand auf und ging spazieren. Nach wenigen Schritten verschwanden die Kopfschmerzen. Am nächsten Tag fühlte sie sich besser als je in den vergangenen sechs Monaten. Sie machte nun regelmäßig Spaziergänge und fühlte sich nicht nur wohl, sondern auch jünger.

Als sie mir die Geschichte erzählte, habe ich nur genickt und gelächelt. Um ehrlich zu sein: Ich hätte wirklich nicht gewußt, was ich sonst hätte tun sollen.

Wir fragten Seth nach dem Vorfall. In diesem Fall, lautete die Antwort, habe Frau Brian ihn als Symbolfigur ihres inneren Selbst benutzt. Sie habe Rat und Hilfe erlangt, indem sie entdeckte, ihre eigenen Fähigkeiten zu nutzen und die in ihr schlummernden Heilkräfte zu aktivieren. Seth sagte, das solle mich nicht beunruhigen. Offensichtlich freut er sich, andere auf diese Weise zu inspirieren und ihnen als eine Art Brennpunkt für die Entfaltung ihrer kreativen Energien zu dienen.

Er lehnt hingegen entschieden ab, Menschen als Krücke zu dienen – das gilt auch für mich –, und besteht darauf, daß das Seth-Material maßgebend dem Zweck dient, daß Menschen sich selbst besser verstehen lernen und ihre Realität neu bewerten und ändern können. Wenn auch hin und wieder Sitzungen abgehalten werden, um bestimmten Menschen zu helfen oder Fälle außersinnlicher Wahrnehmung zu erklären, dienen diese doch in erster Linie der Sammlung des Materials. Darin sehen auch wir den eigentlichen Sinn der Sitzungen.

Das Seth-Material interessiert uns weit mehr als der Nachweis von ASW-Phänomenen, und so war es von Anfang an. Wir sind allerdings der Ansicht, daß das Material ausgezeichnete Erklärungen dafür liefert, wie ASW-Leistungen im besonderen, aber auch jegliche Wahrnehmung über unsere Sinnesorgane im allgemeinen zustande kommen, und für uns hat auch dies wiederum weit mehr Bedeutung.

Wir halten auch Seths Äußerungen über die Natur der menschlichen Realität und die Möglichkeiten der seelisch-geistigen Entwicklung der Menschheit für sehr bedeutungsvoll und seine Erklärungen für einleuchtend. Seine Darlegungen über die »multidimensionale« Persönlichkeit sind nicht nur intellektuell provozierend, sondern auch eine Herausforderung an das Gefühl. Sie bieten jedem Individuum die Gelegenheit, die Erfahrung seines Wesens und seines Lebensinhalts zu erweitern.

In die Sitzung eingeflossene ASW-Demonstrationen dienten eigentlich immer nur dem einen oder anderen Zweck: mein Selbstvertrauen zu bestärken und meine Fähigkeiten zu trainieren, oft auch einen Gedanken des Seth-Materials zu verdeutlichen, oder jemandem, der in Not ist, Rat und Hilfe zu bieten. Es fällt mir leicht, mein früheres Anliegen, Seth möchte seine Fähigkeiten unter Beweis stellen, zu vergessen; leicht fällt mir auch zu vergessen, daß ich was ich als »Wunder« erlebte ablehnte und des öfteren sogar die Tatsächlichkeit meiner eigenen Wahrnehmungen leugnete aus dem fälschlichen Glauben heraus, daß ich so irgendwie wissenschaftsnäher und verantwortlicher handeln würde. Ich will damit andererseits aber auch sagen, daß ich das Seth-Material immer sehr hoch einschätzte und seine Tragweite ebenso erkannte wie die Kühnheit so mancher darin enthaltener Konzepte.

Da wir uns vor dem Beginn der Sitzungen kaum mit esoterischer oder parapsychologischer Literatur befaßt hatten, war für uns alles so neu. Erst später entdeckten wir, daß so manche von Seths Auffassungen schon in jahrtausendealtem Schrifttum, zumindest in symbolischer oder religiös verbrämter Form, vorweggenommen worden waren. Indem unser Wissen zunahm, entdeckten wir aber auch, daß in einigen heiklen Belangen Seths Vorstellungen von den im allgemeinen akzeptierten geistigen und religiösen Lehren abweichen.

Zum Beispiel sieht Seth die Existenz Jesu Christi anders, als sie uns von der historischen Überlieferung dargestellt wird – wie Sie in diesem Buch noch sehen werden. Oder: Obschon er von der Reinkarnation ausgeht, stellt er diese in einem vollkommen anderen als dem üblichen Zeitkontext dar, nämlich unter dem Gesichtspunkt der Gleichzeitigkeit aller Zeit. Und er beschreibt, was vielleicht noch wichtiger ist, die Reinkarnation als einen nur kleinen Ausschnitt unserer gesamten Entwicklung. Andere ebenso bedeutungsvolle existentielle Erfahrungen spielen sich auf nichtphysischen Ebenen ab.

All dies scheint in der Idee zu wurzeln, daß die persönliche Existenz des Menschen seinem Handeln erwächst. Seths Beschreibung der drei kreativen Dilemmas, auf denen die Eigenart des Individuums beruht, ist provozierend. Seine Vorstellungen von Gott sind eine natürliche und faszinierende Erweiterung dieser Auffassungen.

Doch im folgenden lasse ich Seth für sich selbst sprechen. Ich habe Auszüge ausgewählt, die von den erwähnten und auch anderen Themen handeln. In einigen Fällen hielt Seth Demonstrationen für nötig, um etwas klarzustellen. In den Kapiteln über Reinkarnation und Gesundheit zum Beispiel habe ich solches bestimmte Personen betreffendes Anschauungsmaterial auszugsweise hinzugefügt, ebenso zur Erklärung dessen, was Seth unter der Natur der körperlich-materiellen Realität versteht.

Ich möchte dieses Kapitel mit Auszügen aus der 329sten Sitzung abschließen. Sie wurde im März 1967 für eine interessierte Gruppe von Mitschülern eines Lehrer-Freundes aufgezeichnet. Obwohl Seth hier zu Jugendlichen sprach, ist die Botschaft für jeden von uns bedeutungsvoll.

»Ihr erschafft eure Realität aufgrund eurer zu Glaubenssätzen erhärteten Überzeugungen und eurer Erwartungen. Darum müßt ihr sie sorgfältig prüfen. Wenn euch eure Welt nicht gefällt, dann prüft eure Erwartungen. Alles, was ihr denkt und glaubt, wird auf die eine oder andere Art im Körperlich-Materiellen seinen Niederschlag finden.

Eure Welt und eure Lebensbedingungen sind ein getreues Abbild eurer Ideen, eurer Überzeugungen ... In euch sind bestimmte Grundannahmen wirksam, die jedes Individuum im Unbewußten in sich trägt. Ihr bedient euch derselben und gestaltet so eure Persönlichkeit, eure Lebensbedingungen und eure Umwelt. Einerseits ist in all dem, was ihr suggeriert, etwas Halluzinatorisches im Spiel, andererseits ist es eure Realität, innerhalb deren ihr euch verändern könnt und in der ihr euch zurechtfinden müßt.

Wenn ihr euch gering einschätzt, könnt ihr sagen: ›Ich bin ein körperlicher Organismus, und ich lebe innerhalb der Begrenzungen, die durch Raum und Zeit über mich verhängt sind. Ich bin der Willkür meiner Umwelt ausgeliefert.‹ Wenn ihr euch hoch einschätzt, könnt ihr sagen: ›Ich bin ein Individuum. Ich gestalte meine körperlich-materielle Umgebung. Ich verändere meine Lebensbedingungen und schaffe mir meine Welt. Ich bin frei von Raum und Zeit. Ich bin ein Teil von all dem, was ist. Alles in mir nimmt an der kreativen Gestaltung der Welt teil.‹«

10
Die Natur der körperlich-materiellen Realität

Was, glauben Sie, ist unsere Erscheinungswelt? Möglicherweise haben Sie sich diese Frage noch nie bewußt gestellt. Doch jeder von uns hat dazu seine Meinung, und diese Meinung bestimmt unser tägliches Handeln, ob wir uns nun dessen bewußt sind oder nicht. Unter dem materiellen Universum der Erscheinungswelt verstehe ich alles, womit wir, in welcher Weise auch immer, in Kontakt kommen – Stühle, Sterne, Felsen, Blumen, Ereignisse –; es umfaßt alles, was unserer physischen Erlebnisfähigkeit zugänglich ist. Ihr Verhalten hängt weitgehend von dem ab, was Sie für die Realität, Ihre Realität, halten. Sie können sich beschützt oder verfolgt fühlen, glücklich oder unglücklich, sicher oder unsicher, je nach Ihrer Sicht der Realität.

Es gibt Menschen, die denken, wir seien der materiellen Realität verhaftet wie einem Fliegenfänger auf den Leim gegangene Fliegen oder wie dem Treibsand anheimgefallene Opfer, so daß alles, was sie tun, die Lage nur verschlimmert und ihr Ausgelöschtwerden beschleunigt. Andere wieder sehen die Welt als eine Art Theater, auf deren Bühne sie bei der Geburt gestellt wurden und die sie beim Tod für immer verlassen. Menschen mit einer solchen Einstellung sehen im hintersten Winkel ihres Geistes- und Gefühlslebens in jedem neuen Tag eine neue Bedrohung; sogar jede Freude wird verdächtig, weil auch sie mit dem endgültigen Tod des Körpers ihr Ende hat.

So ähnlich war früher auch meine Einstellung. Als ich mich in Rob verliebte, diente mir meine Freude hauptsächlich dazu, das an ihrem Grund schwelende Gefühl der kommenden Tragödie zu verstärken, so als ob der Tod mich nur um so mehr verhöhnen wollte, indem er mir mein Leben doppelt kostbar erscheinen ließ. Ich sah, wie jeder Tag mich unweigerlich dem Ausgelöschtwerden näherbrachte, das ich mir zwar kaum vorstellen konnte, das ich aber um so mehr fürchtete.

Viele Menschen fühlen natürlich, daß der Tod ein Neubeginn ist. Doch die meisten Menschen denken heute noch wie auch früher, sie seien von ihrem Körper und ihrer materiellen Umgebung abhängig und an sie gebunden. Viele, die an ein Weiterleben nach dem Tod glauben, sind doch auch überzeugt, daß die ihnen zustoßenden Erfahrungen ihnen blindlings aufgebürdet werden. Wieder andere glauben, daß ihnen die guten oder schlechten Erfahrungen, die ihnen widerfahren, als Belohnung oder Bestrafung geschickt werden. Die meisten Menschen aber nehmen als gegeben an, daß wir in hohem Maße den Erfahrungen unseres Lebens ausgeliefert sind und keinen Einfluß auf sie haben.

Ich behandle dieses Thema – die Natur der körperlich-materiellen Realität – vorweg, weil es die Grundlage für jedes Verstehen von Seths Lehren darstellt. Seth zufolge gestalten wir unsere materielle Welt ebenso unwillkürlich, wie wir atmen. Wir sollten sie nicht für ein Gefängnis halten, aus dem wir eines Tages fliehen, auch nicht für eine Todeszelle, aus der jedes Entkommen unmöglich ist. Statt dessen sollten wir uns bewußt sein, *daß wir uns unsere materiellen Bedingungen erschaffen*, um in der dreidimensionalen Realität unserer Welt handeln, unsere Fähigkeiten entwickeln und anderen helfen zu können. Alles Materielle sei wie plastischer Stoff, den wir gebrauchen und nach unserem Wunsch formen können, nicht wie eine in Zement gegossene Mulde, in die unser Bewußtsein hineingeschüttet wurde. Ohne es zu bemerken, würden wir unsere Vorstellungen nach außen projizieren und damit unsere körperlich-materielle Realität erschaffen. Unser Körper sei die Materialisation dessen, was wir zu sein denken. Der Mensch sei schöpferisch, und diese Welt sei unser aller gemeinsame Schöpfung.

Dies sind, so einfach ausgedrückt wie möglich, Seths Ideen. Wir sind dem Leben nicht ausgeliefert. Wir gestalten es. Zum Beispiel sind Sie nicht auf Gedeih und Verderb dem Milieu und den Erfahrungen Ihrer Kindheit ausgeliefert, außer Sie glauben es.

Diese Hinweise befreiten Rob und mich von jeder Art Voreingenommenheit, die uns in unserem täglichen Leben behindert hatte.

Die Annahme, daß wir alles Körperlich-Materielle erschaffen, führt, das kann man wohl sagen, zu einer Vielzahl von Fragen, von denen so manche Rob und ich uns immer wieder gestellt haben. Meinte Seth da, daß wir Tische und Stühle ebenso erschaffen wie auch etwa Ereignisse? Und wenn wir krank sind, haben wir dann unsere Krankheiten auch selbst erschaffen? Und angenommen, wir erschaffen die Realität, können wir sie dann zum Besseren hin verändern?

Seth beantwortet diese und andere Fragen, auf die wir selbst nie gekommen wären. Von Anfang an hatten mich die von Seth erörterten

Themen fasziniert, aber ich hatte wirklich nicht mit einer Demonstration gerechnet, wie sie, noch dazu mitten in unserem Wohnzimmer, in der 68sten Sitzung vom sechsten Juli 1964 vor sich ging. Seth erklärte unserem Freund Bill Macdonell die enge Verflochtenheit von Erwartung und Wahrnehmung. Es war eine Sitzung, die keiner von uns je vergessen wird. Ehe ich jedoch auf den Höhepunkt dieser Sitzung eingehe, gebe ich im folgenden ein paar Auszüge aus dem unmittelbar zuvor empfangenen Material wieder.

»Wenn ich sage, daß ihr eure körperlich-materielle Realität kraft der inneren Vitalität des Universums erschafft – etwa wie ihr mit eurem Atem auf einer Glasplatte einen Dunsthauch ›kreiert‹ –, so bedeutet das nicht, daß ihr die Schöpfer des Universums seid. Ich sage, daß ihr die Schöpfer der materiellen Welt, wie ihr sie kennt, seid.

Mit Chemikalien könnt ihr weder Bewußtsein noch Leben erzeugen. Eure Wissenschaftler werden sich mit der Tatsache auseinandersetzen müssen, daß das Ursprüngliche immer Bewußtsein ist und dieses Lebensformen hervorbringt ... Alle Zellen eures Körpers verfügen über ein eigenes zellulares Bewußtsein. Es gibt eine bewußte Zusammenarbeit zwischen den Zellen aller Organe und zwischen den Organen untereinander ...

Moleküle und Atome und sogar die noch kleineren Partikeln haben ein gleichsam verdichtetes Bewußtsein. Diese bauen Zellen auf und bauen somit auch ein eigenes Bewußtsein der Zelle auf. Diese Verbindung ergibt ein Bewußtsein, das zu reicherer Erfahrung und zur Bewältigung größerer Aufgaben befähigt ist, als es einem isolierten Atom oder Molekül möglich wäre. Diese Kombinationskette geht ad infinitum so weiter und baut letztlich den Mechanismus des Körpers auf. Selbst die kleinste Partikel behält ihre Individualität und ihre Fähigkeiten, obwohl diese aufgrund ihrer Zusammenarbeit miteinander millionenfach multipliziert werden.

Alles Stoffliche ist Ausdruck der Manipulation und Transformation psychischer Energie, die gewissermaßen über Bausteine vor sich geht ... Das Stoffliche fügt sich nur kohäsiv verdichtet zusammen, damit eure Sinne es als Erscheinungsbild von relativer Dauerhaftigkeit wahrnehmen können. Es wird ständig neu erschaffen, aber kein einziger Gegenstand eurer Dingwelt ist in sich selbst dauerhaft oder beständig. Es gibt zum Beispiel nichts Gegenständliches, das nicht infolge Alters vermindert oder beeinträchtigt würde. Demgegenüber kommt es ständig zu Neuschöpfungen kraft psychischer Energie, die

Gegenständliches in der mehr oder weniger festgefügten Form des Erscheinungsbildes, das ihr wahrnehmt, hervorbringt.

Kein einziger Gegenstand eurer Dingwelt hat als unteilbares, festumrissenes oder sich gleichbleibendes Objekt lange genug Bestand, als daß er nicht ständig Veränderungen unterworfen wäre. Die Energie hinter ihm wird schwächer, die Form des Erscheinungsbildes verwischt. An einem bestimmten Punkt dieses Prozesses bemerkt ihr, daß eine Veränderung stattgefunden hat. Die zahllosen Neuschöpfungen, die dabei kraft psychischer Energie ständig vor sich gegangen sind, habt ihr nicht bemerkt. Tatsächlich ist aber das Stoffliche, das den Gegenstand auszumachen scheint, viele Male vollständig verschwunden und ständig wieder ersetzt worden ...

Das Stoffliche läßt euer Bewußtsein innerhalb der dreidimensionalen Wirklichkeit wirksam werden. Wenn individualisierte Energie eurem besonderen Erlebnisfeld der Wirklichkeit näherkommt, drückt sie sich aus und erschafft Stoffliches. Doch solche Schöpfung findet, wie gesagt, ständig statt.

Allem Stofflichen kommt aber weder mehr Beständigkeit noch mehr Wachstum, noch mehr Alter zu als, sagen wir, der Farbe Gelb.«

Die 68ste Sitzung fand an einem sehr warmen Abend statt. Alle Fenster waren geöffnet. Wir tranken geeisten Kaffee, und als die Sitzung begann, stand mein Glas auf dem Holztisch. Zu jener Zeit ging ich noch, während ich für Seth sprach, die Augen weit geöffnet, die Pupillen stark vergrößert, im Zimmer auf und ab. Wie gewöhnlich nannte uns Seth beim Namen unseres Wesens, mich also Ruburt, Rob Joseph, und Bill Macdonell nannte er Mark. (Wie ich schon erwähnt habe, beziehen sich diese Namen auf das Gesamtselbst, von dem das gegenwärtige Selbst unserer Persönlichkeit nur ein Teil ist.)

Kurz nachdem die Sitzung begonnen hatte, nahm ich das abgestellte Glas auf, um damit auf Rob und Bill zu zeigen. Zur gleichen Zeit wurde Seths Stimme tiefer und kräftiger, deutlich männlicher. Seth benutzte das Glas als einen Punkt, um den herum er seine Auslassungen aufbaute.

»Keiner von euch sieht das Glas so, wie der andere es sieht ... Jeder von euch dreien erschafft sein eigenes Glas, ein Glas aus seiner Sicht. Deswegen habt ihr hier drei dem Gegenstand nach verschiedene Gläser, aber jedes davon existiert in einem vollkommen anderen Raumzeitkontinuum.«

An dieser Stelle wurde Seths Stimme dröhnend. Bill saß in dem

Schaukelstuhl mitten im Zimmer. Er rückte den Stuhl näher, um besser sehen zu können. Rob machte wie gewöhnlich in seiner Privatkurzschrift Notizen und sah nur gelegentlich auf, wenn ihm das möglich war.

»Also, Mark, du kannst Josephs Glas nicht sehen noch er deines«, sagte Seth. »Das kann mathematisch bewiesen werden, und Wissenschaftler beschäftigen sich auch bereits mit diesem Problem, obwohl sie die Prinzipien nicht verstehen, die dahinterstecken. Es gibt aber einen infinitesimalen, also zum Grenzwert hin unendlich klein werdenden Punkt, an dem sich Marks mit Ruburts Sicht des Glases schneidet. Wenn ihr, rein theoretisch, diesen Punkt wahrnähmt, könnte tatsächlich jeder von euch dreien die unterschiedlichen Gläser der anderen zwei von euch sehen.

Gegenstände sind nur vorhanden von einem bestimmten Blickwinkel her und in einem klar umrissenen Raumzeitkontinuum. Aber jedes Individuum erschafft sich sein eigenes Raumzeitkontinuum ... Ich möchte euch das klarmachen an den Unterschieden, die ihr an einem bestimmten Gegenstand seht. Jedes Individuum erschafft tatsächlich einen unterschiedlichen Gegenstand, den es dann mit seinen Sinnen wahrnimmt. Da wir heute abend einen so eleganten und willkommenen Gast haben« – Seth lächelte –, »lassen wir ihn bei lockerer Unterhaltung über Gegenständliches etwas wahrnehmen und ihn das Versuchskaninchen spielen.«

Zu diesem Zeitpunkt hatte sich bei Seths letzterem Ausspruch niemand etwas Besonderes gedacht. Rob war voll damit beschäftigt mitzuschreiben, so daß er dem, was gesagt wurde, nicht allzuviel Aufmerksamkeit schenken konnte; er hielt auf genaue Protokollierung. Was mich betrifft, so erinnere ich mich kaum, was Seth durch mich aussprach.

Ich flechte hier – wie auch im folgenden jeweils nach Seths Worten – Notizen ein, die Rob unmittelbar nach der Sitzung machte:

Janes Ausführungen kamen flüssig, während sie im Zimmer ziemlich schnell auf und ab ging. Ihre Stimme war laut und tief, viel tiefer als gewöhnlich, obwohl sie offensichtlich ohne Anstrengung sprach.

Von meinem Schreibtisch aus, rechts vom Eingang ins Badezimmer, konnte ich Bill in seinem Schaukelstuhl, der genau gegenüber der Badezimmertür stand, deutlich sehen ... Während Jane weitersprach, bemerkte ich, daß Bill andauernd durch die offenstehende Tür in das Badezimmer hineinstarrte, obwohl ich dem nicht allzuviel

Beachtung schenkte. Ich ging davon aus, daß Seths Bemerkung, Bill solle als Versuchskaninchen dienen, nur als humorvolle Beiläufigkeit gemeint war.

Inzwischen ging die Sitzung weiter.

»Du, Joseph, nimmst Mark im Schaukelstuhl sitzend wahr«, fuhr Seth fort. »Er sitzt in seinem Stuhl, den er in seinem eigenen Raumzeitkontinuum und aus seiner persönlichen Sicht konstruiert hat.

Du und Ruburt, ihr nehmt Mark wahr, aber keiner von euch sieht Marks Mark. Während er in seinem Stuhl sitzt, erschafft er ständig sein körperliches Erscheinungsbild, wobei er sich seiner psychischen Energie bedient und zahllose Atome und Moleküle für die ›Konstruktion‹ seines Körpers benutzt. Wir haben also hier einen Mark, der sich selbst ›konstruiert‹ hat; doch ehe der Abend zu Ende gegangen sein wird, werdet ihr erstaunt sein, mit wie vielen Marks das endet.

Ich schlage euch eine Pause vor. Und Mark, merke dir, was ich dir sage: Du bist mehr, als du weißt. Und hier eine Bitte: Ich hätte gerne, ihr würdet dieser Sitzung besondere Aufmerksamkeit schenken, denn das Material ist von großer Bedeutung.«

Ich greife wiederum auf Robs Aufzeichnungen zurück: Gleich zu Beginn der Pause verkündete Bill, er habe in der Badezimmertür ein Bild gesehen. Und dieses habe er die ganze Zeit über angestarrt. Er bat um ein Blatt Papier und machte sich sofort daran, von dem, was er gesehen hatte, eine Skizze anzufertigen. Bill ist Lehrer, aber auch ein anerkannter Maler.

Jane hatte sich zu Beginn der Sitzung nicht gut gefühlt, sagte aber, nun gehe es ihr besser. Seth habe sie »rasch eines besseren belehrt«, sagte sie. Jetzt wurde unser Kater Willy aktiv. Er stakste durch die Wohnung und miaute. Er benahm sich so, als sei er sehr eingeschüchtert, schaute in alle Ecken, obwohl ihn weder Insekten noch irgendwelche ungewöhnlichen Geräusche irritierten.

Sobald Bill uns von dem Bild erzählt hatte, starrten Jane und ich natürlich immer wieder in den Türrahmen. Doch wir konnten nichts erblicken. Bill erklärte uns, das Bild sei seit der Pause verschwunden. Jetzt nahm Jane mit der gleichen kräftigen und tiefen Stimme das Diktat wieder auf. Bill begann, indem er sagte, er sei nicht zufrieden, eine weitere Skizze.

Die Sitzung ging weiter.

»Ich muß etwas zu der von Mark erwähnten Erscheinung sagen.

Zunächst bitte ich zu bemerken, daß Ruburts Stimme jetzt etwas leiser ist, dann möchte ich – mit eurer Erlaubnis – fortfahren.

Während Mark sein eigenes Erscheinungsbild erschafft, seht ihr es nicht. Zur Zeit gibt es drei gänzlich verschiedene Marks in diesem Zimmer.«

Rob kommentierte wie folgt: Dabei zeigte Jane auf Bill, der, im Schaukelstuhl sitzend, an der zweiten Skizze arbeitete. Dann zeigte sie auf mich. Währenddessen starrte Bill wieder durch die geöffnete Tür. Wie vorher konnte ich von meinem Blickwinkel aus nichts sehen. Die geöffnete Tür verstellte mir die Sicht. Ich wollte aber nicht herumrutschen, da ich weiter mitschreiben und sichergehen wollte, daß mein Protokoll vollständig war.

»Da ist«, sagte Seth, »der Mark, den Mark erschaffen hat, zweifellos eine Konstruktion seiner Körperlichkeit. Da ist jedoch noch ein anderer, den du, Joseph, erschaffen hast. Und es gibt noch zwei weitere Marks; einen hat Ruburt erschaffen, den anderen euer Kater. Beträte noch jemand diesen Raum, so gäbe es noch einen weiteren Mark.

In diesem Zimmer gibt es vier körperlich präsente Ruburts, vier Josephs und vier Kater. Ebenso gibt er tatsächlich auch vier Zimmer.«

Rob: Aus dem Arbeitszimmer im hinteren Teil der Wohnung hörte ich Willys Fauchen. Er strich noch immer nervös herum.

»Euer Freund Mark ist, wenn ich ein wenig abschweifen darf, als Augenzeuge ganz ausgezeichnet, denn er ist sensitiv genug, Konstruktionen wahrzunehmen, die aus einer anderen Ebene im Bereich eures körperlich-materiellen Erlebnisfeldes auftauchen. Seine Aufmerksamkeit hält aber nicht lange vor. Ich habe tatsächlich einen Moment lang im Türrahmen gestanden, obwohl ich, wenn ich so sagen darf ...«

Rob: Hier blieb Jane neben Bill stehen und nahm dessen erste Bleistiftzeichnung in die Hand, die er von der Erscheinung, die er gesehen hatte, angefertigt hatte.

»... ja, ich sehe doch viel fröhlicher aus als auf diesem Porträt. Du hast eine bestimmte Falte entlang dem Backenknochen vergessen. Und wenn du jetzt das Bild genauer ansiehst, bin ich vielleicht in der Lage, es klarer durchzubringen.«

Rob: Jane reichte Bill die Skizze zurück, und Bill fuhr fort, in den Türrahmen zu starren.

»Dies ist das erste Mal, daß ich versucht habe, mich in einer Sitzung auf diese Weise näherzubringen. Es freut mich, daß ich wahrgenommen wurde, und habe dich dabei von meinem eigenen, günstigen Blickpunkt aus beobachtet. Das Bild im Türrahmen ist das Erscheinungsbild meiner selbst, obwohl es naturgemäß durch Marks Wahrnehmung verzerrt sein muß. Es sind seine inneren Sinne, durch die er mich wahrnimmt, und die empfangenen Wahrnehmungsinhalte versucht er dann in eine Information zu übersetzen, die körperlich wahrgenommen werden kann.«

Jetzt blieb Jane hinter Bill stehen und schaute ihm über die Schulter hinweg beim Zeichnen zu.

»Da ist eine Selbstgefälligkeit um die Lippen, sehr gut, das gefällt mir recht gut. Diese Konstruktion habe ich selbst erschaffen. Um auf der Ebene eurer Wirklichkeit erscheinen zu können, muß sich jede Konstruktion, ob ihr sie nun wahrnehmt oder nicht, aus Atomen und Molekülen aufbauen. Antrieb und Schnelligkeit unterscheiden sich dabei von regulären Konstruktionen. Ich habe in jenem Augenblick durch Ruburt gesprochen, während ich zugleich auch in besagter Konstruktion präsent war und ihn beim Sprechen beobachtete. Zu einem späteren Zeitpunkt bin ich vielleicht in der Lage, aus meiner eigenen Konstruktion heraus zu sprechen.«

Rob: Jane nahm Bill die zweite Skizze aus der Hand und ging weitersprechend im Zimmer auf und ab, während sie sie prüfte. Ich konnte einen flüchtigen Blick auf die Zeichnung werfen, als sie sie kurz auf mich zu hochhielt. Währenddessen schaute Bill weiterhin angestrengt in den Türrahmen.

»Es ist wahr, mehr oder weniger bin ich für eure Begriffe keine Schönheit, obwohl ihr zugeben müßt, daß ich auch nicht allzu häßlich bin. Ich lasse euch jetzt eine Pause machen. Und hiermit möchte ich Mark danken. Als ich sagte, er werde mir bei einer Demonstration helfen, meinte ich das, was ich sagte, wörtlich.«

Rob: Seth-Jane beendete den Monolog, indem sie Bill anlachte. Da nun fragte ich Bill, was genau er gesehen habe. Er sagte, der dunkle Innenraum des Badezimmers hinter der Tür habe sich in ein nebliges Weiß verwandelt. Dann habe er Seths Erscheinungsbild aus dem helleren Hintergrund heraustreten sehen. Das Bild von Seths Gestalt sei eher nur eine Silhouette gewesen, meinte Bill, er habe keine deutlichen Details erkennen können; doch während des ersten Monologs habe er das Gesicht gut sehen können. Es habe auf ihn ähnlich gewirkt wie das Negativ einer Photographie. Bill fügte hinzu, Seths Gesicht sei etwa ein Meter achtzig über dem Fußboden erschienen.

Robs Schreibhand war müde geworden; wir machten Pause. Ich war überaus verwirrt. Bill schwor bei allem, was ihm heilig ist, die Erscheinung etwa eine Stunde lang gesehen zu haben. Sie habe nicht so kompakt wie ein im Alltag wahrgenommener Mensch ausgesehen, sei aber keineswegs nur etwa durchsichtig gewesen. Seth hatte zahlreiche Kommentare zu dem Erscheinungsbild gegeben, und doch hatte ich nichts gesehen! Rob hatte schreibend seinen Stuhl nicht verlassen können, so hatte auch er nichts gesehen. Das Ganze hatte sich bei voller Beleuchtung abgespielt. Dennoch konnte ich einfach die Vorstellung einer Erscheinung nicht akzeptieren.

»Bill«, sagte ich, »ich wette, daß du gar nichts gesehen hast! Du wolltest uns das nur vormachen, damit wir dir beipflichten würden, auch wir hätten etwas gesehen, um uns dann auszulachen und einzugestehen, daß du uns reingelegt hast.«

»Ich bitte dich«, sagte Bill verärgert. Mir selbst tat meine Bemerkung leid in dem Augenblick, da ich sie ausgesprochen hatte.

»Oder war es deine Vorstellungskraft?« fragte ich kleinlaut.

»Vorstellungskraft habe ich wie jeder andere, aber ich versteige mich normalerweise nicht zu Bildern wie diesem.«

»Meine Liebe, warum willst du Bill nicht glauben, was er sagt?« meinte Rob.

»Oh, schon gut.« Plötzlich kam ich mir recht dumm vor. Fast im Tanzschritt ging ich zur Badezimmertür und sagte lachend: »Okay, Bill, wo genau hast du deinen Mann in der Tür gesehen?« Ich schnitt Grimassen, und bewegte mich in dem Türrahmen hin und her. »Hier? Oder war es hier?«

Plötzlich sah ich, wie Bill und Rob den Gesichtsausdruck wechselten. Sie hatten beide mitten im Zimmer gestanden und mir zugelacht. Jetzt wurde Robs Gesicht kreidebleich. Bill stand mit offenem Mund da. »Ist was?« fragte ich.

Robs Antwort kam ganz leise: »Bewege dich nicht.«

Ich hatte ein merkwürdig prickelndes Gefühl, sah aber nichts Besonderes. Doch Robs und Bills Verhalten legte mir nahe, daß etwas Merkwürdiges geschah. So blieb ich einfach still stehen. Auch mir war nicht mehr zum Lachen.

Wieder zitiere ich aus Robs damals niedergelegten Aufzeichnungen: Bill und ich bemerkten zur gleichen Zeit, daß Janes lebhafte Gesichtszüge sich veränderten. Während sie mit uns sprach, wurde die Form ihres Kinns eckiger und trat vor ihrem langen schwarzen Haar deutlich hervor. Ihre Nase wurde größer; ihr Mund bekam, wenn sie sprach, immer schwerere, dickere und breitere Lippen; ihr Nacken wurde dicker. Hingegen bemerkte weder Bill noch ich irgendeine Veränderung an ihren Augen oder an ihrer Stirn.

Auf meine Bitte blieb Jane dort stehen, wo sie war. Über das, was wir sahen, konnte kein Zweifel bestehen. Ihr verändertes Aussehen hielt vielleicht eine oder zwei Minuten lang an. Das Zimmer war hell erleuchtet. Janes veränderte Gesichtszüge schienen in einem Abstand von einem oder zwei Zentimetern ihrem Gesicht aufgesetzt zu sein. Die neuen Gesichtszüge hätten auf einer Art durchsichtiger Leinwand aufgehängt sein können. Während ich sie wie gebannt anstarrte, sah beziehungsweise fühlte ich hinter diesen Zügen – oder durch sie hindurch – Janes wirkliches Aussehen, so wie ich es kannte. Hier enden Robs Notizen.

Danach bat mich Rob, ein paar Zentimeter nach vorn zu kommen. Das tat ich. Die fremden Züge an mir wurden, wie Rob und Bill versicherten, schwächer und verschwanden dann ganz.

Wir erörterten die Vorfälle dieser Sitzung. Alle möglichen Fragen tauchten auf. Bill sagte uns, er fühle noch immer die Präsenz der ersten Erscheinung nach, manchmal sehr stark. Er brachte an den von ihm gezeichneten zwei Skizzen immer noch Korrekturen an. Da die Sitzung um neun Uhr angefangen hatte und bis Mitternacht dauerte, möchte ich hier nicht auf alle Einzelheiten eingehen. Die tiefe, männlich anmutende Stimme hatte im Verlauf der Sitzung immer mehr den für Seth typischen Tonfall angenommen.

Als wir die Sitzung wieder aufnahmen, sagte ich als Seth, indem ich auf Bills zweite Zeichnung wies:

»Dieses Bild stellt die nach außen hin sichtbar gewordene Übertragung von Marks Versuch dar, eine genaue Wiedergabe von Inhalten zu konstruieren, die er aufgrund seiner inneren Sinne wahrgenommen oder erfühlt hat, und als solches ist es eine Rekonstruktion von dem, was ich bin.

Dieses Bild stellt mich in der Erscheinungsform dar, die ich annehme, wenn ich der körperlich-materiellen Wirklichkeit nahe verbunden bin. Das bedeutet nicht, daß dieses Bild auf allen Ebenen der Wirklichkeit gleichermaßen gültig wäre. Immerhin aber ist dies eine erste Variante der Darstellung meiner selbst, und ich bin deshalb geradezu in sie verliebt.

Es würde mich nicht überraschen, wenn ihr fragtet, welchen Anteil die Suggestion an einer solchen Demonstration hat ...

Ganz allgemein möchte ich sagen: Jeder Gegenstand bedarf für sein materielles Vorhandensein, jedes Handeln bedarf für seinen Vollzug dessen, was ihr so gerne Suggestion nennt. Sie können nur wahrgenommen und erfaßt werden unter der Voraussetzung innerer Bereitschaft und Einwilligung. Hinter allem, was ihr tut und aufbaut, ist tatsächlich Suggestion im Spiel.

Suggestion ist nicht mehr und nicht weniger als innere Bereitschaft und Einwilligung, damit überhaupt etwas stattfinden kann. Sie setzen erst den unbewußten Mechanismus in Gang, der euch ermöglicht, innere Wahrnehmungsinhalte und Impulse in eure Wirklichkeit, die der Erscheinungswelt, umzusetzen.

Es ist daher nicht weniger falsch und nicht weniger richtig zu behaupten, meine Erscheinung im Türrahmen sei durch Suggestion zustande gekommen, wie zu behaupten, daß dieses Zimmer und alles Gegenständliche in diesem nur vermöge eurer Suggestion vorhanden ist ... Ihr werdet noch verstehen, wie irrig es ist, von diesem Universum in Kriterien nur der materiellen Welt zu denken. Ihr existiert jetzt, in diesem Augenblick, in verschiedenen Wirklichkeiten dieses Universums ...«

Seth erklärte, daß das Bild seiner Erscheinung, wie Bill es nachher gezeichnet hatte, allerdings durch seine persönlichen Vorstellungen verzerrt worden sei. Die hohe Stirn zum Beispiel sei Bills Ausdeutung seiner, Seths, großen Intelligenz, von der Bill überzeugt sei. Bill habe die empfangenen Wahrnehmungsinhalte auf seine persönliche Art gedeutet. Dies sei daher der Seth, den, ungeachtet seiner eigenen Erscheinung, Bill sehe.

Dann überraschte Seth in guter Laune, eher amüsiert, Bill mit »Zukunftsinformationen«, die eine Urlaubsreise betrafen, die er in der darauffolgenden Woche antreten wollte. Seth beschrieb Leute und Erlebnisse, denen Bill begegnen würde. Wie sich nach dessen Rückkehr herausstellte, hatten sich Seths Angaben als zutreffend erwiesen.

Im weiteren Verlauf der Sitzung scherzte Seth mit Rob und Bill herum und legte dabei soviel Laune und Vitalität an den Tag, daß Rob beim Mitschreiben Schwierigkeiten hatte – er mußte zu oft lachen.

Die Sitzung hat mich schlichtweg zutiefst erstaunt. Uns drängten sich so viele Fragen auf, daß wir kaum wußten, mit welcher wir anfangen sollten. Wie erschaffen wir zum Beispiel Ereignisse aus geistiger oder psychischer Energie? Wie erschaffen wir Gegenstände? Wie stimmen wir überein mit dem, was wir wahrnahmen?

Im folgenden gebe ich ein paar Auszüge aus späteren Sitzungen wieder, die erklären, wie wir unsere Vorstellungen projizieren und in der Realität unserer Erscheinungswelt verwirklichen. Ich muß hier noch vorwegschicken, daß Seth zufolge im ständigen Wechselspiel innerer Kommunikation, die die über die Sinne empfangenen Daten unterstütze, Telepathie ein wichtiger Faktor sei.

Aus Sitzung 302, einundzwanzigster November 1966:

»Die materielle Welt ist das Endergebnis innerer Aktivität. Ihr könnt tatsächlich von eurem Inneren her die Welt verändern ...

Gedanken und Bilder werden zu körperlich-materieller Realität aufgebaut und schlagen sich in Tatsächlichkeiten nieder. Das vollzieht sich über chemischen Antrieb. Ein Gedanke *ist* Energie. Er beginnt bereits im Augenblick seines Einfalls, sich materiell umzusetzen.

Mit der Zirbeldrüse sind geistige ›Enzyme‹ verbunden. Die im menschlichen Organismus wirkenden Chemikalien sind zwar, wie ihr sie kennt, stofflicher Art, aber die sie antreibende Kraft ist Vitalenergie, und diese verfügt, in sich gesammelt, über alle notwendigen Antriebskräfte, damit jeder Gedanke oder jedes Vorstellungsbild in materielle Tatsächlichkeit umgesetzt werden kann. Sie bewirken im Körper eine Art Fortpflanzung des inneren Bildes. Sie sind sozusagen die Funken, die die Umsetzung in Gang bringen.

Der Initialgedanke beziehungsweise das Initialbild ist zunächst bloß geistig vorhanden, aber dann werden diese Gedanken oder Bilder durch die Funken der die geistigen Enzyme antreibenden Energie sozusagen entfacht und zur Materialisierung gedrängt.

Dies ist der übliche Vorgang. Doch nicht immer werden solche Bilder oder Gedanken nach euren Kriterien wirklich materialisiert. Die Intensität mag zu schwach sein. Die Funken entfachen dann immerhin elektrische Ladungen, von denen einige in die Schichten eurer Haut eingehen. Dann finden durch die Haut Strahlungen zur Außenwelt statt, die verschlüsselte Anweisungen und Informationen enthalten.

Die körperlich-materielle Umwelt ist ebenso ein Teil von euch wie eurer Körper. Ihr beherrscht sie vollständig, denn ihr erschafft sie, wie ihr eure Fingerspitze erschafft ... Gegenständliches ist aus dem gleichen Pseudostoff aufgebaut, der eurem körperlichen Erscheinungsbild entströmt und nach außen strahlt; nur ist die Masse alles Gegenständlichen dichter. Ist die Masse dicht genug, erkennt ihr sie als Gegenstand. Masse geringer Dichte ist für euch nicht wahrnehmbar.

Jeder Nerv und jede Fiber eures Körpers verfügen über einen inneren Sinn, den man nicht sehen kann, der jedoch dazu dient, das innere Selbst mit der körperlichen Realität zu verbinden, und der dem inneren Selbst die Fähigkeit verleiht, Körperlich-Materielles zu erschaffen. In einer Hinsicht fliegen sozusagen der Körper und alles Gegenständliche aus dem inneren Kern des gesamten Selbst heraus in alle Richtungen.«

Dieses Material kam durch, als wir noch mit den Instream-Tests beschäftigt waren. Später, als wir sie aufgegeben hatten, blieb Seth mehr Zeit, unsere Fragen zu beantworten. Rob wollte wissen, welche anderen Teile des Körpers – wenn überhaupt welche – an der Erschaffung von Materiellem mitwirken. Hier ist ein Teil der Antwort, die wir erhielten:

»Nervenimpulse reisen aus dem Körper heraus, außen ebenso unsichtbar, wie sie innerhalb des Körpers den Nervenbahnen entlang reisen. Sie transportieren telepathische Informationen und sehnliche Wünsche, die aus jedem individuellen Selbst nach außen reisen und dabei scheinbar objektiv Feststehendes verändern.«

Ergänzend hierzu finde ich die folgenden Ausführungen sehr wichtig:

»Auf ganz reale Art baut sich alles Gegenständliche wie auch alles Geschehen in Brennpunkten auf, wo hochgradig befrachtete psychische Impulse in etwas transformiert werden, das über die Sinne wahrnehmbar ist: Es findet der Druchbruch in eine materielle Erscheinungsform statt. Wenn so hochgradig befrachtete Impulse einander kreuzen oder zusammenfallen, entsteht Materielles. Die Realität hinter einer solchen Explosion in Materielles oder in materielles Geschehen vollzieht sich unabhängig von der Materie selbst. Ein gleiches oder fast gleiches Muster kann zu jeder Zeit und immer wieder entstehen, falls die entsprechenden Koordinationspunkte des psychischen Netzwerks auf Aktivität eingestellt sind.«

Durch die Jahrhunderte hindurch haben viele Menschen erkannt, daß zwischen Geist und Materie ein Zusammenhang besteht. Erstmals jedoch, glaube ich, erklärt das Seth-Material die spezifischen Wege und Mittel, durch die Geist in die Realität unserer Erscheinungswelt – wie wir sie kennen – umgesetzt wird. Doch viele Fragen bleiben noch offen. Was heißt Netzwerk, und was bedeuten Koordinationspunkte? Welche Kraft genau steckt zum Beispiel in der kleinsten Einheit der Materie? Auf diese und ähnliche Fragen wird Seth in den folgenden Kapiteln und im Anhang noch eingehen.

Seth beschloß diese Sitzung mit folgenden Feststellungen:

»Eingebunden in euer Realitätssystem lernt ihr, was geistige Energie ist und wie ihr sie nutzen könnt. Ihr tut das, indem ihr eure Gedanken und Gefühle materiell umsetzt. So werdet ihr, indem ihr die Außenwelt wahrnehmt, hoffentlich ein klares Bild eurer inneren Entwicklung bekommen. Was ihr als ein objektives, konkretes Geschehen, das unabhängig von euch abläuft, wahrzunehmen glaubt, ist in Wirklichkeit die Materialisation eurer eigenen inneren Energie und eurer Geistes- und Gefühlseinstellung.«

Wie Sie noch sehen werden, gestalten wir unsere Realität nicht nur jetzt in diesem, sondern über mehrere Leben hindurch, indem wir lernen, Energie und Vorstellung in Erfahrung umzusetzen. Selbstverständlich gestalten wir unser Leben jetzt, aber schon vor der Geburt wählten wir unsere Eltern und Lebensumstände. Vielleicht verstehen Sie, wenn Sie die nächsten beiden Kapitel gelesen haben, warum ich heute schließlich auch, allerdings nicht im Sinne orthodoxer Lehren, von der Idee der Reinkarnation überzeugt bin, der ich mich so lange widersetzt habe.

11
Reinkarnation – zwei Beispiele

Seth zufolge haben wir alle mehrere Leben hinter uns und werden, wenn die Erfahrung irdischer Leben beendet ist, weiterleben, allerdings in anderer Form des Seins und in anderen Realitätssystemen. In jedem Leben machen wir die Erfahrung, die wir vorher gewählt haben. Sie entspricht den Notwendigkeiten der Entwicklung unserer Fähigkeiten.

Warum werden Menschen geboren, und es werden aus ihnen brillante Geister oder vom Wahnsinn Geschlagene? Warum gibt es Menschen, die von Geburt an kerngesund sind, und andere, die als unheilbare Körperbehinderte auf die Welt kommen? Warum werden die einen als Kinder reicher, die anderen als Kinder ärmster Eltern geboren? All das ist nur schwer zu begreifen. Seth zufolge wurden wir in diese unsere Lebenssituation nicht hineingestoßen, wir haben sie vielmehr gewählt.

Wie kann jemand dem Irrtum verfallen, ein Leben in Krankheit und Armut zu wählen? Und was ist mit Kindern, die jung sterben, mit Soldaten, die in ihrer Jugendblüte im Krieg fallen? Alle diese Fragen kamen Rob und mir in den Sinn, als Seth uns angekündigt hatte, daß er über Reinkarnation zu sprechen gedenke. Wie ich schon eingestanden habe, glaubte ich, bis Seth mein Leben veränderte, nicht an ein Weiterleben nach dem Tod, geschweige denn an Reinkarnation. Ich war in der Idee festgefahren: Wenn wir schon vorher gelebt haben sollen, uns jedoch nicht daran erinnern können, was soll dann diese Hypothese? »Darüber hinaus«, sagte ich zu Rob, »erklärt Seth doch, wir würden in einem ›umfassenden Jetzt‹ leben und in Wirklichkeit gebe es weder Vergangenheit noch Gegenwart, noch Zukunft. Wie können wir also ein Leben ›vor‹ dem anderen leben?«

Einige Hinweise fanden wir in Protokollen über früher abgehaltene Sitzungen, die bestimmten Ratsuchenden galten, also uns bekannten Seminarteilnehmern, Freunden oder Menschen, die mich angesichts eines besonders tragischen Problems persönlich um Hilfe gebeten hatten (ich unterhielt ja nie eine allgemein zugängliche Beratungstätigkeit und nahm daher für Seths Trancebotschaften auch nie ein Honorar an).

Warum sterben manche Kinder so früh, besonders begabte Kinder von besonders liebevollen Eltern? Ich glaube nicht, daß sich diese Frage allgemeingültig beantworten oder erklären läßt. Es gibt allerdings zwei Readings*, in denen es um solche Kinder ging, und ich kann im folgenden die Erklärungen wiedergeben, die sich konkret auf diese beiden Fälle beziehen.

Im ersten Fall geht es um ein Paar, das ich Jim und Ann Linden nennen will. Ann, eine für mich unbekannte Frau, rief mich eines Morgens an. Da sie meine Telephonnummer direkt durchgewählt hatte, konnte ich nicht wissen, daß es sich um ein Ferngespräch handelte. Ich dachte, sie riefe mich aus der Stadt an, zumal sie erwähnte, sie habe Verwandte in Elmira. Sie sagte, ihr Söhnchen Peter sei vor wenigen Monaten im Alter von drei Jahren gestorben. Sie und ihr Mann seien verzweifelt, und ein gemeinsamer Freund, Raymond van Over, Parapsychologe in New York, habe ihnen empfohlen, mich anzurufen.

»Ich habe Ray nur einmal in meinem Leben getroffen«, sagte ich. »Doch er weiß und muß Ihnen wohl auch gesagt haben, daß ich für mir Unbekannte keine Readings gebe und die Seth-Sitzungen unserer persönlichen Arbeit gewidmet sind.«

»Ja, das sagte er«, sagte Ann Linden. »Aber er meinte, Sie könnten in meinem Fall vielleicht eine Ausnahme machen, wie das auch früher schon vorgekommen sei.« Sie machte eine Pause.

Ich überlegte einen Augenblick lang. »Nun, heute ist unser regulärer Sitzungsabend. Wenn Sie wollen ...«

Ihre Antwort kam schnell: »Wir werden da sein! Mein Mann ist zwar heute in New York, kommt aber am Nachmittag zurück.«

»Aber wird er dann nicht zu müde sein?«

»O nein. Da genügt eine Dusche und ein kleiner Abendimbiß – Jim wird sich freuen!« Wir kamen überein, daß sie und Jim sich gegen acht in unserer Wohnung einfinden würden.

Rob war darüber keineswegs begeistert, wenn er auch sagte, das müsse ich entscheiden. »Du weißt ja wohl noch, wie dein Versuch, mit einem verstorbenen Verwandten Kontakt aufzunehmen, geendet

---

* Unter »Readings« sind Botschaften zu verstehen, die einem Sensitiven in Trance zukommen – hier: die Jane Roberts in Trance zukamen, in denen sich also Seth ausspricht.

hat«, sagte er. »Aber wie dem auch sei, laß Seth es machen, wie er will.«

Ich nickte. Nur zu gut erinnerte ich mich an den Vorfall, auf den Rob anspielte. Die ganze Zeit über, in der ich mit Ann Linden telephoniert hatte, hatte ich daran denken müssen.

Rob fragte: »Du willst bestimmt nicht, daß so etwas wieder passiert, oder?«

»Nun ja – gewiß nicht«, murmelte ich gequält. Indessen schossen mir die Einzelheiten dieses Erlebnisses von neuem durch den Kopf. An einem strahlenden sonnigen Nachmittag – ich war gerade mit dem samstäglichen Hausputz beschäftigt – rief mich eine meiner Seminarteilnehmerinnen an. Sie litt unter einem bedrückenden Problem und bat mich, mit ihrer verstorbenen Schwiegermutter Kontakt aufzunehmen. Die Frau hatte nur an wenigen Abenden an meinen ASW-Kursen teilgenommen. Ihre Schwiegermutter hatte in Florida gelebt und war dort auch gestorben. Von ihrer Familie wußte ich nichts.

Die Frau besuchte uns. Wir hielten eine Sitzung ab, und Rob machte seine Notizen. In Trance glaubte ich zu wissen, daß ich als die verstorbene Frau agierte; ich erlebte einen Streit wieder, den sie einmal mit ihrem Mann gehabt hatte. Als diese Frau schlug ich mit der geballten Faust mit solcher Wucht auf unseren Tisch, daß Rob Angst hatte, ich könnte mir die Hand brechen. Der Streit mußte sehr heftig gewesen sein.

Die andere Persönlichkeit hatte Besitz von mir ergriffen, und Rob hatte sich tatsächlich um mein körperliches Wohlergehen Sorgen gemacht. Ich war auf einmal stark genug gewesen, ohne mich anzustrengen oder gebrochene Gelenke davonzutragen, drauflos zu schlagen; die Verstorbene war offensichtlich einen größeren und stärkeren Körper als den meinen gewohnt gewesen! Seit dieser vor ein paar Monaten gemachten Erfahrung sind Rob und ich vorsichtig geworden.

Und doch mußte ich lächeln, als ich mich an das Vorgefallene erinnerte. Laut Rob hatte die Spraydose mit dem Putzmittel ordentliche Hüpfer auf dem Tisch vollführt, als meine Faust auf diesem aufschlug, und das Putzzubehör, das daneben lag, war nur so durch das Zimmer geflogen. Dabei hatte sich dies alles keineswegs in einer obskuren Atmosphäre abgespielt: Die Sonne strahlte durch die großen Fenster. Unsere Besucherin war überzeugt gewesen, daß ihre Schwiegermutter sich durch mich ausdrückte, denn ihren Versicherungen zufolge hatte ich sowohl deren Gestik als auch deren Sprache übernommen – einschließlich einiger ihrer Lieblingsausdrücke, die recht saftig waren.

Rob beobachtete mich aufmerksam. »Du fandest das damals doch gar nicht so lustig, nicht wahr?«

Ich mußte ihm recht geben. Doch waren die meisten Namen und Daten, die ich damals von mir gegeben hatte, wie sich später herausstellte, richtig gewesen. Im besonderen wurde ein wichtiger Punkt meiner – für unsere Besucherin selbst völlig überraschenden – Aussage später von einem ihrer Verwandten bestätigt.

»Damals wirkte Seth nicht mit«, sagte ich zu Rob. »Unter seiner Führung wäre mir wahrscheinlich all das erspart geblieben.«

»Oder du wolltest es auf eigene Faust versuchen«, entgegnete Rob.

Ich lächelte, ein wenig schuldbewußt. Hatte ich damals etwa wirklich meine eigenen Fähigkeiten herausgefordert, irgendeinen Beweis für ein Weiterleben nach dem Tod beibringen zu wollen?

Falls ich diese Rolle auf eigene Faust unbewußt übernommen hatte, so war bei diesem Rollenspiel doch jedenfalls Erstaunliches herausgekommen. Falls Telepathie oder Hellsehen im Spiel gewesen war, so hatte ich meine Aufgabe ziemlich gut gelöst, denn unsere überraschte Besucherin hatte mehrere der behaupteten Fakten erst überprüfen und sich deren Richtigkeit bestätigen lassen müssen. Doch all das hatte mir nicht gefallen. Ich hegte daher jetzt keineswegs den Wunsch, daß sich etwas Ähnliches noch einmal zutragen möge. Ich bin wählerisch, wenn es zu entscheiden gilt, wen ich in mein Haus einlasse, und niemand – lebendig oder tot – wird bei mir auf eine selbstverständliche Art willkommen sein.

»Deshalb muß ich aber doch nicht überempfindlich reagieren«, sagte ich. »Die Lindens möchten nur etwas über ihren kleinen Jungen erfahren. Im übrigen kann ich das ja Seth überlassen. Schließlich haben wir für heute abend sowieso eine Sitzung vor.«

Und doch wußte ich, daß Rob recht hatte: Ein gewisser Selbstschutz auf meiner Seite ist notwendig. Abgesehen von der mir von den Gefühlen einer längst toten Schwiegermutter aufgedrängten Erfahrung hatte es noch ein paar andere unangenehme Begebenheiten gegeben, in denen ich Gefühlskonflikte mir unbekannter Menschen übernommen hatte. Wenn ich andererseits aber, so sagte ich mir, dank Seth ausgezeichnetes Material bekommen kann, so muß ich mein verantwortliches Streben, scheint mir, ganz in den Dienst dieser

Aufgabe stellen. All dies bewegte mich zutiefst, als an jenem Abend die Lindens zu uns kamen.

Zuvor gab es noch eine Überraschung: Gegen sechs Uhr rief Ann noch einmal an; sie sagte, sie sei in Binghamton zu Hause, sie habe keine Ahnung gehabt, daß Elmira so weit von Brooklyn entfernt sei!

»Brooklyn?« Ich ließ fast den Hörer fallen. »Sie sagten doch, Ihr Mann sei tagsüber in New York, aber daß Sie hier wohnten ... Sie wohnen also nicht in Elmira?«

»O nein«, sagte Ann, »aber Jim kam heute nachmittag früh nach Hause, und wir dachten, bis Elmira seien es nur wenige Stunden.«

»Oh«, sagte ich, und Rob ließ die Zeitung heruntersinken. »Das heißt, Sie wollen wirklich für diese eine Sitzung herkommen? New York ist voll von ausgezeichneten Medien.«

»Aber Sie wurden mir besonders empfohlen. Nur werden wir etwas später da sein, und deswegen rufe ich Sie an. Es ist mir sehr peinlich, Sie darum zu bitten, aber würden Sie wohl warten, bis wir da sind?«

Ich sagte wie benommen ja und legte auf. Rob fürchtete, ich könnte mich unter Druck gesetzt fühlen, da ich nun wußte, daß sie am gleichen Abend wegen der Sitzung eine so lange Fahrt hin und zurück machten. Ich hatte Ann erklärt, daß ich ihr keinerlei Garantie in bezug auf das, was passieren würde, geben könne. Um mich abzulenken, schaltete ich das Fernsehgerät an. Dann aber, wie um das Maß voll zu machen, klingelte gegen acht Phil und erklärte, er sei nur heute hier und wolle an der Sitzung teilnehmen.

Jim und Ann kamen gegen zehn Uhr an. Rob und ich mochten sie auf Anhieb gut leiden. Sie waren beide Ende Zwanzig, intelligent und gaben sich wie wir sehr zwanglos. Bei einem Glas Wein erzählten sie uns von ihrem Söhnchen. »Es war ein besonders strahlendes Kind«, sagte Jim. »Der Junge war phantastisch, und das sage ich nicht, weil er unser Kind war. Von Anfang an war er überdurchschnittlich aufgeweckt und so schnell in seinen Reaktionen, daß wir uns deswegen fast Sorgen machten. Und dann starb er, sozusagen über Nacht, an aplastischer Anämie. Niemand kennt die Ursache.«

Was kann man in einer solchen Situation sagen? Mein Wunsch war zu helfen. Ich spürte die himmelschreiende Not der Eltern, war mir aber gleichzeitig darüber im klaren, daß es vollkommen ausgeschlossen war, in welcher Form immer das Weiterleben nach dem Tode zu *beweisen*. Angenommen, ich bekam – wirklich oder im guten Glauben – Kontakt zu dem Jungen – was würde ihnen das helfen? Würde ihnen nicht nur noch deutlicher die Trennung von ihm vor Augen geführt, könnte das nicht alles noch viel schlimmer machen? Und in mir wurden auch meine Zweifel laut: Wenn nun unbewußtes Rollenspiel uns alle täuschte ...?

Rob mußte meine Gedanken gelesen haben. »Entspanne dich, meine Liebe«, sagte er. Ich erklärte den Lindens meine Besorgnis. Ann lächelte: »Ray sagte, Sie seien eines der zuverlässigsten Medien, das er kenne ... objektiv.«

»Zu objektiv, fürchte ich. Manchmal hindert mich das, meine eigenen Fähigkeiten voll einzusetzen.«

Das war alles, was ich mich noch sagen hörte. Im nächsten Augenblick dröhnte Seths tiefe Stimme aus mir:

»Der Junge hatte seine eigenen Gründe, nur so kurze Zeit bei euch zu sein. Er wollte Licht in euer Leben bringen, und das hat er vermocht. Ihr habt ihn in früheren Leben gekannt. In einem dieser Leben war er der Onkel seines Vaters.

Er hatte nicht vor, in der körperlich-materiellen Realität zu verbleiben. Er kam nur zu euch, um zu zeigen, was möglich ist, und um euch das Verständnis der inneren Realität nahezubringen. Er hat seine Krankheit ausgewählt. Sie wurde nicht über ihn verhängt. Er hat nicht genügend Blut gebildet, weil er nicht über die von ihm gesetzte Zeit hinaus körperlich bei euch bleiben wollte.

Er wollte euch etwas vermitteln, und er hat viel mehr bewirkt, wie wenn er am Leben geblieben wäre. Das wußte er. Er empfand Abscheu davor, ein junger Mann zu werden, denn er war nicht gewillt, einer jungen Frau zu begegnen, sich von ihr angezogen zu fühlen und ein anderes als das von ihm gewählte körperliche Leben zu Ende zu bringen.

Er war für euch ein Licht, und das Licht ist nicht erloschen. Es führt euch zu einem Wissen, das ihr auf andere Weise nicht hättet erlangen können, weil ihr es dann nicht so inbrünstig angestrebt hättet. Er ist sich darüber vollkommen im klaren und wollte, daß ihr eine ›Pilgerfahrt‹ antretet. Aber diese Pilgerfahrt vollzieht sich in eurem Inneren.«

Jetzt schaute Seth, wie Robs Protokoll es herausstellte, durch meine geöffneten Augen. Meine Gesten waren die Seths. Er sah Jim direkt in die Augen, während er sprach. Ann und Rob machten Notizen. Phil saß nur da und hörte zu.

»Er hatte mit wissenschaftlichen Forschungen sowohl in Atlantis als auch in Ägypten zu tun, aber er hatte nicht das Verlangen, diese Bemühungen jetzt weiterzuführen. Er hatte sich über sie hinaus entwickelt. Du, Jim, warst in zwei vergangenen Leben aufgrund ganz bestimmter Beziehungen mit ihm verbunden. Als Priester wurde euch beiden universelle psychische Erfahrung zuteil.«

Seth fuhr fort mit der Bemerkung, Jim sei nicht bei dem geblieben, was er in der Vergangenheit gelernt habe, sondern in gewisser Hinsicht abseits gerutscht.

»Er, Peter, konnte dich nicht zwingen, dich zu erinnern, aber er konnte dir einen Impuls vermitteln, und in seinem kurzen Leben tat er das. Es würde jetzt unpassend sein, wenn du durchdrehst, und in jedem Baumwipfel nach Wahrheit suchst. Die Wahrheit ist in dir. Dein kleiner Sohn ist jetzt kein dreijähriger Junge mehr. Er ist eine geistige Wesenheit und als solche älter als du, und er hat versucht, dir den Weg zu weisen ... Er ist nur dein Kind geworden, um dir gegenüber ein Versprechen einzulösen. Im übrigen hat er dich als eine Persönlichkeit verlassen, deren Reinkarnationszyklus abgeschlossen ist. Er wird nicht wiederkommen; er ist jetzt in eine andere Realität eingegangen, in der seine Fähigkeiten besser zur Geltung kommen können.«

Seth zufolge waren Peters Lebenserfahrungen wirklich abgeschlossen, bevor er noch auf diese Welt gekommen war. Er war gekommen und so früh gestorben, damit Jim und Ann gezwungen wurden, sich die Fragen zu stellen, die sie sich jetzt stellten.

Nun lächelte Seth breit und sagte: »Nun, ich habe viele Male gelebt, und ich bin viele Male gestorben, und doch fühlt ihr meine vitale Präsenz. Und ich kann euch nur sagen, die Vitalität dieses Jungen ist ebenso groß. Es wäre für ihn fast eine Strafe gewesen, wenn er länger hätte bleiben müssen. Du hast ihm damals geholfen, ›seine Seele zu retten‹; das war in einem vergangenen Leben, und jetzt erwies er dir seinerseits diesen guten Dienst. Damals war er versucht gewesen, seine Fähigkeiten auszunutzen, um Macht zu gewinnen und diese zu mißbrauchen: du hast ihn davon zurückgehalten.«

Seth gab dann eine Art Analyse von Jims gegenwärtiger Persönlichkeit, die, sagte er, mit Ereignissen aus vergangenen Leben engst verknüpft sei, und einige Ratschläge für die Zukunft. Jim hatte uns vorher erzählt, er sei Diskjockey beim Rundfunk gewesen. Jetzt sagte Seth: »Niemand kann dir sagen, welchen Weg du gehen sollst. Die

Antworten hast du in dir. Hüte dich vor allen, die dir fertige Antworten liefern. Ich spreche immer in Begriffen von Wahrscheinlichkeiten, denn die Zukunft ist variierbar.«

Er schlug vor, daß sich Jim von selbstbestimmter Aktivität fernhalten solle; eine solche würde ihn, was die Natur seines eigenen Wesens betreffe, nur verwirren. Seth riet ihm, er solle beruflich bei der von ihm gewählten Art Kommunikation bleiben. Wolle er beim Radio bleiben, gäbe es übrigens dort einen anderen Job für ihn, über den er in ein ganz neues Gebiet eindringen könne.

»Ich sage euch jetzt etwas, das ich für äußerst wichtig halte, ob ihr es nun nachprüfen könnt oder nicht ... Euer inneres Selbst muß das verdauen, was ich gesagt habe, und das ist wichtiger als zehn Seiten eurer Notizen über Daten, die ihr, von mir vorgegeben, nicht nachprüfen könnt, weil sie sich auf Leben beziehen, die zuweit zurückliegen.«

Er sprach dann noch über den Symbolgehalt von Peters Krankheit, sprach von Jims vergangenen Beziehungen zu Ann und sagte, Jim habe eine eminente mathematische Begabung, die er nicht einsetze. »Sie resultiert aus deinen und Peters Erfahrungen als Priester – als ihr beide mit dem Studium der Bewegungen der Planeten und der Berechnung ihrer Umlaufbahnen beauftragt wart.«

Nach einer langen Pause: »Es ist nur natürlich, wenn ihr in eurer Situation andere um Hilfe bittet, und ich hoffe, daß ich euch habe helfen können. Aber es besteht ein großer Unterschied zwischen dem, was einem von anderen gesagt wird, und dem, was man selbst weiß. Echtes Wissen kommt immer von innen. Was du weißt, müssen andere dir nicht sagen, und diese Art Wissen steht dir offen. Ich wäre glücklich zu wissen, dir geholfen zu haben, diesen Weg zu finden; niemand außer dir selbst aber kann ihn für dich finden.«

Während einer Pause knabberten wir Nüßchen und tranken Wein. Plötzlich tauchten in mir Impressionen auf. Manche, die ich von mir gab, wurden auf der Stelle als richtig bestätigt. So sagte ich zum Beispiel Ann, ihr Bruder benutze verschiedene Namen und trage ein Toupet, und diese ziemlich ausgefallenen Angaben waren wie viele andere, sagte Ann, richtig. Zugleich aber empfing ich auch Impressionen, die den Jungen betrafen.

Wenn so etwas passiert, entspanne ich mich einfach und spreche aus, was mir in den Sinn kommt. »Da gab es eine Sache mit seinen Zehennägeln – die Schuhe waren zu klein«, sagte ich. »Das ergab einen Druck auf die rechte große Zehe, was sich wiederum nachteilig auf die Arterie des rechten Beines auswirkte. In einem solchen Fall ist immer eine Quetschung die Ursache der Funktionsstörung, auch wenn die Quetschung noch so klein ist.«

Solche und ähnliche Angaben, die sich als richtig erwiesen, zeigten – obwohl diese natürlich nichts mit Reinkarnation zu tun hatten – Jim und Ann überzeugend, daß wir sehr wohl die Fähigkeit haben, Tatsachen anders als nur über die körperlichen Sinnesorgane wahrzunehmen. Diese Einzelheiten, die ich »aufpickte«, waren oft in gefühlsmäßiger Hinsicht bedeutungsvoll für die Lindens, obwohl in anderer Hinsicht auch trivial.

Meine Eindrücke betrafen auch den Ursprung der Krankheit, die Peter tötete. Ihre Ursache haben die Ärzte nicht feststellen können; so sehe ich keinen Grund, hier eine diesbezügliche Erklärung abzugeben. Die charakteristischen Symptome der Krankheit, die ich beschrieb, wurden jedoch von den Lindens, mit denen wir darüber nicht gesprochen hatten, als richtig bestätigt. Da all diese Informationen richtig waren, gibt es keinen Grund anzunehmen, daß die von mir wahrgenommene Krankheitsursache falsch sei, obwohl deren Richtigkeit mangels ärztlicher Diagnose nicht überprüft werden kann. Aus dem gleichen Grund sehe ich aber auch keinen Anlaß anzunehmen, daß das mir in Sachen Reinkarnation zugekommene Material unzutreffend sei, obwohl wir es nicht nachprüfen können, weil das Leben der Menschen, die ich »sah«, im Dunkel allzuweit zurückliegender Zeit verschwimmt.

Seth widmete den letzten Teil der Sitzung Phil, und es war weit nach ein Uhr morgens, als wir Schluß machten. Jim und Ann verließen uns in der Überzeugung, daß dem Leben und dem Tod ihres Söhnchens eine Bedeutung zukam, die auch für ihr eigenes Leben einen Sinn ergab, und daß die von ihnen durchlebte Tragödie einem höheren Zweck diente.

Als alles vorbei war, fühlte ich mich von meinen noch vor der Sitzung empfundenen Zweifeln befreit, aber auch recht klein. Die Sache ist die: Wenn ich in der vom kritischen Verstand eingeengten Art denke, erhebt sich mein intuitives inneres Selbst und zeigt mir, daß ich über größere Fähigkeiten verfüge als mein Ich. Ich denke, daß diese Fähigkeiten uns durchwehen wie der Wind die Zweige der Bäume.

Kurz nach dem Besuch der Lindens schrieb Ann mir einen Brief.

Sie versicherte mir, sie und Jim empfänden nun nicht mehr den grauenhaften Schmerz, der sie vor unserer Begegnung so niedergedrückt hatte. Aufgrund dieser und ähnlicher Erfahrungen habe ich erkannt, daß die Idee der Reinkarnation angesichts scheinbar sinnloser Tragödien zu einem Sinn verhilft und eine innere Notwendigkeit in Situationen erkennen läßt, die sonst als chaotisch und völlig ungerecht empfunden würden.

Ich bin glücklich, daß ich Ann und Jim habe helfen können. Die ihnen gewidmete Sitzung und andere vergleichbarer Art haben mir geholfen, den Wert von Ideen darzulegen, von denen ich ursprünglich nichts habe wissen wollen. Ganz ähnlich ergeht es mir mit Seth: Ich bin überrascht von seiner sich ständig entwickelnden Fähigkeit, anderen Menschen durch einfühlsames Verständnis zu helfen und seine Erfahrungen freizusetzen und in den Sitzungen zur Geltung zu bringen.

Der Tod eines Jungen hatte auch das Leben einer Frau erschüttert, die ich ebenfalls von meinen ASW-Kursen her kannte. Ihr fünfzehnjähriger Adoptivsohn war vor wenigen Monaten ertrunken. Seth sagte in einer Sitzung, der Junge sei in mehreren vergangenen Leben Matrose gewesen und habe deshalb lieber den Wassertod als den Tod zulande auf sich genommen. Der Knabe habe in einem anderen Leben zu ihr eine tiefe Beziehung gehabt und sei nicht zuletzt zurückgekommen, um ihr bei ihrer inneren Entwicklung, die sie nötig habe, zu helfen. Sein früher Tod habe in ihr Fragen aufgeworfen und die Suche nach Antworten nötig gemacht.

Die Frau war von Medium zu Medium gelaufen, um Kontakt zu dem Jungen zu bekommen. Unmißverständlich sagte ihr Seth, das bleibenzulassen und statt dessen an ihrer inneren Entwicklung zu arbeiten.

Seth zufolge wählen wir unsere Krankheiten wie auch die Umstände unserer Geburt und unseres Todes. Dies gilt für jede Krankheit, ob es sich nun um ein bei einem Unfall gebrochenes Bein oder um ein Magengeschwür handelt. Das bedeutet aber nicht, daß wir diese Wahl *bewußt* treffen, wie wir sonst zu wählen gewohnt sind. Niemand setzt sich hin und sagt: »Gut, ich lege mir heute nachmittag um drei Uhr vor Plummers Discountladen ein gebrochenes Bein zu.« Vielmehr ist unsere innere Erfahrungswelt oder etwas von dieser aufgewühlt oder aufgebracht und wählt Krankheit oder Unfall als Ausdruck dieser inneren Situation. Dieses Thema wird in Kapitel 13 weitergeführt, in dem Seth auch Ratschläge zur Aufrechterhaltung guter Gesundheit und zur Steigerung der Vitalität erteilt.

Aber was ist nun mit schweren, vielleicht unheilbaren Erkrankungen? Und wie passen sie ins Bild des Reinkarnationsgedankens? Um es vorweg zu sagen, Seth gebraucht nie das Wort »Strafe«. Wir werden nicht »bestraft« in einem Leben für die »Vergehen« eines vergangenen. Wir wählen auch Krankheit nicht *per se* als erwünschte Lebenssituation, wenn wir auch Krankheiten vielleicht im Rahmen eines größeren Plans einsetzen als Methode, uns selbst eine wichtige Wahrheit zu lehren, oder als Mittel, bestimmte Fähigkeiten zu entwickeln.

Aus dem folgenden nun wird deutlich, wie so etwas in einem bestimmten Fall vor sich geht. Wieder begann alles mit einem Anruf, diesmal von einem Mann, den ich Jon nennen will. Er rief mich aus einer anderen Gegend des Landes an; gerade war mein erstes Buch veröffentlicht worden, das war vor zwei Jahren. Jon und seine Frau, die ich Sally nennen will, waren Anfang Zwanzig. Nachdem die Ärzte bei ihr multiple Sklerose entdeckt hatten, gaben sie ihr noch ein Jahr zu leben, und Jon wollte von Seth wissen, ob man etwas für sie tun könne.

Wieder fühlte ich den sehr starken Wunsch zu helfen, und wieder nahmen die Zweifel in mir überhand. Angenommen – bloß angenommen –, Seth würde Behandlungsmethoden oder Medikamente vorschlagen, die Sallys Zustand verschlechterten? Ich war Jane Roberts und nicht Edgar Cayce*. Und wie konnte ein Fremder in mich und Seth solchen Glauben setzen, in meine Fähigkeiten, wo ich doch so oft selbst von Zweifeln gequält wurde?

»Ich bin sicher, Seth kann helfen«, sagte Jon. »Ich wußte es, nachdem ich Ihr Buch gelesen hatte. Auch wenn Sally nicht geheilt werden kann, kann er doch vielleicht ihre Krankheit so erklären, daß sich aus der Sinnlosigkeit ein Sinn ergibt. Warum ausgerechnet Sally? Sie hat in ihrem ganzen Leben niemandem etwas zuleide getan.«

Ich fühlte mich wirklich in die Enge getrieben – vor allem, weil ich

---

* Amerikanischer Sensitiver (1877–1945), der im Trancezustand insbesondere Krankheiten zu diagnostizieren und geeignete Behandlungsmethoden anzugeben vermochte. Seit Jess Stearns Buch *Der schlafende Prophet* (deutsch im Ariston Verlag erschienen) ist Edgar Cayce als der »schlafende Prophet« in die Geschichte der Parapsychologie wie auch der großen Heiler eingegangen.

so sehr wünschte, helfen zu können. Dann erinnerte ich mich daran, daß das innere Selbst soviel stärker ist als das Jane-Ich und daß Seth vielleicht Überraschendes würde sagen können. So stimmte ich zu.

Über einen Zeitraum von zwei Jahren hielten wir verschiedene Sitzungen für Jon und seine Sally ab. Schon in der ersten Sitzung gab Seth ausgezeichnete Ratschläge, die für jeden Menschen hilfreich sind, wenn eine Krankheit in sein Leben tritt. Ehe er auf den Reinkarnationshintergrund einging, der in diesem Fall wichtig war, unterstrich er die bedeutende Rolle, die Suggestion und Telepathie im Krankenzimmer spielen. Da dies zu wissen auch allgemein von Nutzen ist, gebe ich im folgenden Auszüge aus den betreffenden Sitzungsprotokollen wieder:

»Die Geistes- und Gefühlshaltung der Kranken und ihrer ganzen Umgebung sollte zum Hoffnungsvollen hin geändert werden. Die Frau nimmt unbewußt die negativen Gedanken und Gefühle all jener auf, die nicht an ihre Heilung glauben, und reagiert dementsprechend.

Sallys Krankheit kann nicht über die körperlichen Symptome abgemildert werden. Eine körperliche Besserstellung kann nur eine Veränderung der Geistes- und Gefühlshaltung bewirken. Alle, die mit ihr zu tun haben, müssen ihre hoffnungslose Einstellung und somit ihren negativen suggestiven Einfluß aufgeben. Das gilt für das, was sie denken, fühlen, sagen und tun ... Dies allein schon wird den Zustand der Kranken bis zu einem gewissen Grade verbessern.

Ihr Ehemann soll sich dreimal am Tag innerlich sammeln und sich vorstellen, die vitale Energie des ganzen Universums fülle sich in Form von Gesundheit in seiner Frau an. Dies sollte kein bloßes Wunschdenken sein; vielmehr muß er von der definitiven Überzeugung ausgehen, daß sich ihr Körper aus dieser Energie zusammensetzt. So kann er ihr helfen, die Energie zu ihrem Vorteil zu nutzen. Er soll die Frau während dieser Übung berühren und die Übung morgens, nachmittags und abends wiederholen.«

Dann wandte ich mich Robs Notizen zufolge »unmittelbar an ein imaginäres Gegenüber, als ob Jon in unserem Zimmer säße«. Seth sagte:

»Spiele dabei nicht mit leeren Illusionen oder falschen Zusicherungen herum, sondern erinnere dich ständig daran, daß universelle Energie die leibliche Gestalt deiner Frau aufbaut und erfüllt. Sally hat in sich eine Art Blockade errichtet, die sie daran hindert, diese Energie wirksam einzusetzen. Du kannst diese Blockade teilweise durch eine positive Haltung deinerseits und die Übungen, die ich dir angeraten habe, abbauen. Auf jeden Fall wird ihr das eine Atempause verschaffen und die Krankheit zum Stillstand kommen. Wenn du meine Ratschläge beherzigst, sollte bald eine merkbare Besserung eintreten.

Wenn meine Ratschläge zur Verbesserung der Einstellung ihrer Umgebung nicht befolgt werden, wird weder anderer Rat noch medizinische Hilfe von Nutzen sein ...«

Seth empfahl sodann eine psychotherapeutische Behandlung, die geeignet sei, Sallys eigene Erwartungen zu verändern, und er schlug die Behandlung durch einen erfahrenen Hypnotherapeuten vor, der sie mit Hilfe positiver Suggestionen in ihrem Lebenswillen bestärken sollte.

Er schlug weiterhin vor, Sallys Gliedmaßen mit Erdnußöl einzureiben und ihrer Nahrung Eisen zuzufügen. Er sagte Jon, sie würde sich in einem anderen Zimmer wohler fühlen. »Ich glaube, du hast ein ziemlich kleines, sonniges Gästezimmer. Dieses Zimmer hat eine wohltuende Wirkung auf sie.«

Dann sprach er von verschiedenen Begebenheiten aus Sallys Leben, einige davon bestätigte Jon in seinem nächsten Brief als richtig; es gab aber auch Vorkommnisse, von denen er gar nichts gewußt hatte, bis Seth sie erwähnte. Seth sagte zum Beispiel, sie habe mit einer Freundin zusammen in einem Kaufhaus gearbeitet und daß ein Besuch dieser Freundin hilfreich wäre. Jon hatte nicht gewußt, daß Sally je in einem Kaufhaus gearbeitet hatte, aber ihre Mutter bestätigte es ihm.

Beachten Sie, daß Seth andere Einzelheiten nicht erwähnte und daß der von ihm gegebene Rat eher für den Ehemann und all jene wichtig war, die sich um Sally als Patientin kümmerten, weniger für sie selbst. Am Ende der ersten Sitzung sagte Seth: »Hier spielen Verbindungen aus vergangenen Leben mit. Im Augenblick ist das nicht so wichtig für dich; wichtig sind eher die Maßnahmen, die ich dir vorgeschlagen habe.«

Noch vor der zweiten Sitzung schrieb uns Jon, er habe eine kleine Verbesserung ihres Zustandes bemerkt und er befolge Seths Ratschläge. Er schrieb auch, er habe tatsächlich das von Seth erwähnte Zimmer; in diesem liege nun Sally.

Die zweite Sitzung für Jon war ganz Reinkarnationseinflüssen gewidmet und macht deutlich, wie diese das Gesundheitsbild eines Menschen bestimmen können. Seth stellte eingangs der Sitzung klar, das Karma habe mit »Strafe« nichts zu tun. »Unser karmisches Verflechtetsein stellt die Plattform für die Weiterentwicklung eines Menschen dar. Sie befähigt das Individuum, sein Verständnis durch Erfahrung zu erweitern, Wissenslücken zu füllen und das zu tun, was getan werden sollte. Dabei bleibt immer die Freiheit des Willens erhalten.«

Die Geschichte von Sallys vergangenem Leben ist faszinierend. Es ist allerdings nicht ihr unmittelbar vergangenes Leben gemeint, sondern ein früheres, in dem die Probleme bis zu ihrer jetzigen Existenz der Lösung vorbehalten blieben:

»Die Frau war ein Mann, Italiener, und wohnte in einem Bergdorf. Er verlor seine Frau und blieb zurück mit einer hochgradig neurotischen, verkrüppelten Tochter, für die er viele Jahre lang sorgte. Als Mann hieß Sally damals Nicolo Vanguardi (die Schreibweise entstammt Robs phonetischem Verständnis), und die Tochter hieß Rosalina. Er verabscheute das Mädchen, und wenn er auch für es sorgte, so tat er dies nicht auf freundliche Art.

Er hätte gerne wieder geheiratet, aber wegen der Tochter fand er keine Frau, die sich mit ihm hätte verbinden wollen. Wo Rosalina nur konnte, widersetzte sie sich ihm. Sie war ungeachtet ihrer Behinderung eine sehr schöne junge Frau. Als sie in ihren Dreißigern war, sah sie viel jünger aus als die meisten gleichaltrigen Frauen, die harte Feldarbeit tun mußten. Der Vater bewirtschaftete allein einen kleinen Bauernhof, und nur ab und zu half ihm gelegentlich der eine oder andere Wanderarbeiter. Eines Tages kam ein verwitweter, kinderloser Mann aus einem Nachbardorf auf den Hof, um da zu arbeiten. Er verliebte sich in Rosalina und nahm sie trotz ihrer Behinderung mit sich heim in sein Dorf.

Der Vater, also Sally in vergangenem Leben, war zutiefst verbittert. Die Tochter hatte ihn zu spät verlassen, er war ein alter Mann. Jetzt wollte ihn keine Frau mehr haben, und er hatte nicht einmal mehr jemanden, mit dem er hätte sprechen können. Er haßte nun seine Tochter, der er vorwarf, ihn in seinem Alter verlassen zu haben, nachdem er für sie gesorgt hatte.«

Sally sei dann, fuhr Seth fort, im nächsten Leben als Frau mit künstlerischer Begabung wiedergeboren worden. Ihr Leben sei sehr erfolgreich verlaufen. Sie sei, übrigens auch in Italien, Mutter von zwei Söhnen gewesen. »Diesmal wurde die Persönlichkeit nur dreißig Kilometer entfernt geboren; als Frau eines wohlhabenden Landbesitzers ist sie oft über das Land gefahren, an dem kleinen Bauernhof vorbei, auf dem sie in ihrem vergangenen Leben gelebt hatte. Die Stadt, in der sie nun wohnte, wurde im Zweiten Weltkrieg stark zerbombt.«

Nach diesem Leben aber habe Sallys innere Persönlichkeit beschlossen, die unerledigten Probleme wieder aufzunehmen.

»Diesmal sollte für die Persönlichkeit – indem sie körperlich abhängig ist – gesorgt werden und sie nicht für andere sorgen müssen. Die Persönlichkeit wollte und konnte in ihrer früheren Existenz nicht versuchen, das ungerecht anmutende Schicksal zu verstehen, eine verkrüppelte Tochter zu haben und zu pflegen, die dann auch noch auf und davon ging. Nicht einen Augenblick lang konnte es daher die Persönlichkeit ertragen, sich die Realität dieser persönlichen Verstrickung zu vergegenwärtigen.

Diesmal spielt Sally diese Rolle und geht vollkommen darin auf. Jon war der Mann, mit dem die Tochter im vergangenen Leben den Vater verlassen hatte. Der Vater – in jenem Leben Sally – haßte den Mann. Jetzt liebt Sally ihn, und sie hat die guten Eigenschaften seines Wesens kennengelernt.

Infolge dieses Rollenwechsels gewinnt Sally jetzt Einsicht in ihr vergangenes Fehlverhalten und hilft ihrem jetzigen Ehemann, in sich zu gehen und Antworten auf Fragen zu suchen, die er sich sonst nie gestellt hätte. Sie trägt damit zu seiner Weiterentwicklung bei und arbeitet selbst an den Bruchstellen, die in ihrer eigenen Persönlichkeit bestehen.«

Seth sagte ferner, der Name der von ihm erwähnten italienischen Stadt habe Ventura oder so ähnlich gelautet, sie befinde sich im Südosten Italiens, und Anfang der dreißiger Jahre habe sich ein Zugunglück in jener Gegend ereignet.

»Angesichts einer Erfahrung wie Sallys Krankheit bleibt dem Individuum immer die Möglichkeit, aus eigener Kraft eine Lösung herbeizuführen. Krankheit, vollkommene Genesung von einer Krankheit oder früher Tod werden nicht seitens des Gesamtselbst auferlegt. Die Lebenssituation stellt sich als Spiegelung tiefer innerer Verstrikkungen der Persönlichkeit dar.

Das Problem ist eine Herausforderung, die das Gesamtselbst an eine ihrer eigenen Persönlichkeiten stellt, aber die Bewältigung desselben bleibt der in das Problem verstrickten Persönlichkeit überlassen. Dies war der letzte große, hemmende Block für diese Persönlichkeit ... Krankheit wird auch nicht für eine gesamte Lebenssituation gewählt. In Sallys Fall fühlte die Persönlichkeit die Notwendigkeit, sich in absoluter Abhängigkeit zu entwickeln, um vergangene Aktivitäten klarer durchschauen zu können.«

Seth wies darauf hin, daß selbst in so offensichtlich tragischen Umständen die Persönlichkeit nicht verloren sei. »Das innere Selbst, das sich vom leichter zugänglichen Unterbewußtsein unterscheidet, ist der Situation gewahr und erholt sich aufgrund ständiger innerer Kommunikation, durch die es an Erfolge erinnert wird und diese von neuem durchlebt. Im Traumzustand wird diese Erfahrung besonders lebhaft, und die Traumerfahrung vergewissert die Persönlichkeit ihrer umfassenderen Natur. Sie weiß, daß sie mehr ist als das Ich, das eine Zeitlang zu sein sie gewählt hat.«

Doch Sallys Zustand war grauenhaft. Sie war im Begriff, völlig zu erblinden, und unfähig, zu sprechen oder sich aus eigenem Antrieb zu bewegen. »Warum«, so schrieb Jon, »hatte nicht etwas weniger Zerstörerisches gewählt werden können? Warum hat sie nicht drei Leben lang nur krank sein können, anstatt in diesem einen Leben durch eine so heimtückische Krankheit niedergeworfen und qualvoll getötet zu werden?«

Seth antwortete: »Dies ist kennzeichnend für diese Wesenheit – Ungeduld bis zum totalen Wagnis; die Situation stellt die Antwort auf eine Herausforderung in besonderer Zuspitzung dar. Alle Schwachpunkte wurden aufgegriffen; nur so konnte sich eine derart unerträgliche Lebenssituation ergeben. Die Wesenheit bevorzugt diesen Weg, und so wählte die Persönlichkeit eben nicht eine Serie geringer Schwierigkeiten. Hierzu hat Jon unbewußt zugestimmt, um Geduld im Mitleiden zu erlernen – er schluckte sozusagen all das, was er als seine Medizin betrachtet, auf einmal.«

Seth erinnerte Jon auch an die Tatsache, daß Sally in dem unmittelbar vorangegangenen Leben eine einstweilige Befreiung von ihren Problemen erfahren hat, daß sie in ausgezeichneten Umständen lebte und ihre kreativen Fähigkeiten zur Geltung bringen konnte.

»Diese Lebenssituation erlaubte es der Persönlichkeit, die erstrebte Erfahrung in einem einzigen Leben zu sammeln, tief in sich einzutauchen und ihre Probleme zu verarbeiten, was normalerweise mehrere Lebensläufe beansprucht. Nur einer kühnen und mutigen Persönlichkeit gelingt das.«

Heute, mehr als zwei Jahre nach der ersten Sitzung, lebt Sally immer noch, aber unter traurigen Umständen. Seth sagt, sie habe die Herausforderungen, denen sie sich gegenübergestellt sah, angenommen, jedoch unter Opferung ihres leiblichen Körpers bis zu einem solchen Ausmaß, daß sie sich nunmehr entschlossen habe, ihn aufzugeben. Während ich dies schreibe, liegt sie im Koma.

Jon wollte wissen, was in diesem Zustand mit ihr geschehe: »Ist sie mit ihrem Bewußtsein in Wirklichkeit anderswo? Oder träumt sie nur? Und was geschieht nach ihrem Tode?« Seth beantwortete kürzlich diese Fragen. Sie finden die Antworten im folgenden Kapitel, in dem auch das Thema der Reinkarnation weitergeführt wird.

12
Mehr über Reinkarnation – die Gleichzeitigkeit allen Lebens

Vergangene Woche rief Jon wieder an. Sally war im Krankenhaus. Eine böse Attacke hatte ihr Herz für kurze Zeit zum Stillstand gebracht. Jon war hin- und hergerissen zwischen Gebeten, ihr Zustand möge sich bessern, und nicht weniger inbrünstigen, sie möge durch den Tod erlöst werden. Er bat, wir möchten eine ihr gewidmete Sitzung abhalten.

Seth hat uns oft gesagt, daß wir, wenn wir mit unserem Leben zum Ende kommen, wirklich gerne diese Existenz verlassen. Wenn der Körper einmal ausgetragen sei, möchten wir ihn tatsächlich loswerden. Der Instinkt zum Überleben bleibe dabei sehr wohl erhalten, denn das innere Selbst wisse vom Leben nach dem Tod. Und doch mochte ich das Jon am Telephon nicht so sagen. In der Theorie klang das zwar gut, aber natürlich wußte ich, daß er zutiefst wünschte, Sally bleibe am Leben. Ich wußte, daß er auf eine Art Wunder hoffte – auf eine wenigstens teilweise Genesung, eine Erholung von ihren Leiden.

Ich versprach, für ihn eine Seth-Sitzung zu halten, und später war ich froh darüber. Die Sitzung wurde nicht nur für Jon zu einer großen Hilfe, sondern sie erbrachte auch ein paar ausgezeichnete Informationen darüber, was in einem Menschen vorgeht, der, im Koma liegend, dem Anschein nach bewußtlos ist, und was der Sterbende unmittelbar vor und nach dem Eintreten des Todes erfährt.

Sally war zur Zeit der Sitzung in tiefem Koma. Mehr als ein Jahr lang war sie unfähig gewesen zu sprechen. Zuerst gab Seth, etwa im Umfang einer Seite, ASW-Eindrücke – Namen, Anfangsbuchstaben, Ereignisse und so weiter – durch.

»Sie entstammen«, sagte er, »zu einem bestimmten Teil dem Bewußtsein des Mädchens – nicht miteinander verbundene Erinnerungen, Gedanken, Vorstellungen.

Ihre gesamte Realität ist um vieles größer, und sie bemüht sich gerade, solche Erinnerungen zu ordnen, wie ihr das tut, wenn ihr ein neues Haus mit Möbeln einrichtet. Zeit, wie ihr sie euch vorstellt, hat für sie wenig Bedeutung. Die beiden verschiedenen Zeiterfahrungen werden etwa anhand des folgenden Vergleichs deutlich:

In eurer Dimension sind erinnerte Ereignisse wie Möbelstücke, die alle in einem Zimmer und in einer bestimmten Ordnung aufgestellt sind. Solange ihr in dem Zimmer lebt, könnt ihr euch zwischen den verschiedenen Möbelstücken hindurch nach Wunsch bewegen.

Dann zieht ihr in ein größeres und ganz anders geartetes Zimmer um, und hier können die Möbel in jeder beliebigen Weise arrangiert, umgestellt und nochmals neu arrangiert werden, wie es euch gefällt. Ihr könnt so verschiedene Kombinationen eingehen und die Möbel zu verschiedenen Zwecken gebrauchen.

Sally arrangiert sozusagen die Möbel ihrer Psyche neu. Und wie ihr ein neues Haus besuchen könnt und schon ein paar eurer Sachen dort abstellt, ehe ihr ganz dort einzieht, so prüft sie gerade ihre neue Umgebung. Sie durchlebt den Prozeß der Veränderung, sich an einen neuen Wohnort zu begeben.

Es gibt Führer, die ihr dabei helfen. Sie wird es kaum bemerken, daß sie eigentlich schon umgezogen ist, noch ehe sie sich dort ganz zu Hause fühlt. Wie ihr Fall liegt, hat sie Erinnerungsbilder aus ihrer Mädchenzeit ›arrangiert‹, die aus Tagen stammen, als sie noch nicht krank war, und gleichsam dieses Zimmer mit diesen Möbeln ›bewohnt‹ sie. Sie lernt, daß Ereignisse, die scheinbar der Vergangenheit angehören, neu erschaffen und von neuem durchlebt werden können.

Das bedeutet nicht, sie denke, sie sei ein Kind. Sie genießt nur die Freiheit, früher gemachte Erfahrungen noch einmal zu durchleben. Dies ist eine Art spirituelle Therapie mit dem Erfolg, daß sie sich nicht länger mit ihrer Krankheit identifiziert und diese nicht mehr als Bürde mit sich herumschleppen muß.

Bald wird für sie die Zeit der Bewährung kommen. Es wird nun die Reihe an ihr sein, anderen Menschen zu helfen und für andere eine Kraftquelle zu sein. Sie hat schon ein neues Leben begonnen (wenn auch natürlich kein anderes körperliches Leben), obwohl im Augenblick ihre Erfahrung in bestimmter Hinsicht noch von seelischen Führern geleitet wird.

Sie fühlt sich in religiösem Sinne von ihr aus der *Bibel* bekannten Führerfiguren hilfreich unterstützt. Diese werden ihr die Art der Realität mit den Worten erklären, die sie versteht. Sie hat ja, wie ich schon sagte, die Probleme, die sie sich selbst schuf, nun gelöst, und hat darüber hinaus in ihrem Ehemann die Eigenschaft des Mitfühlens und Verstehens weiterentwickelt und damit auch ihm eine große Hilfe erwiesen.

Ich selbst bin ihr als sanftmütiger Johannes, Lieblingsjünger Jesu, erschienen und habe mit ihr gesprochen. Das hat mit Täuschung nichts zu tun; es ist eine Art der Hilfe, die sie billigt. Für jene, die zu helfen versuchen, hat es nichts Ungewöhnliches, zu diesem Zweck eine Gestalt anzunehmen, die dem anderen vertraut und angenehm ist.«

Später, als Rob und ich das Protokoll lasen, dachten wir, daß diese Äußerung etwas extrem Provozierendes hat, besonders im Hinblick auf Fälle, in denen Visionen religiöser Gestalten eine Rolle spielen.

Während einer Pause erwähnte Rob mehrere Fragen, die ihm in den Sinn gekommen waren und von denen er dachte, Jon würde die Antwort interessieren. Eine dieser Fragen lief darauf hinaus, wie denn wohl der Körper beschaffen sei, der Sally jetzt zur Verfügung stand.

»Jetzt ist ihr neuer Körper natürlich kein gänzlich neuer für sie, aber dennoch so beschaffen, daß er nach euren Begriffen nicht körperlich-materieller Natur ist; er kommt dem gleich, was ihr im Fall von Projektionen von der Art einer Exkursion benutzt, die ihr als außerkörperliche Erfahrung (AKE) kennengelernt habt. Er ist es auch, der dem leiblichen Körper Vitalität und Stärke verleiht.

Wenn ihr euren leiblichen Körper, in den zu Lebzeiten euer Fleisch eingebettet ist, dereinst verlaßt, so scheint euch der andere, der neue Körper ganz real und genauso physisch zu sein, obwohl er über sehr viel mehr Freiheiten verfügt ... Sally ist entzückt von diesem neuen Körper, der nichts mehr mit ihrem von der Krankheit verwüsteten leiblichen Körper zu tun hat und den sie, weil sie sich mit ihm nicht mehr identifiziert, abgelegt hat – ob dieser nun für euch noch lebendig oder schon tot ist.

Jon muß ihr sagen, daß sie nun frei ist, ihn zu verlassen, und daß er ihr die Freiheit gibt, ihn fröhlich zu verlassen, damit sie auch nach dem Tod nicht das Gefühl haben muß, ihm nahe sein zu müssen. Sie weiß um ihre Wiedervereinigung im Geiste, und ihr ist klar, daß er sich dessen nicht so bewußt ist wie sie.«

Ein paar Tage nach dieser Sitzung besuchte uns ein Mann der Kirche, den ich Pfarrer Lowe nennen will, mit seiner Frau. Pfarrer Lowe ist der Herausgeber periodisch erscheinender Informationsrundschreiben, die Fragen der Psyche aus christlicher Sicht zum Gegenstand haben. Wir hatten schon jahrelang korrespondiert, ohne einander zu kennen. Ich erzählte ihm von der Jon gewidmeten Sitzung, und er war sehr interessiert an dem, was Seth zufolge Sally im Zustand des Komas erfahren hatte.

Pfarrer Lowe und seine Frau wohnten abends einem meiner ASW-Kurse bei. Ich versuche diese Kurse so zwanglos wie möglich zu gestalten. Jeder Teilnehmer wird mit Vornamen angesprochen, und jeder trägt das, worin er sich am wohlsten fühlt. Herren in Geschäftsanzügen sitzen also neben Rockern oder jungen Frauen in Hippiekleidung. Auch haben wir immer Wein für die, die Wein mögen. Ich muß zugeben, daß ich mich fragte, was Pfarrer Lowe wohl davon halten würde, und ich konnte nur hoffen, daß er nicht so etwas wie eine zeremonielle Gebetsveranstaltung erwartete. Auf unsere Art beten wir alle, aber in einer kreativen und völlig unkonventionellen Art. Manchmal hören wir zum Beispiel Rock'n-Roll-Musik, während ich ein Gedicht vorlese. Wir glauben, auch dies kann ein Gebet sein.

Ich hatte keine Ahnung, ob Seth an diesem Abend durchkäme oder nicht. Zu Anfang stellte ich den Herrn Pfarrer scherzhaft als Rock-Drummer vor, um sowohl ihn als auch die anderen Kursteilnehmer aufzulockern. Irgend jemand hatte den Kommentar abgegeben, die Präsenz eines Pfarrers würde wohl jeden mundtot machen, so daß kaum einer noch etwas sagen würde.

Plötzlich kam Seth durch: »Und *ich* dachte, das gute Benehmen ginge auf *mich* zurück. Ich muß wohl lernen, ein pfarrherrlicher Rock-Drummer zu werden, und diese Wette gehe ich hiermit ein!« Danach sprach er zu verschiedenen Kursteilnehmern, dann forderte er Pfarrer Lowe auf, die Fragen zu stellen, die ihm gerade in den Sinn kämen.

»Wenn wir unseren Körper verlassen, wohin gehen wir dann?« fragte der Pfarrer. Die anderen saßen dabei, tranken Wein und hörten zu.

»Du gehst dorthin, wohin du gehen willst«, sagte Seth. »Wenn dein Wachbewußtsein in den Schlafzustand eintaucht, reist du ja auch in andere Dimensionen. Du hast also schon Erfahrungen mit anderen Dimensionen. So bereitest du deinen Weg vor. Wenn du stirbst, gehst du die Wege, die du vorbereitet hast. Dabei gibt es verschiedene Möglichkeiten des Lernens und der Entwicklung, die von einem zum anderen Individuum variieren.

Du mußt die Natur der Realität verstehen lernen, bevor du dich selbst darin richtig bewegen und sie verändern kannst. In der materiellen Wirklichkeit der Erscheinungswelt mußt du lernen, daß Gedanken und Überzeugungen Realität zukommt und daß du die Realität, die du kennst, das heißt die deines Lebens und deiner Umwelt, erschaffst. Wenn du diese Realität verläßt, bist du auf das Wissen angewiesen, das du dir erworben hast. Falls du noch nicht erkannt hast, daß du deine Realität dir selbst erschaffst, kehrst du zurück und lernst von neuem, sie zu verändern, und immer wieder wirst du dann die Ergebnisse deiner inneren Wirklichkeit an dem erkennen, was du als objektiv verwirklicht vorfindest. Du erteilst dir selbst die Lektion, bis du gelernt hast, was zu lernen ist. Dann beginnst du zu lernen, dein eigenes Bewußtsein möglichst klug und richtig zu handhaben. Schließlich kannst du Ideen und Bilder zum Nutzen anderer hervorbringen, andere lehren und leiten. Du kannst den Horizont deines Verstehens ständig erweitern.«

»Was bestimmt die Zeit zwischen den Reinkarnationen?« fragte Pfarrer Lowe.

»Du. Wenn du müde bist, ruhst du dich aus. Wenn du weise bist, nimmst du dir Zeit, dein Wissen zu verarbeiten und dein nächstes Leben zu planen, etwa wie ein Schriftsteller sein nächstes Buch plant. Wenn du zu viele Bindungen an diese Realität hast, wenn du zu ungeduldig bist oder wenn du nicht genügend gelernt hast, magst du sehr rasch zurückkehren. Das bleibt immer Sache der Persönlichkeit. Es gibt keine Prädestination. Die Antworten liegen in dir selbst – wie auch jetzt alle Antworten in dir sind.«

Pfarrer Lowe stellte andere Fragen, die aber nichts mit diesem Thema zu tun hatten. Er und Seth schienen sehr gut miteinander auszukommen. Später, während einer Pause, bekam ich verschiedene Impressionen von einem vergangenen Leben seiner Frau. Während die eher allgemeine Diskussion weiterging, »sah« ich sie in der Nähe einer Reitschule im Frankreich des vierzehnten Jahrhunderts; dann »sah« ich sie und Pfarrer Lowe als Geschwister-Zwillingspaar in Griechenland: Er war Redner und sie als sein Bruder Soldat. Auch andere interessante Details wurden mir bewußt, aber am interessantesten war wohl die Tatsache, daß Missis Lowe mir später sagte, sie sei »ganz verrückt« nach Pferden und Griechenland und Frankreich seien die Länder ihrer Träume – die einzigen, an denen sie echtes Interesse habe.

Seth gibt nur selten Reinkarnationsdaten von sich, es sei denn, diese stehen in einem direkten Zusammenhang mit einem übergeordneten Entwicklungsprozeß des Individuums im gegenwärtigen Leben. Er weigert sich zum Beispiel, Angaben über vergangene Leben gegenüber Menschen zu machen, von denen er glaubt, daß sie mit dem, was sie daraus lernen sollten, nichts anfangen können. Dennoch machte er einmal in einem ASW-Kurs ausgerechnet gegenüber drei Collegestudentinnen solche Angaben, obwohl die drei von der Idee der Reinkarnation nichts hielten. Sie wohnten meinen Kursen erst seit kurzem bei, waren zwar an den Phänomenen der ASW, aber kaum an Fragen der Reinkarnation interessiert; jedenfalls schien das so vor der Sitzung, in der er über Reinkarnation zu sprechen begann.

Die drei Mädchen waren intelligent, sogar sehr, ebenso aufgeweckt wie wachsam. Sie ließen sich nicht so leicht hinters Licht führen. Sie waren allerdings auch in höchstem Maße an meiner Theorie interessiert, daß das Bewußtsein auf ungefährliche Art und ohne Drogen erweitert werden kann, wenn man die richtige Methode anwendet. Eines der Mädchen, Lydia, stellte sich von den dreien am entschiedensten gegen die Idee der Reinkarnation.

»Du wirst mit Tatsachen der Reinkarnation konfrontiert werden, ob du das nun glaubst oder nicht«, sagte Seth lächelnd. »Es ist natürlich einfacher, wenn deine Ansichten mit der Realität übereinstimmen; trifft das aber nicht zu, so änderst du dennoch nichts an der Gesetzmäßigkeit, die der Reinkarnation zukommt.«

Er gab Lydia eine ziemlich detaillierte Beschreibung konkreter Erfahrungen an, die ihre Persönlichkeit in einem vergangenen Leben im Gebiet um Bangor im Staate Maine im Jahre 1832, und zwar als Mann, durchlebt hatte. Dies war die erste Seth-Sitzung, der Lydia beiwohnte, und sie rutschte nervös auf ihrem Stuhl hin und her, als Seth ihr Namen, Daten und besondere Vorkommnisse aus diesem vergangenen Leben mitteilte.

Als er geendet hatte, sagte sie: »Nun, ich weiß nicht, was ich dazu sagen soll! Das Verrückte daran ist, daß ich meine Kindheit in Bangor, Maine, verbrachte, und als wir in den Staat New York umzogen, konnte ich mich da nicht zu Hause fühlen. Ich meinte immer, meine Heimat sei Maine. Und Seth sagte, daß ...« Sie hielt inne und las ihre Notizen. Dann meinte sie aufgeregt: »Seth sagt, daß eine Miranda Charbeau aus der französischen Linie meiner Familie in vergangenen Leben in die Familie des Franklin Bacon in Boston eingeheiratet hat.

Es ist verrückt, wirklich, denn meine Familie ist heute *tatsächlich* mit der Familie des Roger Bacon aus Boston verbunden.«

Seth ging darauf nicht ein; er wandte sich an Jean, zweifellos das medial begabteste der drei Mädchen.

»Sie lebte in Mesopotamien, noch ehe das Land diesen Namen hatte. Hier schon zeigte sie Fähigkeiten, die sie selbst nicht in ihrem Wert erkannte und durch eine ganze Folge von Leben hindurch mißbrauchte. Es ist dies ein ziemlich klassisches Beispiel für den ›Fortschritt‹, den viele medial Begabte in nur fragwürdiger Weise durchmachen, weil sie wenig Kontrolle über ihre Persönlichkeit und ihre Fähigkeiten haben.

China und Ägypten – die Leben waren religiösen Betätigungen zugewandt, aber es mangelte an dem notwendigen Sinn für Verantwortung; unglücklicherweise nutzte die Persönlichkeit die Vorteile aus, die den Individuen als Mitgliedern der herrschenden Klasse beschert waren. Aus diesem Grunde kamen die Fähigkeiten nicht zu gutem Einsatz. Erst in der jetzigen Existenz ist da endlich ein gewisses Verständnis und Verantwortungsgefühl. In der Vergangenheit wurden die medialen Fähigkeiten zu falschen Zwecken eingesetzt, sie haben sich darum nicht voll entfalten können, und die Persönlichkeit kam zu einem Stillstand. Nach zwei Leben gab es als Abschluß einen Tod durch Feuer.«

Im Anschluß daran machte Seth noch einige detaillierte Angaben über Jeans Leben in Irland im Jahre 1524. Dann gab er folgende Anhaltspunkte durch, die wir besonders interessant fanden. Ich gebe sie hier genau so wieder, wie sie durchgekommen sind, obwohl sie, zumindest am Anfang, etwas konfus sind, da Seth sozusagen ohne Bezug losplatzte.

»Eine kleine Stadt, fünfundzwanzig Kilometer von Charterous oder so ähnlich – Charterous oder Charteris [Chartres?] – entfernt. Ein Name von damals war Manupelt oder Man Aupault. Ein Zusammenhang besteht mit der ersten historischen Persönlichkeit, die überhaupt bekannt wurde, ein sehr entfernter, nämlich mit Jeanne d'Arc, und zwar von seiten der mystischen väterlichen Linie, aber nur um zwei Ecken herum. Und der Name, jedenfalls so ungefähr ... steht in einer alten Kathedrale zu lesen. Der Name der Familie, der der Stadt und der der Kathedrale lauten gleich.«

Als Seth geendet hatte, blieb Jean eine Minute lang wortlos. Dann lief ihr Gesicht blutrot an, und sie sagte, sie habe sich schon immer entsetzlich vor Feuer gefürchtet und ihr Spitzname im Gymnasium sei »Joan of Arc« – Jeanne d'Arc – oder »die Hexe« gewesen.

Aber Seth war noch nicht fertig. Er gab auch noch Reinkarnationsmaterial für die andere Studentin durch, Connie, und erwähnte im besonderen ein Leben in Dänemark, wo sie als kleiner Junge an Diphtherie gestorben sei. Und das war der Durchbruch! Connie überraschte uns alle, vor allem aber ihre beiden Kolleginnen, indem sie bekannte, sie habe sich schon als kleines Kind entsetzlich davor gefürchtet, Diphtherie zu bekommen, und habe sich nie den Grund dafür erklären können. »Denn wer fürchtet sich heute schon vor Diphtherie?« sagte sie.

»Wenn du Angst vor – sagen wir – Krebs hättest, könnte ich das verstehen«, fügte Lydia hinzu.

»Das meine ich ja gerade«, sagte Connie. »Ich konnte mir das wirklich nie erklären. Nie ist jemand in meiner Familie an Diphtherie gestorben.«

Seth hatte mit seinen Reinkarnationsgeschichten jedem der drei Mädchen einen signifikanten Informationsanhaltspunkt geliefert, der den anderen Kursteilnehmern völlig unbekannt und für diese auch nicht interessant war. Doch diese geringen Informationsausschnitte brachten Licht in bisher geradezu irrational scheinende Haltungen, die sich die Betroffenen vorher nicht hatten erklären können. Plötzlich waren sie Feuer und Flamme für die Idee der Reinkarnation, und sie waren so wißbegierig, daß sie am liebsten von nichts anderem mehr gesprochen hätten.

»Seth hat vorher einmal gesagt, daß alle Zeit gleichzeitig existiert«, sagte Jean. »Wie kann er dann frühere Leben oder einen Ablauf von Leben als hintereinander stattfindend darstellen? Das paßt doch nicht zusammen.«

Seth kam fast augenblicklich durch und beantwortete ihre Frage.

»Eure Vorstellung vom Wesen der Zeit ist falsch. Zeit, wie ihr sie erfahrt, ist eine euch von euren Sinnen vorgegaukelte Illusion. Sie zwingen euch, Abläufe etappenweise wahrzunehmen, aber das ist nicht die Natur der Realität. Mit Hilfe eurer Sinne könnt ihr von der Realität nur wenig, nur Ausschnitte gleichzeitig wahrnehmen, und so scheint es euch, daß der eine Moment jetzt da ist, dann für immer vergangen ist, daß dann der nächste Moment kommt und dann genauso verschwindet wie der zuvor. Aber das ist eine Täuschung.

Alles im Universum existiert gleichzeitig. Die ersten je gesprochenen Worte hallen noch immer durch das Universum, und das letzte Wort, das, nach euren Kriterien, dereinst einmal gesprochen werden wird, wurde schon gesagt; denn es gibt keinen Anfang. Eure Wahrnehmung ist es, der alles begrenzt erscheint, weil sie begrenzt ist.

Es gibt weder Gegenwart noch Vergangenheit, noch Zukunft. Dies erscheint nur jenen so, die in der Realität der dreidimensionalen Erscheinungswelt verhaftet sind. Da ich nicht mehr in ihr zentriert bin, kann ich wahrnehmen, was ihr nicht könnt. Es gibt aber auch in euch einen psychischen Grund, der nicht in der materiellen Realität befangen ist und ›weiß‹, daß es nur ein umfassendes Jetzt gibt. Dieses ›Wissen‹ wohnt eurem Gesamtselbst inne.

Wenn ich euch sage, daß ihr zum Beispiel im Jahre 1836 gelebt habt, dann sage ich das, weil ihr das begreifen könnt. Ihr lebt jedoch eure Leben, die ihr als Reinkarnationskette seht, alle zur gleichen Zeit, aber das muß euch nach Kriterien der euch vertrauten dreidimensionalen Realität geradezu unverständlich erscheinen. Und doch könnt ihr es verstehen, wenn ihr mir folgt:

Angenommen, ihr habt mehrere Träume und ihr wißt, daß ihr träumt. In jedem Traum können hundert Erdenjahre vergehen, aber für euch, die Träumer, ist keine Zeit vergangen, denn ihr seid von der dreidimensionalen Realität, an die Zeit gebunden ist, befreit. Die Zeit, die ihr in einem Traum – oder in jedem Leben – zu verbringen scheint, ist nur Illusion, und für das innere Selbst ist keine Zeit vergangen, denn es gibt keine Zeit.«

Seth hat übrigens verschiedene Analogien benutzt, um die Reinkarnationserfahrungen zu erklären. Auf Seite 3600 unserer Sitzungsprotokolle finde ich dies: »Die verschiedenen reinkarnierten Selbst können, oberflächlich betrachtet, als Teile eines Kreuzworträtsels verstanden werden, denn sie sind Teile eines Ganzen, und doch können sie auch getrennt von einander existieren.«

In der 256sten Sitzung erklärte Seth: »Weil ihr so verstrickt seid in die Vorstellung von Vergangenheit, Gegenwart und Zukunft, fühlt ihr euch gezwungen, den Begriff Reinkarnation auf mehrere Leben anzusetzen, die einander – eines nach dem anderen – folgen. Natürlich sprechen wir tatsächlich von ›vergangenen‹ Leben, weil ihr eben an das Konzept der Zeitsequenz gewöhnt seid. Die Wirklichkeit ist anders. Ihr solltet sie etwa so sehen, wie das in der Erzählung *Die drei Gesichter Evas* zum Ausdruck kommt. Euch wohnen mehrere Ego inne – ein jedes Teil und Ausdruck eurer Identität, des inneren Wesens –, die in verschiedenen Existenzen jeweils dominant werden. Doch die verschiedenen Existenzen sind gleichzeitig existent. Nur das in seine Existenz verstrickte Ego unterscheidet Zeit. 145 vor Christus, 145 nach Christus, tausend Jahre eurer Vergangenheit, tausend Jahre eurer Zukunft – alle Zeit ist jetzt, und alles, was war, ist und sein wird, existiert jetzt.«

Drei oder vier Sitzungen widmete Seth übrigens Fällen von Spaltpersönlichkeiten, die er mit Reinkarnationspersönlichkeiten verglich. Abschließend sagte er dazu: »Es ist interessant, daß die unterschiedlichen Persönlichkeiten – die ›drei Gesichter Evas‹ – einander abwechselten, und doch existierten sie in Eva zur gleichen Zeit, obwohl nur jeweils eine der Spaltpersönlichkeiten zu einer bestimmten Zeit die Vorherrschaft innehatte. Auf die gleiche Art sind sogenannte ›vergangene‹ Persönlichkeiten gegenwärtig in euch präsent, aber nicht vorherrschend, nicht dominant.«

Soweit wir wissen, geht diese alte Lehren abbauende Auffassung der Reinkarnation und der Gleichzeitigkeit aller »früheren« Existenzen ausschließlich auf Seth zurück. Die allermeisten uns bekannten Theorien über Reinkarnation setzen die Eingebundenheit »vergangener« Leben in die Zeit der Existenz »früherer« Persönlichkeiten als gegeben voraus.

Was aber bedeuten angesichts dieser neuen Auffassung dann noch Ursache und Wirkung? Als Seth uns seine Ideen nahebrachte, war dies eine der ersten Fragen, die in Rob und mir auftauchten. Seths Erklärung von Ursache und Wirkung wird aufgrund seiner noch folgenden Äußerungen über die »wahre Natur der Zeit« noch klarwerden. Als Rob die Frage jedoch zum erstenmal stellte, beschränkte sich Seth auf die folgende Antwort:

»Da alles Geschehen in Wirklichkeit gleichzeitig stattfindet, wäre wenig damit gewonnen, wenn ich sagte, Vergangenes sei die Ursache gegenwärtiger Erfahrung. Ihr erschafft Vergangenheit, Gegenwart und Zukunft – gleichzeitig. Da für euch alles Geschehen in eine zeitliche Abfolge eingebunden zu sein scheint, ist die Frage nach Ursache und Wirkung schwierig zu beantworten.

Wenn ich sage, daß bestimmte Charakteristika aus einem ›vergangenen‹ Leben das jetzige Verhaltensmuster beeinflussen oder bestimmen – und das habe ich gesagt –, dann habe ich bei Vereinfachungen Zuflucht genommen, um euch in anderem Zusammenhang wichtige Gesichtspunkte klarzumachen.

Das Gesamtselbst ist sich aller Erfahrung, der Erfahrung auch aller in ihr Ich verstrickten Persönlichkeiten bewußt, und da sie alle ihre Identität gemeinsam haben, sind sie natürlich einander ähnlich und weisen ähnliche Charakteristika auf. Das Material, das ich euch über Reinkarnation durchgegeben habe, ist durchaus gültig, zumal ihr etwas damit anfangen könnt, aber es ist dennoch bloß eine vereinfachte Version dessen, was die Wirklichkeit ist.«

Wenn Seth oft die Probleme eines gegenwärtigen Lebens als das Ergebnis von Schwierigkeiten aus vergangenem Leben erklärt, so macht er zugleich all jenen, die die Gleichzeitigkeit allen Geschehens und Lebens verstehen können, klar, daß zum Beispiel im Fall Evas drei Persönlichkeiten in einem Körper zu ein und derselben Zeit existieren können. Aber nicht alle Probleme resultieren aus den Einflüssen eines, richtig verstanden, sogenannten »vergangenen Lebens«. In einem Fall beispielsweise wurzelten die Schwierigkeiten einer Bekannten zweifellos in ihrem derzeitigen Leben, das durch die glücklose Wahl ihrer Liebhaber gekennzeichnet war, obwohl auf Vergangenheitserfahrungen zurückzuführen war, daß einer der Männer, der ein besonderes Schicksal durchlebte, sich ihr verweigerte.

Doris hatte alle möglichen Probleme. So verliebte sie sich zum Beispiel immer wieder, und zwar sehr heftig, in Männer, die unter keinen Umständen zu einer Heirat bereit waren. In ihren Liebesbeziehungen war sie der aggressive Teil. Die Männer ihrer Wahl waren allesamt übermäßig an ihre Eltern gebunden, oder sie konnten aus dem einen oder anderen Grund keine normale Beziehung zu einer Frau unterhalten. Doris war klug genug, das jeweils bald zu erkennen; doch jedesmal war sie von neuem davon überzeugt, den für sie richtigen Mann endlich entdeckt zu haben, der auf sie eingehen würde. Nach jeder neuen Enttäuschung fühlte sie sich elend und vereinsamt, denn sie lehnte Verabredungen mit »normalen« Männern ab; sie kamen ihr im Vergleich zu den Idolen ihrer Wahl minderwertig vor.

Schließlich, als einmal mehr eine solche Episode zu Ende gegangen war, bat sie mich um eine Sitzung. Sie kennt Rob und mich gut, und deshalb war ich über ihr Benehmen vor der Sitzung sehr erstaunt. Sie wirkte so verkrampft, daß es mir schwerfiel, in Trance zu fallen. Sie saß starr da, schneeweiß, todernst, und sah aus, als ob sie vor etwas wahnsinnig Angst hätte.

Seth begann, sehr sanft zu ihr zu sprechen: »Deine Gefühle mir gegenüber sind mit tief in dir verwurzelten Gefühlshaltungen verbunden. Du hattest Angst vor deinem Vater, seit deiner Kindheit. Jetzt meinst du, ich sei ein alter, aber kluger, überaus mächtiger Mann. Genau so hast du deinen Vater gesehen, als du ein Kind warst. Diese Haltung überschattet die Beziehung zu jedem Mann, den du kennenlernst.

Du siehst den Mann noch in demselben Licht, wie du ihn in deiner Kindheit gesehen hast. Du meintest, dein Vater habe gottähnliche Eigenschaften, und versuchst jetzt diese auf die Männer, die du kennenlernst, zu projizieren. Darum enttäuschen sie dich, aber das entspricht ja auch dem, was du erwartest. Denn solange du Männer als gottähnlich siehst, billigst du ihnen auch das Recht zu, dich zu strafen. Du hast also Angst, ›unter die Fuchtel‹ oder Herrschaft eines Mannes zu geraten. Da du in vergangenen Leben selbst ein Mann warst, empfindest du dies alles nur um so lebhafter.

Deshalb suchst du dir ständig Männer aus, an denen du feminine Züge erkennst, weil du hoffst, deren ›weichere‹ Eigenschaften könnten dich gegen die gefürchteten maskulinen – die du übertrieben siehst – schützen.«

Rob sagte später, Doris sei zuerst weiß, dann rot und verwirrt gewesen. Unser Tonbandgerät war eingeschaltet. Seth erwähnte dann ein paar beispielhafte Episoden aus Doris' Kindheitsjahren, von denen Rob und ich nichts wußten. Das Protokoll über die gesamte Sitzung wurde schließlich neun eng beschriebene Seiten lang. Seth analysierte Doris' Charakterzüge und Haltungen, die er jeweils anhand besonderer Vorkommnisse erklärte, die nur sie kannte, und gab ihr schließlich auch ausgezeichnete Ratschläge.

Er sagte ihr, sie projiziere ihr vom Vater abgeleitetes Männerbild auf jeden Mann, den sie kennenlerne, und reagiere dann auf das Bild, anstatt auf das Individuum. Er empfahl ihr ein paar Übungen, die ihr helfen sollten, das falsche Bild zu entmachten. Da brach Doris in Tränen aus. Seth lächelte und sagte: »Na na, was soll das Geschniefe? Ich bin nicht dein Vater, der dir Mathematiklektionen erteilt. Ich will dir nur helfen, und dafür ernte ich Tränen. Normalerweise wirke ich auf die Menschen anders.«

Doris gelang ein schiefes Lächeln.

Rob sagte: »Stelle ihm doch Fragen, wenn dir etwas unklar ist.«

»Ja, warum hat dann Frank sich mit mir nicht auf eine normale Beziehung eingelassen? Männlich genug ist er doch.« Dann fügte sie, fast trotzig, hinzu: »*Er* hat nichts Weibliches an sich!« Und in diesem Fall lag das Problem tatsächlich in den Schwierigkeiten eines »vergangenen Lebens«:

»Er war eine Frau. Seine derzeitigen Eltern waren zur Zeit des amerikanischen Bürgerkriegs seine Brüder. Sie lebten in der gleichen Gegend wie er jetzt. Seine Brüder waren als Spione eingesetzt. Dein Frank, als deren Schwester, verriet ihr Versteck im Keller einer alten Schenke. Sie war gefangengenommen worden, als sie Lebensmittel hatte besorgen wollen. Sie gab den Ort preis und konnte ihre Brüder nicht mehr warnen. Deshalb verfolgte sie das Gefühl, die Brüder verraten und betrogen zu haben.«

In diesem Leben habe Frank seine Rückkehr als Sohn der beiden Brüder gewählt, die jetzt Mann und Frau seien. »Jetzt verspürt er den Wunsch, ihr Haus nicht zu verlassen. Die Brüder haben ihn nie zur Verantwortung gezogen ... Sie wußten, daß das Mädchen nur in Lebensgefahr gesprochen und nie die Absicht gehabt hatte, sie zu verraten. Hier ist also von Strafe nicht die Rede. Frank hat dieses Leben so gewählt, um für sie da zu sein und ihnen zu helfen. Seine auffallende Schweigsamkeit ist das Ergebnis der vergangenen Erfahrung: Er hat einmal zuviel gesagt! Deshalb ist er nun verschwiegen bei allem, was er für wichtig hält.«

Seth betonte das, um Doris klarzumachen, daß einerseits Frank auf keinen Fall eine Heirat anstrebt und daß sie ihn andererseits gerade deswegen gewählt hatte – daß sie nie den Mann als den gesehen hat, der er war, sondern nur als das Bild, das sie in ihn hineinprojiziert hat. Seth nannte Franks Namen, den er im vergangenen Leben hatte, Achmann, und viel später erfuhr Doris, daß in seiner jetzigen Familie ein Zweig noch immer Achmann hieß.

Er gab noch weitere psychologisch hilfreiche Ratschläge. Die Sitzung hat Doris sehr geholfen. Sie hat sich seitdem übrigens nie mehr vor Seth gefürchtet!

Ihr Fall zeigt, daß es eine unerlaubte Simplifizierung wäre zu behaupten, *alle* Gegenwartsprobleme eines Menschen seien das Resultat von Schwierigkeiten aus vergangenen Leben. Wir werden nicht mit unseren Problemen »geschlagen«, kommen sie nun aus diesem oder einem anderen Leben. Wir müssen sie nicht für immer mit uns herumschleppen. Wir können sie lösen, mögen auch Reinkarnationseinflüsse mitspielen, so wirken diese doch niemals in einem Vakuum.

In Kapitel 13 werden Sie im übrigen noch Methoden kennenlernen, wie Sie sich Ihre geistige, seelische und körperliche Vitalität erhalten können. Es gibt aber Menschen, die, glaube ich, die Erfahrung vergangener Leben leichter verwerten können, wogegen andere sich in jedem Leben von anderen Leben ihrer Wesenheit und somit von Reinkarnationseinflüssen abzuschirmen versuchen – zu Unrecht. Denn das Leben nicht weniger Menschen scheint keinen Sinn zu ergeben, bis sie ihre »vorangegangenen« kennen. Unser fünfzig oder sechzig oder siebzig Jahre währendes Leben ist wie ein selbst entworfener Roman, erst geplant, dann ausgeführt, dann durchlebt.

Es besteht kein Zweifel daran, daß die Kenntnis von Reinkarnationseinflüssen unschätzbares Licht auf die Natur der Persönlichkeit werfen und uns helfen kann, unser Selbst aus einer umfassenderen Perspektive heraus zu begreifen. Die folgenden Auszüge aus einem Reading über einen Reinkarnationsfall zeigen die Kontinuität und die Wechselbeziehung, die bei der Ausstattung eines Selbst, das wir dann das unsere nennen, eine Rolle spielen können.

Ein Verleger, den ich Matt nennen will, kam aus New York zu uns zu Besuch. Wir hatten einander ein paar Briefe geschrieben, uns aber noch nie gesehen. Er kannte eines meiner Manuskripte und wußte von Seth. Wir fanden einander auf Anhieb sympathisch, obwohl dies in erster Linie eine Geschäftsverbindung war. Doch dann spürte ich, daß Matt sich von mir in der einen oder anderen Weise einen »Beweis meiner Fähigkeiten« erwartete; ich lasse mich aber nicht gern unter Druck setzen.

Ich habe inzwischen längst entdeckt, welch merkwürdige Vorstellung manche Menschen von Medien oder sensitiv Begabten haben. Als ich das früher spürte, verschloß ich mich für gewöhnlich meiner ASW-Fähigkeit, wohl um zu beweisen, wie »normal« ich war. Die Leute fanden die Leistungen dann meist sehr enttäuschend, und ich fand solche »Experimente« unergiebig. Diese Phase habe ich hinter mir. Ich zeige mich so »normal« oder »abnormal« wie jeder andere Mensch auch.

Mit Matt war es geradezu lustig: Er gab sich im voraus geschlagen, so daß ich glauben sollte, ich hätte gar nichts zu beweisen! Unsere Unterhaltung verlief eine Zeitlang frei und wild drauflos. Seth hatte schon vor seinem Besuch ein paar Informationen über Matt, seinen Verlag und seine Mitarbeiter durchgegeben. An diesem Abend nun kam, als wir uns schon miteinander sehr wohl fühlten, unvermittelt Seth durch; es war eine ausgezeichnete Sitzung.

Matt ist seitdem übrigens ein guter Freund geworden, aber damals kannten wir einander noch kaum. Die psychologischen Einsichten, die bei dieser Sitzung herauskamen, waren wahrhaft erstaunlich, und ich kann mir nur schwer vorstellen, daß ein noch so erfahrener Psychologe den Charakter, die Fähigkeiten und Anlagen dieses jungen Mannes besser hätte herauskristallisieren können, als dies Seth gelang.

Meine Augen waren während der Sitzung meist geöffnet – meine physischen Augen, das heißt, in Trance sind sie definitiv Spiegel der aus mir sprechenden anderen Persönlichkeit.

»Da bestand das Bedürfnis, eine Lücke zu füllen«, begann Seth. »Die Furcht vor Identitätsverlust: ›Ich bin zum Bersten voll, und wenn ich platze, bleibt von mir nichts mehr!‹ – etwa so, versteht ihr? Auf der anderen Seite war es für die Persönlichkeit immer völlig natürlich, sich nach außen zu wenden, und dies mühelos und oft geradezu überschwenglich.

Dem liegen zwei Leben zugrunde, die der Pflege anderer gewidmet waren. Aber in beiden Fällen war die Persönlichkeit voll innerer Ängste, bis zu einem gewissen Grade die zu verabscheuen, denen sie half. Die Situation war etwa so: Wenn ich immer nur gebe, wie haushalte ich mit meinen eigenen Kräften? Die Persönlichkeit fürchtete, der Haushaltsvorrat ihrer Kräfte würde eines Tages erschöpft sein.

In zwei anderen Leben gab es statt dessen die Entwicklung innerer Fähigkeiten unter Ausschluß anderer Menschen, ein Schließen der Fenster, ein Verriegeln der Türen. Der Mann schnitt am Fenster seiner Seele schaurig komische Grimassen, um die anderen abzuschrekken. Doch trotz alledem wuchsen dennoch seine inneren Fähigkeiten. Er setzte seinem Haushaltsvorrat Kräfte zu.

Nun hat er begonnen, die inneren und äußeren Bedingungen miteinander in Einklang zu bringen. Er erkennt, daß das innere Selbst nicht so massiv abgesichert werden muß, daß seine Identität ihm nicht davonläuft wie ein Hund, der sich von der Leine losreißt ... Jetzt siehst du sicher, daß du an mir einen freundlich gesinnten Kumpel hast – ganz ähnlich einem alten Hund, der an *langer* Leine liegt.«

Hier brachen Rob und Matt in schallendes Gelächter aus. Doch Seth fuhr mit Informationen fort, die die gegenwärtigen Interessen des jungen Mannes und vergangene Aktivitäten in einen sinnvollen

Zusammenhang brachten. Er erwähnte mehrere vergangene Leben, hob aber eines als besonders wichtig hervor.

»Du warst Mönch in einem Orden, der die verschiedenen Sorten von Saatgut zu erfassen und zu klassifizieren suchte. Offiziell arbeitete der Orden anhand von Manuskripten. Doch unser Freund hier und ein paar andere zogen sich Stiefel an und suchten die Lösung der sie interessierenden Fragen auf freiem Feld, wobei sie – entgegen geltender Theorie – glaubten, Fragen, die die Natur betreffen, könnten nur beantwortet werden, indem man die Natur untersucht.

Sie erforschten die Volksmeinung, das Brauchtum und das auf dem Gebiet der Botanik vorhandene Wissen – und bestellten hinter dem Kloster den verbotenen Garten. Sie versuchten, das Geheimnis der Vermehrung und Vererbung pflanzlichen Lebens zu entdecken.

Dies spielte sich in der Nähe von Bordeaux ab. Der Orden hatte mit dem heiligen Johannes zu tun. Es gab da ein Emblem, das entweder zu dem Orden oder zur Familie unseres Freundes gehörte: eine vierzackige Gabel mit einer Schlange am oberen Teil des Gabelgriffs vorn und einem Schloß oder Kloster auf der Rückseite. Die Mönche und ihr Orden wurden in den Jahren um vierzehnhundert ausgerottet.«

»Wie starb ich damals?« fragte Matt.

»Drei Bewohner des benachbarten Dorfes jagten auf dem Gelände des Klosters. Du schriest ihnen zu, das sei Sünde, und dabei stolpertest du. Du wurdest ohnmächtig geschlagen, und die Bauern rannten davon. Am Abend kamst du zu dir, gingst über die Felder am Rande des Klosterareals und kamst zu einem Wasser. Du knietest dich hin, betetest, und verlorst das Gleichgewicht. Du versuchtest, dich an einem über dem Wasser hängenden Ast festzuhalten, doch der brach ab … du bist ertrunken.«

An dieser Stelle sah ich, während ich für Seth sprach, von oben herunter auf die Szene, die er beschrieb. Ich sah den Mönch, wie er vom Kloster fort durch die Felder ging. Seth sagte noch, die Forschungen dieses Mönchs hätten maßgebend zur Wissensbereicherung eines anderen Klosterbruders, der später auf demselben Gebiet tätig war, beigetragen.

Dann gab er einen Rat, der bestimmt auch für andere Menschen von Nutzen sein kann: »Benutze deinen Intellekt nicht wie eine farbenprächtige Fahne, die du aus deinen Fenstern herausschwenkst. Du gebrauchst sie geradezu wie ein vergnügliches Spielzeug, das dir gehört; du läßt sie munter flattern. Doch solltest du vorsichtig darauf achten, wohin du sie wehen läßt. Dein Intellekt ist hervorragend, aber du hast dir erlaubt, von seinen bestechenden Eigenschaften selbst fasziniert zu sein, und hast ihn nicht genügend als Werkzeug eingesetzt.«

Ich habe vorstehend nur Auszüge aus den Matt gewidmeten Readings wiedergegeben, soweit diese mit Reinkarnation zu tun haben. Gewöhnlich enthalten solche Readings sehr viel mehr: Gesundheitsempfehlungen wie auch eine Charakteranalyse des Betreffenden und daraus sich ergebende Ratschläge. Und eben deswegen sind die Sitzungen für den Betreffenden regelmäßig sehr aufschlußreich.

Matt zum Beispiel war über die Analyse seines Charakters ebenso erstaunt wie über das Emblem, das Seth erwähnt hatte. Er erzählte uns, er habe die Gewohnheit, beim Telephonieren oder in Augenblicken geistiger Abwesenheit etwas Ähnliches aufzukritzeln. Ein weiterer interessanter Punkt: Vor ein paar Jahren hatte er zwei Stücke geschrieben. Eines habe, sagte er, zur Zentralfigur einen Mönch, der am Golf von Biscaya, also westlich von Bordeaux, lebte, und dieses wie auch das andere Stück spiele im Frankreich des dreizehnten Jahrhunderts. Von all dem hatten wir natürlich keine Ahnung gehabt.

Wir wußten allerdings, daß der Verleger an Botanik interessiert war; daraus ließen sich aber wohl kaum die von Seth gemachten Angaben über die von der Persönlichkeit in der Vergangenheit vorangetriebene Erforschung pflanzlicher Vermehrung und Vererbung ableiten.

Ich habe versucht, anhand dieser auszugsweise wiedergegebenen Readings Seths Auffassung über die Bedeutung der Reinkarnationseinflüsse auf den Charakter oder das Verhalten einzelner Menschen aufzuzeigen. Aber es gibt in diesem Zusammenhang wichtige grundsätzliche Fragen, auf die ich noch nicht eingegangen bin. Solche Fragen sind zum Beispiel: Wie viele Leben leben wir? Ist ihre Zahl begrenzt? Um die Antwort vorwegzunehmen: Wir durchleben so viele physische Existenzen, wie wir glauben, durchleben zu müssen, um unsere Fähigkeiten zu entwickeln und uns selbst darauf vorzubereiten, in andere Realitätsdimensionen einzutreten. Dieses Thema wird noch ausführlich in Kapitel 16, das von der multidimensionalen Persönlichkeit handelt, zur Sprache kommen.

Innerhalb des großangelegten Rahmens jeglicher Entwicklung gibt es eigentlich nur wenige Anforderungen, die an den Menschen gestellt werden. »In der Regel«, sagte Seth, »wird jedes Wesen geboren, damit es drei Rollen übernimmt: die der Mutter, des Vaters, des Kindes. Zwei Leben könnten unter Umständen schon ausreichen, damit ihr die mit diesen Rollen verbundenen Erfahrungen machen könnt. Doch nicht immer erreicht die Persönlichkeit das Erwachsenenalter. Sie wird die Mutter-, die Vatererfahrung in einem anderen Leben machen. Die Hauptaufgabe ist aber immer die volle Nutzung des Potentials.«

Seth sagte allerdings auch, daß manche Persönlichkeiten sich in ihrer materiellen Umgebung nicht sehr gut entwickeln, hingegen im Erfahrungsfeld höherer Realitäten ihre Erfüllung finden. Mit anderen Worten: Mit der Existenz in der »letzten« Reinkarnation ist das Leben keineswegs zu Ende. Es gibt andere Dimensionen der Existenz, in denen – wie Sie noch sehen werden – unser Bewußtsein noch eine wichtige Rolle zu spielen hat. Zum Schluß dieses Kapitels möchte ich hier noch, weil sie von großer Bedeutung für Seths Reinkarnationsauffassung sind, die folgenden Auszüge aus der 233sten Sitzung anschließen.

»Bei der Fleischwerdung der Persönlichkeit in den verschiedenen Reinkarnationen nehmen nur das Ich und das persönliche Unbewußte neue Charakteristika an. Die tieferen Schichten des Selbst behalten ihre vergangenen Erfahrungen, ihr ›Wissen‹, ihre Identität.

Tatsächlich bezieht das Ich seine immerhin verhältnismäßige Stabilität zum größten Teil aus dem Erfahrungsvorrat des Unbewußten. Könnten wir nicht auf in anderen Leben gemachte Erfahrungen in den tieferen Schichten des Selbst zurückgreifen, wäre es für das Ich kaum möglich, zu anderen Individuen eine tragfähige Beziehung herzustellen, und der Zusammenhalt einer Gemeinschaft wäre ganz unmöglich.

Bis zu einem gewissen Grade findet biochemisch ein Lernprozeß in den Genen statt, aber dies ist nur die körperliche Materialisierung inneren Wissens, das aus anderen Leben gewonnen und behalten wurde ... Der Mensch wird bei seiner Geburt nicht in eine Existenz geworfen, die er bei Null anfangen und dann erste Versuche unternehmen muß, Erfahrungen zu sammeln. Wäre dies der Fall, lebtet ihr noch in der Steinzeit!

Es gibt Wellen von Energie, und es gibt Wellen von Reinkarnationsmustern. Es hat auf eurem Planeten viele Steinzeiten gegeben, in denen neue Wesenheiten ihre ›erste‹ Erfahrung in einer körperlichen

Existenz begannen und, indem sie fortschritten, das Gesicht eurer Erde veränderten.

Sie veränderten es auf ihre Weise, nicht auf eure Weise, aber davon wird später noch die Rede sein. Jedenfalls geschah all das im Grunde in der Zeit eines Lidschlags, und es hatte seinen Sinn und beruhte auf schon Erreichtem und hoher Verantwortung. Jede Komponente des Selbst, mag sie auch bis zu einem beträchtlichen Ausmaß unabhängig sein, ist nichtsdestoweniger verantwortlich für jede andere Komponente des Selbst; und jedes Gesamtselbst ist mitverantwortlich, wenn auch die Wesenheit bei ihren Entschlüssen und Handlungen weitgehend unabhängig ist.

Wie viele Komponenten des Selbst das Gesamtselbst ›komponieren‹, so erschaffen auch viele Entitäten eine Gestalt, von der ihr ziemlich wenig wißt – ich fühle mich nicht genügend vorbereitet, euch das jetzt zu erklären.«

Diese letzte Bemerkung wurde für Rob und mich erst später verständlich, als Seth in einer ganzen Serie von Sitzungen (Kapitel 18) sein Gotteskonzept erklärte.

Auch nach dieser Sitzung gab es noch Readings, die das Thema der Reinkarnation zum Gegenstand hatten, und wenn Fragen auftauchten, stellten wir sie. Das hat natürlich das diesbezüglich vorhandene Material noch erweitert. Doch spielen im Gesamtinhalt von Seths Botschaften Reinkarnationsfragen nur eine vergleichsweise geringe Rolle; sie stellen ja auch nur *einen* Aspekt unserer Realität dar.

Ob Sie nun Ihren Reinkarnationshintergrund erkennen oder nicht und akzeptieren oder nicht, so kommt auf jeden Fall unserer Aufgabe große Wichtigkeit zu, in *diesem* Leben ein gesundes und ausgewogenes Leben zu führen. Wir gestalten die Wirklichkeit unseres Seins und Lebens jeden Tag neu. Wir sind die Schöpfer unserer »vergangenen« Leben wie auch des jetzigen.

Indem wir jetzt Probleme lösen, können wir die Bedingungen unserer »vergangenen« und »zukünftigen« Selbst um sehr vieles erleichtern.

13
Gesundheit als Niederschlag des Denkens und Fühlens

Wie können Sie gesund bleiben? Wie eine Krankheit, die Sie vielleicht haben, loswerden? Wie hängt Ihr geistig-seelischer mit Ihrem gesundheitlichen Zustand zusammen? Seths Gedanken zu diesem Thema waren für Rob und mich und jeden Menschen, dem sie zuteil wurden, von großem Wert. Wir haben seine Auffassungen in unser Leben übernommen, und heute fragen wir uns manchmal, wie wir unseren Alltag überhaupt bestehen konnten, als wir noch nichts über den Zusammenhang wußten, der zwischen Gedanken, Gefühlen und Gesundheit besteht.

Vor einigen Wochen haben wir vom Tod einer ehemaligen Nachbarin erfahren. Joan hatte früher einmal ein Jahr lang im gleichen Appartementhaus wie wir und auf dem gleichen Gang uns gegenüber gewohnt. Ich sah sie im Geiste vor mir: dünn, rothaarig und von wildem Temperament. Ich glaube, sie war einer der witzigsten Menschen, denen ich je begegnet bin, und sie hatte eine große mimische Begabung. Doch sie bediente sich ihres Witzes oft wie einer Waffe. Ihr Humor war grausam, selbst wenn sie ihn gegen sich selbst einsetzte, und das tat sie oft.

Sie war Anfang Vierzig, hatte einen guten Job, sah aber auf die anderen Angestellten ihrer Firma voll Verachtung herab. Ihre Ehe war, noch ehe sie bei uns eingezogen war, geschieden worden, und wenn sie auch immer davon sprach, sie wolle wieder heiraten, war sie Männern gegenüber doch voll tiefem Mißtrauen. Ich glaube, sie haßte sich selbst. Von Frauen hielt sie auch nicht viel, obwohl sie sich bisweilen sehr warmherzig geben konnte. Rob und mich hatte sie ins Herz geschlossen, und oft saßen wir, sie und ich, an dem gleichen Tisch, an dem ich dieses Buch schreibe, und schwatzten miteinander.

Ihr Auftritt begann immer mit einer ihrer irrsinnig komischen, sarkastischen Geschichten über jemanden, den sie kannte. Sie besaß die seltene Fähigkeit, an Menschen sofort die Schwächen zu entdecken; davon lebten ihre Witze. Wir hatten uns auf eine Art Spiel geeinigt: Ich hatte sie gern, ließ aber ihre Destruktionen und ihren Pessimismus nicht an mich heran, egal, wie witzig auch immer sie die Sache präsentierte, und sie wußte das. Schlimm war nur, daß sie wirklich witzig war und es mir oft schwerfiel, nicht zu lachen, obwohl ich wußte, daß dabei ihre Bosheit Triumphe feiern würde. Und dies wußte sie auch. Sie versuchte also immer wieder, wieweit sie bei mir gehen konnte. Oft rügte ich sie. Oft erinnerte ich sie mit einer kleinen Lektion daran, daß ihre Haltung den anderen Menschen gegenüber weitgehend für ihre Schwierigkeiten verantwortlich war.

Ihre Schwierigkeiten bestanden in Krankheiten von solcher Vielfalt und Heftigkeit, daß sie kaum je in der Lage gewesen wäre aufzuzählen, was sie in einem einzigen Jahr alles mitgemacht hatte. Einige der Krankheiten waren schlimm, und sie hatte etliche Operationen hinter sich. Sie steckte sich mit allen Viren an, die in der Luft lagen, und auch mit solchen, die nicht in der Luft lagen. Sie ging von Arzt zu Arzt, und zwar mit ganz deutlichen und oft erschreckenden Krankheitssymptomen. Sie hielt eine strenge Diät ein. Doch ihre Krankheiten wurden immer schlimmer.

Schwer machte ihr ihr Alter zu schaffen. Sie war der Ansicht, daß das Leben mit Vierzig sozusagen vorbei sei – so hat sie seit ein paar Jahren ihre eigene Todeserklärung vorweggenommen. Und doch waren wir zutiefst erschüttert, als wir von ihrem Tod erfuhren. Wenn uns auch klargewesen war, daß sie sich im wahrsten Sinne des Wortes selbst krank machte, waren wir doch nie auf die Idee gekommen, dies könne so bald schon »todkrank« bedeuten.

In diesem Buch wurde wiederholt schon gesagt, daß wir durch das, was wir denken und fühlen, unsere körperlich-materielle Realität gestalten. Dies ist die Hauptaussage des Seth-Materials überhaupt. Joan mochte – bis auf wenige Ausnahmen – wirklich niemanden leiden. Es gab niemanden, den sie wirklich liebte. So war sie auch überzeugt, daß niemand sie liebte oder liebenswert fand, da sie doch selbst sich nicht als liebenswert empfand. Sie fühlte sich verfolgt, überzeugt, daß die Menschen schlecht über sie sprechen, sobald sie ihnen den Rücken zukehrte – denn das war ja genau das, was sie selbst tat. Jeder Tag war für sie eine neue Bedrohung; das konnten ihre Nerven nicht aushalten, und die Abwehrkräfte ihres Körpers wurden immer geringer. Schließlich war sie des ständigen Kampfes müde, wobei ihr selbst nie bewußt geworden war, wie einseitig und unnötig dieser Kampf war. Sie projizierte ihre destruktiven Vorstellungen nach außen, und diese bewirkten buchstäblich ihre eigene Vernichtung.

Und doch war sie gewarnt worden. Zwei Jahre vor ihrem Tod hatte sie gebeten, einer regulären Seth-Sitzung beiwohnen zu können. Seth hatte sich sehr ernst und keineswegs so locker wie gewöhnlich gegeben; damals war mir geradezu der Gedanke gekommen, er nähme sie zu sehr in die Zange. Inzwischen habe ich erkannt, daß er sie einfach von der Notwendigkeit zu überzeugen versuchte, ihre Einstellung und ihr Verhalten zu ändern. Er hatte ihr eindringlich erklärt, worauf es ankam, und ihr nahegelegt, seine Ratschläge in die Praxis umzusetzen. Ich sehe Joan im Geiste noch vor mir sitzen, die Beine übereinander geschlagen, bevor die Sitzung begann; damals war sie noch nicht schwer krank. Hätte sie Seths Ratschläge beherzigt, wäre sie heute vielleicht noch am Leben; ich bin sogar davon überzeugt. Ich bin ebenso überzeugt, daß für alle Menschen Seths Gesundheitsempfehlungen von großem Nutzen sind.

»Ihr müßt euch die Bilder genau anschauen, die ihr aufgrund eurer Imagination kreiert«, sagte er. »Denn ihr laßt eurer Imagination viel zu viel Freiheit. Ihr müßt sie in den Dienst eurer Wünsche stellen. Ich habe wiederholt erklärt, daß eure Lebensumstände und eure Umgebung das unmittelbare Ergebnis eurer eigenen inneren Erwartung sind. Dabei spielt selbstverständlich eure Imagination eine wichtige Rolle.

Wenn ihr euch traurige Lebensumstände vorstellt, wenn ihr von einem schlechten Gesundheitszustand oder verzweifelter Einsamkeit ausgeht, so werden sich diese Vorstellungen unfehlbar verwirklichen. So schafft ihr die Bedingungen und den Automatismus für deren Verwirklichung. Wenn ihr euch Gesundheit und Wohlbefinden wünscht, müßt ihr euch das lebhaft und möglichst bildhaft vorstellen, wie ihr in Angst euch das Gegenteil vorstellt.

Eure Schwierigkeiten schafft ihr euch selbst. Dies trifft auf jeden Menschen zu. Der psychische Zustand wird nach außen projiziert und schlägt sich in der materiellen Realität nieder – und dies unabhängig von den psychischen Inhalten ... Dieses Prinzip ist allgemeingültig. Ihr könnt es zu eurem Nutzen einsetzen und eure Bedingungen verändern, sobald ihr diese Wahrheiten erkennt und beherzigt.

Ihr könnt euren Geistes- und Gefühlshaltungen nicht entfliehen, denn sie färben den Inhalt dessen, was ihr seht. Ihr seht, ganz wörtlich genommen, das, was ihr sehen wollt. Und ihr seht dann später den Inhalt eurer Haltungen materiell verwirklicht. Wenn Wechsel stattfinden sollen, müssen sie zunächst geistig und gefühlsmäßig stattfinden. Negative, das heißt mißtrauische, ängstliche oder herabsetzende Haltungen gegen andere arbeiten gegen das Selbst.«

Joan wippte nervös ihr Bein auf und ab. Diese Äußerungen waren alles andere als witzig. Zu jener Zeit kannte sie einen Mann, der zuviel trank. »Sein Trinken macht mich wütend und irritiert mich«, sagte sie. »Er ist mein Problem. Er ist der Grund, warum ich so nervös bin.«

Rob lachte. Ihm schien absurd, daß sie dem Mann alle Schuld zuzuschieben versuchte, und er sagte ihr das auch.

»Du mußt noch etwas verstehen«, sagte Seth. »Telepathie ist da im Spiel. Wenn du ständig von einem Menschen erwartest, daß er sich auf eine bestimmte Art verhält, so sind das telepathisch übermittelte Suggestionen, deren Wirkung nicht ausbleiben kann. Jeder Mensch reagiert auf Suggestionen. Den jeweils gegebenen besonderen Bedingungen entsprechend wird ein Mensch mehr oder weniger von solchen Fremdsuggestionen überwältigt.

Der Suggestionsinhalt besteht nicht nur in dem, was ihm von anderen Menschen verbal und telepathisch übermittelt wird, sondern auch aus dem, was er sich selbst im Wach- oder im Traumzustand eingibt. Wenn ein Mensch in einem Zustand der Verweiflung ist, bedeutet dies, daß er schon ein Opfer destruktiver Suggestionen ist, die ihm andere oder er sich selbst eingegeben haben. Wenn du den Mann deiner Wahl siehst und dabei denkst, er sehe elend aus oder er sei ein unheilbarer Trunkenbold, dann werden diese Suggestionen von ihm unterbewußt empfangen, auch wenn du kein Wort sagst. Und in seinem ohnedies schon geschwächten Zustand wird er sie akzeptieren und sich dementsprechend verhalten.

Statt dessen solltest du unter allen Umständen dir selbst halt gebieten. Denke an ihn wohlwollend und sage dir: ›Es geht ihm immer besser, ich helfe ihm; da er ja nur trinkt, wenn er verzweifelt ist, sorge ich dafür, daß er voll Hoffnung ist.‹ So unterstützt du ihn tatkräftig. Aufbauende Suggestionen dieser Art werden ihm auf jeden Fall helfen, seine Verzweiflung zu überwinden.

Es gibt ganz offensichtlich Methoden, mit deren Hilfe du deine eigenen Lebensumstände verändern kannst, dich selbst sowohl vor negativen Selbstsuggestionen als auch vor Fremdsuggestionen seitens anderer schützen kannst. Du mußt nur lernen, negative Vorstellungen und Gefühle abzulehnen und sie durch positive zu ersetzen.

Wenn du denkst, du habest Kopfschmerzen, und wenn du diese

Autosuggestion nicht durch eine positive ersetzt, befiehlst du deinem Körper geradezu, für die Bedingungen zu sorgen, die den suggerierten Krankheitszustand hervorrufen. Ich gebe dir ein Mittel, das besser als dein Excedrin ist, dein Kopfschmerzmittel, siehst du. Ich sage dir, wie du überhaupt keine Kopfschmerzen bekommst.«

Das war Seths einziges Witzchen in der ganzen Sitzung. Wenn eine Sitzung einem bestimmten Menschen gewidmet ist, streut Seth sonst immer bei jeder Gelegenheit humorvolle Bemerkungen ein, damit sich der- oder diejenige wohl fühlt.

Wir machten eine kurze Pause, und Joan fuhr fort, sich über das Trinken ihres Freundes zu beklagen. Nur dies sei der Grund für ihre anwachsende Nervosität, für ihre diversen Krankheiten. Wäre dies nicht, würde sie bald wieder gesund sein. Als Seth wieder durchkam, war er noch ernster als zuvor.

»Nun«, sagte er, »es geht ja gar nicht um das, was du sagst. Du läßt Papierdrachen steigen, doch mit ihnen kannst du nicht fliegen. Du mußt lernen, auf die Stimme deines inneren Selbst zu hören. Und diese mußt du nicht fürchten. Du hast deinem Ego erlaubt, ein Konterfei des eigenen Ich zu werden, und nun hörst du die Worte dieses Abbildes, weil du nicht bereit bist, die leise Stimme von innen zu vernehmen.

Du hast andere auf den Prüfstand gesetzt, nicht dich selbst. Aber das, was du in anderen siehst, ist die Materialisation, die Projektion von dem, wofür du dich selbst hältst. Und doch muß dies nicht unbedingt das sein, was du bist. Wenn du zum Beispiel andere für betrügerisch hältst, so heißt dies nicht, daß du eine Betrügerin bist, vielmehr daß du dich selbst betrügst und diesen Selbstbetrug dann auf andere projizierst.

Nun, dies sind nur Beispiele. Wenn ein Mensch in der materiellen Welt nur das Schlechte und das Elendige sieht, so ist das nur möglich, weil er von dem Schlechten und Elendigen besetzt ist, dies nach außen projiziert und somit seine Augen vor allem anderen verschließt. Wenn du wissen möchtest, was du von dir selbst denkst, dann frage dich, was du über andere denkst, und dir wird die Antwort zuteil.

Ein anderes Beispiel: Ein sehr fleißiger Mensch glaubt, die Mehrzahl der anderen Menschen sei faul und zu nichts gut. Niemand würde von sich selbst denken, er sei faul und zu nichts gut, und doch kann genau dies das Bild seines eigenen Unbewußten sein, gegen das er ständig ankämpft. Und das alles spielt sich ab, ohne daß er sein mißratenes Selbstbild erkennt und ohne sich bewußt zu sein, daß er seine gefürchteten Schwächen nach außen auf andere projiziert.

Wahre Selbsterkenntnis ist unverzichtbar für Gesundheit und Vitalität. Die Erkenntnis der Wahrheit über sich selbst besteht wesentlich darin, daß du entdecken mußt, was du unbewußt von dir selbst hältst. Ist es ein gutes Selbstbild, baue darauf auf. Ist es kein gutes Bild, erkenne, daß dies nur die Meinung ist, die du von dir selbst gebildet hast, keineswegs aber eine unabänderliche Tatsache.«

Neben ihren verschiedenen Beschwerden litt Joan häufig unter schweren Kopfschmerzen. Vor Abschluß der Sitzung gab Seth ihr einen Rat, den jeder von uns gut gebrauchen kann:

»Du solltest dir häufig selbst sagen: ›Ich reagiere nur auf aufbauende Suggestionen.‹ Das bietet dir einen gewissen Schutz gegen eigenes negatives Denken wie auch gegen das anderer. Negatives Denken zeitigt regelmäßig negative Folgen: Es führt depressive Stimmungen und eben oft auch Kopfschmerzen herbei.

Wenn du also bei dir Kopfschmerzen feststellst, sage dir sofort: ›Das ist Vergangenheit. Jetzt ist ein neuer Augenblick, eine neue Gegenwart, ich fühle mich schon besser.‹ Dann lenke deine Aufmerksamkeit von deinem körperlichen Zustand ab. Konzentriere dich auf etwas Erfreuliches oder wende dich einer anderen Arbeit zu. Auf diese Weise suggerierst du dir nicht länger, dein Körper bringe deine Kopfschmerzen hervor.«

Es ist nicht richtig, negative Gedanken und Gefühle, zum Beispiel solche der Angst, des Ärgers oder des Hasses, einfach zu unterdrükken. In anderen Sitzungen machte Seth klar, daß man derartige Gedanken und Gefühle erkennen und sich verdeutlichen muß. Nur so lassen sie sich überwinden und durch lebensbejahende ersetzen.

Auch ich selbst hatte die Gewohnheit, negative Anwandlungen einfach zu unterdrücken, nachdem ich am eigenen Leib erfahren hatte, wie destruktiv sie sich auswirken können. Regelmäßig war ich aufgebracht über mich selbst, wenn ich mich bei einer Gehässigkeit gegenüber einer bestimmten Person oder bei Niedergeschlagenheit wegen einer unerfreulichen Situation ertappte, und oft dachte ich erschreckt: Wie fürchterlich, so etwas zu denken! Doch auch eine andere Überlegung drängte sich mir auf: Wenn ich meine Aggressivität gegen jemand anderen richte, so kann ich ihn verletzen. »Wenn ich sie aber begrabe«, sagte ich zu Rob, »kann sie mich verletzen und sich zum

Beispiel als irgendein Krankheitssymptom an mir selbst niederschlagen. Frage doch bitte Seth einmal, wie er dieses Problem sieht.«

Schon in der nächsten Sitzung erklärte Seth, wie man auf destruktive Anwandlungen, anstatt sie zu unterdrücken, richtig eingeht.

»Ruburt sollte versuchen, sich anstauende Haßgefühle zu erkennen und sich ihrer zu erinnern. Dann sollte er aber auch erkennen, daß diese Haßgefühle unnötig sind. Dann sollte er sich vorstellen, wie er seinen Haß an den Wurzeln ausreißt, wobei er sich den Vorgang des Ausreißens bildhaft vorstellen soll. Die Imagination des Vorgangs ist positives Handeln.

Darin besteht der Unterschied: Statt schädlichem Unterdrücken positives Handeln! Unterdrückt man Haßgefühle, so werden sie unter den Teppich gekehrt und bleiben unbeachtet, aber sie schwelen unterbewußt weiter. Werden sie in der Vorstellung als etwas Unerwünschtes ausgerissen, so erlangst du, Ruburt, Frieden und bist in deinem inneren Gleichgewicht, und frei können sich deine Energien entfalten.«

Seth hat mich häufig vor meiner eigenen unterdrückten Aggressivität, die ich fürchtete, gewarnt. Rob sagte mir kürzlich, es sei sehr komisch für ihn, wenn Seth, für den ich ja spreche, mich auf diese Weise ins Gebet nimmt. Aber seine Ratschläge waren dennoch immer ganz vorzüglich.

Später landete Seth eine recht gute Klarstellung: »Wenn der Wunsch nach Gesundheit dazu führt, daß ihr euch auf die Krankheitssymptome, die ihr überwinden wollt, konzentriert, dann tut ihr besser daran, an Gesundheit oder Krankheit nicht mehr zu denken und eure Aufmerksamkeit anderem zu widmen, zum Beispiel einer Arbeit. Denn die Konzentration auf einen Zustand des Mangels kann diesen nur verstärken, statt ihn zu beseitigen.«

Seth sagt immer, das Leben sei Fülle, Vitalität und Kraft. Jeder von uns verfüge über die nötigen Mittel, sich gegen negative Suggestionen zu verteidigen, und wir sollten viel stärker auf die Unversehrtheit unseres Wesens vertrauen.

Es sei hier noch einmal wiederholt, daß Seth nicht vorschlägt, Gefühle zu unterdrücken. Spontaneität sei, im Gegenteil, höchst wünschenswert. Wären wir auf unverbildete, echte Art spontan, müßten wir uns um positive Einstellungen und Suggestionen keine Sorge machen, meint Seth, und wir wären auch ganz selbstverständlich gesund.

Einer meiner Kursteilnehmer, ein Geschäftsmann, wird immer ärgerlich, wenn Seth von Spontaneität spricht. Er setzt sie dem Mangel an Disziplin gleich. Seth nennt den Mann mit freundlichem Humor »den Dekan«, denn er ist außerordentlich sensitiv, und die anderen hören ihm, wenn er von seinen ASW-Abenteuern erzählt, gebannt zu. Aber er ist auch in hohem Maße ein Mensch gesellschaftlicher Konvention, und das Wort »Spontaneität«, ist für ihn, jedenfalls wenn er sich anvisiert fühlt, wie das rote Tuch für einen Stier. Ich muß zugeben, daß viele von uns glauben, es sei besser, unsere geheimen Gefühle zu hüten als freizulassen.

Eines Abends sprachen wir über dieses Thema, als plötzlich Seth durchkam: »Gefühle fliegen durch euch hindurch, sie sind wie bedrohliche Sturmwolken oder heiterer blauer Himmel. Ihr solltet offen für sie sein und sie zulassen. Versteht aber: Ihr seid nicht der Inhalt eurer Gefühle. Sie fliegen durch euch hindurch. Ihr nehmt sie wahr, fühlt sie. Und dann verschwinden sie. Wenn ihr versucht, sie zurückzustauen, baut ihr sie auf wie Berge. Ich habe unserem Dekan gesagt, daß Spontaneität ihre eigene Disziplin hat. Euer Nervensystem weiß, wie es reagieren soll; es reagiert nämlich spontan, wenn ihr es ihm erlaubt. Nur wenn ihr versucht, eure Gefühle zu leugnen, werden sie gefährlich.«

An dem Abend wohnte dem Kurs ein neuer Teilnehmer bei, und irgend jemand machte die Bemerkung, Seth könne recht hart sein.

»Ja«, sagte Seth, »heute abend war ich ziemlich boshaft, und deswegen komme ich noch einmal durch, um unserem neuen Freund hier zu zeigen, was für ein netter Kerl ich bin. Dessenungeachtet muß ich euch noch einmal sagen, daß sich das innere Selbst, wenn es spontan handelt, automatisch an besagte Disziplin hält, die ihr noch nicht verstanden habt.«

Robs Protokoll zufolge schaute Seth durch meine Augen herausfordernd die Versammelten an. Jemand hob meine Brille auf und legte sie auf den Kaffeetisch. Wie ich schon erwähnt habe, nimmt Seth jedesmal, wenn er durchkommt, meine Brille ab und wirft sie ziemlich sorglos auf den Teppich. Das Zimmer war wie immer hell erleuchtet. Er sah jeden aus der Gruppe der Reihe nach an und sagte dann mit Nachdruck:

»Ihr seid nicht eurer Körper. Ihr seid nicht, was ihr fühlt. Ihr habt Gefühle, ihr habt Gedanken – wie ihr zum Frühstück Eier habt, aber ihr seid nicht die Eier. Ihr seid von euren Gedanken und euren Gefühlen so unabhängig wie von Eiern und Speck. Ihr bedient euch des

Specks und der Eier in eurem physischen Zuhause, und ihr bedient euch eurer Gedanken und Gefühle in eurem geistigen Zuhause. Aber ihr identifiziert euch doch nicht mit einem Stück Speck – oder? Dann identifiziert euch auch nicht mit euren Gedanken und euren Gefühlen. Wenn ihr in euch Barrieren errichtet und Türen schließt, sperrt ihr Gefühle in euch ab ... als würdet ihr in eurem Eisschrank Tonnen von Speck horten und euch dann wundern, warum für nichts anderes mehr Platz bleibt.«

Dann sagte er zum »Dekan«: »Warum ist es für dich so schwer zu lernen, was Freiheit ist?«

»Freiheit in ihrer absoluten Totalität kommt mir fast wie Verantwortungslosigkeit vor.«

»Das ist tatsächlich deine Auslegung«, sagte Seth. »Und das, weil du Forderungen stellst. Jetzt frage ich dich: Wie weit würde wohl eine Blume kommen, wenn sie morgens ihr Gesicht in den Himmel hielte und sagte: ›Ich fordere Sonne.‹? Und ein paar Stunden später sagte: ›Und jetzt brauche ich Regen. Ich fordere ihn. Und ich fordere Bienen, die meine Pollen aufnehmen. Ich fordere also, daß die Sonne eine bestimmte Zahl von Stunden scheint, daß dann eine bestimmte Zahl von Stunden Regen fällt und daß dann die Bienen A, B, C, D und E kommen – die und keine einzige Biene mehr! Ich fordere, daß Disziplin herrscht und daß die Welt meinen Forderungen nachkommt. Aber ich erlaube der Erde keine Spontaneität! Und ich erlaube der Sonne, dem Regen keine Spontaneität! Sonne und Regen brauchen auch nicht zu wissen, was sie vollbringen! Ich fordere, daß all dies in der Ordnung der von mir vorgestellten Disziplin abläuft!‹

Und wer, frage ich dich, hörte dieser Blume zu? Wer kümmerte sich um solche Forderungen? Der wunderbaren Spontaneität der Sonne wohnt eine Disziplin, die dir entgeht, inne und ein Wissen jenseits von allem, was wir wissen. Und im spontanen Liebesspiel der Bienen von Blume zu Blume gibt es eine Disziplin jenseits der, die wir kennen, und ein Wissen, das eigenen Gesetzmäßigkeiten folgt, und Freude jenseits aller Befehle. Wahre Disziplin kannst du nur in der Spontaneität finden. Doch Spontaneität gehorcht ihrer eigenen Ordnung. Siehst du das?«

Seth wandte sich dann an die anderen der Gruppe. »Wir sehen hier unseres Freundes, des ›Dekans‹ Kopf, der auf seinen Schultern ruht, und wissen von seinem Intellekt, der Disziplin fordert. Und doch ist uns das alles nur aufgrund des spontanen Wirkens des inneren Selbst und des Nervensystems möglich, von dem der Intellekt so wenig weiß. Und ohne die spontane Disziplin, von der ich spreche, gäbe es gar kein Ego, das auf irgend jemandes Schultern sitzen und Disziplin fordern könnte ... Nun, nachdem ich euch bewiesen habe, was für ein netter Kerl ich bin, könnt ihr ja Pause machen!«

Alle lachten. Nach der Pause kam Seth sofort wieder durch und beantwortete ganz andere Fragen. Seine letzte Erörterung schloß er jedoch mit einem dem »Dekan« zugedachten Lächeln wie folgt ab:

»Nun, die Jahreszeiten kommen jedes Jahr, wie dies seit Jahrtausenden auf eurem Planeten geschieht. Sie kommen mit einer wunderbaren Spontaneität und einer überwältigenden Kreativität rund um den ganzen Erdball. Und doch kommen sie in einer höchst ritualisierten und disziplinierten Weise. Denn der Frühling kommt nicht im Dezember. Und auf eine wunderbare Art gehen Spontaneität und Disziplin Hand in Hand. Ihr fürchtet das Kommen der Jahreszeiten nicht.

Jeder von euch trägt auf seine Weise zu dem ›Wunder‹ bei. Ihr könnt tatsächlich die Erde mit allem, was ihr an Wunderbarem kennt, als einen Beitrag auch eurerseits betrachten; ihr seid in Spontaneität und Disziplin, die der Natur inhärent sind, zutiefst verquickt.«

Natürlich ist das nicht ganz einfach zu verstehen. Seth versucht zwar, wenn er bei Sitzungen im Rahmen eines Kurses zu Menschen spricht, seine Ansichten so klar wie möglich und auch so zu erklären, daß sie verstehbar sind. In unseren privaten Sitzungen geht er auf solche Themen meist viel tiefer ein. So führte er auch in einer privaten Sitzung das Thema Gesundheit und Krankheit weiter und überraschte uns mit der Erklärung, daß Krankheit unter Umständen auch sinnvoll sein könne.

Wenn Sie seine Erklärungen lesen, denken Sie an die verschiedenen Krankheiten zurück, die Sie gehabt haben, und prüfen Sie dann die Anwendbarkeit seiner Ideen. Im folgenden wird von Krankheit in ihrer Verwurzelung in unserer tiefsten biologischen Struktur die Rede sein. Sie erinnern sich an die Jon gewidmeten Readings und Sallys Bedürfnis, sich von der Identifizierung mit ihrer Krankheit zu lösen. Seth erläuterte dies in der erwähnten Privatsitzung näher.

»Jede Krankheit wird von der Persönlichkeit, wenn diese von der Krankheit befallen wird, als vom Selbst auferlegt akzeptiert, und darin liegt die Gefahr. Die Krankheit wird nicht etwa nur symbolisch akzeptiert, wie ja auch ich nicht in symbolischen Metaphern spreche; die Krankheit wird, obgleich eine Last, von der Persönlichkeit im wahren Sinne des Wortes akzeptiert. Wenn dies eintritt, entsteht jedoch ein Konflikt. Die Persönlichkeit will dann die Last nicht von sich abgeben, selbst wenn sie mit Schmerzen verbunden oder sonst unvorteilhaft ist. Dafür gibt es viele Gründe.

Wenn Schmerzen auch unangenehm sind, so sind sie doch auch geeignet, das Selbst davor zu schützen, daß es sich vorschnell wie das Bewußtsein mit der Tatsache der Krankheit abfindet. Jeder sehr intensive Reiz, ob er nun angenehm ist oder nicht, hat eine stimulierende Wirkung auf das Bewußtsein, jedenfalls bis zum einen gewissen Grade. Selbst wenn der Reiz extrem unangenehm ist, wird er akzeptiert, einfach weil er ein Reiz ist, und zwar ein heftiger.«

Dann kam Seth zu einem Punkt, der für seine Theorien sehr wichtig ist: »Diese Akzeptanz sogar schmerzvoller Reize liegt der Natur des Bewußtseins zugrunde. Die Persönlichkeit unterscheidet zunächst nicht zwischen schmerzvollen oder lustvollen Reizen. Diese Unterscheidung erfolgt erst später und auf einer anderen Ebene des Bewußtseins.

Zunächst einmal sind alle Reize willkommen. Erst wenn die von ihnen ausgelösten Empfindungen zu Bewußtsein kommen, stellen sich Unterscheidungen ein. Ich sage nicht, daß unangenehme Reize nicht als unangenehm empfunden werden und der Organismus nicht dagegen agiert. Ich sage nur, daß sogar unangenehme Reize willkommen sind, weil jeder Reiz eine Empfindung auslöst und Empfindungen das Bewußtsein, indem sie ihm bewußt werden, in seiner Funktion und Vitalität bestärken.

Die kompliziert angelegte menschliche Persönlichkeit samt ihrer physischen Struktur hat ein differenziertes Ichbewußtsein entwickelt, mit einem anderen Wort das Ego, dessen wahre Natur darin besteht zu versuchen, die scheinbaren Grenzen der Identität aufrechtzuerhalten. Um das zu erreichen, wählt es. Doch gleichsam zu Füßen des Ichbewußtseins gibt es ein viel einfacheres Sein, das alle Reize annimmt.

Ohne die Annahme selbst schmerzvoller Reize könnte die Struktur der Persönlichkeit sich selbst nicht aufrechterhalten. Die Atome und Moleküle dieser Struktur sind fortwährend solchen Reizen ausgesetzt; sie erleiden sozusagen freudig sogar ihre eigene Vernichtung. Da sie sich ihrer Eingebundenheit in die Persönlichkeit sicher sind, gibt es für sie keinen Grund, etwas zu fürchten, auch nicht Zerstörung. Sie sind sich ihrer selbst als Teil der Persönlichkeit bewußt – ja: bewußt.

Sobald euch dies alles klar ist, werdet ihr auch verstehen, warum die Persönlichkeit sogar die Last einer Krankheit akzeptiert, obwohl sich das Ego gegen die mit dieser verbundenen Schmerzen wehrt.«

Seth wies dann darauf hin, daß Krankheit auch eine »gesunde« Reaktion sein könne, obwohl bei jeder Krankheit persönliche Probleme eine Rolle spielen.

»Die Persönlichkeit muß verstehen, daß Krankheit eine Last für die Struktur ist, daß sie aber nicht zum Wesen der Persönlichkeit gehört. Andererseits kann eine Persönlichkeit in der Krankheit einen neuen Brennpunkt ihrer gesamten Aufmerksamkeit finden und alle für sie verfügbaren Energien auf sie konzentrieren; in diesem Fall wirkt die Krankheit geradezu wie ein neues, einigendes System. Anstelle des alten, zusammengebrochenen Systems, das die Persönlichkeit zusammenhielt, kann die Krankheit tatsächlich vorübergehend eine Notlösung zum Zweck darstellen, die Integrität der Persönlichkeit intakt zu erhalten, bis neue, konstruktive Prinzipien sich durchsetzen.

So können daher belastende Lebensumstände, wie Krankheiten dies sind, unter Umständen die Integrität des gesamten psychologischen Systems erhalten; sie verweisen aber auch deutlich auf das Vorhandensein psychischer Probleme. So könnt ihr nun erkennen, warum ich sagte, Krankheit sei sinnvoll, und jedenfalls könnt ihr eine Krankheit auch nicht länger für eine über die Persönlichkeit von außen verhängte Notwendigkeit erachten.

Krankheit sollte überhaupt nicht als behindernde Last verstanden werden; dies ist sie nur, wenn sie länger dauert, als das Erreichen des Zweckes es nötig gemacht hätte. Doch selbst in einem solchen Fall könnt ihr noch nicht sicher sein, ob der Krankheit nicht ein anderer Zweck zugrunde liegt. Die Krankheit könnte zum Beispiel dazu dienen, der Persönlichkeit ein Gefühl der Sicherheit zu geben, das sie als eine Art fortgesetzte Notlösung für den Fall beibehalten will, daß neue aufbauende Prinzipien nicht verfügbar werden sollten.

Mit anderen Worten: Eine Krankheit kann nur unter Berücksichtigung aller Komponenten, die die Persönlichkeit ausmachen, richtig beurteilt werden. Dies ist extrem wichtig. Denn dies zu übersehen würde bedeuten, daß ihr das Risiko einer noch schlimmeren Krankheit eingeht.

Wenn die Energien frei fließen können, kommt es kaum zu neurotischen Blockaden. Und es handelt sich um neurotische Blockaden, wenn *unnötige* Krankheiten verursacht werden. Krankheit ist sehr oft das Ergebnis blockierter Energien, die sich nicht haben entladen können. Werden die Kanäle zu ihrer Freisetzung geöffnet, so verschwindet die Krankheit meist rasch. Geschieht dies nicht, so kann das schwerwiegende Konsequenzen zur Folge haben. Jede Persönlichkeit ist ihrer eigenen Logik treu.«

Immer wieder hat Seth zu uns gesagt, daß Krankheitssymptome Mitteilungen des inneren Selbst sind, Signale dafür, daß wir auf die eine oder andere Art Fehler machen. Einmal verglich er den menschlichen Körper mit einer Skulptur, die niemals wirklich vollendet sei; das innere Selbst probiere an diesem Teststück verschiedene Techniken aus. »Die Ergebnisse sind«, sagte er, »nicht immer die besten, aber der Bildhauer ist unabhängig von seinem Produkt und weiß, daß andere folgen werden.«

Faszinierend sind auch seine Kommentare zu Krankheitssymptomen, bei deren Verursachung innere Probleme eine Rolle spielen.

»Vergeßt nicht, daß ihr ein Ausdruck eures inneren Selbst seid. Es braucht euch nicht. Doch ihr seid auf euer Selbst angewiesen, obwohl ihr von ihm scheinbar unabhängig in der Realität eure Erfahrungen macht. Nun, körperliche Krankheiten sind nicht gefährlich, müssen aber beachtet werden – ich meine natürlich nicht den Verlust eines Gliedes oder Organs –, denn im allgemeinen stellen sie Probleme dar, die im Lösungsprozeß begriffen sind.

Körperliche Krankheiten stellen oft die Schlußetappe einer Entdekkungsreise dar. Innere Probleme werden im wörtlichen Sinne nach außen gebracht, wo sie erkannt und bekämpft werden können, wobei die Symptome oft einen Rückschluß auf den inneren Fortschritt zulassen.«

Wie Seth in anderen Sitzungen erklärte, sind die Krankheitssymptome in solchen Fällen bereits Teil des Heilungsprozesses. Uns fällt dabei die Aufgabe zu, unsere geistig-seelische Einstellung zu ändern, uns das innere Problem, für das die Symptome stehen, bewußtzumachen und unseren Fortschritt daran zu messen, in welchem Maße die Symptome nachlassen.

»In den Fällen, bei denen das Symptom im Inneren schwärt, ein Magengeschwür zum Beispiel, muß dies als ein Zeichen dafür gewertet werden, daß die Persönlichkeit nicht gewillt ist, das Problem anzuschauen, und folgerichtig ist auch das Symptom dem Blick entzogen. Die Beobachtbarkeit eines Symptoms oder das Gegenteil läßt darum auf die Haltung der Persönlichkeit ihrem Problem gegenüber rückschließen.

Viele Probleme finden nie ihren Ausdruck. Sie hinterlassen weiße Löcher in der Psyche, sind unbearbeitetes und unfruchtbares Gelände, in dem nicht einmal Probleme wachsen können, weil deren Erfahrung nicht erlaubt wird ... Da ist dann infolge totaler Blockierung zwangsläufig ein geistiger, seelischer oder emotionaler Mangel an Einsicht entstanden. Eine derartige Ablehnung jedweder Erfahrung ist sehr viel schädlicher als irgendein spezielles, vielleicht sogar ernstes Problem, denn sie beweist seitens der Persönlichkeit die Unfähigkeit, sich auf diesem Gebiet überhaupt selbst auszudrücken.«

Schon seit einiger Zeit liegt Robs Vater wegen Arterienverkalkung in einem Pflegeheim. Er erkennt niemanden mehr. Wenn wir ihn besuchen, sind wir von älteren Leuten umgeben, die mehr oder weniger den gleichen Zustand durchleben. Dies verdeutlichte uns die mit dem Altern verbundene Problematik.

Nach Seths Ansicht liegt jeder Fall anders. Im allgemeinen jedoch wende die Persönlichkeit ihr vitales Bewußtsein allmählich von diesem Leben ab und richte es auf die Aktionsebene ihrer neuen Existenz aus. Die körperliche Erkrankung, Robs Vaters Arterienverkalkung, sei von der zunehmenden Weigerung der Persönlichkeit verursacht worden, von außen ankommende Reize zu akzeptieren, was einer – absichtlich oder irrtümlicherweise herbeigeführten – Aufhebung jeglicher physischen Erfahrung gleichkomme. Menschen, die den Tod sehr fürchten, würden oft diesen Weg wählen: wenn der physische Tod dann eintrete, sei ihr Bewußtsein mit den neuen Bedingungen vertraut, und der Tod des Organismus verliere so, weil fast bedeutungslos, jeden Schrecken. Auf jeden Fall verursacht Seth zufolge die innere Entscheidung des Individuums die Krankheitssymptome und in deren Folge den Tod.

Vergessen Sie nicht: Wir Menschen durchlaufen die verschiedenen Leben unserer Reinkarnationsexistenzen, um zu erkennen, daß wir unsere Gedanken und Gefühle nach außen projizieren und auf diese Weise die Realität unseres Lebens gestalten. Wenn Sie erkennen, daß gesundheitliche Störungen die Folge der Projektion verzerrter Vorstellungen und der Niederschlag destruktiver Gefühle auf den Körper darstellen, dann sollten Sie im eigenen Interesse daran arbeiten, Ihren inneren Problemen auf den Grund zu kommen und sie zu lösen. Sie können auf diese Weise sogar Krankheiten heilen, die noch aus »vergangenen Leben« resultieren. Da ja die verschiedenen Leben unserer Existenz in Wirklichkeit gleichzeitig ablaufen, existieren all diese »Parallel«-Selbst jetzt in uns, und wir können deren Probleme erkennen und lösen.

Erinnern Sie sich an Joan, unsere Bekannte, die sich immer wieder in Männer verliebte, die sie nicht haben wollten. Sie wurde immer lebensfeindlicher und kranker; schließlich versuchte sie sogar mehrmals, Selbstmord zu begehen. Eines Abends hielten wir für sie eine Sitzung, bei der sie selbst nicht anwesend war. Seths Rat war, glaube ich, von großer Allgemeingültigkeit.

»Du hast das Leben nicht um seiner selbst willen akzeptiert«, sagte er. »Du forderst, daß es sich dir in bestimmter Weise darbieten soll, und zwar genau so, wie du es bewußt beschlossen hast. Du weigerst dich, das Leben freudig anzunehmen.

Die Vorstellung, daß du einen Mann finden *mußt*, der dich liebt, dient der Tarnung deiner tieferliegenden Weigerung, das Leben als solches anzunehmen ... Du sagst dir: ›Wenn das Leben meinen Forderungen nicht gehorcht, will ich nicht leben.‹ Doch niemand hat das Recht, sich gegen die vitale Eigendynamik des Lebens aufzulehnen.

Dir kann selbstverständlich zuteil werden, was du dir wünschest, aber nicht indem du es dem Leben abforderst – zumal noch als Bedingung für dein Weiterleben –, sondern indem du eigendynamisch in dir die Bedingungen zur Erfüllung deiner Wünsche schaffst.

Du vergißt, was du hast: deine Vitalität. Und du vergißt deinen Verstand und deine Intuition. Das sind Segnungen, die du mitbekommen hast. Du solltest sie nicht pervertieren, indem du dich ihrer nicht bedienst und dich dann beklagst, die von dir gesetzte Bedingung für dein Weiterleben sei nicht erfüllt. Du mußt in dem Glauben, daß dein Lebenssinn sich erfüllt, leben, mußt in der Vorwegnahme seiner Erfüllung leben, und er wird sich erfüllen. Du mußt in dem Glauben leben, daß dein Leben an sich Sinn und Bedeutung hat, denn sonst wärest du gar nicht hier. Du solltest auch die Einmaligkeit, die deine Persönlichkeit ausmacht, nicht übersehen und sie hochschätzen. Die besonderen Zwecke deiner jetzigen Persönlichkeit kannst du nur unter den gegenwärtigen Bedingungen auf die Art, die die beste ist, erreichen. Manche Herausforderungen können zu einer anderen Zeit und in einem anderen Leben aufgegriffen werden, das ist wahr. Aber sehr viel mehr mußt du jetzt tun: bestimmten Menschen helfen, denen du jetzt helfen kannst, und das bestimmte Gute tun, das du jetzt tun kannst; all das kann sonst nie mehr von dir getan werden.

Zahllose Männer und Frauen genießen nach mühseliger Arbeit voll Freude den Abend und die Morgendämmerung ihrer Tage und lauschen dankbar ihrem Herzschlag – und haben nicht den hundertsten Teil deiner Segnungen und viel weniger Grund als du, sich auf den nächsten Tag zu freuen. Diese Menschen verwirklichen sich selbst, und sie leben das Leben mit Würde und füllen es mit Gnade an ... Es ist die Gnade, die dir zuteil wird, wenn du alles mit Leben anfüllst, das in dir ist.«

»Was aber genau ist gute Gesundheit?« fragte unser »Dekan« kürzlich Seth in einer Sitzung der Kursteilnehmer.

»Du solltest von guter Gesundheit ausgehen, denn sie ist der natürliche Zustand deines Seins. Du solltest auf die eingeborene Intelligenz deines eigenen Seins vertrauen, nachdem Gesundheit der natürliche Zustand ist. In deinem körperlichen Erscheinungsbild drückt sich die Energie des Universums aus. Du als Individuum – als individualisiertes Bewußtsein – bist ein Teil davon; du kannst dich jedoch weder optimal ausdrücken noch deine Aufgabe als Mensch voll erfüllen, wenn du nicht gesund bist. Denn die Auswirkungen des Körpers fühlst du in deinem Geist, in deiner Seele, und die geistig-seelischen Auswirkungen spürst du in deinem Körper.«

Der »Dekan« runzelte die Stirn. »Du meinst, daß ich, wenn ich körperlich gesund bin, auch geistig gesund bin?«

»Wenn du gesundheitlich in schlechter Verfassung bist, so heißt das nicht, du seist ein schlechter Mensch. Laß uns das klarstellen. Es heißt aber, daß du eine Blockade auf dem Gebiet hast, auf dem du unfähig bist, die Energie auf konstruktive Weise zu nutzen ... Theoretisch läßt sich sagen: Wenn du die Energie optimal einsetzt, sollte dein Gesundheitszustand ausgezeichnet und dein Leben in jeder Hinsicht von Fülle gekennzeichnet sein. In der Praxis jedoch kann sich ein Mangel auf höchst unterschiedliche Weise zeigen.

Ich möchte nicht, daß du meinst, Gesundheit und materieller oder gesellschaftlicher Erfolg seien automatisch ein Zeichen geistigen Wohlstands ... Einige von euch nutzen ihre geistig-seelischen Gaben auf bestimmten Gebieten sehr gut und blockieren sich selbst auf anderen. Euer Ideal muß sein, alle eure Fähigkeiten zu nutzen, und indem ihr das tut, helft ihr anderen und der ganzen Menschheit, von der ihr, ob ihr das so seht oder nicht, ein Teil seid.«

Seth empfahl wiederholt, wir sollten, um innere Probleme und Konflikte, die unsere Gesundheit gefährden, aufzudecken, uns in leichte Trancezustände versetzen, und zwar mit oder ohne Hilfe geeigneter Techniken der Selbsthypnose; so könnten wir uns solche inneren Probleme bewußtmachen. Geschehe dies nicht, würden wir einfach ein Krankheitssymptom gegen ein anderes austauschen. In verschiedenen Sitzungen zeigte er Maßnahmen auf, die besonders geeignet sind, innere Konflikte ins Licht des Bewußtseins zu heben. Träume seien dabei sehr wichtig – sowohl um Probleme aufzudecken als auch um Lösungen für sie zu finden. Davon handelt das folgende Kapitel.

14
Träume und die Traumrealität

Eines Nachts hatte ich einen erschreckenden Alptraum: Ich sah mich, als wäre ich außerhalb meines Körpers, in unserem Schlafzimmer im Bett liegen. Plötzlich wurde mir bewußt, daß jemand oder etwas Bedrohendes unmittelbar über mir war. Im nächsten Augenblick fühlte ich mich ans Fußende des Bettes gedrängt, dann hinauf in die Luft gehoben und danach auf dem Schlafzimmerboden in eine dunkle Ecke gestoßen. Das Bedrohende über mir kann ich nur als groß und schwarz beschreiben, als ein aufgedunsenes, entstelltes Tiermenschliches.

Es mag lächerlich klingen, aber ich wußte, daß dieses Bedrohende auf mich losging. Wenn ich auch schon von Leuten gelesen hatte, die, von Dämonen heimgesucht, die sie selbst projizieren, angegriffen worden waren, so muß doch klar sein: Ich glaube nicht an Dämonen. Was also war dieses Bedrohende? Ich hatte keine Zeit, darüber nachzudenken. Es biß mich mehrmals in die Hand und unternahm alle möglichen Anstrengungen, mich von meinem eigenen Körper weg in den Schlafzimmerschrank hineinzuzerren.

Trotz meiner großen Angst hörte ich Rob schnarchen. Auf jeden Fall spielte sich, was ich erlebte, nicht in meinem physischen Körper ab, und wahrscheinlich konnte Rob gar nicht wissen, was mir zustieß. Und wo war Seth? Wo waren die »Führer«, die dem angeblich zu Hilfe eilen, der in eine Gefahrensituation wie diese gerät? All diese Gedanken blitzten mir durch den Kopf, während ich versuchte, die mich bedrohende Kreatur abzuwehren. Ich war mir des erstaunlichen Gewichtes dieser Kreatur bewußt, und ebenso war ich mir ihrer Absicht bewußt: mich übel zuzurichten, wenn nicht gar mich umzubringen.

»Keine Panik«, sagte ich mir, und ich versuchte verzweifelt, mir den Anschein von Ruhe zu geben. Aber die Kreatur drückte mich herunter und wollte mich von neuem beißen. Was heißt da »keine Panik«, blitzte es mir durch den Kopf, und ich schrie los, was das Zeug hielt. Dabei wußte ich, daß mein Schreien nicht aus meinem Mund kam; dennoch hoffte ich, es würde entweder die Kreatur vertreiben oder mir Hilfe bringen.

Die bedrohliche Masse schnellte augenblicklich zurück wie ein erschrecktes Tier, und ich schlüpfte unter ihm durch auf meinen eigenen Körper zu, es blieb jedoch hinter mir her. Ich gelangte so schnell in meinen Körper hinein, daß mein Kopf mit Schwindel reagierte. Nie zuvor war mir mein eigener Körper so willkommen erschienen.

Einen Augenblick lang fürchtete ich mich davor, meine Augen zu öffnen. Wenn das Biest noch immer da ist, dann bin ich geliefert! dachte ich. Aber es war weg. Ich dachte daran, Rob zu wecken und ihm von meinem Alptraum zu erzählen, entschloß mich dann aber, seinen Schlaf nicht zu stören.

Da ich mich nun sicher fühlte, schämte ich mich über mich selbst: Ich hatte mich doch wirklich wie ein Feigling benommen! Andererseits fühlte ich mich doch nicht sicher genug, nun einfach wieder zu schlafen. Ich stand also auf, trank ein Glas Milch und dachte an all das, was ich hätte tun können. Ich hätte überlegen sagen können: »Weiche von mir, Satan!« oder zumindest zurückbeißen können.

Am nächsten Abend hatten wir unsere reguläre Mittwochsitzung. Ehe ich Ihnen berichte, was Seth zu diesem Alptraum zu sagen hatte, möchte ich etwas weiter ausholen. Mehrere Tage vor dem Vorfall hatte ich mich sehr niedergeschlagen gefühlt. Ich hatte – obwohl mir das nicht passieren dürfte – über die negativen Einstellungen nachgebrütet, die uns mitunter zu überwältigen drohen. Noch schlimmer: ich hatte so manche in mir selbst entdeckt: Ärger, Wut, Haß.

Seth eröffnete die Sitzung, indem er mich anvisierte:

»Unser Freund versuchte in der vergangenen Nacht, sich auf einem anderen Kampfplatz zu bewähren. Er sagte allen negativen Gefühlen den Kampf an und trug diesen auf jener Ebene der Wirklichkeit aus, die es ihm ermöglichte, seine Feinde bekämpfen zu können.

Die Energie hinter dem ›schwarzen Bedrohenden‹ war die Energie verborgener Ängste. Doch eine solche ›aufgedunsene Kreatur‹ hätte von jedem anderen von uns genausogut imaginiert werden können, denn Ängste gibt es in jedem Menschen. Ruburt versuchte, seine Ängste loszuwerden, indem er sie insgesamt in einer Gestalt zu bekämpfen suchte. Die Kreatur war, wie er sagte, ein aufgedunsenes, massiges Tier, ein einer anderen Dimension der Wirklichkeit entstammender ›stummer Hund‹, der Ruburt – die Symbolik ist klar – angriff, indem er ihn biß. Jede so ganz aus Ängsten erschaffene ›Kreatur‹ ist selbst auch ängstlich und auf ihren Schöpfer besonders wütend. Sie konnte gar nichts anderes tun als anzugreifen, um ihre wie immer geartete Wirklichkeit zu verteidigen. Denn die Kreatur wußte, daß Ruburt sie nur erschaffen hatte, um sie, wenn möglich, entmachten, das heißt töten zu können.

Aus der Welt dieser Realität schlüpfte Ruburt in die sichere Geborgenheit seines normalen Wachbewußtseins zurück. Die Kreatur löste sich auf, jedenfalls soweit Ruburt betroffen war; ihr blieb nichts anderes übrig. Denn als Ruburt ›nach Hause lief‹, zog er automatisch die Energie seiner Aufmerksamkeit von ihr ab ...

Ruburt hat versucht, all die Elemente, die er für negativ hält, von sich selbst abzusondern und in der von ihm imaginierten Gestalt zu bekämpfen – beinahe so, als könnte er auf diese Weise das gesamte Böse dieser Welt ausmerzen.

Er versuchte das ›Tier des Bösen‹ zu vernichten, und deswegen wurde er von ihm gebissen. Nun, das Böse gibt es in diesem Sinne nicht. Sogar Krankheiten oder Ängste sind nicht notwendigerweise Feinde, sondern können, von höherer Ebene aus betrachtet, sogar als Hilfen verstanden werden ...«

Nach einer Pause fuhr Seth fort:

»Das Böse, das Ruburt imaginiert und nach außen projiziert hat, existiert zwar nicht, aber weil er glaubte, daß es existiere, erschuf er es aus dem Fonds seiner Ängste. Es war die Gestalt seiner kürzlich erlebten Depression. Nach den eurer Erscheinungswelt enthobenen Kriterien gibt es das Böse nicht; es ergibt sich nur aus eurer mangelhaften Wahrnehmung ... ich weiß allerdings, daß das für euch schwer zu akzeptieren ist.

Andererseits wird klar: Ruburt hat seinen ›Schutzengel‹. Er begleitet ihn selbst bei seinen außerkörperlichen Reisen, an die er sich nicht immer erinnert. Die Worte ›Friede sei mit dir!‹ geleiten ihn sicher durch alle Schwierigkeiten, denen er in dem Wachbewußtsein entrückten Bewußtseinszuständen begegnet. Ruburt, der das ›Tier des Bösen‹ imaginierte, könnte auch Bildern begegnen, die andere Menschen imaginierten. Solchen imaginierten Symbolgestalten kommt tatsächlich eine gewisse Realität zu. Ihnen Frieden zu wünschen wirkt versöhnend. Sie fürchten heißt sich auf ihre Wirklichkeit einlassen und somit gezwungen sein, mit ihren Waffen gegen sie kämpfen zu müssen. Doch das muß nicht sein.«

In einer Art linkischem Kompliment bat dann Seth Rob, mir zu sagen, ich sei im Begriffe, meine Fähigkeiten sehr gut zu entwickeln – es sei die Kreatur eine bemerkenswerte Schöpfung gewesen. Nun gut –

dessenungeachtet schlage ich Ihnen nicht vor, ein ebenso tollkühnes Abenteuer bestehen zu wollen. Allerdings weiß ich auch, daß Sie vielleicht, ohne es zu wissen, schon Ähnliches durchlebt haben und dann einfach mit der Erinnerung an einen bedrückenden Alptraum erwacht sind.

Wenn diese Episode auch eine Traumerfahrung darstellte, so ist sie doch geeignet, eines klarzumachen: Die Realität eines Traumgeschehens ist ebenso gültig wie die wachbewußter Erfahrung. Träume haben unfehlbar Auswirkungen auf unser Leben. Sie können uns in unserer Gesundheit bestärken oder, wie das geschilderte Traumerlebnis gezeigt hat, dazu beitragen, eine depressive Stimmung zu vertiefen. Es gibt jedoch Methoden, Traumarbeit sinnvoll einzusetzen.

Seit Urzeiten schon wußten die Menschen, wie wichtig Träume als Schlüssel zum Innenleben des Träumers sind, das sein Verhalten entscheidend bestimmt. Heutzutage wissen wir, daß Träumen lebenswichtig ist: es hält uns im körperlichen und seelischen Gleichgewicht. Psychoanalytiker versuchen anhand ihnen geschilderter Traumerlebnisse Motivationen auf den Grund zu kommen. Ärzte sprechen von »diagnoseweisenden« Träumen.

Doch nur wenige Menschen wissen, wie man Träume auch kreativ nutzen kann: um die Gesundheit zu verbessern und die Vitalität zu steigern, um inspirative Ideen und intuitive Einsichten zu wecken, um Probleme zu lösen und die zwischenmenschlichen Beziehungen zu bereichern. Seth machte diverse Vorschläge, wie Träume therapeutisch genutzt werden können, und seine Empfehlungen könnten in ihrer Anwendung zur Selbsthilfe und in der Psychotherapie überaus hilfreich sein. Einmal mehr folge ich Robs Aufzeichnungen:

»Nachdem die Persönlichkeit durch jede Erfahrung verändert wird, wird sie auch durch ihre Traumerfahrungen verändert. Und wie das Individuum bis zu einem gewissen Grade von seiner körperlich-materiellen Umwelt geprägt wird, so wird es auch durch die Träume geprägt, die es selbst hervorbringt ... Das Selbst kennt keine Grenzen. Nur weil eure Wahrnehmung versagt, glaubt ihr euch von Grenzen umstellt. Zum Beispiel glaubt ihr, Träume seien unerheblich, wenn ihr euch ihrer nicht erinnert oder sobald sie euch nicht mehr bewußt sind. Doch das ist nicht so.

Die Persönlichkeit versucht durch Traumkonstruktionen Probleme zu lösen. Oft wird auf dieser Ebene der Erfahrung die Freiheit eines

Handelns ermöglicht, das sich im Wachleben nicht angemessen ausdrücken läßt. Schlägt dieser Versuch fehl, so kann sich, wie Sallys Krankengeschichte verdeutlichte, das innere Problem als Krankheit niederschlagen.

Nehmt einmal an, eine Persönlichkeit fühle das innere Bedürfnis, zum Beispiel Abhängigkeit auszudrücken, halte aber einen solchen Ausdruck im Leben für infantil und daher unerlaubt. Wenn sie dann in der Lage ist, einen Traum zu kreieren, in dem sie die ersehnte abhängige Rolle ausleben kann, dann mag ihr Problem im Traumzustand gelöst worden sein. In vielen Fällen trifft dies zu. Das Individuum kann sich vielleicht an den Traum nicht einmal erinnern; dennoch ist seine im Ausdruck der Abhängigkeit gemachte Traumerfahrung gültig.

Es wurde viel geleistet, um die Interpretation von Träumen zu ermöglichen, aber nur wenig, was die viel wichtigere Frage anbelangt, wie man Träume provozieren, steuern und kontrollieren kann. Und doch wäre die Steuerung des Traumgeschehens eine hervorragende Methode selbstinduzierter Heilung. Träume destruktiven Inhalts haben die Tendenz, die negativen Aspekte der Persönlichkeit zu verstärken, und führen leicht dazu, einen Teufelskreis verhängnisvoller Komplikationen in Gang zu setzen. Andererseits kann durch derartige Traumaktivitäten im Wachleben Verbotenes erlösend ausgelebt werden. Die Steuerung des Traumlebens ermöglicht demgegenüber dem Träumer auch, sich seine aufbauenden Erwartungen im Traum zu erfüllen und so eine Änderung zum Besseren hin zu bewirken.

Viele Krankheiten könnten durch solche Traumtherapie vermieden werden. Aggressive Neigungen zum Beispiel können auf der Traumebene auf ziemlich harmlose Weise ausgelebt werden. Der Betreffende kann einen solchen Traum herbeiführen, indem er sich suggeriert, seine Aggressivität im Traum abzureagieren. Er kann sich dabei auch suggerieren, seine eigenen Aggressionen verstehen zu lernen, indem er sich im Traum beobachtet – etwa so, wie er ein Theaterstück verfolgen würde. Erlaubt, daß ich an diesem Punkt meiner Phantasie freien Lauf lasse und eure eigene auf die Vorstellung eines breitangelegten traumtherapeutischen Experiments lenke: Es wäre denkbar, daß Kriege in Zukunft nur noch im Traumleben, nicht mehr im Wachzustand der Völker ausgefochten werden!«

Als ich das Protokoll dieser Sitzung zum erstenmal durchlas, dachte ich, es wäre doch hervorragend, so einfach seine unterdrückten Gefühle loszuwerden – träume sie weg! Wenn Sie zum Beispiel auf irgend jemanden wütend sind und nicht wagen, ihm das zu zeigen, könnten Sie sich einfach suggerieren, Ihre Wut im Traum auszuleben. Aber so einfach ist das nicht. Darüber läßt Seth keinen Zweifel aufkommen:

»Ihr müßt andere Überlegungen in Betracht ziehen und das Problem verstehen ... Ist zum Beispiel Aggressivität das Problem, so sollte in der Suggestion, die ihr euch vor dem Einschlafen eingebt, berücksichtigt sein, daß die Aggression sich nicht gegen eine bestimmte Person richten darf. Auf jeden Fall geht es immer um das unbewältigte Gefühl, das das Problem darstellt, hier also der Aggressivität, nicht aber um die Person, gegen die das Individuum sie vielleicht richten möchte.

Es ist keineswegs wünschenswert, daß ihr euch suggeriert, im Traum jemand anderen oder gar jemand Bestimmten zu verletzen. Es gibt dafür verschiedene Gründe. Einmal schon ergeben sich daraus telepathische Bewirkungen, die ihr gar nicht absehen könnt, sodann wären Schuldgefühle die unvermeidbare Folge. Es kann nicht die Rede davon sein, daß ein Handeln im Traum als Ersatz für im Leben unterbliebenes Handeln dienen könnte. Es geht vielmehr einfach um bestimmte Probleme, die richtig angegangen werden sollten.«

Seth wiederholt immer wieder, daß ein Traum oder ein nur vorgestelltes Erlebnis ebenso real sei wie eine im Wachzustand durchlebte Erfahrung. Auch wirken die Erfahrungen aufeinander zurück. Wenn Sie zum Beispiel eine Periode der Depression erleben, neigen Sie dazu, in dieser Zeit auch deprimierende Träume zu haben. Seth empfiehlt in solchen Fällen die folgende Übung:

»Suggeriert euch vor dem Einschlafen, angenehme oder fröhliche Träume zu haben, die eure gute Laune und Vitalität wieder herstellen. Wenn die Depression nicht allzutief sitzt, wird sie durch so hervorgerufene Träume aufgelöst oder zumindest abgemildert sein, sobald ihr aufwacht.«

Ich selbst habe diese Methode oft und mit ausgezeichneten Ergebnissen angewandt. Manchmal habe ich mich an die Träume erinnert, manchmal auch nicht, aber immer bin ich erfrischt aufgewacht, immer fühlte ich mich wie neu geboren, und die Wirkung dauerte an. Die Träume, an die ich mich aus solchen Zeiten erinnere, waren von Begeisterung geprägt, die stark genug war, nicht nur meine Depressionen zu überwinden, sondern mich sogar wieder in gute Laune zu versetzen.

Obschon all dies von praktischem Interesse und zweifellos nützlich ist, waren Rob und ich doch noch mehr an Seths Erklärung der Traumwirklichkeit interessiert. Da ich viele außerkörperliche Erfahrungen im Traumzustand gemacht habe, weckte die Frage, wie real die von mir so eingesehene Welt war, begreiflicherweise meine besondere Neugier. Seth hat die Erörterung dieses Themas schon im Verlaufe der ersten Sitzungen aufgenommen, und sie dauert bis heute an. Ehe ich von Seth gelernt hatte, meine Träume zu steuern und zu kontrollieren und die Fähigkeit kritischer Präsenz auch im Traum beizuhalten, war ich von seinen Äußerungen eher bloß überrascht gewesen. Sie können das etwa nachvollziehen, indem ich hier seine in der 92sten Sitzung durchgegebene Botschaft wiederhole, die ich inzwischen als grundlegend ansehe:

»Jeder Traum nimmt seinen Ursprung aus psychischer Energie, die der Träumer nicht in Stoffliches oder Gegenständliches umsetzt, aber in Wirkliches transformiert, von dem jedes Bit, jede Informationseinheit, funktional und wirklich ist. Der Träumer gestaltet seine Idee zu einem Traumgegenstand oder -geschehen mit erstaunlich scharfsinnigem Unterscheidungsvermögen aus, so daß der Trauminhalt selbst existent wird und in zahlreichen Dimensionen existiert ...

Obwohl der Träumer seine Träume für seine eigenen Zwecke erschafft und sich dabei nur solcher Symbole bedient, die eine Bedeutung für ihn haben, projiziert er den Trauminhalt doch gleichzeitig auch nach außen und verleiht ihm Erfüllungserwartung und psychischen Expansionsraum. Die Expansion tritt ein, während und weil das Traumgeschehen durchlebt wird. Eine Kontraktion, sagt ruhig Beschränkung, greift hingegen Platz, sobald der Träumer das Traumgeschehen durchlebt hat: er kann zwar seinen Traum beenden, aber er kann die Energie, die zu dem Traum führte, nicht zurücknehmen.«

Seth nennt die von uns erschaffenen Traumgestalten Zwitterkonstruktionen. Eine solche war zum Beispiel die »schwarze Kreatur« in meinem Ihnen geschilderten Traum. Die »Expansion«, von der Seth sprach, fand statt, als ich das aufgrund psychischer Energie kreierte Traumgeschehen durchlebte. Die »Kontraktion« griff Platz, als ich meine Aufmerksamkeit von der Kreatur abzog, aber die Energie, mit der ich das »Tier des Bösen« erschaffen hatte, nicht zurückziehen konnte. Das Geschöpf existiert daher fort, obschon nicht in meiner Realität; es wurde freigesetzt und ist sich selbst überlassen.

Bei anderer Gelegenheit sagte Seth, und er sprach da auch wieder oder immer noch von Träumen:

»Energie, die in – ganz gleich ob psychische oder physische – Konstruktionen investiert wird, kann eben nicht zurückgerufen werden; sie bleibt der für den Augenblick erschaffenen Konstruktion oder Zwitterkonstruktion inhärent. Wenn also der Träumer sich seiner Trauminhalte entledigt, indem er den Traum, den er gestaltet hat, beendet, endet der Traum nur für ihn selbst. Die Realität des Geträumten geht weiter.«

Die Energie, wie Seth sie erklärt, kann zwar umgewandelt, nicht aber aufgehoben werden. Er hat viele Fragen, die Rob durch den Kopf gingen, beantwortet – Fragen, die wahrscheinlich auch Sie sich stellen. Wie kommt es zum Beispiel, daß unser normales Alltagsleben uns realer vorkommt als jegliche Traumerfahrung? Und wenn einem Traumuniversum Gültigkeit zukommt, warum macht es sich dann auf unserer Alltagsebene nicht deutlicher bemerkbar? Wir stimmen, mehr oder weniger jedenfalls, in dem überein, was sich körperlich-materiell ereignet, aber Träume sind in hohem Maße individuell geprägt – wie kann es dann irgendeine Kontinuität in einem Traumuniversum geben? Wie könnte jemand auch nur möglicherweise mit irgendeinem anderen in einem Geschehnis übereinstimmen, das sich in diesem Universum ereignet?

»Zuerst einmal«, erklärte Seth, »ist die materielle Welt ein Konglomerat höchst verschiedenartig wahrgenommener ›Tatsachen‹ und individuell unterschiedlich empfundener Symbole, deren nicht eines genau das gleiche für zwei verschiedene Individuen bedeutet. Sodann könnt ihr euch nicht einmal auf sogenannte Grundeigenschaften wie Farbe oder Plazierung im Raum einigen. Ihr einigt euch lediglich über gewisse Ähnlichkeiten. Nun, eure Wahrnehmung ist nicht sehr genau. Telepathie könnte man noch am ehesten als den ›Leim‹ bezeichnen, der die materielle Welt in einem prekären Gleichgewicht zusammenhält, so daß ihr in bezug auf die Existenz und die Eigenschaften des Wahrnehmbaren übereinstimmen könnt …

Wenn ihr nun die Traumwelt betrachtet, so steht ihr einem gleichen Universum gegenüber, nur daß ihr es nicht auf einem materiellen Erlebnisfeld wahrnehmen könnt. Doch der Traumwelt kommt tatsächlich mehr Kontinuität zu als der Erscheinungswelt, die ihr kennt, und es bestehen Ähnlichkeiten zwischen beiden, die geradezu verblüffend sind.

Zum einen dies ... Diejenigen, die die Existenz in dieser Welt jetzt kennen, haben infolge bestimmter Zyklen, wie ihr Vergangenheit versteht, zu einer vergleichsweise ähnlichen historischen Zeit gelebt. Ihnen ist eine innere Ähnlichkeit, ein subtiler Zusammenhalt eigen, eine Art Kennzeichen einer Epoche oder früherer Epochen, für die eine ähnliche Realität typisch war. Die Traumerfahrungen dieser Menschen sind dann gar nicht so unterschiedlich, wie ihr vielleicht glaubt. Anhand bestimmter Symbole wird die Traumrealität erschaffen, auf die gleiche Weise wird aufgrund bestimmter Ideen die materielle Welt erschaffen.

Das Traumsystem wird von der gleichen Art geistig-seelischer Übereinkunft zusammengehalten wie das System der materiellen Welt. Wenn sich ein Mensch auf die Erscheinungsformen dieser Welt, die Übereinstimmungen nicht zulassen, einstellt, wenn er also eher die Unähnlichkeiten als die Ähnlichkeiten entdeckt, dann müßte er sich doch fragen, was wohl irgendeinem ersten Menschen die Idee eingeben konnte, es gebe in dieser Welt Übereinstimmendes, das die einen Menschen mit anderen teilen können.

Er müßte sich fragen, welcher kollektive Wahnsinn es den Menschen ermöglichte, aus einem der Möglichkeit nach unendlichen Chaos eine kleine Handvoll Ähnlichkeiten auszuwählen und aus diesem ein ganzes Universum hervorzubringen. So fragt auch ihr, wenn ihr euch das scheinbare Chaos der Traumrealität vergegenwärtigt, warum ich behaupten könne, der Traumrealität komme ein innerer Zusammenhang, höchste Aktualität und sogar eine gewisse Beständigkeit zu.«

Ich glaube, ein Grund, daß Träume uns so oft chaotisch und bedeutungslos erscheinen, liegt in der Tatsache, daß wir uns ihrer nur sehr bruchstückweise erinnern und die sie zusammenhaltenden Faktoren übersehen. Ein anderer Grund besteht darin, daß den Träumen eine intuitive, assoziative »Logik« innewohnt, die der Interpretation bedarf und in der Zeit, wie wir sie verstehen, bedeutungslos ist. Seth zufolge sind viele Träume ganz einfach zu verstehen, jene, in denen ungelöste Tagesprobleme oder -ereignisse verarbeitet werden. Und doch können auch solche Trauminhalte mit Erfahrungen aus »vergangenen« Leben zu tun haben.

Trauminhalte präsentieren sich uns oft doppelt oder dreifach verkleidet, in Symbolformen, die andere oder tieferliegende Wahrheiten überdecken. Wenn ein Traum zum Beispiel Informationen aus einem »früheren« Leben beinhaltet, kann dennoch sein Sinn einfach der sein, uns zu helfen, ein Problem unseres Alltags zu erkennen, indem er uns daran erinnert, daß wir Fähigkeiten in unserer Persönlichkeit ungenutzt schlummern lassen.

Ich erinnere mich zweier besonders lebhafter Reinkarnationsträume. Den einen hatte ich, kurz nachdem unsere Sitzungen begonnen hatten. Dieser erschreckte mich heftig, weil ich fürchtete, er könnte präkognitiver Art sein. Ich träumte nämlich, ich befinde mich als alte Frau in einem erbärmlichen Armenspital. Ich war im Begriff, an Krebs zu sterben, und wußte dies, hatte aber kein bißchen Angst. Ein alter Mann neben mir war ebenfalls am Sterben. Ich sagte ihm, er solle sich keine Sorgen machen, ich würde ihm schon helfen. Dann starb ich, aber in meinem Bewußtsein schien es keinen Bruch zu geben. Ich half dem alten Mann, aus seinem Körper herauszukommen, und versicherte ihm, alles sei in Ordnung.

In der nächsten Sitzung fragten wir Seth, was dieser Traum zu bedeuten habe. Seth sagte mir, er beziehe sich auf einen früheren Tod, den ein Medium in Boston im vergangenen Jahrhundert gestorben war. Er hat uns über dieses Leben schon früher Informationen durchgegeben; doch jetzt sagte er mir, ich würde nicht noch einmal an Krebs sterben. (Das war wohl ein taktischer Fehler von seiner Seite, denn vor langem schon hatte er mir gesagt, ich solle das Rauchen aufgeben, und ich habe das nicht getan. Er hat nie versucht, mir seinen Rat, diese Gewohnheit aufzugeben, zwingend einzureden, aber er wies mehrmals darauf hin, daß Rauchen weder meiner Gesundheit noch meiner Entwicklung dienlich sei.)

Der andere Traum war noch lebhafter und wirklich erfreulich. Ich weiß nicht, wann ich diese großartige Lebenszeit hatte. Auf Seths Ratschlag hin sagte ich mir vor dem Einschlafen, daß ich mir einen Traum wünsche, der mir Aufschlüsse über meine Reinkarnationsvergangenheit geben würde. Zu jener Zeit glaubte ich nicht wirklich an Reinkarnation, aber zu Rob sagte ich: »Na, was kann ich schon verlieren? Ich will's versuchen.« Dann wiederholte ich mehrmals die Suggestion und schlief ein.

In diesem Traum waren Rob und ich beide Männer Ende Zwanzig und während dieses Lebensabschnitts Partner. Ich wußte im Traum sehr wohl, daß wir »später« in einem Leben als Rob und Jane eine

Ehe führen würden, obwohl nicht etwa Ähnlichkeiten dies nahelegten. Rob zum Beispiel war dunkelhaarig und dunkelhäutig, jetzt aber ist seine Haut hell, und auch seine Haare sind hell. Wir trugen lange Pluderhosen, die an den Fußgelenken zusammengebunden waren, also eine türkische Tracht. Wie wir hießen, weiß ich nicht mehr.

Zu Beginn des Traumes betraten wir eine geräumige Halle. Eine Gruppe von Männern, die gleich gekleidet waren, saß auf bunten Kissen in einem weiten Kreis auf dem Boden, wobei die Mitte der Halle frei blieb. Ich kannte all die Männer aus einem »vorangegangenen« Leben, in dem ich ihr Führer gewesen war, der sehr jung gestorben war. Diese Männer waren alt geworden, während ich wiedergeboren worden war. Jetzt war ich zurückgekommen, um ein Versprechen einzulösen, das ich ihnen in meinem anderen Leben gegeben hatte. Ich war mir sehr wohl im klaren darüber, daß sie mich in meinem neuen Körper nicht wieder erkannten.

Ich trug meinen Fall vor, und sie lauschten höflich. Der Sprecher der Männer sagte mir, ihr verstorbener Führer habe ihnen versprochen, bei seiner Rückkehr ein besonderes »Kunststück« aufzuführen, für das er bekannt gewesen war. Mit diesem solle ich meine Identität beweisen, um positivenfalls meine frühere Führerposition wieder einnehmen zu können. Rob und ich lächelten, da wir den Test vorausgesehen hatten.

Die Mitte der Halle war frei bis auf ein paar niedrige Tische. Der Mann, der Rob war, bat, daß diese für die Demonstration entfernt würden. Dies geschah, und die Männer rückten näher heran und hockten sich wieder auf ihre Kissen. Mein Partner stand hinter mir. Ich vollführte einige hüpfende rituelle Schritte und verließ dann meinen physischen Körper. Er fiel auf die Erde, und mein Partner zog ihn behutsam zur Seite auf einen Teppich.

Dann flog ich in meinem Astralleib durch die Halle, deren Decke hoch und gewölbt war. Laut lachend flog ich über die Köpfe der Männer und schubste einem nach dem anderen den Turban weg. Mein Partner reichte mir eine Feder – offensichtlich konnte er mich trotz meiner Körperlosigkeit sehr gut sehen. Ich flog im Luftraum der Halle einige Male hin und her, und die Männer, die nur die Feder sahen, konnten an ihr meinen über ihren Köpfen stattfindenden Flug verfolgen.

Während der ganzen Zeit lachte mein Partner laut, und auch ich fühlte mich großartig. Schließlich kehrte ich in meinen auf dem Teppich liegenden Körper zurück, stand auf und wurde von den Männern mit lauten Rufen des Wiedererkennens begrüßt. Was dann kam, weiß ich nicht mehr so genau. Ich erinnere mich bloß, daß Frauen zu uns gebracht wurden, die wir aber lächelnd fortschickten, da wir es vorzogen, mit unseren alten Kameraden zu sprechen. Wir alle waren von sehr dunkler Hautfarbe.

Seth hatte in einer der ersten Sitzungen gesagt, er habe eines seiner Leben in der Türkei verbracht; von Rob und mir hat er dergleichen nie erwähnt. Da ich aber damals die Idee der Reinkarnation noch ablehnte, hatte ich Rob nicht gebeten, Seth nach uns betreffendem Reinkarnationsmaterial zu fragen. Darüber hinaus brachten mich damals derartige von Seth durchgegebene Angaben so sehr auf, daß er es wohl für besser hielt, dieses Thema eine Zeitlang fallenzulassen. Wenn Seth übrigens ein bestimmtes Thema behandelt, unterbrechen wir den Fluß seiner Erörterungen nicht gern durch Fragen nach anderen Themen; auch haben wir die Erfahrung gemacht, daß er ohnedies auch ungefragt auf uns bedrängende Fragen einzugehen pflegt.

Das Leben in der Türkei war, soviel ich bis heute weiß, das einzige vielschillernd-farbige Leben meiner »Vergangenheit«. Mein Leben in Boston sei, wie Seth sagte, reichlich alltäglich gewesen. Ich erregte keinerlei Aufsehen und lebte von meinen medialen Gaben, um anderen zu helfen und aus dem Erlös die Miete bezahlen zu können. Allerdings sei ich sehr undiszipliniert und leichtsinnig gewesen – Persönlichkeitsfehler, die ich in diesem Leben zu korrigieren versuche.

Der »türkische« Traum sollte mir, so glaube ich, vergegenwärtigen, daß ich einmal eine Autorität gewesen war und deshalb jetzt keine Angst vor Verantwortung oder vor meinen eigenen Fähigkeiten zu haben brauche. Seth sagt immer wieder, daß viele Menschen Träume haben, die ihnen Aufschlüsse über ihre »vergangenen« Leben geben, aber oft erinnern sie sich nicht daran, einfach weil sie die Wichtigkeit von Träumen im allgemeinen nicht erkennen.

Aber was ist vom Schauplatz meines Traums, von der türkischen Halle, zu halten? Wie real war sie? Wie real sind überhaupt die Orte, die wir träumend zu besuchen scheinen? Seth äußerte sich dazu wie folgt:

»Ihr denkt, daß ihr bewußt nur in eurem Wachzustand seid. Ihr nehmt an, während des Schlafs bewußtlos zu sein. Der Würfel scheint für euch tatsächlich nur aus einer Seite, der des Wachbewußtseins, zu bestehen. Aber nehmt einmal einen Moment lang an, ihr würdet auch die euch abgewandten Seiten des Würfels sehen.

Nehmt an, ihr wäret im Traumzustand mit dem Problem des Wachbewußtseins und eures Lebens beschäftigt. Vom Blickpunkt eines jeden Träumers aus ergibt sich ein völlig anderes Bild, denn ihr seid in Wirklichkeit während des Schlafs sehr wohl eurer selbst bewußt.

Die Orte, die ihr im Zuge eines Traumgeschehens besucht, sind für euch ebenso real wie irgendwelche Orte eurer wachbewußt erlebten Umwelt. Laßt uns nicht weiter von bewußtem und unbewußtem Selbst sprechen. Es gibt nur *ein* Selbst, das seine Aufmerksamkeit auf verschiedene, den Dimensionen nach unterschiedliche Realitäten ausrichtet. Im Wachzustand ist es auf die körperlich-materielle Realität, im Traumzustand auf eine höherdimensionale Wirklichkeit eingestellt.

Wenn ihr euch im Wachzustand an die Schauplätze eurer Träume nicht sehr gut erinnern könnt, dann könnt ihr euch auch im Traumzustand nur schlecht an die Schauplätze eures Wachlebens erinnern. Wenn euer Körper im Bett liegt, ist er möglicherweise durch eine große Entfernung vom Schauplatz des Traums, an dem das träumende Selbst weilt, getrennt. Aber diese Entfernung hat nichts mit räumlicher Distanz zu tun. Der Schauplatz des Traums kann gleichzeitig in dem Raum sein, in dem der Körper schläft, aber natürlich nicht etwa, sagen wir, dem Bett oder Sessel, in dem der Träumer liegt oder sitzt, gleichsam übergestülpt.

Die Schauplätze eines Traumgeschehens bauen sich aus den gleichen Atomen und Molekülen auf, deren Zusammensetzung ihr im Wachzustand als ein Bett oder einen Sessel wahrnehmt. Gegenständliches kommt dann, erinnert euch, erst in eurer Wahrnehmung zustande. Ihr baut aus Energie Muster auf, die ihr dann als Gegenstände wahrnehmt und gebrauchen könnt. Doch die Gegenstände sind nutzlos, wenn eure Aufmerksamkeit nicht auf die Dimensionalität konzentriert ist, für die sie aufgebaut wurden.

Im Traumzustand seid ihr in der Lage, aus den gleichen Atomen und Molekülen die Umgebung, in der ihr im Traum handelt, aufzubauen. Wenn ihr träumt, könnt ihr in eurem Traum weder Bett noch Sessel ausfindig machen, und wenn ihr erwacht seid, könnt ihr den Schauplatz eures Traums, an dem ihr euch noch vor wenigen Sekunden bewegt habt, nicht mehr ausfindig machen.«

Wir können zweifellos sowohl im Wachzustand, insbesondere in leichter Trance, als auch, noch leichter, im Traumzustand Erlebnisse außerkörperlicher Erfahrung (AKE) haben. Seth zufolge kommt das oft vor, ob wir uns nun nachher daran erinnern oder nicht. Das trifft, wie aus diesem Buch hervorgeht, nicht nur auf mich selbst, sondern auch zum Beispiel auf mehrere Teilnehmer meiner ASW-Kurse zu. Seth machte die faszinierenden Beziehungen, die zwischen Wach- und Traumrealität bestehen, anhand eines Ereignisses deutlich, das unsere Geschichte geprägt hat:

»Ich habe einmal die Kreuzigung Christi erwähnt und dabei gesagt, sie sei eine Realität gewesen, obwohl sie nicht in der Dimensionalität eurer Zeit und eures Raums stattgefunden hat. Sie ist ein Ereignis einer Realität, in der sich auch Träume ereignen, und ihre Realität wurde von unzähligen Generationen gefühlt. Eben weil sie mehr als nur eine Realität unserer Erscheinungswelt war, hat sie die Welt der Materie und deren Geschichte mehr beeinflußt, als ein rein materielles Ereignis es in diesem Ausmaß je vermocht hätte.

Das Ereignis der Kreuzigung hat sowohl die Welt der Träume als auch die Erscheinungswelt der Materie bereichert. Es könnte mit einem neuen Planeten verglichen werden, der plötzlich im Universum eurer Erscheinungswelt auftaucht.«

Seth sagt nicht, die Kreuzigung sei »nur ein Traum« gewesen. Er sagt, daß sie, wenn sie auch der Geschichte unserer Erscheinungswelt entzogen war, in einer anderen Realität sehr wohl stattfand und in unsere Geschichte nicht so sehr als Ereignis, sondern als Idee einging, und zwar als eine Idee, die die Kultur unserer materiellen Welt verändert hat. Seths Auffassungen zufolge ist eine Idee ja jedenfalls auch ein Ereignis, ob sie sich nun materiell verwirklicht oder nicht. Dies verdeutlichen seine folgenden Erklärungen:

»Auch die Auferstehung Christi ereignete sich nicht materiell. Sie ist ebenfalls ein Beitrag aus dem Universum der Träume für eure materielle Welt und soll euch die Gewißheit vermitteln, daß der Mensch von der Materie unabhängig ist ...

Zahllose Ideen und Erfindungen warten im Traumsystem nur darauf, sozusagen aus ihrem Schwebezustand geholt zu werden; ein Mensch muß sie nur als eine Möglichkeit erkennen und innerhalb des Bezugsrahmens der materiellen Realität verwirklichen ... Imagination stellt die Verbindung des wachen Menschen mit dem Traumsystem her. Mit Hilfe eurer Imagination könnt ihr Traumerfahrungen in

Kraft setzen und im Hinblick auf bestimmte Umstände oder auf Probleme eures täglichen Lebens verwerten.

Das Traumuniversum birgt also einen Ideenschatz, den ihr verwerten könnt und der die Geschichte eurer materiellen Welt vollständig verändern kann. Verkennt ihr jedoch die ihm innewohnenden Möglichkeiten, so verhindert ihr die Verwirklichung all dieser Ideen.«

Seth bestand immer nachhaltig darauf, daß wir unser Traumleben als Realität begreifen sollten. Deshalb gab er uns Hinweise, wie wir uns an unsere Träume erinnern können. Auch erklärte er, wie wir in einem von uns durchlebten Traum einerseits die Fähigkeit distanzierter, gesunder Kritik wachhalten und andererseits unser Bewußtsein aus unserem Körper herausprojizieren können. Der Traum dient dabei als eine Art Sprungbrett.

Ich war immer beglückt, die Experimente, die Seth vorschlug, auszuprobieren. Die persönliche Erfahrung, die ich dabei machte, vermittelte mir den zwar nur subjektiven, aber für mich überzeugenden Beweis von der Gültigkeit seiner Theorien. Abgesehen davon erkunde ich all das, was mich interessiert, gern selbst.

Klarer wird das anhand eines Beispiels: Eines Morgens legte ich mich nach dem Frühstück wieder hin und versuchte mich in einer Traumprojektion. Das bedeutet ganz einfach, daß ich manchmal, wenn ich träume, mein normales »Wachbewußtsein« in die Traumsituation einzubringen vermag und es dann einsetze, um dieses mein Bewußtsein anderswohin zu projizieren. Als ich an jenem Morgen an diesem Punkt angelangt war, fühlte ich, wie mein Bewußtsein meinen Körper verließ, während ich die ganze Zeit über gleichwohl wußte, daß mein Körper sicher und gemütlich im Bett lag, hinter verschlossener Tür.

Ich reiste so schnell durch die Luft, daß alles ganz verschwommen an mir vorbeisauste. Plötzlich befand ich mich auf der Straße einer mir unbekannten Stadt. Ich war entschlossen herauszufinden, wo ich war, und darum ging ich um den Häuserblock herum. Es gab dort Hotels und Geschäfte. Ich entdeckte zwei Straßennamen und entschloß mich schließlich, die Eingangshalle eines der Hotels zu betreten. Ich erblickte einen Buchladen und ging zu den Regalen, um mich dort umzusehen. Da standen drei Bücher von Jane Roberts über ASW. Zu jener Zeit hatte ich jedoch erst eines zu diesem Thema geschrieben.

Erstaunt sah ich mich um. Alles erschien mir völlig normal. Wo immer ich war, es war ein eindeutiger Schauplatz. Irgend etwas ließ mich aufschauen. Ein junger Mann sah mich an mit einem amüsierten, überlegenen Lächeln. Er war einer der Angestellten des Buchladens, und ich sah jetzt, daß die meisten Angestellten sehr jung waren, und sie beobachteten mich.

Ich wußte nicht, was ich tun oder sagen sollte. Hätte ich gesagt: »Sehen Sie, ich befinde mich in einem außerkörperlichen Zustand. Sie sind Zeuge einer Projektion meines Bewußtseins!« so hätten sie mir das nie geglaubt. Aber was war mit den drei Büchern mit meinem Namen auf dem Schutzumschlag und dem wissenden Lächeln des einen Angestellten?

»Hm, ich habe diese Bücher noch nie gesehen«, sagte ich.

»Das glaube ich wohl. Wo Sie leben, haben Sie sie auch noch nicht geschrieben«, sagte der junge Mann. Dabei lachte er, aber auf eine freundliche, offene Art, und ebenso lachten alle anderen, die jetzt auf uns zukamen.

»Wo bin ich?« fragte ich.

Er sagte es mir, fügte aber hinzu: »Sie werden es vergessen. Das heißt, Sie werden sich an gar nichts erinnern.«

»O doch, das werde ich wohl. Ich habe mich in solchem trainiert.«

»Schon, aber so gut sind Sie noch nicht«, sagte einer von ihnen. Das empörte mich. Ob ich nun eine außerkörperliche Reise machte oder was immer, diese Leute da lachten auf meine Kosten.

Ich sagte: »Schauen Sie, ich bin da bei Ihnen in meinem Astralleib. Mein physischer Körper liegt zu Hause im Bett.«

»Wir wissen das«, sagte der junge Mann.

Die Bücher zogen von neuem meinen Blick auf sich. Er sagte: »Na also, merken Sie sich die Titel. Es tut mir leid, aber es wird nichts nützen. Sie werden sich nicht an sie erinnern.« Jetzt lächelten mich allesamt sehr mitfühlend an.

»Ich habe mir schon zwei Straßennamen gemerkt«, sagte ich. »Sind Sie sicher, daß ich diese Bücher schreiben werde?«

»Hier haben Sie sie schon geschrieben.«

Egal, was die mir da sagten, ich war entschlossen, mir alle mir auffallenden Merkmale einzuprägen – Namen, Straßenbezeichnungen, Buchtitel. Schließlich bot der Angestellte mir an, mich herumzuführen. Ich entgegnete ihm zwar, ich wolle diesen Ort auf jeden Fall auf eigene Faust auskundschaften, ging aber doch mit ihm. Er war sehr nett. Wir plauderten miteinander, und er zeigte mir die interessanten

Wahrzeichen der Stadt, wobei er mich immer wieder darauf hinwies, ich würde mich später nicht an sie erinnern können.

Dann fühlte ich mich ohne jedwede Vorwarnung fortgezogen. Es gab einen schrillen Lärm, und ich war wieder in meinem Körper. Ich fühlte mich ausgetrickst. Für gewöhnlich ist es sehr schwierig, an den gleichen Ort zurückzukehren. Doch ich war so wütend, daß ich mich selbst zurückschnellte. Das bekam mir aber gar nicht gut. Ich »landete« an derselben Straßenecke, aber der junge Mann war nirgendwo zu sehen. Dann machte ich mich auf, das Hotel wiederzufinden, und obgleich ich schwören könnte, daß ich dreimal um den mir schon bekannten Häuserblock herumging und die einzelnen Gebäude auch prompt wiedererkannte, konnte ich das Hotel nicht finden. Enttäuscht kehrte ich in meinen Körper zurück.

Natürlich befragten wir Seth über den Sinn dieser Erfahrung. Er klärte uns in allgemeingültiger Art über die Bedingungen auf, denen wir bei Projektionen aus dem Traumzustand ausgesetzt sind.

»Die Traumrealität entbehrt nicht substantieller Form«, sagte er. »Aber jede Form ist zunächst einmal potentielles Vorhandensein im Fonds psychischer Energie. Die potentielle Form ist lange vor ihrer Materialisation vorhanden. Das Haus, in dem ihr fünf Jahre später wohnen werdet, mag nach euren Begriffen noch nicht existieren. Vielleicht ist es auch noch nicht einmal erbaut worden, ihr könnt es darum noch gar nicht wahrnehmen. Und doch hat so ein Haus schon jetzt Form, und es existiert sehr wohl im umfassenden Jetzt.

Nun kann in eurer Traumerfahrung eine Form wie diese ohne weiteres wahrgenommen werden. Innerhalb der Traumrealität könnt ihr nun einmal Phänomenen begegnen, mit denen ihr gewöhnlich nie zu tun bekommt. Dies trifft insbesondere auf Projektionsexperimente zu, an die ihr vermutlich gerade denkt. Ich möchte euch hier nur eine Vorstellung geben, was dabei zu erwarten ist.

Wenn ihr euch der materiellen Realität überläßt, habt ihr nur eine geringe Anzahl von Regeln zu beachten. In der Traumrealität herrscht größere Freiheit. Das Ichbewußtsein ist nicht anwesend. Das Wachbewußtsein, ihr lieben Freunde, ist nicht das Ego. Das Ego ist nur der Teil des Wachbewußtseins, der materielle Manipulationen handhabt.

Das Wachbewußtsein *kann* in den Traumzustand mitgenommen werden, das Ego nicht, es würde sofort ›straucheln‹. Bei euren Experimenten werdet ihr verschiedene Bedingungen kennenlernen, und bis ihr gelernt habt, wie diese zu kontrollieren sind, wird es für euch schwierig bleiben, zwischen ihnen zu unterscheiden. Manche könnt ihr manipulieren, andere nicht. Einige eurer im Traum hochkommenden Schauplätze wurden von euch selbst hervorgerufen, andere werden euch völlig fremd erscheinen; sie gehören zu anderen Dimensionen der Realität, in die ihr aber hineingeraten seid.

Es ist für einen Träumer durchaus möglich, andere planetarische Systeme zu besuchen, mögen diese nach euren Begriffen nun der Vergangenheit, der Gegenwart oder der Zukunft angehören. Solche Besuche finden gewöhnlich spontan statt, werden aber nur bruchstückhaft erlebt. Es ist auch am besten so. Wenn ihr solche Ausflüge ins All erlebt, zieht euren Nutzen daraus, aber versucht nicht, sie absichtlich herbeizuführen, denn es sind viele Schwierigkeiten damit verbunden.«

Ganze Sitzungsfolgen waren der Frage gewidmet, wie und unter welchen Bedingungen man vom Traumzustand aus Bewußtseinsprojektionen bewerkstelligen kann. Seth sagte, er sei mir persönlich bei einigen meiner Projektionsexperimente beigestanden, aber ich sei mir seiner Hilfe nicht bewußt geworden. Ich habe niemals von Seth geträumt, und das finde ich ziemlich merkwürdig.

Ich bin jedoch schon oft mitten in der Nacht hellwach aufgewacht und war mir plötzlich bewußt, daß ich im Traum eine Art Seth-Sitzung abgehalten hatte. Ich spüre dann Seths Worte wie Signale durch meinen Kopf gehen. Es ist, wie wenn ich einen Radiosender einschalten würde, die Sendung aber nicht hören dürfte, denn sobald ich zu lauschen beginne, höre ich in meinem Kopf eine Art Klickgeräusch, und die »Station« ist ausgeschaltet.

Bei zwei solchen Gelegenheiten hörte ich ausnahmsweise genug, um zu verstehen, was gesagt wurde und an wen die Worte gerichtet waren. Später erzählten mir die betreffenden Menschen, sie hätten geträumt, daß Seth durch mich zu ihnen gesprochen habe. Dies träumten sie genau in den Nächten, in denen auch ich diese Erfahrungen machte. Ich hatte ihnen davon nichts gesagt; sie erzählten mir von ihren Träumen aus eigenem Antrieb.

Seth zufolge teilen wir manche Träume mit anderen Menschen, oder wir nehmen sogar an Massenträumen teil. Dies wirke, erklärte er, als eine Art stabilisierende Kraft auf unser tägliches Leben ein. Gehören unsere Träume also nur uns? Offensichtlich weit weniger, als wir vermuten. In der 254sten Sitzung sagte Seth dazu Folgendes:

»In bestimmten, von ganzen Massen geteilten Träumen beschäftigt sich die Menschheit kollektiv mit Problemen ihrer politischen und sozialen Struktur. Die Lösungen, die in der Traumrealität erzielt werden, entsprechen nicht immer denen, die in der körperlich-materiellen Welt zur Geltung kommen. Die Traumlösungen werden aber als Ideale behalten. Ohne solche Massenträume würden zum Beispiel eure Vereinigten Staaten von Amerika nicht existieren ...

In diesem Zusammenhang ist es wichtig, daß ihr eure Fähigkeit zu wählen einzusetzen versteht. Wenn ihr euch der Staufluten telepathischer Übertragungen, die ständig auf euch einwirken, bewußt wäret, wäre es für euch sehr schwer, das Selbstbild und Selbstgefühl eurer eigenen Wesensart aufrechtzuerhalten. Mit anderen Menschen geteilte Träume bleiben deswegen für gewöhnlich unterhalb der Bewußtseinsschwelle eurer Wahrnehmung ... Da die Wesenheit durch Erfahrung gestärkt wird, trachtet sie aus eigenem Antrieb, ihre Erfahrung auf Bereiche anderer Realitäten auszudehnen, innerhalb deren sie ihre Erfahrung erweitern und sich selbst verändern kann.

Wenn ihr von anderen träumt, wissen sie das. Wenn sie von euch träumen, wißt ihr das. Es wäre allerdings nichts damit gewonnen, wenn euch dieses ›Wissen‹ zu Bewußtsein käme.«

In derselben Sitzung erwähnte Seth auch John F. Kennedy mit einigen Hinweisen auf Rassenprobleme, die in Träumen auftauchten.

»Wie ihr wißt, haben viele Menschen schon vor dem Ereignis von John F. Kennedys Tod geträumt. Unbewußt war dieses Vorauswissen auch dem Mann selbst zugänglich. Das bedeutet dennoch nicht, daß dieser Tod eintreten *mußte*. Der Tod war im Sinne einer Möglichkeit wahrscheinlich. Dabei handelte es sich jedoch nur um eine von vielen möglichen Lösungen für die verschiedenen anstehenden Probleme. Wenn es auch nicht eine passende Lösung war, so war er doch der Mann, der in einer bestimmten Zeit in der Realität eurer Welt dem Problem am nächsten kam ...«

Seth wies dann darauf hin, daß die vom Träumer im Traum durchlebte emotionale Intensität im Wachzustand nur selten gleich intensiv nachvollzogen werden könne. Dann kam er nochmals auf Massenträume zu sprechen, die von historischer Tragweite sein können.

»All jene, die gegenwärtig vom Rassenproblem betroffen sind, träumen sowohl individuell als auch kollektiv davon, die derzeit gegebene Situation zu ändern. Sie agieren in ihren Träumen die verschiedenen Möglichkeiten aus, wie die gewünschten Änderungen vollzogen werden könnten. Diese Träume bereiten eine Wende vor, die dann tatsächlich eintritt. Energie und Idee, die diese Träume tragen, führen die Änderung der Situation herbei.«

Dem von Seth durchgegebenen Material zufolge sind unsere psychische Entwicklung und unser inneres Wachstum, sind alle Lernprozesse und Erfahrungen, die wir durchmachen, von unserem Traumleben zutiefst betroffen. Träumend erfahren wir uns in anderen Existenzebenen, und wir erwerben sogar Geschicklichkeiten, deren wir bedürfen. Durch unsere Träume verändern wir unsere körperlich-materielle Realität, und unsere Alltagserfahrungen ändern auch Traumerfahrungen. Die gegenseitige Wechselwirkung sei, sagt Seth, unverkennbar. Unser Bewußtsein werde, wenn wir träumen, einfach auf eine andere Wirklichkeit ausgerichtet, die jedoch ebenso lebhaft und intensiv empfunden werde wie jene des Wachlebens. Unsere Träume bleiben immer Teil von uns, auch wenn wir sie vergessen oder uns ihrer Realität gar nicht gewahr werden.

Seth zufolge gibt es viele andere Systeme der Realität, in denen wir uns bewegen und handeln und die dem wachbewußten Ich unbekannt sind. Es gibt, sagt Seth, nicht nur universale Systeme, die aus Materie und Antimaterie aufgebaut sind, sondern auch unendlich viele andere, und zwar auch »wahrscheinliche«. Unter »wahrscheinlichen Realitäten« versteht Seth die Wege einer Wirklichkeit, die wir im Leben hätten beschreiten können, sie aber nicht beschritten haben.

»Die Traumerfahrung wird von eurem inneren Selbst unmittelbar wahrgenommen, gleichsam gefühlt. Träume haben eine elektrische Tatsächlichkeit. Deshalb sind sie nicht nur unabhängig vom Träumer vorhanden, sondern haben auch etwas, das ihr vielleicht ›fühlbare Form‹ nennen würdet, obwohl diese nicht stofflicher Natur ist, wie ihr das von einer ›Form‹ erwartet.«

Seth hat uns viele Male gesagt, daß alle Erfahrung in unseren Zellen kodiert, aber von diesen nicht abhängig sei, und dies treffe auch auf die Traumerfahrung zu.

»Die Gedanken und Träume eines Menschen reichen viel weiter, als er weiß. Ihre Wirklichkeit ist multidimensional. Sie wirken auf Welten, denen er sich nicht bewußt ist. Sie sind jedoch ebenso konkret wie jedes Gebäude, und sind sie einmal erschaffen, können sie nicht mehr rückgängig gemacht werden ...

Jegliche Traumerfahrung wird nicht nur vom Gehirn verarbeitet; sie erreicht auch die entferntesten Zellen des Körpers. Traumerfahrungen, die vom Bewußtsein längst vergessen wurden, werden in den Zellen des Organismus als kodierte Daten gespeichert – wie überhaupt alle Erfahrungen eines Individuums.«

Seth zufolge kommt unseren Träumen, wie ja auch unserer Persönlichkeit gewissermaßen Unsterblichkeit zu:

»Jedes Individuum erschafft von seiner Geburt an ein in seinen Zellen kodiertes Gegenstück seines im Leben aufgebauten individuellen Seins. Dieses Gegenstück beinhaltet seine Gedanken und Gefühle, seine Wünsche und Träume und überhaupt alle seine je durchlebten Erfahrungen. So existiert dann beim Tod des Körpers eine von ihrem materiellen Sein losgelöste unsterbliche Persönlichkeit.«

15
Wahrscheinliche Selbst und wahrscheinliche Realitätssysteme

Im Juni 1969 waren wir höchst überrascht, als Seth uns mitteilte, Rob würde vielleicht von einem seiner »wahrscheinlichen Selbst« besucht. Damals wußten wir noch nicht, was ein wahrscheinliches Selbst ist, obwohl Seth sich dieses Begriffs schon ein- oder zweimal nebenbei bedient hatte.

Was ist ein wahrscheinliches Selbst? Seth zufolge hat jeder Mensch »Gegenstücke« in anderen Realitätssystemen, nicht etwa identische Selbst oder Zwillinge, sondern andere Selbst, die Teil unserer Wesenheit sind und die Fähigkeiten auf andere Weise entwickeln, als wir das im Lebensalltag tun.

Diese wahrscheinlichen Persönlichkeiten sind weiter von uns entfernt als etwa Reinkarnationsselbst; sie sind wie etwa entfernte Verwandte einer Sippe, die eine gewisse Familienähnlichkeit aufweisen. Sie scheinen über andere Wahrnehmungsmethoden als wir zu verfügen.

In unserem System ist zum Beispiel Rob Maler und Zeichner. Vor einigen Jahren übernahm er die Aufgabe, Illustrationen für medizinische Darstellungen anzufertigen, und er war überrascht, wie gut er das konnte, obwohl medizinisches Vorwissen und die einschlägige Terminologie ihm anfangs völlig abgingen. Robs Illustrationen wurden wiederholt preisgekrönt, zur Genugtuung des Arztes, in dessen Auftrag er sie gemacht hatte. In der Sitzung, in der dieses Thema zur Sprache kam, es war die 487ste, sagte Seth Rob, daß er in einem anderen Realitätssystem ein wahrscheinliches Selbst habe, das Arzt sei und zum Hobby male und zeichne. Deshalb würden ihm, Rob, die medizinischen Zeichnungen leichtfallen. Für ihn, den Arzt, wiederum sei Rob ein wahrscheinliches Selbst.

Seth sagte uns an diesem Abend Erstaunliches über diesen Arzt und beschrieb die Methode, die er einsetzte, um mit unserer Realität in Kontakt zu kommen. Seth sagte:

»Es gibt in der Tat unzählige Varianten dessen, was sich ereignet, in dem, was *ihr* als Rahmen eures Raumzeitkontinuums bezeichnen würdet. Mit euren Sinnen könnt ihr die anderen Systeme natürlich niemals wahrnehmen. Fortgeschrittenes Training im Gebrauch eurer inneren Sinne kann allerdings zu solchen Entdeckungen führen. Dein Freund, dein wahrscheinliches Selbst, ist darin weiter – sein ganzes System ist in dieser Hinsicht weiter.

Auf die gleiche Art, wie Gedanken über die scheinbaren Schranken von Zeit und Raum hinausgeschickt werden können, kann auch individuelles Bewußtsein in Realitätssysteme anderer Dimensionen geschickt werden. Wie ein Samen durch die Luft fliegt, so kann individuelles Bewußtsein diese System durchreisen. Doch es bedarf auch des Schutzes. Bestimmte Drogen können es beschützen. Das gehört zum Beispiel zu der Methode, die Robs wahrscheinliches Selbst, der Arzt, anwendet, um sich selbst aus seinem Wahrscheinlichkeitssystem herauszuprojizieren.

Nun, solche Drogen sind wie ›Zeitkapseln‹, die zeitweise Reize ausschalten und diese erst wieder einwirken lassen, wenn der ›Bestimmungsort‹ erreicht ist. Es ist ein höchst komplexer Vorgang. Die Droge wirkt auf das Gehirn ein. Das Bewußtsein wird aus dem Körper herausprojiziert. Das ist aber nur eine Methode, die dieser Arzt anwendet. Die Droge führt für eine bestimmte Zeit zu gesteigerter Bewußtseinstätigkeit, dazwischen gibt es aber auch Phasen der Unbewußtheit. In solchen Phasen aktiviert die Droge jene Gehirnteile, die den Bewußtseinsaustritt ermöglichen. Wenn dann dein wahrscheinliches Selbst sogar präsent ist, so kann es doch sein, daß es im Blackout der Unbewußtheit bleibt.

Nach euren Zeitbegriffen währt die Phase hoher Bewußtseinsaktivität ungefähr drei Tage; nach deren Ablauf wird sie durch eine Phase der Inaktivität abgelöst, die etwa eineinhalb Tage oder vier Tage lang dauern kann, je nach den Umständen. Die Übertragung bewußter Energie von einem System zum anderen bringt mehr oder weniger automatisch Veränderungen der Gehirnmuster mit sich.

Es gibt auch andere Gehirnmuster als nur die, die eure Wissenschaftler entdeckt haben. Würden die Gehirnmuster beim Aus- und Eintritt von einem System zum anderen nicht verändert, so könnte, jedenfalls theoretisch, das Bewußtsein innerhalb eines jeden gegebenen Systems in Fallen geraten – einer Beschleunigung oder Verlangsamung, doch nur, siehst du, rein mental.«

Als Rob mir nach der Sitzung erzählte, was Seth gesagt hatte, saßen wir eine Weile stumm da und sahen uns bloß an. »*Wahrscheinlich* hast du ein wahrscheinliches Selbst«, sagte ich schließlich lachend.

»So neu ist die Idee gar nicht«, sagte Rob. »Wissenschaftler haben die Theorie eines wahrscheinlichen Universums ja auch schon erwogen.«

»Aber Seth spricht von zahllosen solchen Universen, wenn ich dich recht verstanden habe«, sagte ich. »Und es ist eine Sache, über wahrscheinliche Selbst zu theoretisieren, und eine völlig andere, sich vorzustellen, daß eines davon womöglich Kontakt zu dir sucht.«

»Ich hätte nichts dagegen«, sagte Rob. In den folgenden Wochen machte er die Übungen zur Entwicklung psychischer Fähigkeiten, die Seth ihm vorgeschlagen hatte, und versuchte, intuitiv für alles Ungewöhnliche bereit zu sein. In der Zwischenzeit hatten wir eine weitere Sitzung, und Rob hatte einige Fragen vorbereitet, die er Seth stellen wollte. Seths Andeutungen zufolge ist dieses wahrscheinliche Selbst ein gewisser Dr. Pietra. Er ist in seinem System ein älterer Mann, als Rob es in unserem ist, und wenn er auch von der Malerei begeistert ist, so ordnet er dieses Interesse doch eindeutig seiner medizinischen Arbeit unter.

Seth sagte, Dr. Pietra studiere die Möglichkeiten der Malerei als Therapie. Er arbeite nicht nur mit Patienten, bei denen er künstlerische Arbeit zu therapeutischen Zwecken einsetzt, sondern er sei auch von der Vorstellung eingenommen, bestimmte Gemälde hätten in sich selbst eine heilende Wirkung.

»Bestimmte Bilder können den Betrachter gefangennehmen und die in ihm schlummernden Heilfähigkeiten aktivieren ... Diese Absicht des Malers ist dem Medium, das für ihn seine Malerei ist, eingegeben.«

»Weiß Dr. Pietra, daß es mich gibt?« fragte Rob.

»Er weiß von deiner hypothetischen Existenz«, antwortete Seth. »Er glaubt, daß er ein wahrscheinliches Selbst wie dich hat, und er steckt größte Mühe in sein Vorhaben, das betreffende wahrscheinliche Universum zu erfahren. Er hat allerdings keine Ahnung davon, daß du möglicherweise seinen Besuch erwartest oder daß du selbst vorhast, ihn kennenzulernen ... Er selbst hat mit zwei anderen an der Droge gearbeitet.

Er wird in der Lage sein, sich in seinem eigenen System weiterhin aufzuhalten, während er gleichzeitig auch außerhalb desselben weilt. Deine geistige Einstellung und deine Empfänglichkeit werden von ihm empfangen und von ihm als eine Art freundnachbarlicher Boden erkannt werden. Die auf Sympathie beruhenden gemeinsamen Aspekte eurer Persönlichkeiten werden Verbindungstüren zwischen euch öffnen. Das Durchkommen zu dir ist nicht physischer Art, siehst du, das ist klar, und doch spielen dabei molekulare Strukturen mit.«

»Aber werde ich ihn denn in seiner körperlichen Erscheinung sehen können?« fragte Rob. »Angenommen, es bestehe eine Art Kontakt zwischen uns, werde ich das bewußt erkennen können?«

»Du solltest ihn visuell wahrnehmen können – entweder leibhaftig oder als ein ungewöhnlich lebhaftes inneres Bild. Doch darüber hinaus sollte zwischen euch eine innere Kommunikation auf der Grundlage außersinnlicher Wahrnehmung zustande kommen. Auch er ist ja visuell orientiert, verstehst du. Er dürfte in der Lage sein, dir Bilder aus seinem Realitätssystem zu vermitteln. Vielleicht schafft er es sogar, dich in einer Projektion dorthin mitzunehmen, und von dort aus solltest wiederum du in der Lage sein, in dein eigenes System zu schauen und in einer blitzartigen Abfolge dein Leben und das Ruburts mit größerer Klarheit zu erkennen.«

»Aber wann wird er nach unseren Zeitbegriffen hier sein?« fragte Rob noch schnell, denn es war an der Zeit, die Sitzung zu beenden.

»Ich glaube, daß er innerhalb von sieben Stunden in deinem System sein wird, ob du ihn nun wahrnimmst oder nicht. Die Droge hat vielleicht die Wirkung, sein Bild zu färben; sei also über ein gelb- oder rötliches Erscheinungsbild nicht erstaunt. Wir können übrigens heute abend nicht weiter darüber sprechen. Seine Experimente laufen jetzt schon mehrere Wochen lang, und er wird sie nicht wiederholen, ehe bei euch Herbst ist. Das hat mit der Leitfähigkeit der Zellstrukturen und mit der besonderen Atmosphäre, in der ihr während der kommenden Perioden lebt, zu tun.«

Diese Sitzung fand am neunten Juni 1969 statt. Seth sagte Rob noch einmal, der Konflikt könne durch intensivierte Psi-Zeit-Übungen leichter zustandegebracht werden. Ich werde auf diese Übungen in Kapitel 19, das von der Entwicklung psychischer Fähigkeiten handelt, noch ausführlich eingehen. Rob führte die Übungen in dieser Woche wiederholt durch, ohne jedoch, soweit wir das beurteilen konnten, mit Dr. Pietra in Verbindung zu kommen. Am sechzehnten Juni überraschte uns Seth dann mit der Bemerkung, diese Verbindung sei zweimal zustande gekommen.

»Es kam zu einem momentanen Aufgehen von Merkmalen eurer beider Persönlichkeiten auf einer Ebene, die unterhalb der Bewußtseinsschwelle liegt. Keiner von euch beiden wußte, wie er das Erlebnis bewältigen sollte. Du hattest Angst, eurer beider Identität könnte verwischt werden, und du fürchtest dich eher vor den Ähnlichkeiten. Dabei waren es gerade diese Ähnlichkeiten, die den wenn auch nur undeutlich gebliebenen Kontakt möglich machten.«

»Wann ist das geschehen?« fragte Rob.

»Zu einer Zeit, als deine Gedanken auf einen gemeinsamen Berührungspunkt abschweiften. Dir schwebte, glaube ich, das Bild einer inneren menschlichen Körperregion vor, oder du dachtest an ein inneres Organ. Eben da begegnetest du auf einer tieferen Schicht deiner selbst Dr. Pietra.«

Rob hat tatsächlich neben Porträts mit Vorliebe Darstellungen menschlicher Gestalten geschaffen, so daß er gut verstand, was Seth gesagt hatte. Er erinnerte sich auch, sich über das Innere des menschlichen Körpers Gedanken gemacht zu haben – etwas, das ich nicht gewußt hatte. Seth sagte, daß es noch zu einem deutlicheren Kontakt mit Dr. Pietra kommen werde, obwohl dessen Bewußtsein nicht eindeutig zentriert sei und die Intensität seiner geistigen Präsenz schwanke.

Seth ließ sich dann noch über die Droge aus, die Pietra in seinen Experimenten benutzte. Offensichtlich stellt diese sicher, daß das Bewußtsein längere Zeit außerhalb des Körpers reisen kann. Er sagte auch: »Es kann auch vorkommen, daß das reisende Bewußtsein ›vom anderen Ende aus‹ gewarnt wird. Im Fall einer ernsten Gefahr wird das Bewußtsein zurückgeworfen – ein in jeder Hinsicht gefährlicher Vorgang.«

Ein solches »wahrscheinliches Realitätssystem« ist, folgt man Seth, genauso »real« wie das unsere. Seine »Bewohner« können sich, wie wir, auf das Stoffliche ihres Systems stützen, und es ist nur eines von zahllosen, zwischen Materie und Antimaterie existierenden Systemen oder Universen. Die Menschen in Pietras System setzen als Hypothese die Existenz anderer wahrscheinlicher Universen voraus, und Pietra vollbringt als einer der ersten Forscher auf diesem Gebiet Leistungen, bei denen ihm natürlich seine Kenntnisse medizinischen Fachwissens zugute kommen.

Solche Reisen von dem einen zum anderen der wahrscheinlichen Systeme kommen, wie schon früher erklärt wurde, durch Projektion des Bewußtseins in Welten außerhalb des Körpers zustande. Im »Fall« Pietra scheint eine Verschweißung von Medizin, Physik und anderen Wissensdisziplinen vollzogen. Wie aus früheren Äußerungen Seths ebenfalls hervorgeht, finden weitreichende Raumreisen innerhalb unseres eigenen Systems auf geistiger und nicht körperlicher Ebene statt.

Wenn wir, wie Seth behauptet, wahrscheinliche Selbst haben und wenn wir darüber hinaus verschiedene Existenzen auf diesem Planeten durchleben, was bedeutet dann noch die Konzeption einer Einzelseele? Zur Beantwortung dieser Frage möchte ich Auszüge aus den Protokollen über drei verschiedene Sitzungen einfügen, in denen Seth den Unterschied zwischen einem materiellen und einem wahrscheinlichen Ereignis oder Geschehen und die Beziehungen erklärt, die zwischen uns und wahrscheinlichen Realitätssystemen entstammenden Persönlichkeiten bestehen. (Erinnern Sie sich: Rob und Dr. Pietra sind beide Individuen. Ihre Affinität erklärt Seth durch eine Art Verwandtschaft, als seien die beiden etwa entfernte Vettern.)

Seth gab in der 231sten Sitzung eine, wie ich finde, ausgezeichnete Beschreibung dessen durch, was wir unter dem Gesamtselbst oder unserer Wesenheit, in Bezug gesetzt zu der einen oder anderen unserer Existenzen, verstehen sollten.

»Ein Vorgang ist ein Vorgang, ob ihr ihn wahrnehmt oder nicht, und wahrscheinliche Ereignisse sind Ereignisse, ob ihr sie wahrnehmt oder nicht. Auch Gedanken sind Ereignisse, ebenso wie Wünsche und Gefühle. Der Mensch reagiert auf diese, wie er das auf körperliche Reize oder materielle Ereignisse tut. In Träumen werden oft Teile eines wahrscheinlichen Ereignisses oder Geschehens bruchstückhaft und auf eine halbbewußte Art erfahren. Dies gipfelt meist in einer Breittonwiedergabe; ich gebrauche diesen Begriff absichtlich, denn euer Tonbandgerät läßt einen Vergleich zu – mit eurem Gesamtselbst.

Stellt euch vor, euer Tonbandgerät habe vier Kanäle zur elektroakustischen Schallübertragung. Auf jedem davon kommt ein Teil des Gesamtselbst durch, und jeder Kanal wäre sozusagen eine andere Dimension. Doch erst alle Kanäle vermitteln insgesamt eine Wiedergabe des Gesamtselbst – eben in Breitton. Ihr seid einverstanden, daß es ziemlich lächerlich wäre zu sagen, Mono Eins sei weniger oder mehr gültig als Mono Zwei. Mono Eins könnte mit eurem gegenwärtigen Ichbewußtsein verglichen werden.

Wir können uns jetzt vorstellen, daß ihr mehrere Selbst habt; ihr habt derer vier, fünf oder sechs oder so weiter. Nun könnt ihr aber auf eurem Tonbandgerät das Stereosystem einschalten. Das setzt euch in die Lage, die Wiedergabe der verschiedenen Kanäle harmonisch gemischt und kombiniert, das heißt gleichzeitig und somit räumlich, zu hören. Ich nehme mir hier die Zeit, euch das so klar wie möglich zu Gehör zu bringen, denn nicht oft komme ich zu euch in dieser schönen, klaren Stereophonie durch!

Eure Stereoanlage bringt gleichsam zur Geltung, was wir inneres Selbst genannt haben. Jedes eurer Selbst macht seine Erfahrung auf eigene Art entsprechend der Natur seiner Wahrnehmungen. Wenn das Stereosystem eingeschaltet ist, dann wissen die Selbst von ihrer Einheit. Ihre verschieden erlebten Wirklichkeiten gehen als Gesamtwahrnehmung in das Gesamtselbst ein.

Bevor das Gesamtselbst solchen Simultanempfangs fähig wird, kommen ihm die unterschiedlichen Erfahrungen seiner Selbst voneinander getrennt und zusammenhanglos vor. Es besteht zwischen ihnen zwar Verbindung, aber sie sind sich dessen nicht bewußt. Erst die Stereowiedergabe verbindet alle Kanäle.

Jeder Teil des Gesamtselbst muß sich der anderen Teile bewußt werden. Nun haben wir es aber nicht mit einem so einfachen Bewußtwerdungsapparat, wie dies euer Tonbandgerät darstellt, zu tun – das ist klar. Und klar ist auch: Wir spielen laufend neue Bänder ab, das heißt, unsere Selbst verändern sich ständig «

Seth erörterte dann den Unterschied zwischen wahrscheinlichen und physischen Erfahrungen.

»Nehmen wir zum Beispiel Ereignis X. Als wahrscheinliches Ereignis wird es von den verschiedenen Komponenten eures Selbst auf deren eigene Weise erfahren. Wird es von eurem Ichbewußtsein erfahren, so ist es für euch ein physisches Ereignis. Wird es von Komponenten eures Selbst erfahren, so weiß das Ego nichts davon.

In Wirklichkeit wird da nur ein und dasselbe auf verschiedene Art erfahren oder nicht erfahren. Das Gesamtselbst nimmt eben auch Wahrscheinlichkeiten wahr, wird von ihnen berührt und erfährt sie infolgedessen als Geschehnisse, ob nun das Ichbewußtsein gewählt hat, ein so abgelaufenes Geschehen als physisches Ereignis zu akzeptieren oder nicht. Auch die Zeit ist nur für euer Ichbewußtsein das, was ihr unter Zeit versteht.

Nun existiert das innere Selbst, wie ihr wißt, im umfassenden Jetzt.

Dieses Raum-Jetzt ist die grundlegende ›Zeit‹, in der das Gesamtselbst existiert, aber die verschiedenen Komponenten des Selbst machen ihre Erfahrungen wiederum in Zeitsystemen eigener Art.

Es sollte klar sein, daß der psychische Bezugsrahmen anders sein muß, wenn die Zeiterfahrung eurer Psyche anders als die eures körperlichen Seins ist. Ihr könnt selbst diesen Unterschied allein schon anhand der Erfahrungen eures Bewußtseins und eures Unbewußten erkennen

Das Ich erhält sich sein gesundes Gleichgewicht nicht zuletzt, indem es in die ›Vergangenheit‹ zurückschaut und da etwas von sich wiederfindet. Die Komponenten des Selbst, die mit Wahrscheinlichkeiten zu tun haben, machen keine Erfahrungen mit einer ›Vergangenheit‹, die ihnen einen Identitätssinn oder Kontinuität vermitteln könnten. Dauerhaftigkeit, so wie das Ego sich diese vorstellt, wäre für diese Komponenten des Selbst eine ihnen fremde Voraussetzung, höchst unangenehm darüber hinaus, da sie unweigerlich zu Starrheit führte.

Flexibilität heißt das Schlüsselwort für das Selbst, erwählter ständiger Wechsel, der ihm erlaubt, jede Wahrscheinlichkeit auszuprobieren und der Natur aller Erfahrung nach plastisch zu erleben. Das Grundlegende der Wesenheit wird daher von dem getragen, was ihr am ehesten mit dem Unbewußten, wie ihr es kennt, vergleichen würdet. Mit anderen Worten: Diese Komponente der psychologischen Struktur trägt die Bürde der Identität und deren Erfahrungen, wogegen, für euch überraschender Weise, die Erfahrungen des Ichbewußtseins eher traumähnlicher Art sind.«

In der 232sten Sitzung führte Seth dieses Thema weiter:

»Die Systeme der Wahrscheinlichkeiten sind genauso real wie das materielle System, und ihr existiert in diesen, ob ihr dies nun erkennt oder nicht. Ihr seid nur nicht auf deren Brennpunkt eingestellt. Ihr könnt euch solcher Wahrscheinlichkeiten im Traumzustand gelegentlich bewußt werden. Ich habe euch gesagt, daß Traumerfahrungen eine definitive Realität zukommt – ebenso wahrscheinlichen Erfahrungen. Sie erscheinen euch nur nicht konkret.

Ihr könnt zum Beispiel träumen, ihr hättet einen Apfel in der Hand, und wenn ihr erwacht seid, bemerkt ihr, daß er weg ist. Das bedeutet nicht, daß er nicht vorhanden war und nicht weiterhin vorhanden ist, nur daß ihr ihn im Wachzustand nicht wahrnehmt. Ebenso nehmt ihr die Wirklichkeit wahrscheinlicher Geschehnisse nicht bewußt wahr. Das ›Ich‹ in euren Träumen kann auf völlig legitime Weise mit dem Selbst verglichen werden, das die Erfahrung wahrscheinlicher Geschehnisse macht. Dieses ›Ich‹ eurer Traumerfahrung würde sich selbst als voll bewußt betrachten und das Gegenüber des wachbewußten Ich als wahrscheinliches Selbst ansehen.

Erwägt einmal: Ein Individuum ist vor die Wahl dreifach verschiedenen Handelns gestellt. Es entschließt sich für die eine Art des Handelns und erfährt sein Handeln an sich. Die anderen Möglichkeiten des Handelns werden von seinem Selbst auch erfahren, aber nicht in der Realität der Erscheinungswelt Die Ergebnisse all dieses Handelns werden vom inneren Selbst als Hilfe bei anderen notwendigen Entschlüssen geprüft. Die wahrscheinlichen Handlungen wurden ebenso definitiv erfahren wie die gesetzte, und diese Erfahrungen sind die der ›wahrscheinlichen Selbst‹, genauso wie Traumhandlungen die Erfahrungen des Traumselbst ausmachen Ihr müßt einfach erkennen: Es gibt einen ständigen, wechselseitigen unterbewußten Informationsaustausch zwischen allen Schichten eures Gesamtselbst.«

In einer früheren Sitzung schon, der 227sten, hatte Seth zu diesem Thema weiteres Material beigesteuert:

»Das Erfahrungspaket, auf das ihr euch einstellen könnt, ist tatsächlich aus vielen kleinen Paketen zusammengesetzt, aber das gesamte Paket der Realität ist jedenfalls größer als das, was ihr anvisiert. Wie gesagt kann eine Komponente eures Selbst Erfahrungen auf eine ganze andere Art machen als das Ichbewußtsein, und das Selbst tut dies auch. Wenn euer Ego Ereignis X wahrnimmt, lösen sich Komponenten eures Selbst sozusagen ab und erleben alle anderen wahrscheinlichen Ereignisse, die von eurem Ego hätten erfahren werden können.

Das Ichbewußtsein muß sich für ein Ereignis entscheiden, weil es selbst begrenzt ist. Aber andere Komponenten des Selbst tauchen dann in Ereignis X_1, X_2, X_3 und so weiter ein. Euer Selbst durchläuft die Erfahrung aller alternativen Ereignisse im gleichen Zeitraum, in dem das Ego nur die Erfahrung von Ereignis X macht.

Dies ist nicht so weit hergeholt, wie es euch vorkommen mag. Ein Händeschütteln seht ihr als eine sehr einfache Handlung an. Ihr seid euch der Millionen Handlungseinheiten nicht bewußt, die diese anscheinend so bedeutungslose Handlung ausmachen; nichtsdestoweniger gibt es sie, und es kostet euch nur deswegen keine Zeit, diese wahrzunehmen, weil ihr sie in einem zusammengefaßt als Ereignis wahrnehmt. Nun nehmen die erwähnten Komponenten des Selbst all die wahrscheinlichen Ereignisse bewußt ebenso schnell wahr, wie ihr unbewußt die Millionen Handlungseinheiten aufnehmt, die ein Händeschütteln ausmachen.

Diese Komponenten des Selbst wirken einfach in anderen Realitätsdimensionen und auf anderen Erlebnisfeldern. In dem folgenden Vergleich könnt ihr die verschiedenen Komponenten des Gesamtselbst als verschiedene Mitglieder einer Familie ansehen: Der Mann arbeitet in der Stadt. Die Frau arbeitet zu Hause. Sie wohnen am Stadtrand. Die drei Kinder besuchen drei verschiedene Schulen. Sie alle sind Mitglieder ein und derselben Familie und werden aus dem gleichen Haus heraus tätig. Es gibt im Prinzip keinen Grund dafür, warum irgendeines der Kinder nicht den Tag im Büro des Vaters verbringen könnte, aber es würde die Aktivitäten dort sicher nicht verstehen.

Noch klarer: Warum sollte das Kind, seht ihr, nicht in dem Bürogebäude sein und den Vater ersetzen? Warum könnte der Mann seinerseits statt des Kindes nicht in die Schule gehen? Wohlgemerkt: dies alles nur vom physischen Standpunkt aus, der, seht ihr, kein maßgebender Aspekt ist. Innerhalb der Familie ist sich jedes Mitglied über die Erfahrungen des anderen im allgemeinen im klaren, aber diese gelten als zweitrangig, außer es geht um Ereignisse, die die Familie als Ganzes, als eine Einheit, betreffen.

Ebenso gibt es ein allgemeines intuitives ›Wissen‹ auf seiten einer jeden Komponente des Selbst, was die Erfahrungen der anderen angeht. Manche Erfahrungen werden aber von allen Schichten des Selbst durchlebt, wenn auch auf ihre jeweils eigene Weise. Das passiert nur selten. Wenn es passiert, dann ist die Erfahrung sehr lebhaft und dient – wie dies die verbindenden Erfahrungen der Familie bewirken – dazu, die Wesenheit in ihrer gesamten psychologischen Struktur zu bestärken.

Noch einmal: Wahrscheinliche Geschehnisse sind ebenso real wie das eine Ereignis, das Teil eurer physischen Erfahrung wurde. Denkt nochmals an ›unser‹ Ereignis X. Es ist nur eines von zahllosen wahrscheinlichen Geschehnissen. Das bewußte Ich entscheidet sich aber für Ereignis X und nicht für ein anderes. Aber bis das Ego dieses Ereignis an sich erfährt, ist dieses nur eines aller anderen wahrscheinlichen Geschehnisse und von ihnen durch nichts unterschieden. Es wird in eurer Realität nur zur Wirklichkeit, wenn es von euch physisch erfahren wird

Die anderen wahrscheinlichen Geschehnisse werden innerhalb anderer Dimensionen ebenso ›real‹. Als Abweichung vom Üblichen gibt es interessante Vorfälle, wenn zum Beispiel ein schwerer psychischer Schock oder ein tiefes Gefühl der Wertlosigkeit in einem Menschen einen Kurzschluß verursacht, so daß ein abgespaltener Teil seines Selbst beginnt, eine der anderen möglichen Erfahrungen zu durchleben. Ich denke im besonderen an Fälle von Amnesie. Da taucht plötzlich in einer anderen Stadt ein Mensch auf: er hat einen anderen Namen, eine andere Beschäftigung und keine Erinnerung mehr an seine Vergangenheit. Mitunter macht so ein Mensch die Erfahrung von Wahrscheinlichem und nicht des vom Ego Ausgewählten, aber er muß sie, seht ihr, innerhalb des eigenen Zeitsystems machen.«

Seth hat uns mehr als dieses Material über wahrscheinliche Erfahrungen und Universen gegeben. Er sprach auch über Wahrscheinlichkeiten in Verbindung mit Präkognition. Ich dachte da sofort an Dr. Pietra, mit dem wir bisher noch keinerlei bewußten Kontakt aufnehmen konnten. Während ich dies schreibe, nähern wir uns jedoch den Herbstmonaten, in denen, wie Seth meinte, ein neuerlicher Kontakt möglich werden könne.

Der Gedanke eines ASW-Kontaktes macht uns in hohem Maße neugierig, und wir können nicht umhin, uns zu fragen, welche Wirkung eine solche Verbindung wohl hätte, nicht nur auf Rob und Dr. Pietra, sondern auch, wie es scheint, auf deren unterschiedliche Realitätssysteme. Nur Seths Versicherung, dieser Kontakt sei unter gewissen Umständen möglich, führt uns dazu, einen solchen überhaupt in Erwägung zu ziehen. Die Chancen erscheinen wirklich gering genug. Wir gehen aber davon aus, daß wir eben noch viel mehr Informationen brauchen und auch vielleicht noch jahrelang arbeiten müssen, um überhaupt an derartige Experimente denken zu können.

Wie Sie sehen können, werfen die in diesem Kapitel wiedergegebenen Sitzungsprotokolle schon einiges Licht auf die Natur der menschlichen Persönlichkeit. Da die Persönlichkeit multidimensional ist, kann sie nicht nur unter dem Blickwinkel unserer Erscheinungswelt allein betrachtet und erklärt werden. Und wenn Seth ihr Wesen erklärt, wendet er eine Methode an, die selbst fast multidimensional ist. In diesem Kontext ist es nicht nur wichtig zu hören, was er sagt, sondern auch, was in Seth-Sitzungen passiert. Ich werde deshalb noch eine Entwicklung beschreiben, die vielleicht viel besser als Worte die multidimensionalen Aspekte der Persönlichkeit demonstriert.

Wer oder was sind Sie? Fühlen Sie sich angesichts all dieser Vorstellungen von einem Gesamtselbst, mehreren Selbst und wahrscheinlichen Selbst verloren? Inwiefern können Sie sich noch einfügen, so wie Sie sich kennen? Im nächsten Kapitel, das Seths Auffassungen über die Persönlichkeit gewidmet ist, werden Sie sehen, daß Ihre Wesenheit, die Identität, wie Sie sie kennen, immer bestehen bleibt.

16
Die multidimensionale Persönlichkeit

Vor einiger Zeit rief mich ein junger Psychologieprofessor an und bat mich, im Rahmen seines Universitätsseminars einen Vortrag zu halten. Es handelte sich um eine kleine Gruppe von etwa fünfzehn Studentinnen an der Universität unserer Stadt, und deswegen schlug ich spontan vor, sie sollten alle zu mir in die Wohnung kommen. Die Einstellung des Mannes wurde mir in der Sekunde klar, in der er durch die Tür trat. Rein persönlich hätte er wohl jeden Kontakt zu einem Medium wie die Pest vermieden, aber da es sie nun einmal gibt und er von einem solchen gehört hatte, fühlte er sich vermutlich verpflichtet, seinen Studentinnen dieses Phänomen »vorzuführen«. Und zweifellos klopfte er sich dabei selbst auf die Schulter für diese seine Großmut.

Ich sprach zweieinhalb Stunden lang über die Potentiale der menschlichen Persönlichkeit und die Notwendigkeit, unsere Fähigkeiten zu erkennen, zu entwickeln und einzusetzen. So gut ich eben konnte, erklärte ich, was außersinnliche Wahrnehmung, also Telepathie und Hellsehen, einschließlich Präkognition und Retrokognition, sei und welche Experimente geeignet seien zu zeigen, wie sie funktionieren. Bevor die Gruppe sich verabschiedete, schlug ich eine Übung vor, die von den Studentinnen in den kommenden Wochen würde durchgeführt werden können. Es handelte sich um einen der unter Parapsychologen üblichen ASW-Tests, den ich schon oft auch in meinen eigenen ASW-Kursen durchführen ließ. Ich würde, erklärte ich, täglich eine Zeichnung an meine Tür heften, und die Mädchen sollten ebenfalls täglich versuchen, unter Einsatz ihrer ASW die jeweiligen Bildinhalte der Zeichnungen aufzuspüren und zeichnerisch wiederzugeben. Meine Zeichnungen würde ich dann von Zeit zu Zeit dem Professor zuschicken, und er selbst könnte dann beurteilen, inwieweit Übereinstimmungen vorliegen oder nicht.

Doch Vorsicht! dachte ich. Ich erklärte, daß Suggestionen des Zweifels am Erfolg bei solchen Tests eine nachteilige Rolle spielen können, und bat den Professor, während der Testzeit eine möglichst objektive Haltung einzunehmen.

Leider war dies nicht der Fall. Wie ich später von einer seiner Studentinnen erfuhr, ließ er es an wissenschaftlicher Objektivität völlig mangeln; er ließ die Studentinnen wissen, daß er von solchen Tests nichts halte.

Merkwürdigerweise waren die Ergebnisse nicht einmal schlecht, aber aufgrund der abschätzigen Äußerungen des Professors hatten sich nur fünf Mädchen an dem Experiment beteiligt. Ich schlug vor, er möchte es auch selbst versuchen, aber dem stimmte er nicht zu. Selbstverständlich mußte seine Haltung die Studentinnen entmutigen. Und später konnte er sagen, die niedrige Teilnehmerzahl mache ein Auswerten der Tests unmöglich. Dabei tat er die als Treffer zu wertenden Übereinstimmungen als Zufall ab.

Der Professor war ein intelligenter Mann. Hätten wir uns unter anderen Umständen kennengelernt, hätte ich ihn wahrscheinlich gut leiden mögen. Aber er wollte seine vorgefaßten Meinungen über die Natur der Persönlichkeit und die außersinnliche Wahrnehmung weder neu überdenken noch die Phänomene experimentell untersuchen. Er ließ sich eine Gelegenheit entgehen, seine Auffassungen zu erweitern; das ist schade.

Diese und ein paar ähnliche Begegnungen haben mich im Umgang mit sogenannten objektiven Akademikern vorsichtig gemacht. Aber nicht alle Psychologen sind so engstirnig und festgelegt. Im vergangenen Jahr besuchte eine meiner Kursteilnehmerinnen Psychologievorlesungen an der hiesigen Universität. Mit ausdrücklicher Billigung ihres Professors sprach sie häufig über das Phänomen Seth und meine ASW-Kurse. Sie wollte als eine der von ihr geforderten Arbeiten eine Abhandlung über die Natur der menschlichen Persönlichkeit verfassen, wie Seth sie erklärt. Daher bat sie mich, ihr speziell dafür eine Seth-Sitzung zu widmen. Sie wollte Seths Äußerungen auf Band aufnehmen und diese dann vor der Zuhörerschaft der Vorlesung abspielen. Ich war gerne damit einverstanden.

Was Seth dann in dieser Sitzung durchgab, war nicht so tiefgehend oder ausführlich, wie er sich in unseren Privatsitzungen zu äußern pflegt, aber er faßte für all jene, die sich vorher noch nicht mit dem Seth-Material befaßt hatten, skizzenartig seine Theorien über das Wesen der Persönlichkeit zusammen. Aus diesem Grund gebe ich hier als Einleitung dieses Kapitels ein paar Auszüge aus dem Protokoll der Sitzung.

Bei der Sitzung waren etwa zehn meiner ständigen Kursteilnehmerinnen anwesend. Seth war in Hochform: Er lächelte ab und zu und unterbrach oft das ernsthafte Material durch ein paar lockere Bemerkungen. Meist sprach er die Studentin, die um die Sitzung gebeten hatte, direkt an, bisweilen aber richtete er sich auch an die rund sechzig Hörerinnen und Hörer der erwähnten Psychologievorlesung, die natürlich in dieser Sitzung nicht anwesend waren. Das Protokoll umfaßte ungefähr sechs engzeilig beschriebene Schreibmaschinenseiten, das ich hier gekürzt wiedergebe:

»Die Identität oder die Wesenheit ist nicht mit der Persönlichkeit gleichzusetzen. Die Persönlichkeit stellt nur die Aspekte der Wesenheit dar, die ihr innerhalb der dreidimensionalen Existenz zur Geltung bringen könnt ... Die Persönlichkeit kann nach den Kriterien eurer Begriffe von äußeren Bedingungen beeinflußt und geprägt werden; die Wesenheit hingegen benutzt zwar alle Erfahrungen, wird aber von diesen nicht gleichsam *nolens volens* hin und her geschüttelt.

Es stimmt, daß es für das Selbst keine Grenzen gibt und daß es über die Persönlichkeit weit hinausgreift in die Umwelt. Gegenwärtige Theorien über die Natur der Persönlichkeit ziehen die Tatsächlichkeit der außersinnlichen Wahrnehmung, also von Telepathie und Hellsehen, oder die Tatsache richtig verstandener Reinkarnation nicht in Betracht. Was ihr habt, ist in der Tat eine Psychologie für eure dreidimensionale Welt. Eure Wesenheit wirkt aber in vielen Dimensionen ...«

Dann wandte sich Seth an den Hörerkreis der Vorlesung, dem ja später die Bandaufnahme vorgespielt werden sollte. Uns kam übrigens das Groteske dieser Sitzung zu Bewußtsein. Man bedenke: Eine Persönlichkeit, die unseren Begriffen nach unsichtbar und unangreifbar ist, spricht zu einer abwesenden Zuhörerschar über die Natur der Persönlichkeit! Aber Seth wußte offensichtlich genau, was er tat, denn er setzte seine ihm eigene, unorthodoxe Methode, sich mitzuteilen, sehr gezielt ein.

»Ihr seid hier gerade bei dieser Sitzung Zeugen einer provokativen Demonstration der Natur der Persönlichkeit. Denn meine Persönlichkeit ist nicht die Ruburts, noch ist er meine. Ich bin zum Beispiel auch keine Spaltpersönlichkeit Ruburts. Ich unternehme keinen Versuch, Ruburts Leben zu dominieren, noch würde ich von ihm erwarten, daß er sich das gefallen ließe. Ich bin auch kein unterdrückter Persönlichkeitsanteil von Ruburts eigenem Wesen. Wie die hier Versammelten wissen, kann man ihn sich schwerlich als einen Menschen vorstellen, der auch nur das Geringste seiner selbst unterdrückt.

Ich habe ihm geholfen, seine eigene Persönlichkeit effektiver zur Geltung zu bringen und seine Fähigkeiten besser zu nutzen. Aber das ist wohl kaum ein psychologisches Verbrechen. Die Tatsache ist die, liebe Psychologiestudenten, lieber Professor, daß ihr alle mehr seid, als ihr wißt. Jeder von euch existiert in anderen Realitäten und anderen Dimensionen, und das Selbst, das ihr das eure nennt, ist nur ein Ausschnitt eurer gesamten Wesenheit.

Nun: In Träumen habt ihr Kontakt mit anderen Komponenten eures Selbst. Diese Verbindung besteht ununterbrochen, aber euer Ichbewußtsein ist so stark auf die materielle Realität und das Überleben in dieser eingestellt, daß ihr eure innere Stimme nicht hört. Ihr müßt aber erkennen, daß das, was ihr seid, nicht in einem Spiegel zu sehen ist. Was ihr im Spiegel seht, ist nur ein schwacher Abglanz eurer wahren Realität.

Euer Ego könnt ihr im Spiegel nicht sehen. Auch euer Unbewußtes könnt ihr nicht sehen. Das innere Selbst seht ihr ebenfalls nicht im Spiegel. Nun, das sind nur Begriffe, die euch erkennen lassen sollen, daß eben vieles von dem, was ihr seid, weder zu sehen noch anzufassen ist. Aber unterhalb der Selbst, die ihr kennt, gibt es eine grundlegende Identität, die ihr seid, euer gesamtes inneres Selbst. Dieses Gesamtselbst hat viele Leben gelebt. Es hat viele Persönlichkeiten angenommen. Es ist ein Energiepersönlichkeitskern, wie auch ich das bin. Der einzige Unterschied ist nur, daß ich nicht in der materiellen Welt zentriert bin. Ihr werdet, wenn ihr sterbt, nicht plötzlich ein ›Geist‹. Der seid ihr jetzt schon.«

Dann ging Seth weiter auf Fragen seiner eigenen und meiner Existenz ein. Dabei lächelte er. Zum Beispiel sagte er, er habe mir immer gut zugeredet, ein gutes Gleichgewicht zwischen Einsamkeit und Betriebsamkeit aufrechtzuerhalten. Dann wandte er sich an den Professor:

»Du kannst mich, wenn du willst, eine Produktion aus dem Unbewußten nennen. Ich bin nicht besonders entzückt über diesen Ausdruck, denn er entspricht auch nicht der Wahrheit. Wenn du mich aber als Dramatisierung des Unbewußten von Ruburts eigener Persönlichkeit bezeichnen willst, dann mußt du mit mir darin übereinstimmen, daß das Unbewußte über telepathische und hellseherische Qualitäten verfügt, denn ich habe telepathische und hellseherische

Fähigkeiten bewiesen. Allerdings muß ich dich daran erinnern, daß das Ruburt auch getan hat ... Wenn du allerdings nicht bereit bist, dem Unbewußten solche Fähigkeiten zuzuschreiben – und die meisten deiner Kollegen tun das nicht –, dann kannst du mich natürlich auch nicht als aus dem Unbewußten hervorgegangen betrachten.

Wenn du aber bereit bist, dies zu akzeptieren, habe ich andere Argumente. Meine Erinnerungen sind nicht die Erinnerungen einer jungen Frau. Mein Geist ist nicht der Geist einer jungen Frau. Ich bin mit vielen Beschäftigungen vertraut, von denen Ruburt keine Ahnung hat. Ich bin kein Vaterbild von Ruburt, noch überhaupt ein männlicher Anteil, der aus einem weiblichen Geist sozusagen hinterlistig hervorspäht. Unser Freund Ruburt hat auch erwiesenermaßen keine homosexuellen Neigungen. Ich bin einfach ein Energiepersönlichkeitskern, der nicht mehr in der physischen Form zentriert ist.

Persönlichkeit und Wesenheit sind nicht von physischer Form abhängig. Nur weil ihr denkt, daß es nicht so sei, kann euch diese Äußerung merkwürdig erscheinen ... Ihr nehmt bei allem willkürlich einen Körper an, als ob einer ein Raumfahrer würde, nur weil er einen Raumfahreranzug anzieht.«

Die Psychologiestudenten waren ebenso an Seths Realität wie auch an der Natur der Persönlichkeit interessiert. Und Seth wußte das. Lächelnd sagte er:

»Ein anderer Punkt: Diese Sitzungen folgen einer bestimmten Gesetzmäßigkeit, und deswegen laufen sie unter kontrollierten Bedingungen ab. Ruburts Eigenpersönlichkeit wird in keiner Weise eingeengt oder bedrängt, und sein Ich wurde immer vorsichtig und behutsam geschützt. Es wurde nicht auf ein anderes Geleise abgestellt. Statt dessen hat es vielmehr neue Fähigkeiten hinzugewonnen ... Mir wurde nicht künstlich in einem Hypnosezustand zu meiner ›Geburt‹ verholfen. Es fand nie, wie das zwischen Hypnotiseur und Hypnotisiertem denkbar ist, eine künstliche Vermischung persönlicher Charakteristika statt. Es war auch nie Hysterie im Spiel. Ruburt ist nicht hysterisch. Er erlaubt mir lediglich, sein Nervensystem unter kontrollierten Bedingungen zu benutzen. Ich habe keine diesbezügliche Blankoerlaubnis, noch wünschte ich mir eine solche. Ruburt entscheidet das. Ich habe anderes zu tun.«

Soweit ich das beurteilen konnte, bezog sich Seths Äußerung über die Hypnose auf das Training der ASW, dem sich so manche Medien seit neuerem unterzogen haben, weil der – hypnotisch oder wie immer herbeigeführte – Trancezustand ASW-Leistungen begünstigt. Gelegentlich wird in Hypnose auch die Kommunikation mit der Trancepersönlichkeit herbeigeführt. In meinem Fall war das nie so. Ich fiel in Trance immer spontan. Obwohl ich jetzt weiß, wie Selbsthypnose nutzbringend angewendet wird, nachdem ich mich in den vergangenen Jahren damit beschäftigt habe, habe ich auch autohypnotische Techniken für eine Sitzung nie eingesetzt.

Seth schloß seine Einführung, indem er verschiedene Methoden aufzeigte, wie man des inneren Selbst gewahr werden kann. Davon wird in Kapitel 19 noch die Rede sein.

In der nächsten Vorlesungsstunde wurde das Band abgespielt. Doch da die eine Stunde bei weitem nicht genügte, gingen der Psychologieprofessor und einige seiner Studenten zu unserer Bekannten nach Hause, um dort das ganze Band zu hören; nachher wurde darüber diskutiert.

Seths Persönlichkeit kam natürlich auf dem Band viel besser heraus als auf den getippten Seiten, weil seine Hervorhebungen und überhaupt sein sprachlicher Ausdruck mit zur Geltung kamen. Wir hatten auch ein paar Augenblicke gewöhnlicher Unterhaltung mitaufgenommen, so daß meine normale Stimme mit der Seths verglichen werden konnte. Selbst eine Privatsitzung, die viel Ähnlichkeit mit einer Vorlesung hat, wird immer durch Seths Gesten stark belebt. Wenn er zu einer Gruppe spricht, ist seine Gestik noch ausgeprägter, was natürlich eine Bereicherung darstellt.

Angenommen, wir überleben den Tod, was von uns überlebt dann? Als Seth uns mehr Material über Reinkarnation und das innere Selbst durchgegeben hatte, fragten wir uns das natürlich. Es mag ja großartig sein, ein Gesamtselbst zu haben, aber wenn mein – Jane Roberts' – Selbst vom Tod »verschlungen« wird, dann hat das für mich nicht viel mit dem Weiterleben zu tun. Das käme mir vor, wie wenn man mir sagte, ein kleiner Fisch überlebe, wenn er von einem großen gefressen wird, denn er werde ja Teil von ihm.

Seth zufolge geht unsere Individualität nie verloren. Sie bleibt der Existenz inhärent. Der kritische Punkt in diesem Zusammenhang ist nur der, daß das Selbst, das keine Grenzen hat, doch an Grenzen stößt, sofern es solche aus Unwissenheit akzeptiert. Unser individuelles Bewußtsein wächst und erweitert sich ständig, und aus seiner Erfahrung heraus lebt es seine verschiedenen »Persönlichkeiten« oder

»Fragmente« seiner selbst. Diese Fragmentpersönlichkeiten sind, was Handlung und Entscheidung betrifft, vollkommen unabhängig, aber die inneren Komponenten sind beständig in Verbindung mit dem Gesamtselbst, von dem sie ein Teil sind. Die »Fragmente« nämlich wachsen, entwickeln sich und prägen ihre eigenen »Persönlichkeitsgestalten« aus oder, wenn man so will, ganze Seelen.

Seth sagt, jeder von uns habe sogar in diesem Leben verschiedene Ego, wir würden aber vereinfachend von der Vorstellung nur eines Ego ausgehen. Das Ich sei jedoch zu jeder Zeit des Lebens einfach der Teil von uns, der an der »Oberfläche« erscheint, sei die Gruppierung von Charakteristika, die das innere Selbst einsetzt, um verschiedene Probleme zu lösen. Sogar das Ich, wie es uns erscheint, ändere sich andauernd. Zum Beispiel sei, sagt Seth, die Jane Roberts von heute anders als die Jane Roberts von vor zehn Jahren, obwohl das Ich meiner selbst sich keiner besonderen Veränderung der Wesenheit bewußt geworden ist.

Meine eigenen Erfahrungen überzeugen mich insofern, als ich zu wissen glaube, daß ich mehr bin als das Selbst, das ich als »mein« Selbst bezeichne. Wenn ich zum Beispiel hellseherisch Informationen bekomme, weiß ein Teil in mir, daß Jane das normalerweise nicht kann. Dieser Teil in mir berichtet sozusagen dem Jane-Ich von dieser Fähigkeit. Ich glaube, daß solches nicht nur im Fall außersinnlicher Wahrnehmung geschieht, sondern auch in Verbindung mit künstlerischer Inspiration: Wir stimmen uns auf einen wissenderen Teil unserer eigenen Wesenheit ein.

Natürlich bedeuten derartige Fähigkeiten nichts, wenn man nicht lernt, sie zu nutzen und selbst zu erfahren. Schon früh in unseren Sitzungen hat Seth das beschrieben, was man die »inneren Sinne« nennen könnte – innere Wahrnehmung, die nicht dem Wachbewußtsein entstammt und uns ermöglicht, uns unserer multidimensionalen Existenz bewußt zu werden. Es verging einige Zeit, bis Rob und ich wirklich begriffen, was diese inneren Fähigkeiten bedeuten und wie wir uns ihrer bedienen können, und immer noch sind wir dabei zu lernen, sie noch effektiver einzusetzen.

Wie ich schon früher erwähnt habe, wurde das, was Seth in Sitzungen sagte, unterstützt von dem, was in diesen Sitzungen geschah. Als er etwa über latente Potentiale sprach, merkten wir bald, daß wir dabei unsere eigenen entdeckten. In einem erstaunlichen Ausmaß bestätigten unsere persönlichen Erfahrungen Seths Theorien. In diesem

Zusammenhang war vor allem die 138ste Sitzung vom achten März 1965 wichtig.

An diesem Abend gab Seth erstes Material über die Persönlichkeit und die Energieentfaltung innerer Vitalität durch. Die Gedanken, die er dabei ausbreitete, sind grundlegend für seine Theorien über die Wesenheit der menschlichen Persönlichkeit überhaupt, und da er sich mit den Charakteristika des Bewußtseins befaßt, bilden sie ebenso die Grundlage für das Material seines später entwickelten Gotteskonzeptes.

Zu jener Zeit hielten wir die Sitzungen im Schlafzimmer ab. Dieses Zimmer ist klein, ein Fenster geht auf den großen Hof. Es war Sommer. Kaum jemand wußte von den Sitzungen, und Seths bisweilen dröhnende Stimme hätte, der Stille des Abends überlassen, zu Fragen Anlaß gegeben, die zu beantworten wir noch nicht bereit waren. Wie von Anfang an saß Rob mit Stift und Papier in seinem Sessel und machte Aufzeichnungen. Ihm wurde oft sehr heiß, denn wir hielten die Fenster zum Hof, wo sich oft Nachbarn aufhielten, geschlossen, um die Sitzungen so privat wie möglich zu halten. Mir selbst macht die Hitze nichts aus, wenn ich in Trance bin, obwohl ich sonst auf Hitze empfindlich reagiere.

Beim Lesen der Protokollauszüge können Sie erkennen, daß Seth Hinweise auf das gab, was kommen mußte. Vielleicht vermögen Sie zwischen den Zeilen auch noch mehr herauszulesen.

»Die Identität einer Persönlichkeit, ihre Wesenheit, kann als ein komplexer Vorgang der Bewußtwerdung gekennzeichnet werden. Nur um des besseren Verständnisses willen rede ich von ›Identität‹ und ›Vorgang‹; diese Trennung gibt es im Grunde gar nicht.

Indem alle Vorgänge mit sich selbst verwoben sind und jeder Vorgang einen anderen auslöst, Aktion die Reaktion und umgekehrt, erschaffen die Wirkungen all dieser Vorgänge innerhalb des Selbst und auf das Selbst erst die Identität einer Persönlichkeit.

Ohne die Wesenheit wären diese Vorgänge bedeutungslos, denn dann gäbe es ja nichts, worauf sie einwirken könnten. Diese Vorgänge erschaffen ihrer Natur nach aus sich heraus und durch das, was sie bewirken, die Identität der Persönlichkeit. Es sind einfachste wie auch komplexeste Vorgänge. Ihr Antrieb sind nicht etwa Kräfte von außen, die auf die Persönlichkeit einwirken. *Diese Vorgänge entstammen vielmehr der Vitalität des inneren Universums – und sie führen auch zu mehreren Dilemmas.*

Ein erstes Dilemma ergibt sich einerseits aus dem Streben der inneren Vitalität, sich zu materialisieren, und andererseits der Unfähigkeit, dies vollständig zu realisieren.

So scheint es, daß diese auf Bewußt- und Stoffwerdung abzielenden vitalen Vorgänge die Identität einer Persönlichkeit aus ihrer Natur heraus auch zerstören können, denn jeder Vorgang hat Veränderungen zur Folge, und jede Veränderung scheint die Wesenheit zu bedrohen.

Es ist jedoch falsch zu glauben, daß eure Wesenheit auf einem ausgewogenen Gleichgewicht beruhe; sie sucht es zwar ständig, aber ein dauerhaftes Gleichgewicht ist unmöglich. Erkennt dies als das zweite Dilemma.

Dieses Dilemma ergibt sich aus der Unvereinbarkeit der inneren Strebungen: Eure Wesenheit trachtet, ein Gleichgewicht, das nicht möglich ist, aufrechtzuerhalten, und eure inneren vitalen Antriebskräfte drängen zu Veränderungen, deren Folgen Ungleichgewicht und ein exquisites kreatives Nebenprodukt sind: das *Bewußtsein des Selbst.* Denn Bewußtsein und fleischgewordene Existenz entstammen nicht jenem so zerbrechlichen Gleichgewicht; sie werden, wie gesagt, erst durch die aufgrund vitaler Antriebskräfte herbeigeführten Veränderungen ermöglicht. Dem Mangel an Gleichgewicht gerade ist also die reiche Kreativität zu verdanken. Realität könnte es gar nicht geben, wäre ein dauerhaftes Gleichgewicht möglich.

Ihr erkennt daher eine ganze Reihe kreativer Strebungen. Die Wesenheit strebt nach Gleichgewicht, die Antriebskräfte der inneren Vitalität streben Veränderungen an; doch die Wesenheit könnte ohne diese Veränderungen gar nicht existieren, denn sie ist das Ergebnis dieser Vorgänge und lebt von ihnen. Eine Wesenheit kann nie etwas Gleichbleibendes sein. Ihr verändert euch bewußt und unbewußt von einem Moment zum anderen. Und ohne Bewußtwerdung würde eure Wesenheit aufhören zu sein.

Bewußtsein ist daher kein Phänomen an sich, geschweige denn ein ›Ding‹ an sich. Es ist vielmehr ein Innewerden der erwähnten Vorgänge und ein fast wunderbarer Zustand, der erst durch das ermöglicht wird, was ich eine Reihe kreativer Dilemmas nenne.

Es sollte nicht schwerfallen zu erkennen, wie das zweite Dilemma sich aus dem ersten ergibt. Ich habe ja gesagt, daß sich dieses zweite Dilemma aus dem Bewußtsein des Selbst ergibt. Dies ist aber nicht dem Ichbewußtsein gleichzusetzen. Das Bewußtsein des Selbst ist immer noch ein Bewußtsein, das direkt mit den vitalen inneren Vorgängen verbunden ist.

Im Ichbewußtsein tritt das dritte kreative Dilemma zutage, das sich ergibt, wenn das Bewußtsein des Selbst versucht, sich von den durch die Antriebskräfte innerer Vitalität herbeigeführten Vorgängen zu trennen. Dies ist, wie ich erklärt habe, unmöglich. Doch dies stellt auch einen Versuch seitens des Bewußtseins dar, die innere Vitalität materiell realisiert wahrzunehmen ...

Diese Dilemmas laufen auf den Ebenen unterschiedlicher Realitäten ab, in denen sich die innere Vitalität ausdrücken kann. Und daraus erklärt sich auch, warum die Antriebe innerer Vitalität niemals zu einer vollständigen Materialisierung führen können. Genau die Antriebskräfte, die eine Materialisierung herbeiführen könnten, stärken auch die innere Dimension der Vitalität.

Wenn Vorgänge, die der inneren Vitalität entstammen, das verändern, worauf sie einwirken, dann folgt daraus, daß dies auch auf unsere Sitzungen zutrifft. Sie verändern tatsächlich die Art der Sitzungen. Ich habe oft davon gesprochen, daß das Bewußtsein unterschiedlich zentriert werden kann. Innere Vitalität bietet eine Unzahl von Möglichkeiten der Einstellungen.«

Während Seth das vorstehende Material durchgab, durchlebte ich eine Reihe von Erfahrungen, die ganz neu für mich waren. Ich konnte Rob von diesen Erfahrungen erst nach der Sitzung erzählen; allerdings ist es fast unmöglich, sie zu beschreiben. Am nächsten komme ich vielleicht meinem Eindruck, wenn ich sage, daß das, was Rob in Worten übermittelt wurde, auch mir, aber auf ganz andere Art, zuteil wurde. Es kam mir vor, als befinde ich mich innerhalb der von Seth erwähnten vitalen Vorgänge, die mich in die anderen Dimensionen meiner Wesenheit hochtragen.

Ich *fühlte*, was Seth sagte, als würden seine Worte in subjektive Erfahrung übersetzt. Ich fühlte mich auf eine Art fort- und in etwas hineingezogen. Mein Ich war voll gegenwärtig, ging aber gleichsam in die Auffassungen ein, die er darlegte. Ich war in ihnen und sah aus ihnen heraus. Rob fragte Seth gegen Ende der Sitzung, ob er erklären könne, was mit mir vor sich gehe. Seth sagte:

»Ruburt macht gerade die Erfahrung der Gestaltwerdung vitaler Antriebskräfte. Wie jedes andere Bewußtsein ist auch das Ruburts Vitalität. Aber an diesem Abend erfährt er sie, soweit dies möglich ist, ohne den üblichen Versuch seines Ich, sich von diesen vitalen inneren Vorgängen abzutrennen.

Ich habe angedeutet, daß dieses Material die Grundlage für zukünftige Sitzungen abgeben werde. Es ist wahr, daß die Sitzungen eine neue Dimensionalität angenommen haben, und ich hoffe, daß ich Ruburt in Zukunft in dieser Hinsicht noch unmittelbarere Wahrnehmungen werde vermitteln können. Ich sagte schon, daß solche Entwicklungen zu erwarten seien. Es sind dies ganz natürliche Entfaltungen, die ihrer Natur nach und zu ihrer Zeit ihre Fortsetzung finden werden, und jede einzelne wird andere in Gang setzen.«

Solche Erlebnisse hatte ich nun häufig im Zuge der Sitzungen. Später nahmen wir das Außergewöhnliche daran, glaube ich, als selbstverständlich und machten uns nicht mehr klar, welchen tiefen Eindruck es anfänglich auf uns gemacht hatte. Das Außergewöhnliche besteht eben darin, daß gleichsam parallel zu Seths Informationen meine Erfahrungen ablaufen. Seth zufolge sind diese auf die Mitwirkung der inneren Sinne zurückzuführen und haben die Bedeutung, das Vorhandensein der in uns allen schlummernden Fähigkeiten nicht nur mir, sondern jedem Menschen klarzumachen.

Der physische Körper und seine Sinne sind laut Seth unsere »Spezialausrüstung«, die uns ermöglicht, in der körperlich-materiellen Realität der Erscheinungswelt zu leben. Um andere Realitäten wahrzunehmen, müssen wir uns der inneren Sinne bedienen – der Methoden einer Wahrnehmung, über die das innere Selbst verfügt und die ungeachtet einer allfälligen physischen Existenz wirksam sind. Seth nennt die Welt, die wir kennen, ein »Verschleierungssystem«, nachdem alles Materielle nur die Erscheinungsform ist, die die Vitalität der Wesenheit annimmt. Auch andere Realitäten haben ihre Verschleierungen, doch in ihnen arbeitet das Bewußtsein mit einer für diese Zwecke maßgeschneiderten »Ausrüstung«. Dank der inneren Sinne vermögen wir durch die Verschleierung hindurchzusehen.

Die inneren Sinne sind gleichsam körperlose Organe des Gesamtselbst als des psychischen Urgrundes jeweils mehrerer Persönlichkeiten. Für diese ist das Gesamtselbst eine unschätzbare Hilfe, wenn die Persönlichkeiten sie zu nutzen wissen. Mit Seths Worten:

»Die Persönlichkeit, wie ihr sie euch gewöhnlich vorstellt, lebt schon einmal auf der Grundlage des das handelnde Ich beeinflussenden persönlichen Unbewußten. Darüber hinaus gibt es jenes kollektive Unbewußte, das Teil der ganzen Menschheit ist. Und nochmals darüber hinaus, unverzerrt und von euch abrufbar, gibt es das inhärente ›Wissen‹ eures Gesamtselbst, das in jede Realität, deren Gesetzmäßigkeiten und Gestaltungsprinzipien hinausreicht.

In eurer Wesenheit findet ihr das ureinst eingegebene Wissen, wie es zur Schöpfung der Verschleierungswelt, die ihr kennt, kommt und welche Mechanismen dabei eine Rolle spielen, und in ihr findet ihr auch viel von dem Wissen, das ich euch durchgegeben habe. In eurem inneren Selbst könnt ihr die Mittel und Wege entdecken, wie es zu den verschiedenen Existenzen in multidimensionalen Realitäten kommt. In eurer Wesenheit liegen die Antworten auf alle eure Fragen. Das innere Selbst weiß, wie es die vorhandene vitale Energie seinen Zwecken zuführt, die Erscheinungsform der Energie verändert und in unterschiedlichen Realitäten zum Ausdruck bringt.«

Welche Worte! Was Seth sagt, bedeutet, daß jeder von uns Zugang zum inneren Selbst hat und daß die inneren Sinne uns dazu verhelfen, andere Wirklichkeiten als die bloß dreidimensionale Realität wahrzunehmen. Es bedeutet: Wir brechen zu neuer Erkenntnis zunächst bei unserer ureigenen subjektiven Erfahrung auf, wobei wir von der unseres Ich ausgehen. Die körperlichen Sinne helfen uns, die äußere Realität, wie wir diese kennen, wahrzunehmen. Die inneren Sinne jedoch lassen uns demgegenüber innere Realitäten wahrnehmen.

Solche haben bis zu einem gewissen Ausmaß Rob und ich aufgrund unserer inneren Sinne wohl schon erfahren, zum Beispiel im Phänomen der »psychischen Zeit«. Seth sagte dazu:

»Von ihrem inneren Bezugsrahmen aus betrachtet werdet ihr die in eurer Erscheinungswelt gültige Zeit als ebenso traumähnlich erkennen, wie ihr vorher wohl dachtet, daß die von eurer Psyche vorgegebene Zeit dies sei. Ihr werdet eure Selbst entdecken, wenn ihr zur gleichen ›Zeit‹ nach außen und nach innen späht, und dann erkennen, daß alle Zeit eine Zeit ist und Vergangenheit und Zukunft angesichts des umfassenden Jetzt Illusionen sind.«

Wenn wir »Psi-Zeit« haben, wie Rob und ich das nennen, finden unsere Erfahrungen außerhalb üblicher Zeitbegriffe statt. Es ist tatsächlich so, als ob die von Seth erwähnte »Ausrüstung« ausgetauscht wäre: Psi-Zeit ist die »Zeit«, die ich zum Beispiel bei Erlebnissen außerkörperlicher Erfahrung durchlebe. Wenn ich mich in dem in Kapitel 9 erwähnten Fall der Bewußtseinsprojektion plötzlich in Kalifornien befand, so mußte ich eine Strecke von um neuntausend Kilometer »gereist« sein. Es ist klar, daß solches in »gültiger« Zeit unmöglich wäre.

Ein tieferes Verständnis dieses Themas setzt voraus zu erkennen, daß sich das innere Selbst außerhalb jeder Zeit, die wir kennen, befindet. Dabei drängt sich natürlich eine Frage auf: Wie können wir den Faktor Zeit außer acht lassen? Was ist an uns selbst oder was ist an der Zeit, daß wir das eine vom anderen loslösen können? Vielleicht sind Sie an diesen Fragen gar nicht interessiert. Bedenken Sie aber: Andere werden sich womöglich betrogen fühlen, wenn diese Fragen unbeantwortet bleiben – das meint jedenfalls Seth. Deshalb schließe ich dieses Kapitel mit den Erklärungen, die er in der 224sten Sitzung zu diesem Thema gab.

»Die Vergangenheit ist als Energieansammlung elektromagnetischer Natur sowohl im physischen Gehirn als auch im nichtphysischen Bewußtsein vorhanden. Die wechselseitigen elektromagnetischen Verknüpfungen können verändert werden ... Ebenso ist die Zukunft in Form elektromagnetischer Verknüpfungen sowohl im Gehirn als auch im Bewußtsein vorhanden. Nur diese Tatsache berechtigt euch, die Gegenwart als Gegenwart zu erleben.

Mit anderen Worten: Vergangenheit und Gegenwart sind im gleichen Ausmaß Wirklichkeit. Gelegentlich kann euch jedoch die Vergangenheit sogar ›realer‹ als die Gegenwart erscheinen. In solchen Fällen wird vergangene Erfahrung von neuem, aber anders in dem durchlebt, was ihr Gegenwart nennt. Ihr haltet es für gegeben, daß gegenwärtige Erfahrung die Zukunft verändern kann, aber gegenwärtige Erfahrung kann ebenso auch die Vergangenheit verändern.

Die Vergangenheit ist nichts Festgelegtes und besteht nicht unabhängig vom Wahrnehmenden. Die elektromagnetischen Verknüpfungen, die die Vergangenheit aufbauen und ›zusammenhalten‹, sind weitgehend auf das wahrnehmende Individuum zurückzuführen, und der Wahrnehmende ist immer auch der Teilnehmende. Darum können sie auch verändert werden. Solche Veränderungen sind an der Tagesordnung. Sie geschehen spontan und unbewußt.

Die Vergangenheit ist kaum je das, wofür ihr sie in eurer Erinnerung haltet, denn ihr habt sie schon vom Augenblick eines jeden Geschehens an neu ›arrangiert‹. Sie wird vom Individuum, dessen Haltungen und Assoziationen sich laufend verändern, ständig neu erschaffen. Dabei handelt es sich um eine wirkliche Neuschöpfung, nicht etwa nur eine symbolische. Das Kind steckt wirklich im Mann, auch wenn er längst nicht mehr das Kind ist, das er ›war‹; doch das innere Kind im Mann hat sich laufend verändert.

Schwierigkeiten ergeben sich gerade dann, wenn solche selbstverständlich notwendigen Veränderungen nicht stattfinden. Schwere Neurosen können die Folge sein. Deshalb ist es von größter Wichtigkeit, daß das Individuum seine Vergangenheit verändert. Noch einmal: Die einzige Wirklichkeit, die der Vergangenheit zukommt, ist die, die sie den Assoziationen und inneren Bildern verdankt, die als Energieansammlung elektromagnetischer Natur im Gehirn und im Bewußtsein vorhanden sind.

Was ich sage, ist wohlverstanden eurem Weltbild angepaßt; damit ihr mich versteht, vereinfache ich vieles beträchtlich. Neue Einstellungen, neue Assoziationen oder irgendwelche der zahllosen denkbaren inneren Vorgänge werden automatisch neue elektromagnetische Verknüpfungen schaffen und andere zusammenbrechen lassen.

Jeder Vorgang verändert jeden anderen Vorgang – womit wir zu unserem Abc zurückkehren. Darum hat jeder Vorgang in eurer Gegenwart Wirkungen auf die Vorgänge, die ihr der Vergangenheit zuschreibt. Ein ins Wasser geworfener Stein verursacht Wellen, und diese verbreiten sich in *alle* Richtungen, und auf vergleichbare Weise verbreite auch ich mich hier ziemlich weit. Wenn ihr euch an das erinnert, was ihr unter dem Faktor Zeit versteht, könnt ihr jetzt erkennen, daß die scheinbaren Zeitschranken von Vergangenheit, Gegenwart und Zukunft nur Illusionen sind, hervorgerufen durch die Vielzahl der Vorgänge, die ihr als materielles Geschehen wahrnehmt.

Es ist daher möglich, daß ihr in der Vergangenheit auf ein Geschehnis reagiert, das noch gar nicht stattgefunden hat, daß ihr also von eurer eigenen Zukunft beeinflußt werdet. Und es ist ebenso möglich, daß ihr in der Vergangenheit auf ein Geschehnis reagiert, das in der Zukunft gar nie stattfinden wird.

Ihr erinnert euch doch sicher an das Paar, das ihr in einer Bar in York Beach gesehen habt [diese Episode wurde in Kapitel 2 beschrieben]?«

»Ja«, sagte Rob und sah mich gespannt an. Und Seth fuhr fort:

»Nun: Dieses Paar stellte eine Art Projektion eurer selbst dar. Tatsächlich hättet ihr zu dem werden können, was die beiden waren. Diese Möglichkeit existierte in eurer damaligen Gegenwart als eine Wahrscheinlichkeit. Ihr nahmt einen Ausschnitt wahrscheinlicher Zukunft wahr und reagiertet darauf, und die euch mögliche wahrscheinliche Erfahrung wurde nicht vollzogen. Weil Vergangenheit, Gegenwart und Zukunft gleichzeitig existieren, könnt ihr klarerweise auf ein Geschehen reagieren, ob dieses nun zufällig auf das engbegrenzte Erlebnisfeld eurer Realität fällt, in der ihr euch gewöhnlich erlebt, oder nicht.

Auf der unbewußten Ebene reagiert ihr, soweit eure ichgebundene Bewußtheit betroffen ist, auf sehr viele Ereignisse, die noch gar nicht eingetreten sind. Solche Reaktionen werden sorgfältig verborgen und dem Bewußtsein vorenthalten. Das Ichbewußtsein findet derartige Vorgänge verwirrend und ärgerlich, und wenn es sich gezwungen sieht, ihre Gültigkeit zuzugeben, wird es zu den entlegensten Ausreden Zuflucht nehmen, um die Vorgänge rational zu erklären.

Das innere Selbst kann sogar Geschehnisse wahrnehmen, die erst nach dem körperlichen Tod eintreten werden. Das Selbst ist nicht gefangen in der Zeit des Ich. Seine Wahrnehmungen werden vom Ich nicht behindert. Das Selbst kann Geschehnisse wahrnehmen, die ihm selbst nach dem Tod der Persönlichkeit widerfahren werden, und ebenso auch solche, in die es nicht verwickelt ist.

Bei all dem ist aber mit Ungewißheiten zu rechnen. Sie beruhen auf der Tatsache, daß wahrscheinliche Geschehnisse ebenso klar wie Geschehnisse, die materiell durchlebt werden, wahrgenommen werden. Sie alle sind aber nicht vorherbestimmt. Jedwedes Geschehnis kann nicht nur ›vor‹ und bei seinem Eintritt, sondern auch ›nach‹ seinem Vollzug verändert werden. Ich meine dies, wie gesagt, nicht symbolisch; dabei ist mir durchaus klar, daß ich mich damit heftigster Kritik aussetze, auf die ich zweifellos an diesem fortgeschrittenen Abend heute nicht mehr eingehen kann.

Beispielsweise sind euch auch Grenzen gesetzt, die ihr erkennen müßt, aber innerhalb dieser Grenzen werdet ihr entdecken, daß Geschehnisse verändert werden können und daß sie sich laufend verändern, wann und wie immer sie ursprünglich in euer Erfahrungsfeld aufgetaucht sind. An eine der erwähnten Grenzen stößt der Mensch, wenn er aus dem Zeitsystem der Erscheinungswelt ausscheidet. Ein ermordeter Mann wird nicht unversehrt und heil ins körperlich-materielle Leben zurückkehren, obwohl sein Selbst weiterlebt.

Ich fasse zusammen: Das Individuum ist keineswegs vergangenen Erfahrungen ausgeliefert, denn es verändert sie laufend. Es ist auch keineswegs zukünftigen Erfahrungen ausgeliefert, denn es verändert diese nicht nur vor, sondern auch nach ihrem Eintreten.

Und noch einmal: Die Vergangenheit ist ebenso real wie die Zukunft, weder mehr noch weniger. Denn die Vergangenheit ist nur als Energieansammlung, als Muster elektromagnetischer Verknüpfungen in Hirn und Bewußtsein vorhanden, und diese verändern sich ständig ... Die zukünftigen Erfahrungen eines Individuums hängen nicht von einer konkret ›beendeten‹ Vergangenheit ab, denn eine solche Vergangenheit hat es nie gegeben.«

Rob und ich entdeckten bald, daß Seths Auffassungen keineswegs nur theoretischen Wert hatten. Im folgenden Kapitel werde ich von einer der merkwürdigsten Erfahrungen meines Lebens berichten – wie ich nämlich aus der Welt von Zeit und Raum herausgeschwemmt, und dann, ebenso plötzlich, in sie zurückgeworfen wurde.

17
Seth Zwei, ein Seth der Zukunft

Inzwischen hatte ich mich an Seth gewöhnt. Die Sitzungen waren, so merkwürdig sie uns zuerst vorgekommen waren, zu einem selbstverständlichen Teil unseres Lebens geworden. Es gab zwar noch viel, das ich nicht verstand – und immer noch nicht verstehe –, doch hoffte ich, mit der Entwicklung meiner Fähigkeiten noch einiges zu lernen. Aber ich dachte, daß die Seth-Sitzungen selbst sich mehr oder weniger gleichbleiben würden. Wenn ich mir zurückschauend das frühere Material vergegenwärtige, so muß ich zugeben, daß ich es hätte besser wissen müssen.

An einem Abend im April 1968, als wir uns für unsere übliche Montagabendsitzung, es war die 406te, bereitmachten, ahnten wir nicht, daß sich etwas für uns völlig Neues ereignen könnte. Ich saß in meinem Schaukelstuhl, Rob auf der Couch, bereit zum Mitschreiben. Wie Rob mir später sagte, war Seths Stimme an diesem Abend ungewöhnlich kraftvoll, und meine geöffneten Augen waren sehr dunkel gewesen; Seth hatte Rob besonders aufmerksam beobachtet.

Seth entwarf in wenigen Worten für Rob die Grundzüge des Materials, das in den folgenden Jahren Gegenstand seiner Erörterungen werden würde.

»Ihr kennt jetzt den von mir skizzenhaft entworfenen Plan, aber wir haben Zeit, den Entwurf auszuarbeiten«, sagte er lächelnd. »Allerdings ist auch der von mir entworfene Plan keineswegs vollständig ... Wir wollen uns mit der Natur der Realität befassen, wie sie in eurem Verschleierungssystem und auch in anderen Systemen zur Geltung kommt und uns die ihr anhaftenden allgemeingültigen Merkmale vergegenwärtigen.

Ein Teil dieses Materials wird automatisch die Antwort auf viele Fragen sein, die euch beschäftigt haben, und wird auch die Lösung von Problemen sein, mit denen sich eure Wissenschaftler abmühen. Euch werden die Wechselwirkungen, die zwischen allen Realitätssystemen bestehen, und bestimmte Verbindungspunkte, die sie gemeinsam haben, klarwerden. Diese Verbindungspunkte können mathematisch genau abgeleitet werden und werden in Zukunft auch für euch als Angelpunkte dienen, die Raumreisen ersetzen können.«

Das von Rob protokollierte Material über den zukünftigen Inhalt unserer Sitzungen ging über viele Seiten so weiter. Danach machten wir unsere erste Pause. Keiner von uns beiden erkannte, auch da noch nicht, daß die Sitzung irgendwie anders als üblich verlief. Doch kaum hatten wir sie wieder aufgenommen, fühlte ich plötzlich einen kraftvollen Energiefluß durch mich hindurchströmen, so daß mir mein »Ich« verlorenzugehen schien und ich mich geradezu davongeschwemmt fühlte.

Ich konnte natürlich Rob nicht erzählen, was ich empfand, aber offensichtlich spürte er, daß etwas Ungewöhnliches vorging.

»Wenn ihr«, und Seth betonte nun jedes Wort, »diese Kanäle offen und frei haltet, wird euch aufschlußreiches, unverzerrtes Material zuteil werden. Ruburts Erlebnisfeld ist ausgezeichnet, und die Realität, von der aus ich zu euch spreche, bietet Möglichkeiten, die weit über das hinausgehen, wozu ihr, befangen vom System eurer Erscheinungswelt, gewöhnlich Zugang habt ... Seht zu, daß Ruburt seine Erfahrungen nicht durch Lesestoff, der verzerrt ist, verfärbt macht. Die Lektüre von Büchern hat natürlich Sinn, denn in euren Büchern findet ihr die Realität in Kriterien erklärt, die ihr verstehen könnt. Aber der Großteil eurer Bücher liefert euch doch nur verzerrte Bilder eurer Realität.«

Seths Stimme war energiegeladen und wurde stets noch kraftvoller.

»Ich werde mich in Zukunft bemühen, euch beiden einige unmittelbare Erfahrungen von Ideen zu vermitteln. Die Darlegung der Ideen wird vom richtigen stimmlichen Ausdruck begleitet sein. Dies wird euch einen Schimmer dessen vermitteln, was unglücklicherweise, aber notgedrungen an Bedeutung verlorengehen muß, wenn Ideen in materiell faßbaren Begriffen erklärt werden. Macht euch für eine andere Art leichten Lernens frei, das eine ziemlich einmalige und originelle Entwicklung ermöglicht. Stereotype Symbole, die gewöhnlich solchen Erfahrungen fast automatisch übergestülpt werden, können euch erspart bleiben, jedenfalls so weit wie möglich. Verstehst du?«

»Ja«, sagte Rob, aber er sagte es fast beiläufig. Seth hatte zunehmend schneller gesprochen, so daß er Mühe hatte, beim Schreiben mitzuhalten. Seths Stimme wurde noch lauter:

»Ich bin der Seth, der ich, sage ich, bin, aber ich bin auch mehr. Die Seth-Persönlichkeit, die ihr kennt, ist der Teil meines Selbst, der sich euch am klarsten mitteilen kann. Kannst du mir folgen?«

Rob nickte. »Ja«, sagte er wieder.

»Dieser Teil meines Selbst ist eng mit euch beiden verbunden, und deswegen bin das auch ich. Erinnert euch, daß ich ein Energiepersönlichkeitskern bin. Ihm entstammen natürlich alle Persönlichkeiten.«

Die Stimme wurde immer kräftiger. Rob machte Miene, Seth zu bitten, etwas von seinem Stimmvolumen abzulassen, aber er war sich nicht so sicher, was da vorging, und hielt es wohl deshalb für das beste, ihn nicht zu unterbrechen.

»Es gibt in Ruburts Persönlichkeit einen Winkel der Erlebnisfähigkeit, der übrigens auch in einen der deinen einmündet und ihm, Ruburt, einen ziemlich leichten Zugang zu Informationskanälen verschafft, der aus eurem System heraus Menschen nicht leichtfällt. Während dieser Sitzung und in diesem Augenblick ist die Verbindung besonders gut. Es gibt sogar einen Zugang zu einer Energie, die weit jenseits von allem üblicherweise Erreichbaren liegt. Ruburt spürte das in seiner Vergangenheit, und er hatte Angst, sich diesen Kanälen zu öffnen, bis er sich dazu genügend vorbereitet fühlte.

Es ist da etwas im Spiel, das man fast mit einer Krümmung in eine zusätzliche psychische Dimension vergleichen kann, und dieser Winkel der Erlebnisfähigkeit von Ruburts Persönlichkeit ist eine Art Angelpunkt, von dem aus die Verbindung mit mir tragfähig werden kann.«

Dann sagte Seth zu Robs Erstaunen das Ende der Sitzung an, und Rob vollzog das vereinbarte Ritual, um meine Trance zu beenden. (Seit kurzem waren meine Trancezustände im Vergleich zu früher sehr viel tiefer geworden, und Seth hatte vorgeschlagen, daß Rob mich am Ende einer Sitzung dreimal bei meinem Namen nennen sollte.)

»An diesem Abend«, sagte Seth, »hast du etwas erreicht, das über die Persönlichkeit hinausgeht, durch die ich mich gewöhnlich euch gegenüber ausdrücke. Selbst wenn ich fortfahre zu sprechen, beende, Ruburt, die Trance.«

Rob nannte mich mehrmals beim Namen, bekam aber keine Antwort. Dann berührte er meine Schulter, und ich fuhr ziemlich heftig auf. Seine Berührung holte mich sofort aus dem Trancezustand. Aber ich wußte gleichwohl nicht, was um mich herum vorging. Ich fühlte mich weiterhin von kraftvoller Energie durchflossen. Wäre ich aufgestanden – so war mein Gefühl –, wäre ich, von dieser Kraft angetrieben, durch die Wand hindurchgeflogen. Ich empfand meinen Kopf als riesig, als wären meine Ohren metergroß. Dieses Gefühl war mir nicht völlig neu. Das gleiche hatte ich bisweilen schon bei Psi-Zeit-Erfahrungen erlebt. Etwas anderes war allerdings, diese Energie in mir festzuhalten.

Ich schüttelte den Kopf. »Toll einfach!« sagte ich zu Rob. »Daß ich jemals Zweifel hatte ... Was immer da vorging, dies kam nicht aus mir selbst, nicht aus meiner eigenen Persönlichkeit.« Dieser Vorfall berührte mich so, daß ich eigene Aufzeichnungen machte: »Ungeheuerliche Energie schien mich zu durchfluten, dabei hatte ich – gottlob – die ganz klare Sicherheit, daß dies jenseits meiner selbst herrührte und von mir nur, gleichsam automatisch, in Worte übersetzt wurde. Ich glaube, dies war eine ebenso bedeutsame Erfahrung wie seinerzeit die erste Seth-Sitzung.«

Am nächsten Mittwochabend hatte ich vor Beginn der Sitzung ein irgendwie unbehagliches Gefühl. Sie begann Punkt neun, und sofort wußte Rob, daß auch dies keine »normale« Sitzung werden würde, wie sich sehr bald herausstellte. Schon einmal war, so notierte Rob, Seths Stimme anders. Sie war meiner eigenen Stimme ähnlicher, obwohl es nicht meine Stimme war. Doch Rob vermißte nicht nur Seths tiefe Stimmlage, sondern auch die für ihn typische Gestik und überhaupt die für ihn charakteristische Art, sich auszudrücken. Die Stimme kam weicher als sonst. Rob mußte genau hinhören, um alles mitzubekommen:

»Die für diese Sitzung typische Erfahrung war schon latent in unserer ersten Sitzung vorhanden gewesen. Doch die daraus resultierende Entwicklung konnte stattfinden oder auch nicht. Hätte sie nicht stattgefunden, wären viele wichtige zukünftige Entwicklungen blockiert worden. Zum Beispiel gab es Äußerungen, die sehr laut und mit kräftiger Stimme [Seths Stimme] vorgetragen wurden; sie stellten Möglichkeiten von Entwicklungen dar, die hätten stattfinden können. Aus verschiedenen Gründen wurden diese Möglichkeiten aber nicht benutzt. Die Energie wäre durch die von ihr aufgebaute Stimme abgelenkt worden.«

Die Stimme wurde noch leiser, fast flüsternd.

»Die Gesetze des inneren Universums sind nicht in irgendeinem Buch kodifiziert. Die Natur der inneren Realität muß anhand von Worten und mit Hilfe entwirrter Begriffe erklärt werden, und dabei geht notgedrungen viel verloren. Deshalb ist es wichtig, daß ihr in Ergänzung des euch dargebotenen Wissensstoffs möglichst oft auch praktische Erfahrungen machen könnt, die euch bereichern; so bekommen Worte und Begriffe für euch erst richtig Sinn. Die Gelegenheit, solche Erfahrungen zu machen, hängt natürlich von den Umständen einer jeden Sitzung ab, wird aber angesichts der in den jüngsten Sitzungen zutage getretenen Entwicklung in Zukunft viel häufiger gegeben sein als früher.

Was ich euch über die Gesetze des inneren Universums gesagt habe, sind im Grunde genommen unzutreffende, weil zwangsläufig der Dimensionalität dieses Universums ermangelnde Feststellungen, doch sie sind immerhin richtiger als das meiste von dem, was ihr bisher gehört habt. Sie stellen die größtmögliche Annäherung an die jeder Existenz zugrunde liegenden Tatsachen dar. Feststellungen dieser Art können unter den Umständen, von denen ihr ausgehen müßt, nicht besser getroffen werden. Wie Worte nur einen ungenügenden Hinweis auf die Qualität einer Farbe oder eines Klangs geben können für jemanden, der die entsprechende – visuelle oder akustische – Erfahrung nicht gemacht hat, so können Worte euch ebenfalls nur einen sehr beschränkten Einblick in die Natur der Realität vermitteln. Einen besseren Einblick werden euch eure subjektiven Erfahrungen gewähren, zu denen ich euch, hoffe ich, möglichst oft hinführen werde.

Die inneren Sinne, die euch bis zu einem gewissen Grade ermöglichen, die Realität der inneren Existenz wahrzunehmen, setzt Ruburt angesichts seiner neuen Entwicklung heute schon viel effektiver ein als früher. Doch die eingetretenen Veränderungen geben ihm das Gefühl der Fremdheit.«

Ich gebe hier nur Auszüge aus den Sitzungsprotokollen wieder. Wie Rob feststellte, wurde Ruburts Stimme im Laufe dieser Erörterung immer noch leiser, aber auch anders – sie war weder weiblich noch männlich; schließlich kam dann aber die Stimme gleichbleibend hoch, klar, distanziert und frei von jedem Gefühl durch.

»Die Seth-Persönlichkeit hat euch bisher manches in gültiger Art vermittelt. Sie hat unter anderem auch die Natur von ›Persönlichkeitsgestalten‹ erörtert. Dieses Thema paßt gut in die jetzt gegebene Situation. Seth ist, was ich bin, aber ich bin mehr als Seth. Seth ist jedoch eigenberechtigt und unabhängig und entwickelt sich weiter – wie auch ich mich weiterentwickle. Im umfassenden Jetzt existieren wir beide. Doch manches Material kann er besser darbieten als ich.«

Rob sah erstaunt auf: Wenn Seth nicht sprach, wer dann?

»Das Material der letzten Sitzungen hat in mir seinen Ursprung.

Dabei war Seth, wie ihr ihn euch vorstellt, während der ganzen Zeit ein schweigender Partner. Er half Ruburt, eine saubere ›Übersetzung‹ zu liefern, und dabei ist er persönlich zur Seite getreten. Früher, in vorhergegangenen Sitzungen, hat Seth von mir geschöpftes Material so interpretiert, daß Ruburt es empfangen konnte.

Vielleicht ruht ihr euch ein wenig aus. Wißt jedoch: Seth wird bei euren Sitzungen immer das bleiben, als was ihr ihn kennt. Er stellt die Verbindung zwischen uns her, und er ist ein Teil meiner selbst, den ich zu euch ausgeschickt habe. Er ist freiwillig darauf eingegangen.«

Hier machten wir eine Pause. Ich kam sehr leicht aus der Trance. Das gab mir die Gelegenheit, Rob zu erzählen, was ich kurz vor Beginn der Sitzung erlebt hatte. Ich hatte das Gefühl, daß sich ein Kegel unmittelbar über meinem Kopf herabsenkte. Ich dachte nicht, dort sei tatsächlich ein geometrischer Kegel, aber die Vorstellung dieser Form war sehr klar. Die Grundfläche hatte etwa die Größe meines Kopfes, während in der Höhe die Spitze des Kegels war, ähnlich einer rotierenden Pyramide.

Seitdem habe ich diese Kegelform oft erlebt, und zwar regelmäßig in Sitzungen, die in vergleichbarer Art verliefen. Sobald die Sitzung wiederaufgenommen war, fühlte ich erneut die ungeheure Energie, die die neue Stimme zu entfalten schien.

»Ihr seid immer schon in Kontakt mit mir gewesen, konntet aber nur einen Teil von mir ›sehen‹. Wie ihr wißt, sind alle Namen willkürlich, und wir bedienen uns ihrer nur wegen euch. Grundsätzlich ist weder Seths Name noch meiner wichtig. Wichtig ist Individualität, und diese hat eine Kontinuität, wie ihr sie nicht vermutet.

Im wesentlichen und grundsätzlich bin ich Seth und mit bestimmten Merkmalen und Zügen ausgestattet, die zu mir gehören und die ich eingesetzt habe, um mit euch Kontakt aufnehmen zu können. Doch noch einmal: Die Seth-Persönlichkeit ist eigenberechtigt und unabhängig, sie ist jedoch ein Teil meiner Wesenheit. Seth lernt, und das tue ich auch.

Dementsprechend, doch nur als Analogie, könntet ihr mich den ›künftigen Seth‹ nennen, Seth in einem ›höheren‹ Entwicklungsstadium. Das ist aber nicht wörtlich zu nehmen, denn wir beide existieren vollkommen unabhängig voneinander und gleichzeitig.

Es gibt bestimmte Gründe für das Zustandekommen dieser besonderen Zusammenhänge. Uns wurden Erlebnisse zuteil, die uns verbinden, und diese haben als Angelpunkte bei der Entwicklung unserer unterschiedlichen Persönlichkeiten gedient. Auf sonderbare Art ist das, was ich bin, verbunden mit dem, was ihr seid.

Es gibt Gemeinsamkeiten, die mit dem euch bekannten Faktor Zeit nichts zu tun haben und die für alle Persönlichkeiten bedeutungsvoll sind, und es gibt Verbindungspunkte einer Energie, die mit Hilfe der in den individuellen Selbst schlummernden psychischen Fähigkeiten zur Geltung kommt. Ganze Ansammlungen neuer Selbsteinheiten entstehen, und während sich ihr Ursprung in Funken auflöst, zerstreuen sie sich und gehen ihre eigenen Wege. Doch ihr gemeinsamer Ursprung und die Kraft, die ihnen zur initialen psychischen Geburt verhalf, bleiben ihnen zu eigen.«

An dieser Stelle wurde ich von inneren Bildern bestürmt. Ich imaginierte die Geburt neuer Sterne. Das war wohl, denke ich, ein Versuch, den Inhalt des Gesagten visuell zu verdeutlichen.

»Die Persönlichkeiten können sich auf ganz verschiedene Art und in den Dimensionen nach verschiedenen Realitäten entwickeln, aber es bleibt eine starke Gefühlsbindung zwischen ihnen bestehen. Das ist einer der Verbindungspunkte, an dem Wissen, das verschiedenen Realitäten entstammt, vermittelt werden kann. In Ruburt läuft ein Koordinationssystem zusammen, so daß Vermittlung dieser Art möglich wird.

Die Informationsübermittlung ist, wenn sie auch in eurer Zeit stattfindet, nichtsdestoweniger in anderen Dimensionen für das verantwortlich, was ihr Entwicklungen eurer Persönlichkeiten nennen würdet, mit denen ihr dann wiederum in Verbindung treten könnt. Ich sehe auf euch als die Selbst zurück, aus denen ich hervorging, aber ich bin mehr als die Summe dessen, was ihr sein werdet, wenn ihr dereinst all die von mir durchlebten Realitäten durchlaufen haben werdet.

Denn ich bin vollkommen von euch abgesprungen. Ich bin euren Begriffen nach eine völlig fremde Komponente. Daß ihr überhaupt die Verbindung zu mir herstellen könnt, ist eine höchst bemerkenswerte Entwicklung. Wäret ihr nämlich nicht in der Lage gewesen, Verbindung zu mir aufzunehmen, wäre ich nicht der, der ich bin.«

Hier war die Stimme sehr weit weg, hoch und klar und so ganz anders als die gewöhnliche Seth-Stimme, so daß Rob, wie er anmerkte, immer noch aufs höchste irritiert war.

»Ich bin aber mehr als der Teil meiner selbst, zu dem ihr Verbindung habt, denn es ist nur der Teil meiner selbst, der eben diese Realität erfahren hat. Es ist darum überaus wichtig, daß das hier vermittelte Material nicht verzerrt wiedergegeben wird. Die meisten Informationsübermittlungen finden ja auf ganz anderen Ebenen als dieser hier statt. Übermittlungen auf der Ebene eures Systems sind zwangsläufig in hohem Maße verzerrt, weil die Übermittler nicht erkennen, daß sie ja selbst die Realitäten erschaffen, die sie zu beschreiben versuchen.

Ich habe mein Bestes getan, bei euch Verständnis für das Material zu wecken, das in künftigen Sitzungen zur Sprache kommen wird. Seth, wie ihr ihn kennt, wird auch weiterhin der Seth sein, den ihr kennt. Denn ob ich nun aus eigenem oder durch ihn spreche, er wird immer der uns verbindende Vermittler bleiben. Er wird weiterhin als der auftreten, den ihr kennt. Nur er verfügt über die Gefühlsstruktur, die für die Verbindung mit euch notwendig ist.

Meine eigene Persönlichkeitsstruktur ist vollkommen anders. Die Erfahrung ist für mich lohnend, für euch aber fremd ... Ich möchte nicht, daß ihr das Gefühl habt, ich hätte euch einen Freund weggenommen. Auch ich bin ein Freund. In mancher Hinsicht bin ich derselbe Freund. Andere Teile meiner selbst sind jedoch auch ›anderswo‹ eingesetzt. Ich bin mir meiner Existenz in anderen Dimensionen bewußt und halte Verbindung zu meinen vielen Selbst.«

Als die Sitzung vorbei war, sprachen Rob und ich miteinander. »Es ist verrückt«, sagte ich. »Wenn wir eine übliche Seth-Sitzung haben, glaube ich zu spüren, wenn Seth die Führung meines Selbst übernimmt. Mit dieser Persönlichkeit aber gehe ich irgendwohin, ich fühle mich außerhalb meiner selbst und scheine Kontakt mit ihr auf einer Ebene zu haben, die es gibt und nicht gibt. Dabei bleibt mein Körper vollkommen leer zurück. Ich weiß nicht, wie ich dort hingelange, wo immer das ist, und auch nicht, wie ich von dort zurückkomme.«

Rob nickte. Wir beide fühlten uns irgendwie traurig. Ich glaube, wir fürchteten, unsere regulären Seth-Sitzungen wären nun vorbei und diese neuen würden nun an ihre Stelle treten. Rob fragte mich: »Wie sollen wir übrigens diese neue Persönlichkeit nennen?« Wir wußten zwar, daß dies grundsätzlich bedeutungslos ist, meinten aber, wir müßten einen Namen als eine Art Adresse haben. Und worin genau unterschied sich diese neue Persönlichkeit von Seth? Was konnte sie leisten – im Unterschied zu Seth? »Ich wünschte, sie wäre entweder mehr männlich oder mehr weiblich«, sagte ich. »Eine sozusagen geschlechtslose Persönlichkeit kommt mir so fremd vor.«

Einige unserer Fragen wurden in der nächsten Sitzung beantwortet, der 419ten vom achten Juni 1968. Kurz vor Sitzungsbeginn spürte ich wieder den Kegel über mir. Ich war irgendwie verwirrt, verrückte dann aber meinen Sessel so, daß ich genau unterhalb des Kegels saß, und ich fühlte, wie er sich tiefer auf meinen Kopf herabsenkte. Die Sitzung begann. Pat Norelli, ein Freund, war dabei.

»Ich habe euch gesagt, wer wir sind. Wir sind Seth, und immer, wenn wir gesprochen haben, wurden wir als Seth erkannt. Unser Wesen hat seinen Anfang noch vor dem Entstehen eurer Zeit. Es wirkte, zusammen mit vielen anderen Wesen, mit, um Energie in physische Form umzusetzen. Bei diesem Bemühen sind wir nicht allein, denn durch eure Jahrhunderte hindurch sind auch andere Wesen als wir aufgetreten und haben zu euch gesprochen.

Unser Wesen ist aus vielschichtigen Selbst zusammengesetzt, die ihre eigenen Wesenheiten haben, und viele von ihnen haben an der gleichen Aufgabe mitgearbeitet. Ihre Botschaften werden im Prinzip immer die gleichen sein, obwohl unterschiedliche Zeiten und Umstände die Übermittlung derselben beeinträchtigen und ihre Inhalte entsprechend färben.

Wir lehrten Menschen sprechen, noch ehe ihre Zungen etwas von Silben wußten. Wir nehmen Persönlichkeitsmerkmale an, wie sie uns passend erscheinen, denn wir verfügen über einen Fonds vollständiger innerer Selbst, und wir alle sind Seth. Wir versuchen, Realitäten in Begriffe zu übersetzen, die ihr erfassen könnt. Wir ändern Gesicht und Gestalt, aber wir sind immer der eine. Viele von uns wurden nicht in Fleisch geboren, auch ich nicht. In gewisser Weise haben wir uns selbst in endlose Universen ausgesät.

Nach materiellen Kriterien würdet ihr mich kleiner als eine Haselnuß ansehen; meine Energie ist hochgradig konzentriert. Sie besteht aus intensivierter Masse ... wie etwa eine unendliche Zelle, die in endlosen Dimensionen gleichzeitig existiert und die aus der einen auf alle anderen Realitäten übergreift.

Auch eine so kleine Masse enthält Erinnerungen und Erfahrungen, die elektromagnetisch, eine in die andere, aufgerollt sind und durch die wir reisen können – ebenso wie ich durch andere Selbst, die ich gekannt habe und die ein Teil meiner eigenen Wesenheit sind, reisen kann. Und doch sind alle auf wunderbare Art nicht vorherbestimmt.

Auch ihr existiert in meiner Erinnerung nicht als abgeschlossene Persönlichkeiten, sondern in ihr wachst ihr einfach.

Ihr wachst in meiner Erinnerung, wie ein Baum im Raum wächst, und meine Erinnerung verändert sich, wie auch ihr euch verändert. Meine Erinnerung an euch umschließt auch eure wahrscheinlichen Selbst, und alle diese existieren gleichzeitig und zusammenhängend in einem Punkt, der keinen Raum einnimmt ...

Ich sagte euch, daß Ruburts Persönlichkeit in einer Welt agiert, die in zusätzliche Dimensionen gekrümmt ist. In ihrem Koordinatensystem existiert sie an bestimmten Punkten, die als Eingänge dienen. Die Persönlichkeit im allgemeinen beruht auf zahlreichen Selbst, die in vielen Realitäten heimisch sind, und bildet deren Gipfelpunkt. Ein Fenster kann nicht durch sich selbst hindurchsehen, aber ihr könnt durch ein Fenster sehen. In dieser Hinsicht ist Ruburts Persönlichkeit durchsichtig.«

Die nächste Sitzung setzte weitere Signale der neuen Entwicklung. Sie brachte mich, zumindest einige Augenblicke lang, vor Schrecken beinahe um den Verstand. Darüber hinaus allerdings öffnete sie uns die Augen für neue Erfahrungsmöglichkeiten und demonstrierte, welch andere Art von Phänomenen im Bezugsrahmen einer Sitzung auftreten können.

Unser Freund Phil, der Kaufmann, von dem früher schon die Rede war, besuchte uns an diesem Abend; wir begannen Punkt neun Uhr, wie gewöhnlich. Seth unterhielt sich mit Phil über einige seiner Geschäftsangelegenheiten und beantwortete ein paar Fragen, die Phil durch den Kopf gegangen waren. Doch während einer Pause verspürte ich wieder den inzwischen vertraut gewordenen Pyramideneffekt – der Kegel war über meinem Kopf –, und als wir die Sitzung wieder aufnahmen, begann die andere Persönlichkeit zu sprechen.

Der Übergang von Seths dunkler Stimme und seiner lebhaften Gestik war für Phil, der die andere Persönlichkeit vorher nie sprechen gehört hatte, sehr überraschend. Robs Notizen zufolge war mein Körper fast wie der einer Puppe, und mein Gesicht war bar jeden Ausdrucks. Kurz bevor die Stimme zu sprechen begann, fühlte ich mein Bewußtsein durch die unsichtbare Pyramide hindurch nach oben gesogen. Weiter gab es jedoch keine Anzeichen dafür, daß etwas Ungewöhnliches sich ereignen sollte. Die Stimme sagte:

»Ihr seid wie Kinder bei einem Spiel, und ihr denkt, daß euer Spiel von jedermann gespielt werde. Zu Unrecht nehmt ihr physisches Leben für das gültige. Ihr seht physische Körper und nehmt an, daß jede Persönlichkeit sich nur in ihrem materiellen Erscheinungsbild manifestieren könne. Bewußtsein ist jedoch die Kraft, die hinter der Materie alles Stofflichen steckt, und diese Kraft erschafft zahlreiche andere Realitäten außerhalb der materiellen Realität eurer Erscheinungswelt. Nur weil euer Blick so begrenzt ist, kommt euch vor, daß die körperlich-materielle Realität die Regel und einzige mögliche Art der Existenz sei.

Die Quelle und die Kraft des euch hier und jetzt gegenwärtigen Bewußtseins sind niemals materieller Natur gewesen, und da, wo ich bin, sind sich viele nicht einmal dessen bewußt, daß es überhaupt eine materielle Welt gibt. Eure Erscheinungswelt ist eine Illusion, aber ihr müßt sie akzeptieren und von ihrem Blickwinkel aus versuchen, die Realitäten zu verstehen, die es jenseits eurer Welt gibt. Illusionen sind insofern real, als es sie gibt. Eure Illusion oder Realität nun ist einfach eine, die ich nicht durchlebt habe, und einer der Gründe, warum ich bei diesen Sitzungen mitwirke, besteht darin, den sogenannten Ruburt mit inneren Reisen bekanntzumachen. Er muß dazu sein physisches System verlassen und so manche Gewohnheiten ablegen, um Neues zu entdecken, das er dann zu seinem Vorteil nutzen kann.«

Bei dieser letzten Äußerung dachte keiner von uns an etwas Bestimmtes, erst im späteren Verlauf des Abends erkannten wir die Bedeutung dieser Worte. Die Stimme fuhr eine kurze Zeit lang noch fort, und als sie verstummte, hatte ich ziemliche Schwierigkeiten »zurückzukommen«. Ich fühlte mich irgendwo weit oben in der Dunkelheit schweben, aber ich war mir auch der unmittelbaren Nähe Seths bewußt. Es vergingen einige Minuten. Plötzlich kam Seth durch, laut und klar. Der Kontrast zwischen den beiden Persönlichkeiten war so ausgeprägt, daß selbst Rob verblüfft war. Seth begann mit einem Witz.

»Nachdem jetzt der ›Große Bruder‹ seinen großen Auftritt hatte, bringe ich euch euren Ruburt zurück.«

Jetzt, da Seth gesprochen hatte, kam ich sehr leicht aus der Trance. Wir plauderten eine Weile und nahmen dann die Sitzung wieder auf, in der ich eine der bemerkenswertesten Erfahrungen meines Lebens machte. Diese ist allerdings sehr schwer zu beschreiben, und deswegen gebe ich erst wieder, was die »andere« Stimme sagte.

»Die inneren Komponenten eurer Wesenheit und somit eurer Realität sind euch unbekannt, denn ihr könnt sie nicht objektivieren und darum auch nicht wahrnehmen. Von eurer Energie wird so viel in eure materiellen Schöpfungen gesteckt, daß ihr euch gar nicht leisten könnt, eine andere Realität als diese ›eure‹ zu erkennen. Noch einmal: Wie Kinder, die mit Steinen spielen, zentriert ihr eure Aufmerksamkeit auf eure Erscheinungswelt.

Andere Gestalten und Formen, die ihr wahrnehmen könntet, sind eurer Wahrnehmung entzogen. Selbst wenn ich euch andere Realitäten erkläre, muß ich von ›Gestalten‹ und ›Formen‹ sprechen, sonst würdet ihr mich nicht verstehen. Ihr habt eure Mathematik, einen Schatten der gültigen Mathematik, denn sogar auf diesem Wissensgebiet habt ihr auf den Grenzen eurer Realität bestanden. Eure Vorstellung von Fortschritt baut noch ärgere Schranken auf. Allerdings würde es uns nicht einfallen, im Zorn eure Schranken niederzureißen oder euch zu sagen, ihr sollt endlich euer Kinderspielzeug weglegen – obwohl ihr das eines Tages tun werdet.

Später einmal, nach Kriterien eurer Zeit, werdet ihr alle auf das materielle System eurer Illusion herabschauen, wie Riesen belustigt durch eine Dachluke denen zusehen, die da unten mit ihren Klötzchen spielen, wie ihr das jetzt tut, und dann werdet ihr lächeln. Ihr werdet nicht den Wunsch haben, weiterhin unterhalb der Dachluke zu bleiben oder durch sie hindurch an frische Luft zu kommen ... Wir schützen jedes System. Unser uraltes Wissen und unsere vitale Energie reichen für das Wachstum aller Systeme aus.«

Hier schrie ich Robs Notizen zufolge auf und begann heftig zu zittern. Er fürchtete, mein schwerer Schaukelstuhl würde gleich umkippen. Er und Phil sprangen auf, Phil stieß dabei sein Bierglas um. Rob rieb meine Hände und versuchte, mich so aus der Trance zu holen.

Im folgenden zitiere ich eigene Aufzeichnungen, die ich am selben Abend noch zu Papier brachte:

»Als die Persönlichkeit uns in unserer materiellen Realität mit spielenden Kindern verglich, machte sie die Bemerkung, daß Individuen in unsere Zukunft zurückkehren könnten. Wie Riesen würden sie dann auf die mit ihren Klötzchen spielenden Kinder hinabsehen. Während die Stimme sprach, waren meine Augen natürlich geschlossen, und ich weiß nicht mehr, was die Stimme sagte; ich habe aber Robs Notizen über die Sitzung gelesen. Dann aber sah ich plötzlich das Gesicht eines Riesen in unser Wohnzimmer schauen, und das Gesicht füllte das gesamte Fenster aus.

Im nächsten Moment begann mein Körper, ebenso das Zimmer und alles, was darin ist, auf ungeheuerliche Größe anzuwachsen. Mein Körper wurde riesig. Ich konnte fühlen, wie die Organe in mir wuchsen. Zugleich wurden die Möbel größer und größer. Es schien so, als könnte das Zimmer nun die ganze Stadt abdecken. Doch alles dehnte sich in der entsprechenden Proportion aus, behielt also die übliche Form.«

Ich hatte das Gefühl gehabt, nicht als ob, sondern daß dies wirklich passierte. Deswegen war ich in Panik geraten. Rob hatte mehrere Minuten gebraucht, um mich aus der Trance zu holen, aber dann schämte ich mich meiner selbst. Ich kam mir wie ein richtiger Feigling vor.

Rob machte sich Sorgen um mich und schlug vor, die Sitzung nicht fortzusetzen. Ich war aber inzwischen so ärgerlich über mich selbst und mein Verhalten und wußte überdies, daß die Erfahrung sehr bedeutsam war. Ich ging also wieder in Trance, brach sie aber kurz darauf wieder ab.

Doch bevor ich mit meinen weiteren Tranceerlebnissen fortfahre, schalte ich hier einige von Robs Aufzeichnungen ein:

»Ich hoffte, daß dies das Ende der Sitzung wäre. Es war aber klar, daß Jane weitermachen wollte – trotz ihres unangenehmen Gefühls, das sie während der Sitzung hatte. Ich versuchte, ihr das Weitermachen auszureden, aber sie hielt die Augen geschlossen.

›Ich gehe noch einmal zu diesem anderen Wesen‹, sagte sie. ›Ich bin gerade Seth begegnet, und er neckte mich, indem er irgend etwas von einer *enormen* Erfahrung sagte.‹

›Warum kommst du nicht einfach wieder herunter?‹ fragte ich.

›Ich weiß nicht, wie ich das machen soll‹, sagte sie.

22.55 Uhr. Jane begann nun wieder in der inzwischen vertrauten hohen, entfernten, sehr formalen Stimme zu sprechen.«

Im weiteren zitiere ich aus Robs Sitzungsprotokoll:

»Die eurer materiellen Realität anhaftenden Blockierungen erscheinen euch reale Unüberwindlichkeiten, solange ihr euch ihrer scheinbaren Gültigkeit unterworfen glaubt. Euer Ruburt erlebte eine Durchgangsreise durch unterschiedliche Systeme. Es war nicht beabsichtigt, daß dies für ihn unangenehm werden sollte; das unangenehm Empfundene entstammt seiner subjektiven Auslegung. Zuerst war er in ein mikroskopisches Abenteuer verwickelt. Bewußtsein nimmt keinen Raum ein, das müßt ihr verstehen. Dann kehrte er zurück in das von Blockierungen eurer Welt umstellte System, und aufgrund des Kontrastes erschien ihm dieses System dann riesenhaft, ja monströs.

Wenn Ruburt mit mir in Verbindung steht, macht sein Bewußtsein eine Reise – euren Begriffen nach ist das ähnlich einem Pünktchen im Raum: Das Bewußtsein ist auf seinen Kern reduziert. Und aus dieser Erfahrung heraus fiel Ruburt dann in das materielle System zurück. Die Klötzchen der Kinder wurden dabei infolge des Kontrastes riesenhaft ... So hat er die verschiedenen Systeme als Erfahrung erlebt.«

Während dieses Monologs ging meine subjektive Erfahrung weiter. Einmal mehr war ich mir nicht bewußt, was die Stimme sagte, und erst hinterher erkannte ich, daß meine Erfahrungen parallelliefen zur Bedeutung des Gesagten. Hier sind ein paar Auszüge aus den Notizen, die ich selbst im Anschluß an die Sitzung machte:

»Ich begann, um mich eines Vergleichs zu bedienen, die mikroskopische Natur unserer materiellen Welt zu erfühlen ... und dies ist sehr schwer in Worte zu kleiden. Ein vorübergehendes Gefühl des Alleingelassenseins begleitete etwas, das, wie ich glaube, ich selbst war. Ich bin mir des über mir befindlichen Kegels – des Pyramideneffekts – bewußt, wenn diese Persönlichkeit zu sprechen beginnt. Gewöhnlich werde ich durch die kegelförmige Pyramide hochgezogen. Diesmal aber sah ich über dem Scheitelpunkt des Kegels weit über mir denselben riesigen Kopf, den eines Riesen, der mich durch das Zimmerfenster wie durch ein Vergrößerungsglas angeblickt hatte. Als dann das Zimmer und alles, was darin ist, auf ebenso realistisch anmutende Weise zusammenschrumpfte, wie es sich vorher ausgedehnt hatte – und das war wirklich so –, war ich auf eine derartige Erfahrung nicht vorbereitet gewesen.

Ich versuchte, meine Stimme zu finden, um Rob zu sagen, ich möchte die Sitzung beenden, aber die andere Persönlichkeit bediente sich ihrer. Bei all dem verwende ich das Wort ›Ich‹, aber mein ›Ich‹ war so sehr Teil des Vorgangs, daß es schwierig war, mich von dem Vorgang zu trennen. Ich versuchte dann entschieden, meine eigene Stimme zu finden.

Dabei fand ich mich selbst. Ich zog mich sozusagen auf mich zusammen und konnte wieder über meine Stimmbänder verfügen, als die ›andere Persönlichkeit‹ gerade eine Sprechpause machte. Das geschah in dem Moment, als ich wiederum das Gesicht des Riesen, aber diesmal nicht durch das Fenster, sondern durch die Pyramide über mir auf mich blicken sah. Bei dem vorangegangenen Erlebnis hatte ich unwillkürlich aufgeschrien. Diesmal entdeckte ich, daß es Möglichkeiten gab, eine Erfahrung, indem ich meine eigene Stimme ›wiederfand‹, zu beenden. Unter Seths Führung war solches nie nötig. Er hat niemals Druck auf mich ausgeübt, um durch seine andere Persönlichkeit die Erfahrung fortzusetzen ... Aber so lernte ich, wie ich eine derartige Erfahrung aus eigenem beenden konnte, wenn ich das wünschte.

Ich glaube, die ›andere Persönlichkeit‹ verstand gar nicht, wie unangenehm diese Erfahrung für mich war, noch daß solche Gefühle überhaupt von Bedeutung waren; möglicherweise hat sie meine Reaktionen gar nicht wahrgenommen.

Und doch war das Ganze überaus aufregend. Falls ein Psychologe einwenden möchte, daß all das schlichtweg Halluzination war, dann müßte er zugeben, daß das Erlebnis keineswegs blindlings, sondern zielbestimmt auf einen Zweck hin ausgerichtet war. Das Eingehen meiner selbst in den Vorgang der Ausdehnung ins Riesenhafte war zunächst beängstigend gewesen. Ich glaube aber, daß ich alles in allem richtig reagierte und das nachvollzogene Erlebnis gut zu Ende brachte, indem ich nämlich bei mir beschlossen hatte, daß dies alles für heute abend genug sei und die Trance abbrach.«

Diese Sitzung liegt nun gut über ein Jahr zurück. Unsere üblichen Seth-Sitzungen gehen weiter, und nur hin und wieder spricht die »andere Persönlichkeit«. Rob und ich nennen sie Seth Zwei. Oft verwikkeln mich Sitzungen, in denen Seth Zwei zu Wort kommt, in Erfahrungen subjektiver Art, doch habe ich inzwischen gelernt, wie ich dabei mit mir selbst umgehen kann.

Einmal fragte Rob zum Beispiel während einer Pause, was es mit der Körperlosigkeit auf sich habe. Als wir die Sitzung wieder aufgenommen hatten, fühlte ich mich schwebend, meiner selbst vollkommen bewußt, aber körperlos im Raum; ich fühlte mich im Genuß vollständiger Freiheit der Bewegung – wie etwa in »bewußter Luft«. Diesmal hatte ich auch keine Angst, als flüsternd die distanzierte, gefühlsferne Stimme erklärte, was nichtkörperliche Existenz sei.

Der Unterschied zwischen den beiden Persönlichkeiten trat besonders auffällig in einer Sitzung zutage, die ich neulich in meinem ASW-Kurs abhielt. Seth zeigte sich von seiner jovialsten Seite, indem er an jedem einzelnen Kursteilnehmer persönliches Interesse bekundete. Wie gewöhnlich wurden an mir, wie Rob vermerkte, Seths charakteristische Gesichtszüge und Gestik deutlich spürbar, und er beendete seinen »Auftritt« mit einem Anflug von Humor:

»Ich komme, das hoffe ich doch, als eine ›liebenswerte‹ Persönlichkeit und mit Eigenschaften zu euch, mit denen ihr etwas anfangen könnt. Solche Eigenschaften sind mir zu eigen, und ich bin der, von dem ich sage, daß ich es bin. Und doch ist der Seth, den ihr kennt, nur eines der Selbst, mit denen ihr rechnen sollt ... ein Selbst, das auch körperliche Existenz kennt und eure Probleme versteht.

Aber über dieses Selbst hinaus gibt es andere Selbst, deren ich mir bewußt bin. Und für diese Selbst ist die körperlich-materielle Realität wie ausgeatmete Luft ... und diese Selbst bedürfen nicht der Eigenschaften, durch die ihr mich kennt.«

Die Stimme war volltönend gewesen, dröhnend und laut. Dann entstand eine Pause. Und zum erstenmal kam die andere Persönlichkeit auch vor den Kursteilnehmern durch. Seths Gesten und alle seine persönlichen Merkmale waren schlagartig verschwunden. Es begann diese hohe, distanzierte, geschlechtslose Stimme zu sprechen. Sie klang wie ein »Gesang« auf gleichbleibender Tonhöhe.

»Und dieses Selbst sagt euch, daß es eine Realität jenseits menschlicher Realität und Erfahrung gibt, die weder in Worte noch menschliche Begriffe zu übersetzen ist ...

Obwohl die Stimme dieser Erfahrung euch kalt erscheinen mag, ist ihr Urheber eine klare, kristallähnliche Existenz eines Gesamtselbst, in dem Zeit für Erfahrung nicht nötig ist ..., in dem alles menschliche Wissen, das durch verschiedene Existenzen und Reinkarnationen erworben wurde, kondensiert ist ..., denn alles dies ist unauslöschlich darin enthalten. Und auch ihr existiert jetzt in dieser multidimensionalen Realität.

Ihr müßt wissen, daß innerhalb eurer Atome die Ursprünge allen Bewußtseins auch heute noch singen und daß alle die menschlichen Eigenschaften, anhand deren ihr euch selbst kennt, von jeher bis heute die euren sind ...

So bin ich der Seth jenseits des Seth, den ihr kennt. Und in mir ist das Geläute des Wissens und der Vitalität eures Seth. Nach euren Begriffen bin ich der Seth der Zukunft, aber Begriffe eurer Zeit sind für mich bedeutungslos.

Wir haben euch die Bilder vorgegeben, anhand deren ihr gelernt habt, die Welt zu erschaffen, die ihr kennt. Wir haben euch das Muster vorgegeben, das eure Selbst geprägt hat, und wir haben euch die

Muster gegeben, aus denen ihr die Realität der Dingwelt erschafft, die ihr kennt.

Die winzigste Zelle eures Gehirns verdankt ihr Dasein den Bewußtseinsmustern, die wir euch vorgegeben haben. Das gesamte geistig-seelische Netzwerk wurde von uns erfunden. Wir haben euch gelehrt, daraus die Realität zu gestalten, die ihr kennt.«

18
Das Gotteskonzept und die Schöpfung

Im Zuge unserer Sitzungen kam Seth auch auf die Frage zu sprechen, die die Menschheit seit Urbeginn zutiefst berührt und entzweit: die Frage nach Gott.

»Gott ist nicht die Wesenheit, wie ihr sie euch nach euren menschlichen Begriffen vorstellt. Gott ist keineswegs, wie ihr denkt, eine Art höheres Individuum, sondern er ist eine ›Energiegestalt‹ oder einfach die Summe aller Lebensenergie.

Wenn ihr euch erinnert, daß ich von einer Expansion des Universums sprach, die nichts mit räumlicher Vorstellung zu tun hat, dann könnt ihr euch vielleicht auch das Vorhandensein einer immensen Pyramide eines in steter Wechselbeziehung stehenden, sich ständig erweiternden, allumfassenden Bewußtseins vorstellen, das gleichzeitig und in jedem Augenblick Universen und Individuen erschafft, denen aufgrund ihrer seelisch-geistigen Einzigartigkeit Dauerhaftigkeit und ewige Gültigkeit zukommt.

Diese absolute, ständig expandierende und überall gegenwärtige Energie, die ihr Gott nennen könnt, ist in ihrer Existenz so gesichert, daß sie sich selbst vernichten und aus sich selbst heraus auch wieder aufbauen kann. Diese Energie ist so unglaublich, daß sie wirklich und tatsächlich unser und jedes andere Universum erschafft und ihm Ausdruck verleiht. Und weil diese Energie in allen und hinter allen Universen waltet, ist sie sich in der Tat sogar eines jeden Sperlings gewahr, der vom Dach fällt, denn sie *ist* jeder Sperling.«

Wie schon vereinzelt sichtbar wurde, rührt das Seth-Material selbst an tiefstgehende Fragen. Zu ihnen gehört die Frage nach dem »Beginn« des Bewußtseins und der Realität unserer Erscheinungswelt. Ich bin der festen Überzeugung, daß das von Seth durchgegebene Material es mit den besten metaphysischen Erklärungsversuchen aufnehmen kann. Ich mache Sie deshalb im folgenden mit Auszügen aus den Sitzungen 426, 427 und 428 bekannt, in denen Seth uns mit einer ergänzenden Erklärung von Raum, Zeit und wahrscheinlichen Realitäten überraschte und uns dann, Schritt für Schritt, zu seinem Gotteskonzept hinführte.

»Eure Vorstellung von Raum und Zeit hängt mit eurem Nervensystem zusammen. Das bereits erörterte Verschleierungssystem ist so wirksam, daß ihr – notgedrungen – eure Aufmerksamkeit auf die euch gegenwärtige Erscheinungswelt richten müßt. Psychedelische Drogen können zwar eure Wahrnehmung verändern; sie vermögen euch aber nur sehr flüchtige und oberflächliche Einblicke in andere Realitäten zu gewähren.

Diese anderen Realitäten sind natürlicherweise vorhanden, ob ihr sie nun wahrnehmt oder nicht. Ihr registriert tatsächlich sogenannte ›Zeit‹ insofern, als eure Pulsschläge auf die Nervenenden überspringen. So werdet ihr euch zeitlicher Intervalle bewußt, denn ihr erlebt die ablaufenden Vorgänge nicht als gleichzeitig. Vergangenheit, Gegenwart und Zukunft erscheinen euch deshalb so überzeugend und logisch, weil zwischen euren Wahrnehmungen, also zwischen euren Erfahrungen, zeitliche Ausfälle zu liegen scheinen.

Es gibt jedoch Persönlichkeitsschichten, die solche Intervalle nicht kennen. Sie nehmen Vorgänge gleichzeitig wahr. Auch sind Wachstum und Entfaltung nicht im Sinne eines erreichten oder vollendeten Zustandes im Bezugsrahmen eurer Zeit anzusehen, sondern eher nach Kriterien der Intensität. Das innere Selbst ist in der Lage, nicht nur auf – sagen wir – Ereignis A zu reagieren und es entsprechend zu bewerten, sondern Ereignis A auch in all seinen Verzweigungen und Wahrscheinlichkeiten zu erfahren und zu verstehen.

Natürlich bedarf es zur Wahrnehmung solcher Erfahrungstatsachen weit mehr als des Nervensystems, mit dem ihr ausgerüstet seid. Euer Nervensystem ist körperlicher Natur, aber doch auch in euren inneren Fähigkeiten, soweit diese dem ›Jetzt‹ verhaftet sind, verankert; es ist eine körperliche Auswölbung des psychischen Grundes eures ichverhafteten Selbst. Andere eurer Selbst bedürfen keiner körperlicher Wahrnehmungshilfen.

Die nach euren Vorstellungen in Vergangenheit, Gegenwart und Zukunft einteilbare Zeit wäre für viele dieser Selbst ausschließlich als Gegenwart erfahrbar; hingegen würden Vergangenheit, Gegenwart und Zukunft für andere Selbst wiederum nur als Vergangenheit erfahrbar sein.

Stellt euch Vergangenheit, Gegenwart und Zukunft einmal als eine in einer Richtung verlaufende Spurlinie eurer Erfahrung vor, die sich allerdings wie ein filigraner, unsichtbarer Draht ins Unendliche fortsetzt. Sie stellt jedoch nur die Spurlinie eurer rein physischen Erfahrung dar, der entlang ihr zu reisen scheint, und mehr nehmt ihr nicht wahr. Aus höherer, multidimensionaler Sicht könntet ihr aber – um bei dem Bild, das natürlich nur eine Analogie ist, zu bleiben – zahllose im Raum verlaufende unsichtbare Spurliniendrähte eines unglaublich vielfältigen, wunderbaren Netzwerkes einsehen – und euer Selbst könnte die Spurlinien seiner Erfahrung wechseln, gleichsam von einem Draht des multidimensionalen Netzwerkes zum anderen springen.

Stellt euch dann, indem ihr bei unserer Analogie bleibt, weiter vor, ihr seid das Selbst A. Ihr startet auf der Spurlinie A eurer physischen Erfahrung. Zielbewußt reist nun dieses Selbst A auf der Spurlinie A in Richtung Unendlichkeit. An einem bestimmten Punkt aber geht Spurlinie A in Spurlinie B über, diese dann in Spurlinie C und so immer weiter. Klarerweise könnte sich das auf Spurlinie A seiner Gegenwartserfahrung reisende Selbst A nicht seiner im multidimensionalen Netzwerk reisenden ›Zukunfts‹-Selbst bewußt sein. Doch in der Begegnung mit einem der anderen Selbst kann es solche Erfahrungen machen.

Es gibt allerdings ein Selbst, das diese Spurlinien schon ›abgewandert‹ ist und von dem die anderen Selbst nur ein Teil sind. Dieses Selbst hat in Träumen und dissoziierten Zuständen des Individuums Verbindung mit den verschiedenen ›aufsteigenden‹ Selbst. In dem Maße, wie dieses Selbst zur Erfüllung seines Wesens drängt, kann es sich der im multidimensionalen Netzwerk reisenden anderen Selbst bewußt werden, die ihm dann als zukünftige Selbst erscheinen.

All das klingt kompliziert, weil ich darauf angewiesen bin, es in Worten zu erklären. Ich hoffe jedoch, daß ihr intuitiv erfaßt, was nicht oder nur schwer zu verstehen ist. Ich erzähle euch einfach, was ich weiß; es gibt aber auch vieles, das ich nicht weiß. Andererseits weiß ich zum Beispiel: Es gibt nicht nur Sein, sondern auch Nichtsein – obwohl das ein Widerspruch in sich zu sein scheint. Nichtsein ist ein Zustand nicht etwa des Nichts; es ist ein Zustand, in dem Wahrscheinlichkeiten und Möglichkeiten zwar erkannt und vorweggenommen, jedoch in ihrem Ausdruck behindert sind.

Im Dunkel dessen, was kaum erinnerbar, noch vor dem war, was ihr Geschichte, ja Vorgeschichte nennt, gab es einen solchen Zustand. Es war ein Zustand des Ringens der Schöpfungskräfte um ihren Ausdruck in dieser Welt, das ›All-das-was-ist‹ zu bewältigen hatte. Aus ihm ist alle Schöpfungskraft ursprünglich hervorgegangen.«

Seth geht mit dem Wort »Gott« sparsam um, meist nur im Umgang mit Menschen, die von religiösen Bindungen her zu denken gewohnt sind. Normalerweise spricht er von Gott, den er eingangs dieses Kapitels als »Energiegestalt« bezeichnet hat, als dem einen »All-das-was-ist«, dem »All-einen« oder dem »kosmischen Bewußtsein«.

»Vieles muß euch notgedrungen verzerrt dargeboten werden, denn ich muß es euch nach Kriterien, insbesondere von Zeit, erklären, die ihr versteht. Ich muß daher von einer ›Vergangenheit‹ sprechen, von der ›All-das-was-ist‹ seine Erinnerung bewahrt hat; es ist – nach euren Begriffen – immerwährender Antrieb zu immer neuer Schöpfung. Jedes Selbst, als Teil dieses All-das-was-ist, hat deswegen ebenfalls die Erinnerung an diesen schöpferischen Urzustand bewahrt. Deshalb wohnt selbst dem unscheinbarsten Bewußtsein der vitale Antrieb des kosmischen Bewußtseins inne, zu überleben, sich zu verändern, sich zu entwickeln, sich schöpferisch zu entfalten. Nicht nur dieses kosmische Bewußtsein wünscht und garantiert jedoch alles Sein, sondern auch jedes Selbst als Teil des All-einen trägt diese Bestimmung und auch das Wissen vom Ganzen in sich. All-das-was-ist schützt sich und alles, was ist und lebt und was es erschaffen hat und erschaffen wird.

Natürlich gibt es viele Fragen, die ich nicht beantworten kann. Ich weiß aber, daß innerhalb unseres Systems von All-das-was-ist die Schöpfung weitergeht und daß die Entwicklung nie stillstehen wird. Ihr könnt daraus schließen, daß für andere, uns nicht bekannte Systeme das gleiche gilt.

Nehmt einmal an, ihr hättet tief in euch selbst das Wissen um all die Meisterwerke der bildenden Kunst der Welt, so daß diese – die schönsten Skulpturen und Gemälde – eurem Bewußtsein gegenwärtig wären, aber ihr hättet nicht das Werkzeug, um sie zu gestalten, und hättet nicht das notwendige Material, weder Steine noch Farben, dann könnt ihr euch etwa die schmerzliche Sehnsucht eures Bewußtseins vorstellen, diese Meisterwerke hervorzubringen. Dies gibt euch, ins Infinitesimale verkleinert, etwa eine Vorstellung vom Ringen der Schöpfungskräfte des All-einen um deren Ausdruck in dieser Erscheinungswelt.

Sehnsucht, Wunsch und Erwartung sind die Antriebskräfte eines jeden Bewußtseins zum Handeln, und sie sind auch die grundlegenden Antriebskräfte, die Realitäten erschaffen. Der Voraussetzung nach mögliche, also wahrscheinliche Einzelwesen hatten – nach Kriterien eurer Vorstellung – Bewußtsein schon vor ihrem Anfang oder jedem euch bekannten Anfang überhaupt. Sie beanspruchten, Wirklichkeit zu werden, nur All-das-was-ist konnte das verwirklichen. Eine solche kosmische Explosion vielfältigen Bewußtseins konnte jedoch nicht innerhalb eines rein geistigen Systems stattfinden. Wäre es nicht zur Freisetzung der unendlichen Vielzahl bewußter Individuen gekommen, wäre All-das-was-ist nach innen explodiert; die Folge wäre eine Wirklichkeit ohne Sinn gewesen, und der Kosmos wäre zum Chaos geworden.

Der Druck kam aus zwei Richtungen: seitens der Vielzahl der bewußten, aber noch erst nur wahrscheinlichen individuellen Selbst einerseits und aus dem kosmischen Bewußtsein andererseits, das diese Selbst freisetzen wollte. Ihr könnt aber ebensogut sagen, daß nur Gott es war, der seine Geschöpfe und deren Wahrscheinlichkeiten freiließ und ihnen Wirklichkeit verlieh. In Liebe gab er Myriaden Bewußtseinsträger frei. Die psychische Riesenenergie explodierte in einem gewaltigen Schöpfungsakt unvorstellbaren Ausmaßes.

Gott liebt die Wesen, die er geschaffen hat, auch die geringsten, denn ihnen allen wohnt die Einmaligkeit jedes einzelnen Bewußtseins inne, das aus dem grandiosen Schöpfungsakt hervorgegangen ist. Er hat Freude an der Weiterentwicklung jedes einzelnen Bewußtseins und an dem geringsten schöpferischen Akt eines jeden seiner Geschöpfe.

So hat All-das-was-ist aus sich heraus seit jenem Urzustand unzählig vielen Wahrscheinlichkeiten zum Leben und Myriaden individualisierten Bewußtseins zur Existenz verholfen. Deshalb ist es zu Recht voller Jubel. Doch erinnern sich alle Individuen ihrer Herkunft und sehnen sich, vor allem in ihren Träumen, zurück zu ihrer gewaltigen Urquelle ... sie tragen das Verlangen in sich, zur Urquelle kosmischen Bewußtseins zurückzufinden, und sie erreichen dies und stillen ihr Verlangen durch eigene Schöpfungen.

Die motivierende Urkraft ist dabei doch immer All-das-was-ist, und doch ist Individualität keine Illusion. Jetzt gebt ihr in der gleichen Weise und aus dem gleichen Grund euren Persönlichkeitsfragmenten in euren Träumen Freiheit. Und aus eben demselben Grund seid ihr schöpferisch, und in jedem von euch ist die Erinnerung an die Ursituation des Ringens um schöpferischen Ausdruck erhalten geblieben, die euch zu schöpferischem Gestalten und Schaffen und zur Freisetzung auch aller wahrscheinlichen Bewußtseinsinhalte drängt.

Meine Aufgabe ist, euch zu helfen; die gleiche Aufgabe haben im Laufe der Jahrhunderte eurer Zeitrechnung auch andere wahrgenommen. Und indem ihr euch geistig-seelisch entwickelt, erlangt auch ihr den Zugang zu neuen Dimensionen, und dann werdet auch ihr anderen helfen.

Die Verbindung zwischen euch und All-das-was-ist kann nie getrennt werden, und es ist sich eurer Existenz auf sublime Weise bewußt und ist auf euch eingestimmt, daß seine Aufmerksamkeit tatsächlich mit der Urliebe des Schöpfers auf euer Bewußtsein gerichtet ist.

Lest den Inhalt dieser Sitzung mehrmals, denn dem augenfälligen Inhalt liegen mit einbezogen Aussagen zugrunde, die nicht beim ersten Lesen klarwerden können.«

In den Äußerungen, mit denen Seth uns in dieser Sitzung überraschte, tritt der Entwurf einer kosmologischen Theorie über die Entstehung und Entwicklung das Weltall umgreifender Realitäten zutage. Sie gehen über die Frage der Entstehung und Entwicklung unserer Erscheinungswelt oder etwa die Frage der Reinkarnation weit hinaus. In vielen Sitzungen ging es um Belange, die Seths Konzept einer neuen Kosmologie zuzuordnen sind. Sie können in dieses Buch nicht aufgenommen werden, weil sie zu umfangreich sind.

Einer der wichtigsten Punkte ist jedoch, denke ich, die Erkenntnis, daß Gott nicht gleichsam statisch »er selbst« ist. Ganze Stapel des Seth-Materials behandeln dieses Thema. Seth legte immer wieder die unterschiedlichen energetischen Potentiale eines Bewußtseins dar, das in jedem Molekül, in jedem Menschen und auch in »Pyramiden-Energiegestalten« wirkt und wirksam ist, und betonte auch, daß jedes Bewußtsein mit dem kosmischen Bewußtsein verbunden sei.

»Die meisten eurer Vorstellungen und Lehren gehen von Gott als einem statischen Begriff aus, und darin liegt eine eurer Hauptschwierigkeiten. Bewußtsein und Erfahrung der Energiegestalt, die für euch Gott ist, ändern sich ständig. Es gibt keinen statischen Gott. Wenn ihr sagt: ›Das ist Gott‹, dann ist Gott schon wieder etwas anderes.

Alles im Verbundnetz des umfassenden All-das-was-ist verändert sich ständig, entfaltet sich, und aus jeder Entfaltung entfaltet sich wiederum Neues. So bewegen und verändern sich ständig auch alle Wesenseinheiten des Bewußtseins, deren Aktivitätsrahmen kaum Grenzen gesetzt sind. Es gibt Persönlichkeiten, die Teil mehrerer Wesenseinheiten oder Entitäten sind. Wie Fische können sie die Flüsse, die sie durchschwimmen, wechseln. Solchen Persönlichkeiten wohnt das Wissen um all ihre Verwandtschaften mit den in ihnen zusammengefaßten Wesenheiten inne.

Jede Persönlichkeit kann eine Wesenseinheit eigener Art aus sich selbst heraus werden. Das setzt allerdings ein hochentwickeltes Wissen vom Gebrauch der vorhandenen Energien und deren Intensitäten voraus. Wie Atome beweglich sind, so sind das auch die psychologischen Strukturen. Als individuelles Bewußtsein seid ihr ständig auf der Suche, euch selbst zu erkennen. So gelangt ihr erst zur Bewußtheit eurer selbst und lernt euch dann auch als individuelles Bewußtsein verstehen, das Anteil am kosmischen Bewußtsein hat, das ich als All-das-was-ist bezeichnet habe. Ihr beruft euch nicht nur auf diese allgegenwärtige Energie, sondern ihr stützt euch ganz automatisch auf sie, denn eure Existenz hängt von ihr ab.

Es gibt keinen persönlichen Gott, der eine Art höhere Individualität wäre. Und doch habt ihr Zugang zu dem Teil des kosmischen Bewußtseins, der in hohem Maße auf euch abgestimmt und in jedem individuellen Bewußtsein ›heimisch‹ ist. All-das-was-ist erachtet jedes Bewußtsein als wertvoll und schützt es in seiner individuellen Existenz. Euer individuelles Bewußtsein ist ein Teil des kosmischen Bewußtseins, das in euch individualisiert ist.

Die Persönlichkeit Gottes wird gewöhnlich als eine anthropomorphe Gestalt eurer Erscheinungswelt begriffen, was auf dem geringen Wissen des Menschen über seine eigene Seinsstruktur beruht. Ihr solltet euch Gott – ich sage es noch einmal – als eine Energiegestalt oder, in Form einer Pyramide, als kosmisches Bewußtsein vorstellen. Es ist sich seines Seins zum Beispiel in dir, Joseph, bewußt. All-das-was-ist ist sich seiner selbst im kleinsten Samenkorn bewußt. Der Teil kosmischen Bewußtseins, der sich in dir als Teil seiner selbst bewußt und auf deine Existenz wie auf einen Brennpunkt eingestellt ist, kann, wenn nötig, um Hilfe gebeten werden.

Dieser Teil ist sich seiner selbst auch als etwas bewußt, das mehr ist, als du bist. *Dieser Teil, der sich als dich kennt und zugleich mehr ist, als du bist, ist der persönliche Gott* – siehst du. Und diese Energiegestalt kümmert sich um deine Interessen und kann daher auch in persönlicher Weise angerufen werden.

Gebete enthalten bereits die Antwort. Daher ist es sinnvoll, wenn Menschen beten. Wenn es auch den schlohweißen Gottvater, der zuhört, nicht gibt, so gibt es doch die Energie kosmischen Bewußtseins, die seit Urbeginn alles erschafft, was ist, und von der jedes menschliche Wesen einen Anteil in sich trägt.

Diese Energiegestalt mag dir unpersönlich erscheinen; doch da ihre Energie deine Persönlichkeit erschaffen hat und prägt, wie kann sie unpersönlich sein? Wenn du vorziehst, diese höherpsychische Energiegestalt Gott zu nennen, dann ist das gut; nur darfst du nicht versuchen, ihn objektivierend weit weg von dir zu sehen, denn er ist in dir, in jeder deiner Zellen, und dir näher als dein Atem.«

In einer anderen Sitzung erklärte Seth Gott auf andere Art:

»Ihr seid Mitschöpfer. Was ihr Gott nennt, ist die Summe allen Bewußtseins, aller Energie, und doch ist das Ganze mehr als die Summe seiner Teile. Gott ist darum mehr als die Summe aller Persönlichkeiten, aber alle Persönlichkeiten sind auch, was er ist.

Die Schöpfung hört nie auf. Es gibt in euch ein Wissen, wie ihr aus einem Fetus zum Erwachsenen heranwuchst. Dieses Wissen ist jedem Bewußtsein eingeboren, und es ist das Göttliche, das in euch ist.

Die Verantwortung für euer Leben und für eure Welt liegt bei euch. Beides wurde euch nicht von außen her aufgezwungen. Ihr erschafft eure Träume, und ihr erschafft eure körperlich-materielle Realität. Die Welt ist, was ihr seid. Sie ist die Materialisation dessen, was eure inneren Selbst erschaffen haben.«

Doch wenn Gott nicht vermenschlicht und nicht objektiviert werden kann, wie ist dann Jesus Christus einzuordnen? Seth sagte, daß es ihn als die uns bekannte historische Einzelpersönlichkeit nicht gegeben habe.

»Wenn die Menschheit unter besonders großer Belastung und vor schwer zu bewältigenden Problemen steht, wird sie nach einem Erlöser, nach einem Christus verlangen. Sie begibt sich auf die Suche und erschafft aus ihrem Bewußtsein heraus die notwendig gewordenen Persönlichkeiten, die ihr Kraft geben …

Es gab drei Männer, deren Leben verschmolzen zu einem in die Geschichte eingingen und deren Wirken als das Leben Jesu Christi bekannt wurde … Sie verfügten über außergewöhnliche psychische Gaben, ein jeder von ihnen kannte seine Rolle und nahm sie freiwillig auf sich. Die drei Männer entstammten ein und derselben Wesenseinheit, einer Entität, obwohl sie allerdings keineswegs zur gleichen Zeit lebten.

Es gibt Gründe dafür, warum die Wesenseinheit sich nicht als eine Persönlichkeit verwirklichen wollte. Zum einen wäre das gesamte

Bewußtsein der Entität für eine einzige Persönlichkeit zu stark und nur schwer zu ertragen gewesen; zum anderen wünschte sich die Entität eine mannigfaltigere Umgebung, die andernfalls nicht gewährleistet gewesen wäre.

Zu der erwähnten Wesenseinheit gehörte Johannes der Täufer. Auf Jesus Christus, die zweite Persönlichkeit, bezieht sich der Großteil des Überlieferten ... Von der dritten Persönlichkeit wird bei anderer Gelegenheit noch zu sprechen sein.* Es bestand eine tiefe Verbindung zwischen den drei Wesen dieser Wesenseinheit, obwohl sie zu verschiedenen Zeiten geboren und beerdigt wurden. Die Menschheit rief diese Persönlichkeiten aus ihrer, wenn ihr so wollt, psychischen Datenbank ab, aus dem großen Fundus individualisierter Bewußtheiten, die ihr zur Verfügung standen.«

Nach der Ermordung Dr. Martin Luther Kings waren die Teilnehmer meines ASW-Kurses überaus aufgebracht wie vermutlich viele Menschen im ganzen Land und wahrscheinlich überall in der Welt. Aus diesem Anlaß diskutierten wir über die Bedeutung von Gewalt. Mitten im Gespräch kam auf einmal Seth durch:

»Ihr habt einen freien Willen. Eurem Inneren liegen Blaupausen eurer besseren Absichten vor, Pläne, wenn ihr so wollt. Ihr wißt, was ihr als Individuen wie auch als Volk, als Rasse, als Mitglieder der Menschheit erreichen müßt. Ihr könnt euch dafür entscheiden, diese Pläne zu mißachten. Nun: Indem ihr euch eures freien Willens bedientet, habt ihr in der Realität eurer Welt etwas ganz anderes gemacht als das, was ursprünglich beabsichtigt war.

Ihr habt das Ich übermäßig entwickelt und übermäßig spezialisiert. In vielerlei Hinsicht befindet ihr euch in einem Traum. Ihr selbst habt diesen Traum hervorgebracht. Wundert euch deshalb nicht, daß er lebendige Wirklichkeit geworden ist. Ihr müßt natürlich Probleme und Herausforderungen bewältigen, aber ihr solltet euch dabei immer eurer inneren Realität gewahr sein, also eurer nichtphysischen Existenz. Ihr habt zu ihr den Kontakt weitgehend verloren. Ihr habt euch so einseitig auf eure körperlich-materielle Realität eingestellt,

* Dies blieb den *Gesprächen mit Seth*, einem Buch, das erst Jahre nach dem *Seth-Material* erschien, vorbehalten. Seth zufolge ist Paulus die dritte geschichtlich hervorgetretene Persönlichkeit, die zur Wesenseinheit der Christusgestalt gehört.

daß sie für euch die einzig gültige geworden ist – und auch die einzige, die ihr kennt.

Wenn ihr einen Mann tötet, glaubt ihr, daß er für immer getötet sei. Mord ist darum ein Verbrechen, aber mit ihm müßt ihr rechnen, weil ihr es erschaffen habt. Doch Tod in dem von euch vorgestellten Sinn gibt es ja nicht.

In der Morgendämmerung menschlicher Existenz, als von Geschichte noch keine Rede war, wußten die Menschen, daß Tod nur die Veränderung der Form bedeutet. Gott erschuf weder das Verbrechen des Mordes noch Kummer und Leid. Weil ihr aber glaubt, daß ihr einen Mann ermorden und damit sein Bewußtsein für immer auslöschen könnt, darum gibt es in eurer Welt Mord und Totschlag, und nur deshalb müßt ihr mit solchen Verbrechen rechnen ... Genau das glaubte auch der Mörder Martin Luther Kings. Er glaubte, er habe ein lebendes Bewußtsein für alle Ewigkeit ausgelöscht ... Aber eure Irrtümer und Fehler sind – glücklicherweise – gar nicht real und berühren die höherdimensionale Realität nicht, denn Martin Luther King lebt.«

Meine Kursteilnehmer sind nicht sehr zahlreich, doch ihr Alter liegt zwischen Sechzehn und Sechzig. Eines Abends diskutierten wir über Studentenkrawalle. Carl und Sue sind beide Anfang Zwanzig. Sie brachten ihre Ideen von Gewaltlosigkeit und Frieden ein. Die Älteren der Runde beklagten sich voll Bitterkeit über die Initiatoren der Krawalle, dann aber sagte Sue mit einer gewissen Heftigkeit: »Na ja, gegen Gewalt bin ich auch. Aber manchmal ist sie einfach gerechtfertigt!«

Sie hatte kaum ausgesprochen, als Seth sich einschaltete. Alle fuhren hoch. Im Eifer des Gesprächs waren Seth und die ASW in Vergessenheit geraten. Da dröhnte Seths Stimme los:

»Für Gewalt gibt es niemals eine Rechtfertigung. Auch für Haß gibt es keine Rechtfertigung. Für Mord gibt es auch keine Rechtfertigung. Diejenigen, die Gewalt aus ganz gleich welchen Gründen dulden, werden dadurch selbst verändert, und die Reinheit ihrer Absicht wird verdorben.

Ich habe euch gesagt: Wenn euch der Zustand eurer Welt nicht gefällt, dann müßt ihr selbst euch ändern, als einzelne und als Masse. Das ist der einzige Weg, auf dem eine Änderung bewirkt wird.« Bei diesen Worten sah Seth Carl fest an und fuhr fort: »Wenn deine Generation oder irgendeine Generation eine Änderung bewirkt, ist dies nur auf diesem Weg möglich. Was ich euch hier sage, wurde euch durch die Jahrhunderte hindurch immer wieder gesagt. Es liegt bei euch, es zu hören oder nicht.

Es ist falsch, eine Blume zu verfluchen, und es ist falsch, einen Menschen zu verfluchen. Es ist falsch, nicht jeden Menschen zu achten, und es ist falsch, sich über irgendeinen Menschen lustigzumachen. Ihr müßt euch selber achten und in euch selbst den Geist ewiggültiger Vitalität erkennen. Wenn ihr das nicht tut, zerstört ihr, was ihr berührt. Und ihr sollt jedes andere Individuum achten, denn in ihm ist ebenso der göttliche Funke ewiggültiger Vitalität wie in euch.

Wenn ihr andere verflucht, verflucht ihr euch selbst, denn der Fluch fällt auf euch zurück. Wenn ihr Gewalt anwendet, fällt die Gewalt auf euch zurück ... Ich sage euch das, denn ihr habt die Möglichkeit, für ein besseres Leben in der Welt zu sorgen, und euer ist die Zeit. Fallt nicht in die alten Fehler zurück, denn sie führen genau zu dem, was ihr fürchtet.

Wenn jeder junge Mann den Kriegsdienst verweigert, werdet ihr Frieden haben. Solange ihr aber um Gewinn und Macht kämpft, werdet ihr keinen Frieden haben. Solange Menschen Gewalttaten um des Friedens willen begehen, wird Krieg in der Welt sein. Unglücklicherweise fällt es schwer vorzustellen, daß sich die jungen Männer aller Länder zur gleichen Zeit weigern, in den Krieg zu ziehen. Daher müßt ihr mit der Gewalt leben, die durch Gewalt erzeugt wurde.

In den nächsten hundert Jahren könnte die humanere Zeit der Gewaltlosigkeit anbrechen. Beachtet aber: Verteidigt nie eine Idee mit Gewalt. Wer haßt, bringt seinen Haß in der Wirklichkeit dieser Welt zur Geltung. Und wer liebt, trägt mit seiner Liebe zur Verwirklichung einer besseren Welt bei.«

19
Die inneren Sinne – »Organe« innerer Wahrnehmung

Im Zuge einer unlängst im Rahmen meiner ASW-Kurse abgehaltenen Sitzung sagte Seth:

»Würdet ihr für einen Augenblick das Selbst beiseite schieben, das ihr zu kennen glaubt, würdet ihr eure eigene multidimensionale Realität erfahren. Das sind nicht nur schöne, inhaltsleere Worte. Ich will euch hier keine Theorie aufdrängen, nur weil ich eine Theorie von mir geben möchte, sondern ich wünsche mir, daß ihr diese Idee verwirklicht.«

»Was genau empfiehlst du uns zu tun?« fragte einer der Kursteilnehmer.

»Zuerst solltet ihr die eigentliche Natur der Realität zu erkennen versuchen. In Ansätzen habe ich diese in dem, was ihr das ›Seth-Material‹ nennt, bereits erklärt. Die Protokolle der rund fünfhundert Sitzungen, die bisher abgehalten wurden, geben wohl nur einen Überblick, aber sie reichen doch auch aus, daß ihr damit etwas anfangen könnt. Die erörterten Ideen und Vorstellungen werden euch veranlassen, über sie nachzudenken.

Ich habe euch gesagt, daß es ebenso nach innen wie auch nach außen gerichtete Sinne gibt. Die inneren Sinne werden euch befähigen, die Realität unabhängig von der Erscheinungswelt wahrzunehmen. Ihr müßt lernen, diese inneren Sinne zu erkennen, zu entwickeln und euch ihrer zu bedienen. Wie euch das möglich wird, ist Gegenstand dieses Materials. Aber ihr könnt das Material erst gebrauchen, wenn ihr es richtig verstanden habt.

Das Material selbst ist – verzeiht mir den Ausdruck – raffiniert dargestellt, so daß ihr, während ihr es zu verstehen bemüht seid, bereits Fähigkeiten zu entwickeln beginnt, die jenseits derer liegen, die ihr für gegeben haltet.

Zuerst müßt ihr damit aufhören, euch selbst vollständig mit eurem Ich zu identifizieren. Ihr müßt erkennen, daß ihr mehr wahrnehmen könnt, als dieses euer Ich wahrnimmt. Ihr müßt euch künftighin mehr als früher abfordern. Das Material ist allerdings nichts für die,

die sich mit hübsch abgepackten, eingeschnürten Wahrheiten begnügen, die, aufgeteilt in kleine Pakete, die wiederum in Portionen abgepackt sind, gut zu verdauen sind. Das hier angebotene Material befriedigt zwar ein Bedürfnis, fordert aber auch, daß ihr euch geistig und seelisch ausdehnt.«

Eine der Kursteilnehmerinnen hatte eine Bekannte mitgebracht, Mary, die ihre Stirn kraus zog, als Seth zu sprechen aufgehört hatte. »Aber wenn wir für den Augenblick unser Ich beiseite schieben, verlieren wir dann nicht das Bewußtsein?« So wandte sie sich an mich. Ich hatte jedoch keine Gelegenheit zu antworten. Seth antwortete für mich – auf seine Weise.

»Du bist eine Wesenheit«, sagte er. »Nimm einmal an, du hättest einen Scheinwerfer in der Hand und dieser Scheinwerfer wäre das Bewußtsein. Du könntest sein Licht in viele Richtungen schwenken, aber du hast dir angewöhnt, den Lichtstrahl nur auf den einen von dir erkannten Weg gerichtet zu halten; dabei übersiehst du, daß es noch andere Wege gibt.

Du mußt, um das zu entdecken, nichts weiter tun, als deinen Scheinwerfer auch in andere Richtungen zu schwenken. Wenn du ihn von dem Weg wegnimmst, auf den er bisher gerichtet war, wird dieser Weg eine Zeitlang im Dunkel liegen, dafür aber werden neue Wege für dich erkennbar und begehbar. Nichts kann dich andererseits davon abhalten, mit dem Scheinwerfer auch deinen alten Weg auszuleuchten.«

Seth bediente sich verschiedener Analogien, um diesen Punkt klarzustellen. In einer anderen Sitzung sagte er einmal:

»Ihr habt mehr als nur euer Alltagsbewußtsein. Seht zu, daß ihr die verschiedenen Kanäle eurer Bewußtheit benutzen könnt ... Gewöhnlich benutzt ihr nur die eine Tür, die eures Alltagsbewußtseins, von dessen Türschwelle aus ihr auf eure körperlich-materielle Realität schaut. Doch es gibt auch andere Türen, die zu anderen bewußten Selbst führen.

Deswegen wird von euch erwartet, euch nicht immer nur an das Alltagsbewußtsein zu klammern. Es gibt keinen Grund, warum ihr euer Alltagsbewußtsein, nur weil es eine Zeitlang abschaltet, verlieren solltet. Wenn ihr es abschaltet, also diese eine Tür schließt, dann seid ihr vielleicht für einen kurzen Augenblick lang verwirrt; doch das könntet ihr nur so lange sein, bis ihr eine andere Tür öffnet.

Auch müßt ihr natürlich die Methoden, mit deren Hilfe ihr andere

Realitäten wahrnehmt, erst kennen- und handhaben lernen, einfach weil ihr nicht gewohnt seid, mit anderen als den euch vertrauten Möglichkeiten eures Bewußtseins umzugehen. Aber euer inneres Selbst ist ebenso vernunftbegabt und sogar intelligenter, ist ebenso gültig und wirklich wie das euch vertraute Alltagsbewußtsein, an das ihr gewöhnt seid.«

Seth bestand immer darauf, daß es nur eine zielführende Methode gibt, die uns zur Erkenntnis verhilft, wie das Bewußtsein überhaupt beschaffen ist: Wir müssen unsere eigene Bewußtheit ausleuchten und erforschen, indem wir unsere Aufmerksamkeit nach innen richten und uns der Inhalte unseres Bewußtseins in jeder möglichen Weise bedienen. Er erklärte das folgendermaßen:

»Wenn ihr in euch hineinschaut, dann dehnt ihr aufgrund dieser Anstrengung die Grenzen eures Bewußtseins aus, ihr erweitert es und setzt so Fähigkeiten eures ichgebundenen Selbst frei, von denen es meist gar nicht gewußt hat, daß es über solche verfügt.«

Zu diesen gehören die ASW-Fähigkeiten, also die der Telepathie und des Hellsehens, die in jedem Menschen schlummern. Die außersinnliche Wahrnehmung kann man schlicht auch einfach als innere Wahrnehmung bezeichnen. Doch nicht allein deswegen kommt den inneren Sinnen Wichtigkeit zu. Sie lassen uns, darin liegt ihre Bedeutung, unsere Unabhängigkeit von materiellen Bedingtheiten und unsere einmalige, individuelle, multidimensionale Wesenheit erkennen. Sie verhelfen uns aber auch dazu, das Wunder unserer physischen Existenz und unseren Platz in der Welt zu erkennen. Wir können ein weiseres, produktiveres und glücklicheres Leben führen, wenn wir zu verstehen beginnen, weshalb wir hier sind, als einzelne Menschen wie auch als Gemeinschaft.

Die inneren Sinne helfen uns, wie gesagt, zum Beispiel unsere telepathischen Fähigkeiten zu entfalten. Das bedeutet nicht, daß wir auf Wunsch immer in der Lage wären, »Gedanken zu lesen«. Es bedeutet, daß wir im Umgang mit Menschen uns intuitiv bewußt werden, was unser Gegenüber uns sagen will, und wissen, was hinter seinen Worten steckt. Wir werden auch uns selbst behutsamer und treffender auszudrücken verstehen, wenn wir unsere Gefühle mitteilen wollen, da wir wissen, was genau diese Gefühle sind. Wir haben keine Angst mehr vor ihnen, noch verspüren wir das Bedürfnis, sie zu verbergen.

Manchmal können wir aber auch tatsächlich »Gedanken lesen«.

Obwohl dies ein geläufiger Begriff ist, bleibt dabei doch manches offen. Entscheidend ist, daß ASW-Einsichten oder sogenannte ASW-Leistungen nur ohne Druck von außen möglich sind. Oft auch überdeckt eine Wahrnehmung eine andere, oder es blendet sich ein Sinn in den anderen ein. Deshalb ist zum Beispiel schon die – allerdings nicht wichtige – Unterscheidung schwierig, ob es sich um eine hellseherisch oder eine telepathisch empfangene Information handelt. In jedem Fall handelt es sich um innere Wahrnehmung. Die Bezeichnung ist nicht so wichtig. Wichtig aber ist dies: Wenn wir unsere inneren Sinne einsetzen, erweitern wir damit das Gesamtspektrum unserer Wahrnehmung.

Während ich dies schreibe, nehme ich über verschiedene »Kanäle« Informationen aus meiner Umwelt auf, bin mir aber kaum dessen bewußt. Sicherlich unterscheide ich nicht bewußt zum Beispiel visuelle und akustische Eindrücke, außer ich nähme es mir vor; aber natürlich weiß ich, daß ich sie über verschiedene Sinne empfange. Die Sinnesorgane wirken zusammen, um uns ein Bild der materiellen Realität zu vermitteln.

Mit den inneren Sinnen verhält es sich ähnlich. Wir bedienen uns ihrer ständig, ohne daß wir uns dessen bewußt sind. Um sie erklären zu können, müssen wir sie beziehungsweise ihre Bewirkungen getrennt beschreiben, obwohl sie uns in ihrem Zusammenwirken erreichen.

Seth hat von den »inneren Sinnen« schon früh in unseren Sitzungen gesprochen, erstmals im Februar 1964. Ich versuche im folgenden, das wichtigste diesbezügliche Material zusammenzufassen und füge jeweils ein paar Auszüge aus seinen Beschreibungen bei.

Von grundlegender Bedeutung erscheint mir, was Seth in diesem Zusammenhang über das *Phänomen innerer Berührtheit* sagte.

»Denkt euch die inneren Sinne als Wege, die zur Erfahrung innerer Realitäten führen. Solche Erfahrung kann aufgrund einer Wahrnehmung unmittelbarer Art gemacht werden. Es ist ein sofortiges Erfassen, etwas, das ich als ›innere Berührtheit‹ beschreiben kann.

Stellt euch einen Mann vor, der auf einer von Bäumen gesäumten Allee steht. Plötzlich hätte er das Gefühl, ein Baum zu sein; er empfände wie einer dieser oder wie alle Bäume. Das wäre ein Beispiel innerer Berührtheit. Tatsächlich könnt ihr euer Bewußtsein so erweitern, daß ihr in euch das Wesen eines Baumes oder aller Bäume nachzuempfinden vermögt. Ihr könntet dann auch die Erfahrung machen, irgend etwas zu sein, das ihr auswählt: ein anderer Mensch, ein Insekt, ein Grashalm. Dabei würdet ihr keineswegs das Bewußtsein dessen, was das andere lebende Wesen ist, verlieren; ihr nähmt dieses andere Sein ähnlich wahr, wie ihr jetzt Wärme oder Kälte empfindet.«

Solche von unseren inneren Sinnen vermittelten Empfindungen sind ähnlich wie ein starkes Mitgefühl, nur gehen sie tiefer und berühren unser vitales Sein. Wir können Seth zufolge allerdings unsere inneren Wahrnehmungen nicht ihrer ganzen Intensität nach erfahren, weil unser Nervensystem so viele Reize gar nicht bewältigen könnte. Auch liegt die Schwierigkeit auf der Hand, für Erfahrungen dieser Art einleuchtende Beispiele anzuführen. Dessenungeachtet scheint mir das folgende Beispiel als ein Fall innerer Berührtheit geeignet.

Eines Abends waren Bill und Pag Gallagher bei uns zu Besuch, und auch eine Nachbarin, Polly, kam herüber. Polly ist eine stark gefühlsbetonte Frau, und sie fragte mich, welche Eindrücke von ihr sich mir aufdrängten. Ich lehnte jegliche Antwort mit der Entschuldigung ab, ich sei zu müde. In Wahrheit spürte ich ihre hochgradige Belastung, und ich wollte nicht in ihre Probleme verwickelt werden. Offensichtlich war aber meine Neugier stärker. Ich »knipste« meine inneren Sinne ein, um herauszufinden, was da nicht stimmte – war mir aber dabei keineswegs im klaren, daß ich das tat.

Fast unmittelbar darauf tauchte in mir die Vergangenheit der Frau auf: Teenager im Jahr 1950. Sie lag in einem Krankenhausbett und hatte Wehen. Ich fühlte diese Geburtsschmerzen, während ich in meinem Wohnzimmer saß. Meine Empfindungen waren außerordentlich intensiv, die Schmerzen sehr stark. Ich sah eine ältere Frau und einen jungen Mann im Krankenhauszimmer und versuchte, beide Menschen zu beschreiben. Polly identifizierte sie als ihren ehemaligen Ehemann und dessen Mutter, bestritt aber, je ein Kind bekommen zu haben; sie sagte nur, eine Freundin habe im gleichen Jahr eine uneheliche Tochter geboren.

Die Schmerzen erschreckten mich zuerst so stark, daß ich das, was ich innerlich erlebte, nicht für mich behalten konnte; ich wollte Polly damit aber keineswegs verwirren. Später kam ich mir dumm vor und ärgerte mich über mich selbst; auch stellte ich mir die Frage, ob diese Schmerzen nicht auf eine Dramatisierung meines Unbewußten zurückzuführen waren.

Zwei Jahre später verließ Polly die Stadt. Bevor sie wegzog, rief sie mich an und gestand mir, daß meine Eindrücke richtig gewesen waren. Das Kind, so sagte sie mir, sei ihr eigenes gewesen und meine Beschreibung des Krankenhauszimmers habe genau zugetroffen. Natürlich habe sie nicht gewollt, daß irgend jemand etwas von dem Kind erfahre, das sie zur Adoption freigegeben hatte. Sie hatte am Abend, bevor sie uns besuchte, wieder über diese Geburt nachgegrübelt, weil sie gerade Nachricht von dem Vater des Kindes bekommen hatte, die erste seit Jahren.

In diesem Fall setzte mich, denke ich, meine innere Berührtheit, durch die ich ihre Schmerzen mitempfand, erst in die Lage, den Anlaß ihrer Belastung, den Geburtsvorgang, vor meinem inneren Auge abrollen zu sehen.

Im allgemeinen kann innere Berührtheit außerordentlich wertvoll sein, indem sie unsere Erfahrung zu wünschenswerter Bewußtseinserweiterung führt, uns aber auch zu größerem Verständnis und tieferem Mitgefühl verhilft. Mit einiger Übung können wir uns so in jedes lebendige Wesen einfühlen und uns seiner Vitalität erfreuen. Deshalb wird unsere Individualität keineswegs gemindert. Es besteht auch die Gefahr nicht, daß eine psychische »Invasion« stattfindet, noch daß wir »Schlüssellochgucker« in die Seele anderer Menschen werden.

Wir sollten die Fähigkeit innerer Berührtheit nur nutzen, um anderen zu helfen, dies aber ebenso unbefangen, wie wir uns unserer Muskeln und Gelenke bedienen. Glücklicherweise aber ist, glaube ich, jede Bemühung zu abwegigen Zwecken vergeblich. Wer Potentiale seines Inneren zu solchen Zwecken nutzen möchte, stößt auf die Verweigerung seiner eigenen Wesenheit in der Form, daß die Informationen ihm gar nicht bewußt werden.

Sehr wichtig erscheinen mir auch Seths Ausführungen über das *Phänomen psychischer Zeit* oder die Zeit der Psyche.

»Psychische Zeit stellt ein natürliches Vehikel des Übergangs dar, um von der inneren Welt in die äußere Welt zu gelangen und von dort wieder zurück. Allerdings ist die Vorstellung einer hin und her zurückzulegenden Wegstrecke unzutreffend. Psychische Zeit ist weder an Zeit, wie ihr sie versteht, noch an Raum gebunden. Sie befähigte den Menschen von Urzeiten an, sowohl in seiner inneren als auch in der äußeren Welt zu leben und diesen Wechsel seiner Erfahrungswelten leicht zu vollziehen.

Wenn ihr euch übt, psychische Zeit zu nutzen, so werdet ihr fähig, innerhalb ihres Bezugsrahmens, dem eurer Psyche, auszuruhen, während euer Bewußtsein hellwach bleibt. Erst psychische Zeit verleiht eurer ›normalen‹ Zeit, die eine Täuschung ist, Dauer. Von diesem Erlebnisstandort aus werdet ihr erkennen, daß die Zeit eurer Erscheinungswelt traumähnlich ist – genau das, wofür ihr immer die euch aus Träumen bekannte innere Zeit hieltet. Ihr werdet eure Selbst entdekken, die gleichzeitig nach innen und nach außen schauen. Und so werdet ihr begreifen, daß Unterscheidungen innerhalb eurer Psyche Illusionen sind.«

In der Praxis heißt das: Das Vehikel der psychischen Zeit – Rob und ich nennen sie »Psi-Zeit« – führt Sie zur Entwicklung Ihrer inneren Wahrnehmung. Sie müssen einfach den Brennpunkt Ihrer Aufmerksamkeit nach innen ansetzen.

Setzen oder legen Sie sich an einem ruhigen Ort, wo Sie allein sind, hin und schließen Sie Ihre Augen. Gehen Sie davon aus, daß es in Ihnen eine Welt gibt, die ebenso lebendig und real ist wie die Ihnen bekannte äußere. Schalten Sie Ihre körperlichen Sinne aus.

Konzentrieren Sie sich zu diesem Zweck auf eine schwarze Leinwand, bis auf dieser Bilder oder Lichter erscheinen. Wenden Sie sich von Ihren Sorgen oder Alltagsproblemen bewußt ab; diese können sehr leicht auftauchen, sobald Sie sich körperlich zu entspannen versuchen. Falls Gedanken oder Gefühle diesen Inhalts Sie bedrängen, sind Sie noch nicht bereit weiterzumachen. Sie müssen solche Anwandlungen erst loswerden.

Da ungeteilte, volle Konzentration auf Verschiedenes nicht möglich ist, sollten Sie Ihre Aufmerksamkeit von neuem auf die schwarze Leinwand einstellen, oder richten Sie diese auf ein von Ihnen vorgestelltes Bild. Das sollte die Sorgen vergessen machen. Oder Sie stellen sich sogar vor, daß die Sorgen ihrerseits Bilder sind und daß sie dann »sehen«, wie diese Bilder verschwinden. In einem fortgeschrittenen Stadium dieser Entspannungs- und Konzentrationsübung werden Sie sich auf einmal frei, zwar bewußt, aber sehr leicht fühlen. In Ihrem Geiste können helle Lichter auftauchen. Vielleicht hören Sie aber auch Töne, ganze Melodien, oder auch Stimmen. Es können telepathische oder hellseherische Botschaften sein. Manche können auch einfach Bilder des Unbewußten darstellen.

Mit fortschreitender Übung werden Sie lernen, das eine vom anderen, Wichtiges von Nebensächlichem, zu unterscheiden. Wenn Sie zuversichtlich weitermachen, werden Sie allmählich spüren, wie die Zeit – wie wir sie kennen – während dieser Übung keine Rolle mehr spielt. Sie können verschiedene Phasen subjektiver Erfahrungen durchlaufen, vom Erleben einfacher Inspiration bis zu Phänomenen außersinnlicher Wahrnehmung. Ich zum Beispiel habe in solcher Zeit der Psyche oft außerkörperliche Reisen erlebt.

Das Wissen um dieses Vehikel des Übergangs und Erfahrungswechsels führt zu einem Gefühl der Erfrischung, der Entspannung und des Friedens. Es wird von den meisten meiner Kursteilnehmer praktisch genutzt und dient der Vorbereitung für andere Erfahrungen.

Unmittelbar nach Seths Erklärung der psychischen Zeit ging er, einmal mehr, auf die *illusorische Wahrnehmung von Vergangenheit, Gegenwart und Zukunft* ein.

»Vergegenwärtigt euch noch einmal den Mann, den wir uns auf einer baumgesäumten Allee vorgestellt haben, und ihr werdet euch erinnern, daß ich davon sprach, daß er aufgrund innerer Berührtheit das Wesen eines Baumes – oder aller Bäume – nachempfinden könnte und daß ihr bei entsprechender Bewußtseinserweiterung das Sein beliebiger lebender Wesen nachempfinden könntet.

Wenn ihr einer solchen Erfahrung fähig seid, könnt ihr sie auch noch erweitern. Ihr könnt auch nachempfinden, was dem lebenden Wesen als Vergangenheits- und Zukunftserfahrung anhaftet.«

Dies war wohl, was die Nachempfindung und daher Wahrnehmung der Vergangenheit eines Wesens betrifft, in dem geschilderten Beispiel meiner Erfahrung mit Polly der Fall gewesen. Doch erinnern wir uns: Seth hat immer gesagt, das Gesamtselbst benutze die inneren Sinne ständig und uneingeschränkt. Da Vergangenheit, Gegenwart und Zukunft eins sind und deshalb der Wirklichkeit entbehren, ist auch das Erfassen eines Wesens über die scheinbaren Zeitbarrieren hinaus eins. So sehen wir jedenfalls erst die Realität, wie sie wirklich ist.

Aufschlußreich ist in diesem Zusammenhang, was Seth über das *innere Erfassen von Ideen* sagte:

»Nur ein innerer Sinn kann euch auch zum unmittelbaren Erfassen der einer menschlichen Vorstellung zugrunde liegenden Idee verhelfen. Das ist weit mehr als nur intellektuelles Verstehen. Es ist ein Eingehen in die Idee, in ihren essentiellen Gehalt. Ihr werdet mit ihr eins. Wie ihr ein lebendes Wesen nicht wirklich verstehen oder richtig einschätzen könnt, bevor ihr innerlich nicht dieses Wesen werdet, so verhält es sich auch mit Ideen.

Ihr könnt eine erste Annäherung an die einer Vorstellung zugrunde liegende Idee am besten erreichen, wenn ihr euch zur Aktivierung eurer inneren Wahrnehmung in psychische Zeit versetzt. Begebt euch in ein ruhiges Zimmer, entspannt euch. Wenn dann in euch eine Vorstellung auftaucht, spielt mit ihr nicht auf intellektuelle Weise, sondern versucht statt dessen, sie intuitiv zu erfassen. Habt dabei keine Angst vor euch nicht vertrauten Empfindungen.

Mit etwas Übung werdet ihr entdecken, daß ihr gewissermaßen selbst zur Idee werdet. Ihr werdet dann die Empfindung haben, in eurer Idee heimisch zu sein und aus ihr hinauszuschauen – nicht in sie hineinzuschauen.

Die Ideen, auf die ich mich hier beziehe, reichen über eure Begriffe von Raum und Zeit hinaus. Alle grundlegenden Ideen haben ihre Ursprünge außerhalb eures Verschleierungssystems und existieren auch jenseits von diesem weiter. Bis ihr gelernt habt, die inneren Sinne sinnvoll und in großer Freiheit einzusetzen, werdet ihr immer nur einen Schimmer von großen Ideen erhaschen, seien sie auch noch so einfach.«

Ich habe, glaube ich, mit der in Kapitel 17 geschilderten Erfahrung ein Beispiel dessen, wovon Seth hier sprach, aufgezeigt. Die Erfahrung war in Worten nicht adäquat auszudrücken. Ich aber ging in die Idee ein, die der Vorstellung, daß im Zimmer alles zu ungeheuerlicher Größe anwuchs, zugrunde lag: Ich durchwanderte unterschiedliche Realitätssysteme.

Das Nachempfinden eines Lebewesens ist eine Sache, eine andere ist die *Erkenntnis einer anderen Wesenheit.* Dazu wiederum Seth:

»Erinnert euch, daß die inneren Sinne immer nur zusammenwirkend zur Geltung kommen. Ihre Wahrnehmungen gehen daher ineinander über, und deshalb wären Unterscheidungen ziemlich willkürlich. Nun gibt es aber einen inneren Sinn, der, ebenfalls frei von der Anklammerung an Vergangenheit, Gegenwart und Zukunft, ermöglicht, sich auf wesentliche Art zu verändern.

Das ist schwer zu erklären. Wenn es euch gelingt, einen anderen Menschen zu verstehen, so geschieht das, indem ihr eure körperlichen Sinne einsetzt und darüber hinaus mit Hilfe eines inneren Sinnes, der euch befähigt, gleichsam in sein Wesen einzugehen. Das heißt aber nicht, daß eine Wesenheit eine andere kontrolliert. Es handelt sich einfach um ein unmittelbares, augenblickliches Erfassen, ein Erkennen des Kerns eines Wesens. Solcher innerer Wahrnehmung bedient sich euer inneres Selbst ständig; nur wird sie dem bewußten Ich und dem unbewußten Ego bloß bruchstückhaft übermittelt. Ohne sie würde aber kein Mensch einen anderen Menschen wirklich im tiefsten verstehen können.«

Seth stellte hier den inneren Vorgang des Erkennens einer anderen Wesenheit dar. Es ist eine Art höhergetriebene Version des Nachempfindens eines Wesens aufgrund der von ihm früher beschriebenen »inneren Berührtheit«.

Bei anderer Gelegenheit beschrieb Seth *das jedem Wesen innewohnende Wissen um seine Vitalität.*

»Es ist ein inneres Wissen um die ursprüngliche Vitalität kosmischen Ursprungs. Dieses Wissen ist auch etwa dem verwandt, was ihr, insbesondere bei Tieren, Instinkt nennt, obwohl der Instinkt eines Tiers jedem kosmischen Bezug entrückt scheint. Doch auch einer Spinne, die ihr Netz webt, wohnt solches inneres Wissen um ihre ursprüngliche Vitalität inne. Sie hat zwar weder Intellekt noch ein Ego, doch alles, was sie tut, tut sie, indem sie ihre inneren Sinne weitgehend unbehindert von eurem Verschleierungssystem spontan einsetzt.«

Seth wies immer wieder darauf hin, daß die Antworten auf alle Fragen, die wir uns stellen, in uns selbst liegen. Sie enthüllen sich uns, wenn wir unsere Aufmerksamkeit von der Erscheinungswelt weg- und nach innen wenden; dann wird uns das Urwissen unseres inneren Selbst, zumindest teilweise, bewußt. Das zeigt sich auch in Form von Inspirationen oder im Erlebnis spontanen »Wissens«. Vermutlich lag solches inneres Wissen um die ursprüngliche Vitalität kosmischen Ursprungs meiner subjektiven Erfahrung »kosmischen Bewußtseins« zugrunde, vielleicht teilweise auch meiner Erfahrung der »Ideenkonstruktion«, sicher jedoch nehmen in ihm die meisten menschlichen Erfahrungen mit Offenbarungscharakter ihren Ursprung.

Die Schwierigkeit besteht immer darin, daß solche Erfahrungen irgendwie in Begriffe übersetzt werden müssen, die durch Worte oder Bilder vermittelt werden – und dabei werden die Inhalte gezwungenermaßen verzerrt. Obwohl jedoch manche dieser Erfahrungen in Worten und Bildern gar nicht auszudrücken sind, ist doch das Individuum, das eine solche Erfahrung macht, von ihrer Gültigkeit überzeugt.

»Ein weiteres Phänomen eurer inneren Sinne besteht in der *Erweiterung oder Zusammenziehung des Selbst.* Die Ausweitung seiner Grenzen führt zur Erweiterung eures bewußten Verständnisses. Die

Zusammenziehung des Selbst ermöglicht ihm, in Erlebnisfelder anderer Realitätssysteme einzugehen. Stellt euch vor, jedes Selbst habe eine sein Bewußtsein umgebende ›Hülle‹ – in Wirklichkeit handelt es sich eher um ein abgestecktes Energiefeld, die die Energie am Wegsickern hindert – und jedes Bewußtsein, ganz gleich in welchem System, sei von einer solchen Hülle umgeben. Im Bann dieser Vorstellung wurde ja auch vom ›Astralkörper‹ gesprochen. Dann fällt euch auch die Vorstellung der Ausdehnung oder der Zusammenziehung eures Selbst leichter.«

Rob und ich haben oft schon solche innere Erfahrungen gemacht, ebenso verschiedene meiner Kursteilnehmer. Das Erlebnis psychischer Zeit führt bisweilen zu einem Phänomen, das wir scherzhaft »Elephantiasis« nennen: Ich habe das Empfinden, mich selbst auszudehnen, dabei aber an Gewicht leichter und leichter zu werden. Dieses Gefühl kann sich auch kurz vor einem Erlebnis außerkörperlicher Erfahrung einstellen. Das Gegenteil dieses Gefühls habe ich regelmäßig bei den verschiedenen Sitzungen mit der anderen Persönlichkeit, mit Seth Zwei, gehabt.

Mit dem Eintauchen in psychische Zeit geht oft auch eine weitgehende Entschleierung dessen einher, was Seth das »Verschleierungssystem unserer Erscheinungswelt« genannt hat. Das innere Selbst löst sich von ihr.

»Dies wird«, erklärte Seth, »durch etwas erreicht, das ihr einen Frequenz- oder Vibrationswechsel nennen würdet, eine Transformation der Vitalität von einem System in ein anderes. Euer Traumleben bietet euch in mancher Hinsicht ebenfalls eine der Verschleierung entkleidete innere Realität dar. In eurem Wachleben bleiben die inneren Sinne sehr stark abgeschirmt.«

Möglicherweise habe ich etwas von der Art der von Seth erwähnten »Transformation der Vitalität« in der Erfahrung durchlebt, als ich mich körperlos und formlos fühlte, sozusagen »wie bewußte Luft«.

Natürlich können Sie sich jetzt – oder früher oder später – fragen, was Sie mit meinen inneren Wahrnehmungen und Erfahrungen anfangen sollen. Mehr noch: Sie können fragen, wozu Sie und andere Menschen den von Seth »propagierten« Einsatz der inneren Sinne erlernen sollen. Ja – wozu? Seth äußerte sich dazu in der denkwürdigen, auf Band aufgenommenen Sitzung, die er für die Psychologiestudenten und ihren Professor gegeben hatte.

»Nur dank innerer Wahrnehmung werdet ihr nicht von eurer Subjektivität verschluckt. Mit ihr lernt ihr, was Realität ist ... Selbsterforschung in Zuständen innerer Wahrnehmung führt euch zu Erfahrungen des Bewußtseins, die euch für gewöhnlich nicht zugänglich sind. Ihr könnt eure inneren Sinne wie Forschungswerkzeuge benutzen.

Bei der Art ›Forschung‹, von der ich spreche, versucht die Persönlichkeit in sich zu gehen, um durch die Schleier ihrer äußeren Bedingtheiten hindurch den Weg zu ihrer Wesenheit zu finden ... Euer inneres Selbst verfügt über telepathische und hellseherische Fähigkeiten, die sich in hohem Maße auf eure zwischenmenschlichen Beziehungen auswirken – und auf eure ganze Zivilisation. Ihr setzt sie nicht effektiv ein. Dabei sind es genau die Fähigkeiten, die ihr so nötig hättet und die auch der ganzen Menschheit zugute kämen. Deshalb sollte jeder von euch wissen, wo seine Potentiale zu suchen sind.

Andere können euch das nicht vermitteln. Selbst wenn ihr, zum Beispiel durch psychotherapeutische Behandlung und sei's eine Psychoanalyse, entdeckt, was euren Neurosen zugrunde liegt, befindet ihr euch noch immer in sehr seichtem Gewässer. Ihr erforscht so immer noch nur die sichtbare Spitze des Eisbergs eurer Persönlichkeit und zieht keinen Nutzen aus der euch in veränderten Bewußtseinszuständen möglichen inneren Wahrnehmung.

Im Zustand dessen, was ich ›psychische Zeit‹ genannt habe, seid ihr euch eures wachenden und eures träumenden Selbst gleichzeitig bewußt. Ihr seid geistig-seelisch hellwach, obgleich euer Körper schläft. Ihr macht Erfahrungen jenseits der Schranken von Zeit und Raum und könnt euer Bewußtsein immens erweitern.«

Sie können durchaus wörtlich nehmen, was Seth damals den ziemlich erstaunten Studenten sagte. Im Zustand herabgesetzten Bewußtseins – jenem der Psi-Zeit – werden Ihnen Inspirationen, Intuitionen und außersinnliche Informationen zuteil, die Ihnen von den inneren Sinnen übermittelt werden.

Indem ich Seths Anweisungen befolgte, habe ich gelernt, während des Träumens, obwohl ich schlafe, wachzubleiben. In diesem Zustand erkenne ich meine Träume als Träume und kann sie auch mehr oder weniger beliebig steuern. Wie Sie bereits wissen, sind im Traumzustand bei ruhig schlafendem Körper auch Bewußtseinsprojektionen möglich, in denen Zeit und Raum keine Rolle mehr spielen. Es ist jedoch nicht ganz leicht und bedarf einfach der Erfahrung, das Bewußtsein im Traumzustand aufrechtzuerhalten; auch besteht immer wieder die Tendenz, in den gewöhnlichen Traumzustand zurückzufallen.

Solche Erfahrungen – es handelt sich immer um Erfahrungen innerer Wahrnehmung – werden uns ja, wie Sie bereits wissen, nicht nur im Traumzustand, sondern auch im Zustand herabgesetzten Bewußtseins, in Trance, zuteil. Doch wer das erlebt, fühlt sich, als ob er bisher sein Leben im Traum verbracht hätte und nun erst wirklich wach wäre: er wird sich seiner multidimensionalen Realität bewußt. Wer diese Erfahrung einmal gemacht hat, vergißt sie nie mehr.

Jeder Mensch wird natürlich seine inneren Sinne auf andere Art erfahren, denn jedwede – und insbesondere die innere – Wahrnehmung ist zwangsläufig individuell unterschiedlich.

Dessenungeachtet kann nur innere Erfahrung uns ein zutreffendes Bild der Realität unserer Welt und unserer inneren Wesenheit verschaffen. Solche Einsicht aber setzt auch Fähigkeiten frei, die unserem Alltagsleben zusätzliche Vitalität, Bedeutung und erst wahren Sinn verleihen.

20
Persönliche Einschätzungen – Wer oder was ist Seth?

Als Menschen sind wir dem Leben im Spannungsfeld zwischen Geburt und Tod anheimgegeben. Dieses Schicksal teilen wir mit den Tieren. Es ist die Existenzbedingung unserer Welt. Tiere jedoch nehmen, soweit wir Menschen das wissen, in ihrem Leben nicht vorweg, daß sie sterben müssen, und sie fragen sich auch nicht, wo oder was sie vor ihrer Geburt waren. Sie leben in der Gegenwart ihres Seins.

Wir Menschen sind uns der Vergangenheit, Gegenwart und Zukunft bewußt – einer Zeitenfolge, die, wie es scheint, uns an sie bindet. Was nun, wenn diese Zeitenfolge – Zeit als Krümmung in eine zusätzliche Dimension, wie moderne Physik erweist – nur Teil einer größeren Gegenwart, eines umfassenden Jetzt ist und wir uns dessen bloß nicht bewußt sind? Nachdem es so ist – was nun?

Wir existieren dann doch in dieser zusätzlichen Dimension, ob wir dies nun wissen oder nicht – wie unser Kater jetzt an meinem Vier-Uhr-Nachmittag existiert, ohne je zu verstehen, was eine Uhr ist. Auf seine Weise liegt der Kater dabei richtiger als ich, denn die Uhrzeit ist ein in unserer Erscheinungswelt notwendiges Hilfsmittel unserer Orientierung, doch auch nicht mehr, und er hat damit nichts zu tun. Gehen Sie doch einmal davon aus, daß die Vorstellung von Vergangenheit, Gegenwart und Zukunft wirklich nur ein Behelf willkürlicher Art und daher illusorisch ist und daß alles Geschehen in einem räumlich umfassenden Jetzt gleichzeitig stattfindet.

Wir können nur so viele Reize gleichzeitig wahrnehmen, wie sie von unserem Nervensystem bewältigt werden können. Jedes Gefühl, jedes Erlebnis, das wir jemals seit unserer Geburt empfunden beziehungsweise durchlebt haben, ist unversehrt im Unbewußten gespeichert. Wir rücken jedoch von »gemachten« Erfahrungen ab – wir unterdrücken oder verdrängen sie, oder wir verbannen sie bewußt in unsere Vergangenheit, um die Gegenwart bewältigen zu können. Wir richten unsere Aufmerksamkeit auf das, was geschieht, auf die Gegenwart, und setzen uns dann in besagter Weise von unseren Erfahrungen ab, so daß sie dem Schein nach weggefallen sind. Wären wir in der Lage, unsere Aufmerksamkeit gleichzeitig auf Erfahrungen der Vergangenheit wie auch der Gegenwart zu konzentrieren, dann wäre unser Bewußtsein der Zeit der Gegenwart schon unermeßlich erweitert.

Und was ist mit der Zukunft? Sind das nicht Erfahrungen oder Ereignisse, die nach allgemeiner Übereinkunft noch nicht »sind« und auch gar nicht sein dürfen – obschon im umfassenden Jetzt bereits vorhanden? Seth zufolge ist zukünftiges Geschehen, das, wie jedes Geschehen, immer geistigen Ursprungs ist, in bezug auf seine Verwirklichung jedenfalls virtuell vorhanden. Manches verwirklicht sich, anderes nicht. Erfahrungen, die nicht verwirklicht werden, treten daher im Bezugsrahmen unserer Vergangenheit, Gegenwart und Zukunft nie zutage; sie bleiben wahrscheinliche Erfahrungen rein geistiger Realität.

Es stellt sich die Frage, ob wir biologisch und psychologisch unfähig sind, solche wahrscheinliche Geschehnisse wahrzunehmen. Oder haben wir etwa in der Psyche »blinde Flecken«, die einem Verteidigungsmechanismus dienen, der verhindern soll, daß unser Wesen von der Realität, wie sie wirklich ist, überfordert wird? Unser Nervensystem widersetzt sich übermäßiger Reizüberflutung. Doch innerhalb der Grenzen seiner Belastbarkeit dürfte eher ein psychischer Sperrmechanismus im Spiel sein, der sehr viele Informationen, die uns sonst zugänglich wären, abblockt.

Wenn es in unserer Macht stünde, diese blinden Flecken zu entfernen und dadurch das Spektrum unserer Aufmerksamkeit zu erweitern, dann wären wir, glaube ich, in die Lage versetzt, auch wahrscheinliche Erfahrungen und Ereignisse wahrzunehmen und – dies ganz sicher – uns im Alltagsleben ganz selbstverständlich der Fähigkeit der Telepathie und des Hellsehens, und zwar der außersinnlichen Wahrnehmung in die Zukunft (Präkognition) und in die Vergangenheit (Retrokognition) zu bedienen, nämlich als praktikable Methoden, Informationen zu erhalten. Mit anderen Worten: Ich denke, daß die Gabe außersinnlicher Wahrnehmung eine völlig natürliche Fähigkeit ist, die heute nur deshalb noch umstritten ist, weil sie den allgemeingültigen Vorstellungen der Realität scheinbar zuwiderläuft.

Nun höre ich förmlich Einwände. Wenn wir das alles könnten, würden wir ja auch wissen, wann wir sterben! Aber angenommen, wir sähen über unseren Tod hinaus und entdeckten zu unserer Überraschung, daß wir noch bei Bewußtsein sind – nicht nur unseres Selbst bewußt, wie es »war«, sondern auch anderer Selbst unserer Wesenheit, deren wir uns »zuvor« nicht bewußt waren? Angenommen, es stimme, was Seth sagt: Wir bewohnen nur das Fleisch, existieren darin, sind aber gleichzeitig von ihm unabhängig?

Wir identifizieren uns mit unserem Körper, und tatsächlich sagen uns die Psychologen, daß wir das müssen. Aber diese Identifikation beruht auf der Vorstellung, daß es ohne Körper kein Selbst gibt. Ebenso wird als selbstverständlich unterstellt, daß uns alles Wissen nur über unsere körperlichen Sinne zufließt. Dieser Vorstellung zufolge können wir natürlich überhaupt nichts mehr wahrnehmen, wenn wir unseren Körper verlassen haben. Es gäbe sogar kein Selbst, das den Körper verlassen könnte, denn unser Bewußtsein wäre demnach ja nur das Accessoire funktionierender Körpermechanismen. Dies ist die orthodoxe Sicht vieler Wissenschaftler, auch der meisten Psychologen.

Die Weltreligionen bekennen sich zur gegenteiligen Auffassung, daß nämlich die Wesenheit des Menschen unabhängig von seinem Körper sei – jedenfalls nach dem Tode. Sie sehen aber mehr oder weniger ungern auf Forschungen, die ergeben könnten, daß der Mensch jetzt schon Vorteile aus dieser Unabhängigkeit ziehen kann. Das Überleben der Seele gehört zum Programm, deren Erforschung nicht.

Und doch glaube ich, daß die bis heute von der Parapsychologie erbrachten Tatsachen für jemanden, der offen und vorurteilslos ist, für sich selbst sprechen. Doch selbst wenn jemand von den Forschungsergebnissen wissenschaftlicher Parapsychologie auch keine Ahnung hat (das trifft auf die meisten zu, die darüber reden), dann braucht er ja nur bereit zu sein, mit seinem Bewußtsein auf eigene Faust zu experimentieren. Die Erfahrungen, die ich geschildert habe, kann jedermann machen. Wie viele Menschen haben doch präkognitive Träume. Wer je einen die Zukunft vorwegnehmenden Traum hatte, der sich später bewahrheitet hat, weiß aus eigenem um die Gültigkeit innerer, in diesem Fall außersinnlicher Wahrnehmung über die Schranken von Raum und Zeit hinweg.

Die Tatsachen meiner eigenen Erfahrung – und die vieler anderer Menschen – führen zu diesen Erkenntnissen. Wir sind von unserem Körper viel unabhängiger, als wir denken. Wir können sehen, fühlen und lernen, während unser Bewußtsein vom Körper abgelöst ist. Wir haben tatsächlich Zugang zu Informationen, die uns nicht durch unsere körperlichen Sinne übermittelt werden. Wenn voreingenommene Menschen – glücklicherweise werden es immer weniger – die vorstehend herausgestellten Tatsachen auch bestreiten wollten, so bleiben Tatsachen dennoch Tatsachen. Halluzination ist, ich versichere es, bei mir nicht im Spiel – es sei denn, ich halluzinierte, daß ich jetzt diese Seite schreibe, meinen Kaffee schlürfe und in eine Art heiligen Zorn darüber gerate, daß es Menschen gibt, die des Menschen Fähigkeiten freiwillig einschränken, um damit beschränkte Überzeugungen zu schützen. Warum sollten wir Überzeugungen für gegeben und richtig halten, wenn sie unseren Erfahrungen widersprechen?

Seit mein erstes Buch über die außersinnliche Wahrnehmung erschien, haben mir viele Menschen geschrieben und mir von ihren eigenen Erfahrungen auf diesem Gebiet berichtet. Manche haben mir Erlebnisse anvertraut, die sie sogar vor ihren engsten Verwandten geheimhielten. Sie wußten, daß ihre Erfahrungen für unwahrscheinlich oder, um es klar zu sagen, für unglaubwürdig gehalten werden könnten, und nicht wenige befürchteten, daß ein Erlebnis außersinnlicher Erfahrung Zweifel an ihrem intakten geistigen Zustand oder an ihrem emotionalen Gleichgewicht aufwerfen würde.

In gewisser Weise zähle ich selbst auch zu diesen argwöhnischen Leuten: Ich stellte mich selbst und meine Erfahrungen bei jeder Kleinigkeit in Frage – und tue das noch. Wenigstens aber ließ ich mich durch die Vorurteile Dritter nicht einschüchtern, was an meiner eigenen Erfahrung ich billigen durfte und was davon ich zu verwerfen hatte. Doch haben mich derartige Vorurteile in der Entfaltung meiner Fähigkeiten tatsächlich behindert. Über jede neue Entwicklung war ich anfänglich gleichermaßen entsetzt wie entzückt.

Meine Erfahrungen haben mich dies gelehrt: Wir sind unserer Wesenheit nach multidimensionale Persönlichkeiten, und zwar jetzt – und zwar Sie und ich und jeder Mensch. Ich denke, daß jedes Bewußtsein mit jedem anderen Bewußtsein in Verbindung steht, wie dies auch auf Atome und Moleküle zutrifft, und daß es Bewußtseinsgruppierungen, das heißt Wesenseinheiten, gibt, wie dies auch auf die Materie zutrifft, und daß wir als Wesenheit ein Teil unserer Wesenseinheit sind, ob wir es nun wissen oder nicht.

Wir wissen wenig über unsere Psyche und noch weniger über menschliches, geschweige denn kosmisches Bewußtsein. Um mehr zu erfahren, müssen wir bereit sein, unser eigenes Bewußtsein individuell zu erforschen. Wenn wir das tun, werden wir – davon bin ich überzeugt – eine größere Individualität, eine überzeugende Einzigartigkeit und eben unsere Wesenheit entdecken. Wenn wir uns statt dessen nur innerhalb der engen Grenzen unseres ichgebundenen, materiell orientierten Bewußtseins bewegen, verschließen wir uns selbst den Antworten auf unsere tiefsten Fragen, einem inneren Wissen, das uns helfen kann, unser Alltagsleben intelligenter und sinnvoller zu gestalten.

Meine Arbeit ist dieser Forschung gewidmet. Ich betrachte meine psychischen Erfahrungen, die Seth-Sitzungen und meine Beziehung zu Seth insgesamt als ein Abenteuer des Lernens – das ständig weitergeht. Ich glaube, daß das Seth-Material Einblicke in die Natur unserer Wirklichkeit vermittelt, die dringend nötig sind. Seths Erklärungen erweitern und vertiefen die Bedeutung der Individualität und stellen eine Herausforderung für uns dar, uns auf ein umfassenderes Selbst einzustellen, als es uns Wissenschaft und Religion bisher gelehrt haben.

Darüber hinaus ist Seth, denke ich, mein Kanal für Offenbarungswissen, und damit meine ich ein Wissen, das uns eher aus den Quellen unseres intuitiven Selbst als über unseren Intellekt zukommt. Solches inneres Wissen steht, jedenfalls bis zu einem gewissen Grade, jedem Menschen zur Verfügung. Ihm erfließen die höheren Bestrebungen und wertvollen Errungenschaften der Menschheit. Es offenbart sich meist in (oft symbolisch verkleideter) Form von Ahnungen, Träumen, Intuitionen oder im Zustand geistig-seelischer Versenkung als ASW-Erfahrungen, wie auch ich sie mache, wobei dann auch wichtig ist, daß die so erhaltenen Informationen vom Intellekt richtig weiterverarbeitet werden.

Was nun die Frage anbelangt, wer oder was Seth sei, so scheint mir die von ihm selbst stammende Charakterisierung als »Energiepersönlichkeitskern« eine denkbar treffende Antwort zu sein. Ich glaube nicht, daß er eine bloße Dramatisierung meines Unbewußten ist, wie dieser Begriff von Psychologen gebraucht wird, noch daß er nach psychiatrischen Kriterien eine Zweit- oder Spaltpersönlichkeit meiner selbst ist. Hingegen glaube ich, daß wir ein Überbewußtsein haben, das »oberhalb« unseres Selbst wirksam ist, wie als Tiefenschicht unserer Psyche das Unterbewußtsein »unterhalb« unseres Selbst am Werk ist. Wobei Seth immer betont, daß es voneinander getrennte Ebenen oder Schichten des Selbst nicht gibt und uns derartige Umschreibungen nur dazu dienen, schwer Beschreibbares leichter verständlich zu machen.

Ich schreibe die Fähigkeit der außersinnlichen Wahrnehmung dem Selbst zu. Dabei ließe sich vielleicht die Auffassung vertreten, daß persönlichkeitsbezogene ASW-Informationen eher dem ichverhafteten Selbst oder dem Unterbewußtsein entstammen, andere ASW-Informationen, die die Natur der Realität betreffen, eher einem höheren Selbst oder eben dem Überbewußtsein erfließen. Doch ist, wie gesagt, das innere Selbst immer als ein Ganzes aufzufassen, als solches wirkt es auch. Doch könnte Seth vielleicht als die psychische Personifizierung meines überbewußten höheren Selbst bezeichnet werden.

Gehen wir davon aus – wie unabhängig ist Seth dann? Es liegt auf der Hand, daß diese Frage nicht leicht zu beantworten ist. Gewiß wäre er nicht innerhalb meiner Persönlichkeitsstruktur, wie ich sie kenne, ausfindig zu machen. Tatsächlich glaube ich zum Beispiel nicht, daß seine innere »Präsenz« bei ganz gleich welchen psychologischen Tests, denen ich mich unterzöge, entdeckt werden könnte. Wohl aber käme diese, indem die überbewußte Wesenheit die Führung übernimmt, im Zuge einer Sitzung zum Vorschein.

Es stellt sich auch die Frage nach Seths Geschlecht. Äußerungen des intuitiven Selbst einer Persönlichkeit haben, so kommt es mir wenigstens vor, eher einen weiblichen als einen männlichen Einschlag. Wenn Seth also »nur« mein höheres intuitives Selbst wäre, hätte ich erwartet, daß er entweder weiblichen Geschlechts oder von der pseudomaskulinen Art eines Mannes wäre, wie er als Figur der Literatur so häufig von Frauen, die schreiben, kreiert wird. Gewöhnlich erkennen Männer solche »Helden« der Literatur sofort als überzogen romantische Schöpfungen. Wenn Seth sich auch nicht auf auftrumpfende Art als Mann gibt, so ist er doch seiner Körpersprache und seiner Redeweise nach eher der Mann eines Mannes als die Schöpfung einer Frau. Männer mögen ihn. Im übrigen ist er zweifellos ein Lehrer, doch ist er grundsätzlich nicht das, was manche unter dem Klischee eines »Geistführers« verstehen. Er ist einfach er selbst – was vielleicht nach allem noch das am ehesten einleuchtende Argument für die Unabhängigkeit seiner Existenz ist.

Er wirkt auf andere Menschen. Offensichtlich verfügt er über eine beachtenswerte »Präsenz«. Er reagiert auf andere und stellt zu Menschen höchst unterschiedlicher Lebenserfahrung Verbindungen viel besser her, als ich das kann. Wie allerdings aus den Sitzungsprotokollen hervorgeht, hat er mehrmals deutlich gemacht, daß die Eigenschaften, die wir an ihm kennen, nur einen Teil seiner Persönlichkeit ausmachen und jene sind, die ihm am besten geeignet erscheinen, unsere Aufmerksamkeit zu fesseln und das Material durchzugeben.

Rob fragte Seth einmal, ob er immer für eine Sitzung verfügbar sei, und Seths Antwort zeigte deutlich, daß da viel mehr als nur eine einfache Zweierbeziehung von einer Wesenheit zu einer anderen im Spiel ist. Ich vertraue Seths Antwort und glaube, daß seine Feststellungen über komplizierteste psychologische Zusammenhänge aufschlußreich sind. Deshalb gebe ich im folgenden einige Auszüge aus dem Protokoll über die 458ste Sitzung vom zwanzigsten Januar 1969 wieder:

»Nun: Was meine Verfügbarkeit für eure Sitzungen und während derselben angeht, so ist klar: Ihr seid in der Lage, innerhalb der Bedingungen unserer Übereinkunft und unter meiner Mitwirkung diejenigen Komponenten meiner Persönlichkeit auf den Plan zu rufen, die ihr schon kennt. Es findet dann eine Art vierdimensionale Informationsübermittlung statt, bei der – wenn ihr mir den Begriff verzeihen wollt – das Medium der Übermittlung selbst die Botschaft ist.

Ruburt wird gleichsam in ein vital ausgewölbtes ›Telegramm‹ verwandelt. Wenn ihr jemandem ein Telegramm sendet, verschickt ihr nur Worte. Ich schicke euch ›Teilvolumen‹ meiner selbst. Die Präsenz der Gesamtheit dessen, was meine Wesenheit ausmacht, ist meist entbehrlich. Ich muß auch nicht immer vollkommen auf eure Realitätsdimensionen eingestellt sein. Ich bin aber genügend auf Ruburt eingestellt, um unsere Übereinkunft einhalten zu können. Die psychische Brücke, von der ich gesprochen habe, dient uns bestens, und diese Brücke ist sowohl von Ruburts als auch von meiner Seite aus vorhanden.

So stehe ich euch denn während der verabredeten Sitzungsstunden zur Verfügung, doch die Brücke ist immer vorhanden. Von dieser Brücke aus kannst du, Ruburt, mich auch aus anderen Anlässen rufen, und von ihr aus kann auch ich dich rufen. Das bedeutet nicht, daß es dann auch immer zu einer Begegnung kommen muß.

Es ist, als ob es zwei Brückenteile gäbe, ähnlich wie bei einer Zugbrücke; beide Teile müssen heruntergelassen werden, damit es zu einer Verbindung kommt. [Früher hatte Seth erklärt, daß diese psychische Brücke von uns beiden, ihm und mir gleichermaßen konstruiert worden sei.] Wenn du also außerhalb der verabredeten Zeit Verbindung mit mir aufnehmen möchtest, so bin ich leicht oder auch nicht leicht erreichbar. Wäre es deinerseits ein Anliegen, würde ich deine Gefühle wahrnehmen und natürlich darauf reagieren, wie ja auch ihr das Bedürfnis eines Freundes nicht übergehen würdet. Doch ich bin nicht automatisch erreichbar, ebensowenig wie du, Ruburt, das bist.«

Rob und ich wissen, daß uns manche Sitzungen »unmittelbarer« als andere vorkamen, und jetzt erfuhren wir den Grund.

»Ich bin automatisch Teil des ›Volumens‹ der Botschaft, die ich euch überbringe. Manchmal bin ich vollständiger ›hier‹ als in anderen Sitzungen. Das hat oft mit Umständen zu tun, die für gewöhnlich jenseits unserer Kontrolle liegen: elektromagnetische Beschaffenheiten, psychologische Bedingtheiten. Man könnte diese als atmosphärische ›Wetterbedingungen‹ auffassen, in denen ich reisen muß.

Wie ich euch schon gesagt habe, spielt sowohl von Ruburts als auch von meiner Seite aus Projektion eine Rolle. Deine Präsenz, Joseph, ist auch wichtig, ob du nun bei einer Sitzung anwesend bist oder nicht ... Wenn ihr, sagen wir einmal, eine der Bildung dienende Fernsehsendung anschaut, seht ihr den Lehrer, und der spricht. Nun mag er zur Zeit, da ihr den Film ablaufen seht, tatsächlich sprechen oder auch nicht. Doch den Lehrer gibt es, ob er nun zur einen oder anderen Zeit spricht. Seine Botschaft ändert sich jedenfalls deswegen nicht. Stelle dir nun, Joseph, einmal Ruburt auf dem Fernsehbildschirm vor. Es spielt dabei keine Rolle, ob ich mich nun selbst in Ruburt ausspreche oder nicht ... oder ob er ausspricht, was ich in der vergangenen Nacht sagte, als er schlief. Heute abend läuft jedenfalls ein Film oder das Playback der Botschaft ab.

Ich wiederhole noch einmal: Das Medium ist die Botschaft im umfassenden Jetzt. Wann immer die Zeit für die Sendung des Programms kommt, begegne ich euch in eurer Gegenwart, wo immer ich zur Zeit dessen bin, was ihr meine Gegenwart nennt. Ich kann meinen Film im voraus herstellen, wenn Ruburt sich dessen vielleicht gar nicht bewußt ist. Damit ist nicht gesagt, daß die Sitzung weniger wert wäre.«

Seth erklärte dann, daß dies ein »Arrangement« im vollen Einverständnis der Beteiligten sei.

»Das heißt aber nicht, daß ich Ruburts Mund mit Tonbändern vollstopfe oder daß ihr bereits vordiktierten Bändern lauscht. Das heißt vielmehr, daß bei Informationsübermittlungen multidimensionalen ›Volumens‹ mehr Faktoren eine Rolle spielen, als ihr annehmt.

Der Lehrer drückt sich im ›Tonband‹ aus, in ihm ist seine Persönlichkeit sozusagen verdichtet. Eure Frage entstammt dem Vorurteil, daß ich, wenn ich hier bin, zur gleichen Zeit nicht auch anderswo sein kann oder daß, wenn ich hier bin, meine gesamten Energien hier sein müßten. Es gibt eben Aspekte meiner Wesenheit, mit denen ihr nicht vertraut seid …

Ihr wißt von mir alles, was zu wissen ihr euren Begriffen nach fähig seid. Es wäre für mich unmöglich, euch meine ganze Realität klarzumachen, denn euer Verständnis würde dazu nicht ausreichen. Nun macht eine Pause. Ich will euch ja nicht über Gebühr und über euer Fassungsvermögen hinaus strapazieren …«

Ganz offensichtlich habe ich es vermieden, Seth einen »Geist« zu nennen. Ich mag das Wort aus mehreren Gründen nicht. Zum einen glaube ich, diese Antwort wäre zu billig. Zum andern ist klar: Wenn wir eine Scheinlösung als gegeben annehmen, verschließen wir uns höchstwahrscheinlicherweise echten Lösungen. Ich sage auch nicht, Seth sei nur Ausdruck eines psychischen Zustandes, der es mir erlaubt, Offenbarungswissen zu empfangen, noch stelle ich seine unabhängige Existenz in Abrede. Ich bin überzeugt, daß in den Sitzungen eine Art Überblendung seiner und meiner Wesenheit stattfindet und daß die von Seth erwähnte »psychische Brücke« als solche die gültige Struktur darstellt, die bei jeder Kommunikation dieser Art hergestellt werden muß. Dabei beläßt es Seth bewenden – und ich auch. Ich stimme mit ihm überein. Ich denke, daß Seth ein Ausdruck einer anderen Wesenheit ist, und zwar einer völlig anderen als, sagen wir einmal, die eines Freundes, der den Tod »überlebt« hat.

Ich sehe darin keinen Widerspruch. Seth könnte durchaus Ausdruck einer Wesenheit sein, Seth Zwei hingegen Ausdruck einer für unsere Begriffe höher evolvierten Existenz. Wenn Leben in unserer Erscheinungswelt Evolutionen durchmacht, warum sollte dies dann nicht auch auf das Bewußtsein zutreffen? Mir fällt die Vorstellung nicht schwer, daß wir unabhängige Fragmente solcher Wesenseinheiten oder solcher Bewußtseins- oder Energieballungen sein könnten.

Seth Zwei hat gesagt, gewisse Komponenten meiner Persönlichkeit stellten durchsichtige Fenster dar, durch die man in andere Bewußtseinsrealitäten schauen könne. Wenn dem so ist, muß es viele solcher »Fenster« geben. Seth Zwei mag eine Evolutionsstufe erreicht haben, die außerhalb unseres Verständnisses liegt. Die »Entfernung« allein würde eine Verbindung schwierig gestalten, eine ganze Reihe von

Übersetzern wäre nötig. Seth Zwei zu verstehen erfordert Seths Hilfe als Übersetzer.

Für mich bleiben viele Fragen offen. Zum Beispiel: Wie bewußt ist Seth, wenn er sich nicht durch mich ausspricht? Wenn er mein Fenster zu anderen Realitäten ist, bin ich dann sein Fenster, durch das er das physische Leben wahrnimmt? Meiner Vorstellung nach ist Seth sich seiner voll bewußt, aber in anderen Existenzdimensionen. Das führt jedoch wiederum zur Frage: Was ist nichtphysisches Leben?

Seth hat versprochen, ein Buch zu schreiben, das er im Zuge unserer Sitzungen diktieren wolle und in dem er Antwort auf uns bedrängende Fragen geben werde:

»In meinem Buch werde ich die Persönlichkeit sozusagen von innen heraus zeigen ... Bis zu einem gewissen Grade werde ich mich auf meine eigenen Erfahrungen berufen, hoffe aber, ein Bild auch der Natur der Realität zu vermitteln, wie sie jemand erfährt, der nicht im dreidimensionalen System eurer Erscheinungswelt befangen ist.

Das Buch wird das Phänomen der außersinnlichen Wahrnehmung erklären – vom Standpunkt nicht jedoch eines Mediums, sondern der Persönlichkeit aus, für die es spricht. Dazu wird eine Prüfung eures Realitätssystems, wie dieses mir erscheint, nötig werden ...

Es wird die Realität, in der ich jetzt meine Existenz habe, und auch die Gründe erklären, warum so oft einander widersprechende Äußerungen über das Leben nach dem Tod zustande kommen – Äußerungen, die, von den verschiedensten Medien herrührend, auf so völlig unterschiedliche Vorstellungen vom Leben nach dem Tod schließen lassen.

In diesem Buch werde ich auch Methoden beschreiben, wie ich in euer System eintreten kann und die psychische Brücke, die aus ›persönlichen‹ Beziehungen resultiert, näher erklären.

Dieses Buch wird mit Ruburts eigenem Schreiben, das er auf eigene Faust betreibt, nichts zu tun haben. Es wird aber meinen Namen tragen und euch beiden gewidmet sein.«

»Wie nett«, sagte Rob trocken trotz Seths breitem Lächeln.

Natürlich erhebe ich keinen Anspruch darauf, daß das Material, das Sie soeben gelesen haben, unverzerrtes Wissen darstellt. Die Frage nach der Verzerrung kam übrigens noch einmal, wohl zum fünfzigsten Male, in der 463sten Sitzung zur Sprache. Als ich den Verlagsvertrag für dieses Buch unterzeichnet hatte, schrieb unsere Freundin Peg Gallagher eine Geschichte über Seth für die hiesige Lokalzeitung. Sie wohnte auch einer Sitzung bei, und da eben sprach Seth über Verzerrungen.

»Mag ein Medium in Trance so tief wie der Atlantik sein, ein reiner Kanal wird es nie. Das Ich wird zwar umgangen, aber das ichverhaftete Selbst und insbesondere das Nervensystem funktionieren weiterhin wie gewöhnlich. Sie werden allerdings durch die Wahrnehmungen, die durch sie hindurchgehen, verändert.«

Er erklärte dann, daß verbale Informationsübermittlung nicht die Regel sei. Sie werde insbesondere von fortgeschritteneren Wesenheiten nur selten benutzt. Damit unser ichverhaftetes Selbst Informationen verstehen könne, müßten diese komprimiert dargeboten werden, wodurch eine inhaltliche Verzerrung beinahe unvermeidbar sei.

»Die Worte, die ich zu euch spreche, vermitteln Informationen, aber die Worte sind nicht der Inhalt, sondern das verbale ›Transportmittel‹ der Informationen. Diese können daher kaum je kristallklar wie Quellwasser durchkommen. Auch kann einem Medium nicht nach Wunsch der Wasserhahn auf- oder zugedreht werden. Die Informationen sickern vielmehr durch die Persönlichkeit des Mediums wie durch ein Sieb hindurch. Das Nervensystem reagiert auf die Inhalte, sogar noch während es sie übersetzt. Nichts ist in diesem Zusammenhang ohne Wirkung. Die Informationen werden empfangen und übersetzt, und die Mechanismen des Nervensystems reagieren darauf. Und so muß es auch sein.

Jede Wahrnehmung verändert auf Anhieb das elektromagnetische und nervliche System des Wahrnehmenden. Nach euren Begriffen hat eine Wahrnehmung vor allem eine Veränderung dieser eurer Systeme zur Folge, die durch das verändert werden, was wahrgenommen wird. Hier allerdings spreche ich nur über die physischen Konsequenzen einer jeden Wahrnehmung.

Es wäre ein Widerspruch in sich anzunehmen, daß ihr irgendeine Wahrnehmung empfangen könntet, ohne daß sich infolgedessen nicht auch eure innere Situation veränderte. Ich versuche, dies so klarzumachen wie möglich: Die der Wahrnehmung inhärente Information vermischt sich automatisch mit der körperlichen Struktur der Persönlichkeit, und ebenso wird die Information von der Struktur der Persönlichkeit durchdrungen.

Jede Wahrnehmung löst in eurem Körper Vorgänge aus, und sie verändert das, worauf sie wirkt. Und infolge dieser von ihr ausgelösten Vorgänge *wird sie selbst verändert.* Jede noch so unbedeutende

Wahrnehmung verändert jedes Atom in eurem Körper. Euer Körper wiederum sorgt dafür, daß der geringste Vorgang fühlbar gemacht wird.«

Seth gab dann Beispiele für die verschiedenen Arten der Verzerrung, die bei gewöhnlicher sinnlicher und natürlich um so mehr bei außersinnlicher Wahrnehmung auftreten kann.

»Ruburt oder jedes andere Individuum, das gerade gedrückter Stimmung ist, kann den Inhalt einer Information fehlinterpretieren, indem es diesem sein depressives Gefühl überstülpt. Menschen zum Beispiel, die das Bedürfnis verspüren, sich selbst zu bestrafen, werden jede Wahrnehmung dementsprechend fehlinterpretieren.«

Das gilt für die sinnliche Wahrnehmung unseres Alltagslebens wie auch natürlich für jede außersinnliche Wahrnehmung. Dazu kommen dann noch all die Verzerrungen, die sich aus der Übersetzung in Worte ergeben müssen.

Wenn ich bedenke, was Seth uns über die Möglichkeiten des Menschen alles gesagt hat, muß ich zugeben, daß Rob und ich bisweilen gefragt haben, warum die Menschheit dann nicht geistig-seelisch und moralisch weiterentwickelt ist. Zum Beispiel waren wir an einem Abend – es war vor einer unserer regulären Mittwochsitzungen – überaus aufgebracht über den Zustand unserer Welt im allgemeinen. Während wir uns unterhielten, fragte Rob mich, warum sich denn alle Welt so benähme, wie wir alle es tun. »Welcher Sinn steckt nur hinter all dem? Wenn sich auch viele von uns einbilden zu wissen, was wir tun, so scheinen wir doch höllenhörig unseren Planeten zu zerstören, sei's durch Krieg, sei's durch Verschmutzung.«

»Ich weiß es nicht«, sagte ich. Ich fühlte mich genauso elend wie er.

Interessanterweise kamen an diesem Abend und in einer ganzen Reihe der darauffolgenden Sitzungen Fragen zur Sprache, die in unseren Köpfen am heftigsten herumspukten. An jenem Abend des sechsten November 1968, unserer 446sten Sitzung, kam Seth Zwei, die andere Persönlichkeit, mit ihrer distanzierten, klaren hohen Stimme durch.

»Menschsein ist eine Phase der Entwicklung eures Bewußtseins ... Ehe euch möglich wird, Realitätssysteme zu betreten, die extensiver und offener als eure Erscheinungswelt sind, müßt ihr lernen, mit Energie umzugehen, und anhand eurer materiellen Verwirklichungen die konkreten Ergebnisse eures Denkens und Fühlens erkennen. Wie ein Kind aus nassem Sand Burgen baut, so erschafft ihr eure Zivilisationen aus Gedanken und Gefühlen – und seht nur, was ihr geschaffen habt!

Es muß in euch ein tiefes Verständnis für die Verantwortung entwickelt werden, die angesichts jeder Art Schöpfung getragen werden muß. Gewissermaßen benehmt ihr euch wie in einem isolierten Raum, in den keine Geräusche eindringen können. Haß schafft jedoch Zerstörung in diesem ›Raum‹, und solange ihr diese Lektion nicht lernt, wird Zerstörung auf Zerstörung folgen ...

In anderen Systemen gibt es diese Art Zerstörung nicht – aber ihr *glaubt,* daß es sie gibt, und deshalb empfindet ihr auch schmerzlich die Agonie all dessen, was ihr zerstört. Ein lebhafter Alptraum wird auch schmerzlich empfunden, verfliegt aber schnell. Ihr meint, ihr solltet lernen, nicht zu zerstören; doch Zerstörung gibt es nicht wirklich. Ihr müßt vor allem lernen, verantwortlich zu sein für alles, was ihr erschafft ...

Ihr geht im System eurer Welt mit dem um, was ihr selbst erschaffen habt, und indem ihr spürt, wie dies auf euch wirkt, lernt ihr, was davon richtig und was davon falsch war. Die Menschheit träumt den gleichen Traum, und sie träumt ihn gleichzeitig. Und ihr seid zugleich die Schöpfer wie auch die Schauspieler im dem Lehrstück, das ein Stück in einem Stück ist, das wiederum innerhalb des Stücks nur ein weiteres ist. Es gibt kein Ende für all das, was innerhalb eures Außerhalb weiterführt. Der Träumer träumt, und der Träumer im Traum träumt. Doch euer Selbst ist sowohl Beobachter als auch Beteiligter.«

Die Seth-Sitzungen gehen weiter, wie früher zweimal wöchentlich. Die von Seth erörterten Themen werden immer umfassender, weiterreichend. Wenn das, was bisher vorliegt, auch nur ein Abriß von Seths Thesen ist, dann ist dieser, denke ich, jetzt schon beachtlich. Wie Seth Zwei sagte: »Es handelt sich nicht darum, daß ihr in einer geringeren Realität euer Dasein fristet. Ihr habt nur noch nicht gelernt zu erkennen, welches Ausmaß die Realität hat, in der ihr existiert.«

Ich hoffe, dieses Buch habe Ihnen Einblicke darüber vermittelt, was multidimensionale Existenz bedeutet.

Anhang

In den zwanzig vorangegangenen Kapiteln habe ich Auszüge aus vielen Sitzungen wiedergegeben, um Seths Ansichten zu verschiedensten Themen darzulegen. Dieser Anhang ist für die Leser beigefügt worden, die gern einen tieferen Einblick in den konkreten Ablauf der Sitzungen und damit in die Art der Übermittlung des Materials hätten. Zu diesem Zweck gebe ich im folgenden einige kurze Sitzungen und ferner Teile verschiedener Sitzungen wieder. Dabei wird deutlich, wie Seth von einem Thema zu einem anderen übergeht, wie er Neues einbringt und dabei von vergangenen Sitzungen ausgeht. Aus den Protokollen tritt auch seine Methode zutage, Robs und meine Alltagserfahrungen als Ausgangspunkt für sein Material zu benutzen.

In diesem Anhang kommen Themen zur Sprache, von denen im Buch selbst nicht die Rede war. In einer Sitzung erörtert Seth Carl Gustav Jungs Lehre des Unbewußten. In einer anderen stellt er ganz neues Material über unser Sonnensystem dar, und als Antwort auf die Frage einer Freundin liefert er eine Erklärung über die Wahrnehmungsfähigkeit eines Fetus. Diese Erörterungen zeigen, wie die dargebotenen Themenbereiche des Seth-Materials sich ständig verästeln. Besonders aufschlußreich scheinen mir Seths Hinweise auf das Vorhandensein und die Funktion elektromagnetischer Energieeinheiten; dieses Thema griff er gerade etwa auf, als ich dieses Buch für abgeschlossen hielt.

Das im folgenden dargebotene Material entspricht wörtlich Robs Aufzeichnungen. Seine Anmerkungen und alles, was nicht Äußerungen Seths darstellt, sind *kursiv* gedruckt.

Sitzung 452, Montag, den 2. Dezember 1968

(Beginn um 21.17 Uhr.)

»Guten Abend.«

(»Guten Abend, Seth.«)

»Nun: Kinder bauen aus Karten Häuser und bringen sie dann zum Einsturz. Ihr macht euch deswegen keine Sorgen über die Entwicklung des Kindes, denn es ist euch klar, daß es Besseres lernen wird. Vielleicht lächelt ihr über das Gefühl der Enttäuschung des Kindes, das erkennt, daß es mit einer einzigen Handbewegung das Kartenhaus zerstört hat, das jetzt kaputt ist, in seinen Augen für immer.

Die Menschen bauen Zivilisationen und Kulturen auf. Sie fühlen sich kindlichem Spiel überlegen. Und doch gleicht ihr Spiel dem der Kinder. Das heißt nicht etwa, daß ich die Gewalttaten, die sie zu verantworten haben, entschuldigen möchte. Tatsache ist, daß Gewalttaten nie zu entschuldigen sind. Dessenungeachtet müssen sie als das verstanden werden, was sie sind: als ein Lernen des Menschen aus seinen eigenen Fehlern. Er lernt auch aus seinen Erfolgen, und bisweilen legt er die Hände in den Schoß, und es sind Augenblicke der Besinnung, Zeiten der Kreativität.

(Pause.) Manche Wesenheiten füllen in ihren mehreren Leben verschiedene Rollen aus. Es gibt Wesenheiten, die mehr als einmal in eurem System leben und lernen. Sie wiederum werden von anderen gelehrt – *(amüsiert)* von Lehrern, die sie – wenn euch das besser gefällt – in praktischer Hinsicht unterrichten.«

(In der heutigen Zeitung wurde zusammenfassend über die Unruhen berichtet, die sich im August 1968 in Chicago abgespielt hatten. Es war dabei zu erbitterten Zusammenstößen zwischen der Polizei und verschiedenen Demonstrantengruppen gekommen. Nun wurde die Frage nach den an den gewaltsamen Ausschreitungen Schuldigen, auch auf seiten der Polizei, gerichtlich untersucht. Jane und ich hatten beim Abendessen über den Artikel gesprochen.)

»Die Menschheit ist weit mehr als nur das Erscheinungsbild der Menschen. Ihr seht sie nur in dem jeweils sichtbaren einen Stadium ihrer Entwicklung. Wenn ein Mensch eure Welt verläßt, dann geht seine Wesenheit in andere Realitätssysteme ein. Es gibt jedoch Wesenheiten, die bewußt die Rückkehr wählen, um zu lehren. Sie unterscheiden sich von anderen Wesenheiten, deren Reinkarnationszyklen noch nicht abgeschlossen sind. Sie können sogar Gewalt ertragen, wie ein Mensch ja auch imstande ist, mitten im Dschungel eine Schule oder ein Krankenhaus zu errichten.

Trotz all der Gewalt, die in eurer Welt herrscht, hat die Menschheit doch auch Fortschritte erzielt. Kernwaffen in den Händen eurer Vorfahren, die Geschichte gemacht haben, zum Beispiel auch in der christlichen Zeit eures Mittelalters, wären fast zwangsläufig zum Einsatz gekommen. So hätten die Gegner ausgerottet werden können.

Daß dabei aber auch der Rest der Welt ausgelöscht worden wäre, diese Möglichkeit hätten sie in ihrer Engstirnigkeit nicht einmal in Betracht gezogen. In dieser Hinsicht hat sich das Bewußtsein der Menschheit gewandelt.

Es ist noch nicht so lange her, daß einem gesunden, vernünftigen Mann niemals in den Sinn gekommen wäre, über das Los der Ärmsten der Armen oder die Not der Leibeigenen oder Sklaven nachzudenken. Von christlicher Nächstenliebe war nicht die Rede. Mitleid oder Mitgefühl galt als Schwäche. Menschen wurden im Namen Gottes und Tiere zum Spaß gequält. Frauen wurden, abgesehen von den Privilegierten ›besserer‹ Kreise, als minderwertige Geschöpfe abgetan. Auch diesbezüglich ist die Bewußtseinsänderung unübersehbar.

Der im Laufe der Jahrhunderte erzielte Fortschritt wäre für euch viel deutlicher erkennbar, wenn ihr die Geschichte der Menschheit besser kennen würdet. Auf einen Aspekt möchte ich noch hinweisen, auf den ich vorher angespielt, den ich aber nicht ausdrücklich erwähnt habe: Dem Menschen war es offenbar nicht erlaubt, über allzu gefährliche Werkzeuge der Macht zu verfügen, bevor er eine gewisse Kontrolle über sich selbst erlangt hatte. Das bedeutet nicht, daß der Mensch früher die Welt, die er kannte, nicht trotzdem auch hätte zerstören können. Es bedeutet nur, daß solche Zerstörung nicht unvermeidbar war. Ihr gebt ja einem Kind auch nicht ein geladenes Gewehr auf die Gefahr hin, daß es sich selbst oder seine Nachbarn erschießt …

Nun: Gefährliche Waffen und die Gefahr der Zerstörung sind Offensichtlichkeiten, die euch ins Auge springen. Die Gegenstücke sind nicht so offensichtlich, und doch sind es Errungenschaften, die immens wichtig sind: die vom Menschen mühsam erlernte größere Selbstdisziplin, die dem Menschen bewußt gewordene Notwendigkeit des Mitleidens und Mitfühlens und – als letzte Lektion, die zu lernen ist – seine Ausrichtung auf Kreativität und Liebe, die Zerstörung und Haß ausschließen. Wenn dies gelernt sein wird, ist der Mensch mündig und auf der Höhe seiner ursprünglichen Wesenheit.

Es gibt einen Grund, warum der Mensch auf diese Weise lernen muß. Ursprünglich liegt allem schöpferischer Antrieb zugrunde. Zerstörung ist lediglich die Veränderung der Form. Eine Flutwelle oder ein Tornado weiß nichts von Zerstörung. Ein gleiches Potential der Energie innerhalb dessen, was der Mensch sein will, ist etwas anderes.

Es muß noch erst gelernt werden, wie die Energie gelenkt werden soll, die ihrer selbst gewahr wird und Möglichkeiten, sich freizusetzen, entdeckt, die es ›früher‹ für sie nicht gab: Millionen von Molekülen vereinigen sich mit lebendigem Bewußtsein, das dann, mit ursprünglicher Energie aufgeladen, Liebe in Kraft zu setzen und die Fähigkeit zu entwickeln lernt, dementsprechende psychische Muster zu gestalten. Energie in Form elektromagnetischer Ladungen setzt dann Gefühle frei statt Flutwellen oder Wirbelstürme. Aus dem unschuldigen Chaos einer indifferenzierten Persönlichkeit entwickelt sich der wahrhaft hochkomplizierte Mechanismus, der einen ersten Gedanken hervorzubringen.vermag. Und all das, bevor noch ein erstes Individuum im System eurer Erscheinungswelt geboren wurde! Natürlich liegt das nach Kriterien eurer Zeit lange hinter uns allen.

Doch in eurem System gab oder gibt es andere Entwicklungen, die unmöglich zu beschreiben und weit wunderbarer sind als alles, was es ›vorher‹ gab. Unbeschadet ihrer Herkunft aus dem ›Chaos‹ erwies sich die Wesenheit als dauerhaft; sie behielt ihr Wissen um ihre ›Vergangenheiten‹ und fährt fort, in schöpferischer Entfaltung zu wachsen.

Dies gehört zum Wichtigsten, das ich euch je gesagt habe. Ihr habt nach Sinn und Zweck des Bewußtseins in diesem System gefragt und habt dabei nur einen winzigen Ausschnitt des Geschehens in Raum und Zeit im Auge gehabt. Die Gewalt, von der ihr heute abend gesprochen habt, ließ in eurer beider Seele einen Abgrund aufbrechen, der euch einen Schimmer des schwindelerregenden Ursprungs erahnen ließ, der ›hinter‹ eurer Wesenheit liegt. Angst war da, in den Abgrund chaotischen Ursprungs zurückzufallen.

Nun muß ich euch sagen: Ein Sturm dann und wann fasziniert viele, und ebenso ein Vorkommnis der Gewalt wie jenes, über das ihr geredet habt. Aber einen totale Zerstörung anrichtenden Sturm würden nur wenige Abwegige noch faszinierend finden. Und auch diese würden das Chaos spüren, dem sie ausgesetzt wären. *(Mit Nachdruck:)* Sie würden sich bei aller Fasziniertheit vor dem Abgrund fürchten, weil sie erkennen würden, daß der vernichtende Sturm ihnen und ihren Feinden Untergang und Tod bringen würde.

Die meisten, die an den von euch diskutierten gewaltsamen Ausschreitungen beteiligt gewesen waren, hätten nie gedacht, daß sie soviel Energie freisetzen könnten. Darum war ihnen auch nie der Gedanke gekommen, das Potential ihrer Energie kreativ einzusetzen.

Viele von ihnen hatten sich winzig, allein und machtlos gefühlt, und dann auf einmal hatte soviel Energie sie förmlich fortgerissen.

Nicht wenige von ihnen haben deshalb zum erstenmal in ihrem Leben intuitiv erkannt, daß solche Energie auch die Antriebskraft konstruktiver Kreativität ist. Manche von ihnen werden bestrebt sein, die Entfaltung solcher Energie noch einmal an sich zu erfahren und dabei schöpferische Gefühle freisetzen, von denen sie zuvor gar nicht wußten, daß sie über solche verfügen. Energie selbst ist natürlich etwas Neutrales. Ihr könnt sie aufbauend oder zerstörerisch einsetzen.

Es ist aber eben solche freigesetzte Energie, die eure nationale Szene und auch die anderer Völker entscheidend verändert hat und weiterhin verändern wird. Eines Tages, allerdings nicht zu euren Lebzeiten, wird deshalb auf eurem Planeten Frieden herrschen. Es wird noch manches Unheil zu überdauern sein, doch wenn die Zeit des Friedens anbricht, wird zum erstenmal in der Geschichte eures Planeten auch echte Gleichheit für alle Menschen erreicht sein.

Es gab schon mehrmals Perioden des Friedens, immer aber ohne Gleichberechtigung der Menschen. Es gab auch Zivilisationen, die sich in der Vergangenheit des Planeten selbst zerstört haben, andere auf anderen Planeten. Es gab aber auch Zivilisationen, die überdauert und ihren Planeten gewechselt haben. Ihr könnt jetzt Pause machen, wir fahren später fort.«

(22.09 Uhr. Jane blieb einige Augenblicke reglos, nahm dann aber das Diktat wieder auf. Ich hatte sie beim Namen gerufen und dachte, sie sei aus der Trance gekommen; dem war aber nicht so.)

»Es gab schon in der Zeit, von der ich rede, die neun Planeten, die um die Sonne wie Juwelen gruppiert waren. Sie bewegten sich in der gleichen Richtung um die Sonne. Das Sonnensystem war das erste Planetensystem, das der Mensch entdeckte. Ihr fandet es in einer von euch einschaubaren Ecke des unendlich weiten Weltalls, aber nach euren Begriffen waren allein diese Planeten schon so weit abgedriftet, daß ihr sie erst kürzlich habt ausmachen können.

Bevor ihr sie habt ausmachen können, Äonen zuvor, kam es zu Explosionen – Planeten verschwanden und kehrten wieder. Doch über die Äonen, die eurer Zeit nach vergingen, bestand für sie ihre Existenz fort. Wie Atome oder Moleküle einem Stuhl in eurer Erscheinungswelt Dingwert und Form geben, obwohl die Atome und Moleküle selbst kommen und gehen, so behält dieses Planetensystem die Eigenart dessen, was es ist. Eure Astronomen können noch ganz andere ›Geisterbilder‹ an euch entfernt scheinenden anderen Ecken eures Universums entdecken, es handelt sich doch immer nur um Spiegelungen der Realität; die Realität könnt ihr mit Instrumenten nicht entdecken. Ihr könnt jetzt Pause machen.«

(22.19 Uhr. Jane kam leicht aus der Trance und öffnete nach kurzer Zeit die Augen. Sie sagte mir, sie sei sehr weit weg gewesen; sie habe eine Vision von kreisenden Planeten und der Sonne gehabt. Ich zählte im Geiste nach, wie viele Planeten unserem Sonnensystem zugerechnet werden, und kam auf neun, * *dieselbe Zahl, die Seth angegeben hatte. Natürlich ergaben sich aufgrund von Seths Angaben viele Fragen, aber ich dachte, daß er diese heute abend wohl nicht beantworten würde. Unvermittelt sagte Jane: »Ich habe gerade einen neuen Schwall von Seth bekommen.« Wiederaufnahme der Sitzung um 22.31 Uhr.)*

»Nun: Existenz bedarf einer Form. Wenn ein Planetensystem auseinandergesprengt wird, verändern die Wesenheiten, die in diesem System verankert sind oder es als ihre Heimat betrachten, ihre Form und bringen – wenn sie das für der Mühe wert halten – ihr ›Haus‹ wieder in Ordnung. Sie nehmen dann entweder Formen an, die zur Verfügung stehen, oder sie schaffen Formen, die überleben können. Dies ist mit eurem System einige Male, aber nicht oft geschehen.

Dabei kann – nach Kriterien eurer Begriffe – Gedächtnis verlorengehen, wodurch Komplikationen entstehen: das Wissen vom Ursprung wird verwischt. Angesichts dieser Situation findet eine Teilung statt. Manche Wesenheiten nehmen neue Form an, andere hingegen machen diesen Prozeß nicht mit. Diese werden zu Beobachtern, sie bewahren Gedächtnis und Wissen und agieren als Führer für jene, deren Gedächtnis verlorenging, indem sie neue Form annahmen. Damit kein Zweifel sei: ich spreche vom System eurer Welt.

Die Energie dieses Systems war enorm, größer als jede euch bekannte ... die Trümmer, die von ihm pulsierend fortgeschleudert wurden, führten zum Entstehen anderer Systeme ... *(Lange Pause.)* Wir kämpfen um Ruburts Wortschatz. *(Pause.)* Die Geschwindigkeit der Bewegung war auch viel größer als alles, was ihr kennt.

(Jane machte wieder eine Pause. Sie hatte sehr langsam und oft

---

* Die neun Planeten unseres Sonnensystems sind Erde, Mars, Venus, Merkur, Jupiter, Saturn, Uranus, Neptun und Pluto.

stockend gesprochen, dabei viel gestikuliert, imaginäre Bilder in die Luft gezeichnet und des öfteren die Stirn gerunzelt.)

»Da ist etwas mit Bewußtsein, aber es sind nicht Wesen, wie ihr sie kennt. Energie, Wesenseinheiten *(lange Pause)*, die ... transformierten ...«

(Ich verstand nicht genau, was Seth oder Jane meinte. Ich fragte nach dem Wort, bekam jedoch keine Antwort und fragte dann nicht weiter.)

»Wir bemühen uns um Ruburts Wortschatz.«

(»Meinst du vielleicht Röntgenstrahlen?«)

»Sie hatten ihren Ursprung aus sich selbst, diese ... Energieeinheiten. Sie wirkten automatisch und auf explosive Art auf jede Form und jedes Verhalten innerhalb des Systems ein. Es handelt sich um direkte und sofortige Wechselwirkungen zwischen Bewußtsein und Materie, um Ladungen, die stark genug waren, ein Universum entstehen zu lassen. Euer Universum ist nur eines von vielen, und selbst von diesem nehmt ihr nur einen kleinen Ausschnitt wahr. Ich möchte jetzt die Sitzung beenden, es sei denn, ihr habt noch Fragen.«

(»Ja, später.«)

»Wir sind da an ein Thema geraten, das in den vorangegangenen Sitzungen noch nicht zur Sprache gekommen ist und heute abend nicht mehr erörtert werden kann. Ich werde jedoch darauf zurückkommen. Meine herzlichsten Wünsche euch beiden und einen schönen, guten Abend.«

(»Guten Abend, Seth.« – 22.52 Uhr. Jane kam schnell aus der Trance, obwohl sie tief gewesen war. Sie sagte, sie habe gegen Ende der Sitzung in sich einen starken Energiefluß gespürt.)

Sitzung 453, Mittwoch, den 4. Dezember 1968

(21.06 Uhr. Eine Besucherin, Sue Mullin, war anwesend.)

»Guten Abend.«

(»Guten Abend, Seth.«)

»Danke für die Einladung zur Party.«

(»O bitte, gern.«)

»Nun: Das Planetensystem, von dem ich in der letzten Sitzung sprach, ist euer Sonnensystem. Es ist sehr schwierig, euch zu erklären, daß das für euch anschaubare Universum, all die Sterne und Planeten, die ihr seht, nur ein Bild dessen sind, was sie sind. Ihr nehmt sie nur teilweise wahr, nämlich bloß das, was in eurem Realitätssystem zur Geltung kommen kann.

Wasserstoff und Helium spielten bei der Entstehung dieses Planetensystems die entscheidende Rolle. Doch zunächst mußte das Bewußtsein die Leere oder das Vakuum der Dimensionen schaffen, in der das System Realität werden konnte, und es mußte diese Leere auch mit all den Wahrscheinlichkeiten künftiger Entwicklung, die dann in eurer Zeit stattgefunden hat und die noch stattfinden wird, ausfüllen. Die Leere kann deswegen mit Geist verglichen werden – und wer könnte dann noch voraussagen, welche Bilder oder Gedanken entstehen werden?

Dieser in der riesigen Leere waltende unendliche Geist entstand aus einem anderen, der noch größer war als er selbst. *(Seth lächelte.)* Die Möglichkeiten, die in diesem universellen System Wirklichkeit wurden, haben anderen Systemen und Realitäten im Universum zur Geburt verholfen. Auch jeder Baum trägt ja tausende Früchte ...

Ihr erschafft kraft Geistes Realitäten, deren ihr euch nicht bewußt seid, und ihr gebt nicht nur leiblichen Kindern das Leben. Eure geistig-seelischen Schöpfungen – eure Gedanken, Ideen, Vorstellungen und Träume – leben in Realitäten anderer Dimensionen fort, und andere Wesen schauen zu ihnen auf und sehen sie als leuchtende Sterne. Oder anders ausgedrückt: Sie nehmen eure Bewußtseinsinhalte etwa so wahr wie ihr in eurem System die Sterne und Planeten. Obwohl sie ihr eigenes Universum erforschen, werden sie eure Realität ›hinter den Sternen‹ nicht erkennen.

Dieses Material habe ich euch bewußt nicht früher durchgegeben. Die Vorstellung anderer Systeme hätte euch unvorbereitet leicht das Gefühl der Bedeutungslosigkeit geben können.

In diesem Überfluß ist jedoch nichts bedeutungslos, nichts vergeblich. Alles steht in Wechselbeziehung zueinander, die Realitäten sind ineinander verflochten und die Zusammenhänge unverkennbar. Ich sagte euch zum Beispiel, die Traumrealität sei eine Wirklichkeit eigener Art und das von euch erschaffene Traumuniversum bestehe fort, ob ihr dies nun wahrnehmt oder nicht. Auch die Wesen anderer Systeme träumen und erschaffen somit auch ihrerseits Realitäten eigener Art. Ihr seid weder an der Spitze noch am Fuß des ›Bewußtseinsberges‹, um es so zu sagen. Ihr seid weder der Mittelpunkt noch der äußere Rand.

Doch euer inneres Selbst ist auf sublime Weise mit jeder Realität verbunden, obwohl ihr euch dessen nicht gewahr seid, und es kann seine Verflochtenheit im Netzwerk jedweder Existenz zurückverfolgen und behält dabei doch die Eigenart seiner Wesenheit.

Wiederholt habe ich, erinnert euch, hervorgehoben, daß ich zwar gezwungen bin, nach Kriterien eurer Zeitvorstellungen Erklärungen zu finden, daß aber alles gleichzeitig existiert. So wie ihr denkt, würden also angesichts der postulierten Gleichzeitigkeit allen Geschehens verschiedene Leben in einer Art Blitz gelebt, und zwar in verschiedenen Systemen, angesichts der Reinkarnationsvorstellung würden Leben hingegen Jahrhunderte lang dauern. Die Wahrnehmung eures inneren Selbst ist anders, weil sie nicht begrenzt ist.

Ich habe euch zum Beispiel auch gesagt, daß Bäume sich ihres Wesens gewahr seien. Die innere Gewißheit eines Baumes ist nicht spezifisch fokussiert und auf die Erscheinungswelt zentriert wie euer Bewußtsein. Ein Baum kann daher sein Wesen über den Wechsel seiner Form hinaus erhalten. Er hat kein Ichbewußtsein, das angesichts der Veränderung seiner Form die Möglichkeit der Identifizierung mit dem Ich verlieren würde. Lebewesen ohne solches Ich sind darum nicht in eurer Lage. Euer inneres Selbst ist sich zwar der Eigenart und Unversehrtheit der Wesenheit immer bewußt, aber euer Ichbewußtsein, das so spezifisch auf die körperlich-materielle Realität eingestellt ist, kann sich einen derartigen ›Luxus‹ nicht erlauben.

Das innere Selbst weiß zum Beispiel auch, was die Wirklichkeit hinter den Sternen und Planeten ist, die das Auge sieht. Das Ich hingegen würde durch eine solche Wahrnehmungsfülle von Panik ergriffen werden. Macht nun Pause, wir machen später weiter. Meine herzlichsten Wünsche für eure Freundin.

(21.36 Uhr. Jane kam schnell aus der Trance heraus und sagte, es sei eine gute gewesen. Seth war stärker als sonst durchgekommen, er hatte ziemlich schnell und mit lauter Stimme gesprochen. Wiederaufnahme der Sitzung um 21.44 Uhr.)

»Nun: Jeder Gedanke ist Energie, die nicht zerstört, die nie wieder verlorengehen, nur transformiert werden kann. Die subjektive Realität eines einzigen Menschen, den man allein im Universum ließe, würde über genügend Energie verfügen, daß daraus ein anderes Universum entstehen könnte. Diese Aussage hat Ruburt nicht verzerrt wiedergegeben.

Ihr habt euch für dieses Wochenende zusätzliche Sitzungen vorgenommen. Ich möchte Ruburts Kraftreserven nicht überfordern, noch möchte ich euch drei Wochen lang an die Schreibmaschine fesseln. Deswegen soll es diesmal bei einer kurzen Sitzung bleiben. *(Humorvoll:)* Bei einem Handel wie diesem stelle ich mich ohnehin besser. Meine guten Wünsche euch allen. Ich werde noch ein wenig bleiben, um mich an eurer Unterhaltung zu erfreuen.«

(»Gute Nacht, Seth.« – 21.48 Uhr. Jane brauchte eine Weile, um aus der Trance zu kommen. »Ich sollte wieder da sein«, sagte sie, »ich bin es aber noch nicht. Ich habe nicht gern, halb drin und halb draußen zu sein. Es ist, wie wenn ich in einem Käfig säße. Ich höre zwar, was da draußen vorgeht, aber vor allem möchte ich erst einmal rauskommen.«

Gegen 21.55 Uhr dachten Sue und ich, sie sei jetzt aus der Trance, doch das erwies sich als falsch. Ich bemerkte an Jane deutliche Anzeichen dafür, daß sie noch immer in Trance war. Ich fuhr fort, sie aus der Trance herauszureden, nannte sie beim Namen, schenkte ihr Tee ein.

Mir kam zu Bewußtsein, daß Seth es war, der sie in diesem Zustand hielt, als sie, eher beiläufig, erwähnte: »Seth ist noch hier. Er ist jetzt da rechts über mir.« Und sie streckte ihren Arm in die angesagte Richtung aus. Ich ging genau dort, wo Jane hingezeigt hatte, durch den Raum, was Seth offensichtlich nicht zu stören schien. Seine Gegenwart blieb an diesem Abend, während wir drei miteinander sprachen, weiterhin spürbar.)

Auszug aus Sitzung 503, Mittwoch, den 24. September 1969

(21.30 Uhr. Die Sitzung begann mit der Eröffnung mehrerer Angelegenheiten, die Jane und mich persönlich betrafen. Dann kam Seth auf die ihm gestellten Fragen zu sprechen. Sue Mullins, jetzt verheiratete Sue Watkins, eine von Janes Teilnehmerinnen am ASW-Kurs, hatte uns am Vorabend der Sitzung Fragen mit der Bitte hinterlegt, Seth möge diese, wenn möglich, beantworten. Sue hatte uns mit der erfreulichen Nachricht überrascht, daß sie schwanger sei. Sie fragte sich unter anderem, ob ihr Bewußtsein, das Selbst ihrer Wesenheit, nun auch das Bewußtsein der anderen Wesenheit, der des im Werden begriffenen Kindes, des Fetus, mit beinhalte.

Ich ging die Sache direkt an und fragte: »Kannst du etwas zu Sues

Frage sagen?« Jane hatte zwar Sues Fragen gestern abend gelesen, aber offenbar kam meine Frage an diesem Abend doch für sie überraschend. Erst nach längerer Pause begann sie zu sprechen.)

»Das Ungeborene hat sein eigenes Bewußtsein. Es ist das eines Individuums, der Persönlichkeit, die es ist und im Leben sein wird. In einem Fetus ist sehr viel Energie gebunden. Zu keiner anderen Zeit des Lebens wird soviel Energie gebraucht, die so zweckvoll und zielführend ausgerichtet ist. Es handelt sich um eine ›Energieladung‹ wahrhaft kosmischen Ausmaßes, die den Durchbruch der Wesenheit in die Welt physischer Verwirklichung ermöglicht.

Die neue Persönlichkeit ist damit beschäftigt, sich zahlloser Daten bewußt zu werden, und dies ist weitgehend bereits im dritten Monat der Schwangerschaft geschehen. Das Selbst der Mutter greift nochmals im Prozeß der Geburt ein, aber das neue Individuum hat seine eigene Wesenheit, der allerdings ihre ›vergangenen‹ Leben inhärent sind.«

(»Besteht eine Verbindung zwischen Sues und des Kindes Selbst?«)

»Das kann, muß aber nicht sein. Zeitweise gibt es eine sehr starke Verbindung zwischen den beiden. Die Selbst, die nicht nur in eurer Realität heimisch sind, sind sich ihrer ›Aufenthaltsorte‹ bewußt. Die Mutter weiß, wo das Kind ist, obwohl es sich da nicht um bewußtes Wissen handelt. Es ist sogar möglich, daß – immer in den Realitätsdimensionen der Wesenheiten – die Mutter das in anderer Realität weilende Kind zurückholt. Es ist aber auch möglich, daß das Kind von dort nicht zurückkehren will. Ihr sprecht dann zu Recht von Fehlgeburten.«

Auszug aus Sitzung 504, Montag, den 29. September 1969

»Ich möchte zum Thema der letzten Sitzung noch etwas hinzufügen. Das Ungeborene sieht seine Umgebung. Die Mutter aktiviert, wenn ihr so wollt, in der Zellstruktur des Mutterleibs latente Fähigkeiten: ihr Leib wird lichtdurchlässig. Der Fetus sieht tatsächlich mit Hilfe ihres Körpers und durch ihn hindurch die Außenwelt.

Er sieht zwar keine deutlichen Bilder, aber er nimmt Umrisse und Formen wahr. Seine Augenlider sind wie der Mutterleib durchlässig. Er kann also bei geschlossenen Augenlidern sehen. Er nimmt Licht und Schatten, Umrisse und Formen wahr, obwohl er lernen muß, die

Ausschnitte aus dem für ihn verfügbaren Feld der Wahrnehmung, die ihr als Realität akzeptiert, von dem Feld zu unterscheiden, das ihr nicht als Realität akzeptiert.

Er sieht mehr als ihr, auch mehr als seine Mutter, denn er weiß noch nicht, daß ihr nur bestimmte durch Wahrnehmung vermittelte Erfahrungen akzeptiert, andere hingegen nicht. Wenn das Kind geboren wird, hat es bereits gelernt, die Vorstellung seiner Eltern über das, was Realität ist, zu akzeptieren. Weitgehend bemüht es sich dann, die Einstellung seines Bewußtseins auf die Zentrierung dessen zu trainieren, was für euch die körperlich-materielle Realität ist, obwohl es teilweise noch immer an anderen Erlebnisfeldern teilhat, die ihr nicht akzeptiert. Doch ihr erkennt das Wesen als Kind nur und könnt seine Wünsche bloß dann befriedigen, wenn es auf eure Realität eingestimmt ist. Deswegen lernt es schnell, andere Realitäten aufzugeben.

Nun: Der Fetus hört auch. In der Geborgenheit seines Seins in der Gebärmutter hört er die Geräusche aus einer ihm noch zugänglichen Realität, die ihr nicht akzeptiert. Wenn das Kind geboren ist, hört es weiterhin diese Geräusche und Stimmen; da sie aber seine körperlichen Bedürfnisse nicht befriedigen, ihm ›keine Milch bringen‹, wenn es schreit, verabschiedet es sich bald von ihnen.

Eine Zeitlang nimmt ein Fetus tatsächlich viele Realitäten gleichzeitig wahr, und all das, was später wie eine Desorientierung erscheinen mag, ist einfach das Ergebnis der frühen Verwirrung durch allzu viele widersprechende Eindrücke. Seine Wesenheit kann, noch während sich der Fetus im Mutterleib entwickelt, immer noch Botschaften von Wesenheiten erhalten, die er in der ›Vergangenheit‹ gekannt hat. Auch das trägt zur Verwirrung bei, und es entspricht dem Bestreben nach körperlichem Überleben, daß das Ungeborene diese Botschaften zu ignorieren und sich auf die körperlich-materielle Realität einzustellen lernt.«

(Seth gab dann persönliches Material für uns durch. – Ich hatte heute abend Jane gegenüber erwähnt, daß ich an Seths Erklärung interessiert wäre, was er unter der einmal von ihm erwähnten »elektromagnetischen Grundlage« aller ASW-Wahrnehmungen verstehe. Mich interessierte das besonders, weil wir kürzlich gelesen hatten, daß die Hypothese einer elektromagnetischen Bezogenheit wissenschaftlich nicht haltbar sei. Deshalb fragte ich jetzt Seth danach.)

»Ich möchte die Antwort gern im Zusammenhang mit dem bereits erörterten Thema über den Fetus geben.«

(»Okay.«)

»So können wir beide Themen gleichzeitig behandeln.«

(»Das finde ich gut.«)

»Nun: Es gibt elektromagnetische Strukturen, genauer gesagt, elektromagnetische Energieeinheiten, die der Überträgerstrom für Emanationen eurer Bewußtseinsinhalte sind. Sie haben nach euren Begriffen ein sehr kurzes ›Leben‹. Es können sich nur wenige oder auch sehr viele Einheiten miteinander verbinden. Um es für euch so einfach wie möglich zu erklären: Es ist nicht so, daß sie sich durch den Raum bewegen, vielmehr benutzen sie den Raum, um sich zu bewegen. Das ist ein Unterschied.

Diese elektromagnetischen Einheiten ziehen aufgrund ihrer Ladung andere Einheiten an sich heran. Sie haben keinen feststehenden ›Ort‹ im Körper wie etwa Zellen. Übrigens haben auch die Körperzellen nur scheinbar einen festen Platz. Diese Energieeinheiten haben aber gar kein ›Zuhause‹. Sie werden von Bewußtseinsinhalten, insbesondere von Gefühlsintensitäten, aufgebaut. Sie folgen den Gesetzen von Anziehung und Abstoßung. Gleichsam magnetisch, seht ihr, ziehen diese elektromagnetischen Energieeinheiten daher ihre eigene Art an, wodurch Muster zustande kommen, die euch dann einen Wahrnehmungsinhalt vermitteln oder sogar materielle Verwirklichungen in Gang setzen.

Nun: Der Fetus bedient sich dieser Energieeinheiten – wie jedes Bewußtsein. Die Zellen des Mutterleibes werden lichtdurchlässig, nicht weil dies der Ordnung der Natur entspräche, sondern weil sie von der Gefühlsenergie, die vom Wunsch ausgeht, Licht durchzulassen, ›besetzt‹ sind.

Dieser Wunsch macht sich dann auf der körperlichen Ebene in Form eben jener elektromagnetischen Energieeinheiten geltend, die das erstaunliche Phänomen der Durchlässigkeit bewirken. Diese Energieeinheiten bewegen sich frei. Sie begleiten jede sinnliche Wahrnehmung ebenso wie jede außersinnliche Wahrnehmung. Ich werde auf die Natur dieser Einheiten noch zurückkommen, und zwar in Verbindung mit unserem Thema, denn der Fetus ist in hohem Maße auf deren Funktionieren angewiesen.«

(»Die nächste Sitzung wird uns interessieren.«)

»Es ist nicht so, daß ihr die zur Feststellung dieser Energieeinheiten notwendigen Instrumente nicht erfinden könntet; eure Wissenschaftler stellen sich einfach die Frage nicht.«

Auszug aus Sitzung 505, Montag, den 13. Oktober 1969

(Beginn der Sitzung um 21.34 Uhr. Wir hatten uns etwas verspätet.)

»Guten Abend.«

(»Guten Abend, Seth.«)

»Nun: Diese Einheiten, von denen wir sprachen, sind unmittelbare Energieausstrahlungen, die dem Bewußtsein entstammen. Dabei spreche ich von Bewußtsein im weitesten Sinn, vom molekularen Bewußtsein, vom zellularen Bewußtsein ebenso wie von jenem, mit dem ihr vertraut seid.

Diese Emanationen sind so natürlich wie der Atem. Es ist ein Kommen und ein Gehen und ebenso eine Transformation innerhalb der Einheiten. Was ihr in die Lungen atmet, ist nicht dasselbe wie das, was ihr ausatmet, und eure Lungen sind durch den Vorgang verändert. Ihr könnt diese Einheiten mit dem unsichtbaren Atem des Bewußtseins vergleichen. Diese Analogie bringt uns nicht weit; sie reicht gerade aus, euch für den Anfang eine Vorstellung zu geben. Mit dem Atem haben sie auch den pulsierenden Vorgang gemein. Sie werden ebenso wie von euren Körperzellen auch von den Zellen der Pflanzen, Tiere, ja sogar von Gesteinen emaniert. Wäret ihr in der Lage, sie wahrzunehmen, würdet ihr sie farbig sehen.

Im Hinblick auf eure Vorstellungen nenne ich sie ›elektromagnetisch‹; sie sind durch positive und negative Ladung sowie durch magnetische Anziehungskraft gekennzeichnet. In dieser Hinsicht läßt sich sagen: Ähnliches zieht Ähnliches an. Die Einheiten wirken unterhalb des Feldes elektromagnetischer Schwingungen oder Wellen, so jedenfalls würden sich eure Wissenschaftler ausdrücken. Diese Emanationen bringt das Bewußtsein hervor, und sie sind, wie gesagt, die Grundlage jeder Wahrnehmung, sowohl der sinnlichen als auch der außersinnlichen.

Diese Emanationen sind auch in Geräusche übersetzbar, und ihr werdet dazu in der Lage sein, bevor noch eure Wissenschaftler ihre ursprüngliche Bedeutung entdecken. Einer der Gründe, warum sie noch nicht entdeckt wurden, ist genau der: weil sie in allen Strukturen so raffiniert getarnt sind. Da sie knapp jenseits des materiell Erkennbaren sind, zwar eine Struktur haben, aber keine materielle, und da sie pulsierender Natur sind, können sie sich ausdehnen oder zusammenziehen. Sie können zum Beispiel eine kleine Zelle vollständig umschließen, sich aber auch in den Zellkern hinein zurückziehen. Sie verbinden somit die Eigenschaften einer Einheit ebenso wie die eines Feldes.

Es gibt aber noch einen anderen Grund dafür, warum sie für Wissenschaftler des Westens ein Geheimnis bleiben. Die Intensität des Gefühls bestimmt nicht nur ihre Aktivität und Größe, sondern auch die Kraft ihrer magnetischen Anziehung. Sie werden zum Beispiel andere Energieeinheiten anziehen, je nach der Intensität des von einem Bewußtsein mobilisierten Gefühls.

Es ist daher auch klar, daß diese Energieeinheiten sich ständig ändern. Wenn wir behelfsweise von ›Größe‹ sprechen müssen, so heißt das: sie ändern ständig ihre Größe insofern, als sie sich ausdehnen und zusammenziehen. Theoretisch gesehen, seht ihr, ist dem Ausmaß ihrer Zusammenziehung oder ihrer Ausdehnung keine Grenze gesetzt. Die Tatsache, daß sie Wärme abgeben, könnte euren Wissenschaftlern den Hinweis liefern, daß es sie überhaupt gibt.

Ihre Eigenschaften veranlassen sie zu ständigem Austausch. Anhäufungen *(Jane gestikulierte; ihr Vortrag war sehr nachdrücklich und lebhaft)* tropfen weg und lösen sich auf in das, was gewöhnlich unter Luft verstanden wird, durch die sie sich wiederum hindurchbewegen. Die Luft wird, könnte man sagen, gleichsam durch Ausstrahlungen dieser Einheiten hervorgebracht. Ihr könnt Pause machen.«

(22.10 Uhr. Janes Vortrag war während der ganzen Zeit nachdrücklich und sehr lebhaft gewesen. Den Rest der Sitzung widmete Seth der Bedeutung eines meiner Träume.)

Sitzung 506, Montag, den 27. Oktober 1969

(Bisweilen saßen Jane und ich nach neun Uhr da und warteten darauf, ob Seth durchkommen würde; so auch heute. Ich sagte Jane, wir müßten nicht unbedingt unsere Sitzung haben, aber sie bat mich um noch ein wenig Geduld. Sie hat heute viele Stunden lang an ihrem Buch gearbeitet und muß nur noch zwei, drei Kapitel umschreiben.

Jane hatte kürzlich erst zwei ausgezeichnete Sitzungen für ihren ASW-Kurs abgehalten. Es war sowohl Seth als auch Seth Zwei durchgekommen. Sie hatten gutes neues Material geliefert. 21.40 Uhr.)

»Guten Abend.«

(»Guten Abend, Seth.«)

»Ruburt sollte sich keine Sorgen darüber machen, daß er ein paar reguläre Sitzungen ausgelassen hat. Er hat sich in dieser Zeit in Spontaneität geübt, und – auch wenn das paradox klingt – es ist genau diese Spontaneität, von der die Regelmäßigkeit unserer Sitzungen abhängt. Kannst du mir folgen?«

(»Ja.«)

»Nun: Die elektromagnetischen Energieeinheiten, von denen ich gesprochen habe, haben kein vorgezeichnetes, reguläres ›Leben‹. Sie sind einfach natürliche Emanationen jeder subjektiven Erfahrung eines Bewußtseins. Sie verändern ihre ›Gestalt‹ und Pulsation, und ihre ›Lebensdauer‹ hängt von der Intensität ab, der sie ihre Entstehung verdanken, von der Intensität also des Gedankens, des Gefühls oder welchen Reizes immer, der sie ins Leben rief. Sie scheinen naturwissenschaftlichen Gesetzmäßigkeiten weitgehend entzogen zu sein. Sie existieren ›unterhalb‹ der Schwelle der Materie als im Entstehen begriffene Kleinstteilchen, die noch nicht Materie sind, obwohl sie sich unter Umständen zu Materie verdichten können.

Es gibt sie kaum als eine einzelne Einheit. Denn bei ihrem ›Aktivitätstanz‹ gehen sie ständig Verbindungen mit anderen Einheiten ein, die sich ihrerseits in jedem Augenblick ausdehnen, zusammenziehen, ihre Form, ihre Pulsation und ihre Intensität, ja sogar auch – das ist wichtig – ihre Polarität verändern.«

(Pause, eine von vielen.) »Im Hinblick auf Ruburts zwangsläufig begrenztes Vokabular muß ich mir große Mühe geben, euch das zu erklären. Nochmals, anders: Es ist so, *als ob* sich bei gleichbleibender Entfernung die Positionen eures Nord- und Südpols ständig änderten, wodurch das Gleichgewicht *(Pause)* ... eures Planeten durcheinander geriete ... doch findet der Wechsel der Polarität an den Polen der Einheiten statt *(Gestikulieren, Versuche, ein Schaubild in die Luft zu zeichnen),* und es stellt sich unmittelbar nach jeder Drehbewegung ein stets anderes neues Gleichgewicht ein. Ist das soweit klar?«

(»Ich glaube schon.«)

»Die Drehbewegung infolge Polaritätswechsel läuft blitzschnell und rhythmisch ab. Die Intensitäten der Bewußtseinsinhalte oder, wenn ihr so wollt, hauptsächlich der Gefühlsenergien, die die Energieeinheiten in Bewegung versetzen und ihnen die ständig sich ändernde ›Form‹ geben, erzeugen ein hochgradig geladenes elektromagnetisches Feld. Der ständige Wechsel der Polarität wird auch durch Anziehung und Abstoßung anderer Einheiten mit verursacht. Dieser Bewegungsrhythmus ist jedoch allein auf die Inhalte eures Bewußtseins zurückzuführen, deren Intensität diese elektromagnetischen Energieeinheiten ihre Entstehung verdanken, und vollzieht sich jenseits der Gesetzmäßigkeiten, denen die Materie oder materielle Abläufe unterliegen.

Verständet ihr diesen Rhythmus nicht, so müßte euch die ›Bewegungsphrenesie‹ dieser Einheiten als zufallsbedingt und chaotisch vorkommen. Stellt euch ruhig vor, daß sie mit ungeheurer Geschwindigkeit ›herumfliegen‹. Der ›Kern‹ – um den Vergleich mit einer Zelle zu wagen – würde, wenn diese Einheiten Zellen wären, was sie aber nicht sind, keinen ›Ort‹ haben, sondern ständig in alle Richtungen davonfliegen und die Zelle mit sich ziehen. Kannst du dem Vergleich folgen?«

(»Ja.«)

»Wie der Kern das Um und Auf der Zelle ist, so ist die ursprüngliche, einzigartige, individuelle und spezifische Energie eurer gefühlsgeladenen Bewußtseinsinhalte die ›Initialzündung‹ für das Entstehen jedweder dieser Energieeinheiten. Diese Energie wird auch, wie ihr noch sehen werdet, zur Brücke hinüber in die Welt der Materie. *(Große Gesten; Pause.)* Die Gefühlsenergie führt durch eine Art Explosion vom Energiekernpunkt aus zur Entstehung der Energieeinheiten. Doch du verstehst, daß diese keineswegs körperlich-materielle Substanzen sind?«

(»Ja.«)

»Aufgrund höchster Intensität der Energie, die diese elektromagnetischen Energieeinheiten zum Leben erweckt hat, macht sich in diesen Einheiten, die ja eine Art Träger eurer Gedanken und Gefühle sind, der Drang geltend, die Realität zu dem umzugestalten, was sie selbst sind. Sie verdichten in der Zusammenballung mit anderen Einheiten ihre Energie *(weitausholende Gesten)*, und das Ergebnis ist Materie insofern, als nun eure Gedanken und Gefühle als Zustand oder Geschehen in eurer Welt in Erscheinung treten. Ihr könnt Pause machen.«

(22.10 Uhr. Jane kam ziemlich rasch aus der Trance, obwohl die Trance tief gewesen war. Ihr Sprechtempo war im ganzen sehr zügig gewesen. Sie sagte, sie habe fühlen können, wie Seth sie unter sanften Druck gesetzt hat, das Material so deutlich und unverzerrt wie möglich durchkommen zu lassen.

Sie hatte im Laufe der Sitzung Bilder gesehen, konnte sich aber an diese nicht mehr erinnern. Für gewöhnlich vergesse sie jedes Bild, er-

klärte sie, auch sogar, ob überhaupt Bilder aufgetaucht sind, außer ich frage sie danach unmittelbar im Anschluß an eine Sitzung oder in einer Pause. Manchmal, so sagte sie, kämen allerdings die gleichen Bilder ihr wieder zu Bewußtsein, wenn sie das Protokoll einer Sitzung lese, und dann erkenne sie diese sofort wieder.

Um 22.26 Uhr setzten wir die Sitzung fort.)

»Die Intensität der Energie eurer Bewußtseinsinhalte ist sehr unterschiedlich. Dementsprechend kommt auch den elektromagnetischen Energieeinheiten, im übertragenen Sinne gesprochen, eine unterschiedliche ›Durchsetzungskraft‹ zu. Vielleicht sind sie zu schwach, so daß sie euren Gedanken und Gefühlen nicht zum Durchbruch materieller Verwirklichungen verhelfen können; vielleicht aber wird ihre Energie in andere Systeme projiziert, in denen schwächere Intensitäten zur ›Materialisation‹ ausreichen. Sie können aber auch, wie ich erklärt habe, von solcher Intensität sein, daß verhältnismäßig dauerhafte Strukturen innerhalb eures Systems zustande kommen. Euer Stockridge ...«

(Seth hielt inne; Jane runzelte die Stirn, als ob sie nach einem Wort suchte.)

(»Oak Ridge?«)

»Nein. *(Jane machte eine abwehrende Geste.)* Die Überreste von Tempeln ...«

(»Du meinst vielleicht Baalbek?«)

»Es waren Stätten, an denen Forschungen betrieben wurden. Es gab Observatorien.«

(»Ja – dann ...« Ich hätte wahrscheinlich finden können, wonach Seth-Jane suchte, hatte aber keine Zeit, da Seth gleich weitermachte.)

»Solche Verwirklichungen in eurer Erscheinungswelt können jedoch, wie gesagt, auch außerhalb derselben ihre andere Realität haben. Auch dies ist auf die Energieentfaltung zurückzuführen, die von den erörterten elektromagnetischen Energieeinheiten, die, wie ich euch gesagt habe, unzerstörbar sind, bewirkt wird. Das muß aber noch gesondert behandelt werden. Ihr könnt Pause machen oder die Sitzung beenden, wie ihr wollt.«

(»Dann machen wir besser Schluß.«)

»Bei der Durchgabe dieses Materials würde ich all die Analogien, deren ich mich bedient habe, lieber fallenlassen – wenn ihr sie nicht brauchtet. Einen schönen guten Abend.«

(»Guten Abend, Seth.« – 22.45 Uhr. Nachdem wir uns ein wenig

unterhalten hatten, schloß ich, daß Seth-Jane nach »Stonehenge« gesucht hatte. Die aus Monolithen kreisförmig angeordnete Anlage aus druidischer Zeit setzt hochentwickeltes astronomisches Wissen voraus. Jane bestätigte, daß dies das Wort gewesen sei, das Seth sie habe sagen lassen wollen. Sie könne sich nicht erklären, sagte sie, warum es ihr in Trance nicht zugänglich gewesen war, denn sie kenne Stonehenge und seine Bedeutung.)

Sitzung 509, Montag, den 24. November 1969

(Heute hatte Jane den ganzen Tag über Carl Gustav Jungs »Experimentelle Untersuchungen« gelesen. Wir hatten Seth nicht um einen Kommentar gebeten. 21.10 Uhr.)

»Guten Abend.«

(»Guten Abend, Seth.«)

»Es gibt da einen wichtigen Punkt, der von den meisten Psychologen unterschätzt wird, wenn vom Bewußtsein die Rede ist. Ich äußere mich zu diesem Thema im Zusammenhang mit den erörterten elektromagnetischen Energieeinheiten, denn da besteht eine enge Verbindung.

C. G. Jung geht davon aus, daß das Bewußtsein um ein Ich herum organisiert sein müsse und daß das, was er das Unbewußte nennt, das nicht so ichverhaftet ist, deshalb nicht bewußt sei, daß es also kein Bewußtsein des Selbst gebe. Er hält es für wichtig klarzustellen, daß das normale Ichbewußtsein von unbewußtem Material grundsätzlich nichts direkt wissen könne. Er und fast alle Psychologen rechnen nicht mit dem, was ich euch so oft zu erklären versucht habe: daß es nämlich ein inneres Selbst gibt. Und dieses innere Selbst ist es, das beinahe alles, was wichtig ist, und auch das, was C. G. Jung unbewußtes Material nennt, organisiert.

Nochmals: Wenn ihr in einem Zustand seid, der nicht eurem gewöhnlichen Wachzustand entspricht, zum Beispiel im Traumzustand oder in einem entspannten Zustand, der die außersinnliche Wahrnehmung begünstigt, wenn ihr euch also weitgehend von eurem Ich abgewandt und eure Aufmerksamkeit nach innen zentriert habt, seid ihr nichtsdestoweniger bewußt und höchst aufnahmebereit. Ihr habt nur die Erinnerung eures wachen Ich weitgehend ausgeschaltet.

Wenn von Bewußtsein gesprochen wird, darf vor allem seine immense Kreativität nicht übergangen werden. Sie wird indessen zu Unrecht hauptsächlich dem Unbewußten zugeschrieben. Ich hingegen halte es für wichtig klarzustellen, daß das sogenannte Unbewußte ein Reservoir eines Materials ist, das unser kreatives inneres Selbst organisiert und über das es bewußt verfügt. Kreativität ist das maßgebende Attribut des Bewußtseins. Wir müssen allerdings unterscheiden zwischen dem Ichbewußtsein und dem anderen Bewußtsein, das unserem Ich unbewußt bloß *erscheint.*

Nun ist das innere Selbst die organisierende Instanz aller Erfahrung, die C. G. Jung dem Unbewußten zuschreibt. Wie das äußere Ich sich in eurer materiellen Welt zurechtfindet und auch zurechtfinden muß, so organisiert, steuert und verändert das innere Selbst eure innere Realität. Das innere Selbst erschafft die körperlich-materielle Realität, mit der das nach außen orientierte Ich dann umgehen kann.

Das ganze, so unendlich vielfältige, urschöpferische Werk, das vom inneren Selbst bewältigt wird, vollzieht sich nicht im Dunkel der Unbewußtheit. Es wird vom bewußten inneren Selbst sinnvoll und höchst differenziert bewerkstelligt, und das äußere Ich ist nur ein Schatten dieses kreativen Vorgangs – und nicht andersherum, seht ihr? C. G. Jungs dunkle Blindheit des Unbewußten ist die des Ich, nicht die des Selbst. Das komplizierte, unendlich reichhaltige, unglaublich viel umfassende ›Unbewußte‹, um dessen Erforschung C. G. Jung sich wie kein anderer verdientgemacht hat, kann nicht unbewußt sein. Es ist das Schöpfungsreservoir des inneren Bewußtseins der Wesenheit, die der Unwissenheit und beschränkten Sichtweite des Ichbewußtseins – das die Aktivität des Unbewußten als chaotisch erscheinen läßt – übergeordnet ist.

In Wirklichkeit beruht das Ichbewußtsein maßgebend auf dem ›Unbewußten‹; das Unbewußte ist daher als Schöpfer des Ich notwendigerweise bewußter als sein eigenes Geschöpf. Das Ich ist nicht bewußt genug, um das Wissen, über das das bewußte innere Selbst verfügt und von dem es ausgeht, erfassen zu können.

Diesem inneren Selbst mit seinem ungeheuren Wissen und der grenzenlosen Reichweite seines Bewußtseins kommt die Aufgabe zu, die Wirklichkeiten der Erscheinungswelt zu erschaffen und dem äußeren Ich so viele Reize zukommen zu lassen, daß es seinerseits die Aufgaben, die dem Ichbewußtsein zufallen, ständig erfüllen kann. Dieses innere Selbst bewältigt auch die Aufgabe, die elektromagnetischen Energieeinheiten zu organisieren, ins Leben zu rufen und kraft ihrer verdichteten Energie Bewußtseinsinhalten zur Verwirklichung zu verhelfen.

Die Energie wird vom inneren Selbst benutzt, um aus sich selbst – aus der inneren Erfahrung – heraus ein materielles Gegenstück zu kreieren, in dem das äußere Ich seine Rolle ausagieren kann. Das äußere Ich spielt dann die Hauptrolle in einem Stück, das das innere Selbst kreiert hat. Das soll aber nicht bedeuten, daß das äußere Ich eine Marionettenfigur wäre. Es soll aber sehr wohl bedeuten, daß das äußere Ich weit weniger bewußt ist als das innere Selbst, daß seine Wahrnehmung ungleich geringer ist und daß es weit weniger stabil ist, obwohl es größere Stabilität vorgibt; schließlich: daß es vom inneren Selbst hervorgebracht worden ist, dem es das beschränkte Bewußtsein verdankt, das es hat.

Das äußere Ich ist ein Löffelkind, dem nur die Gedanken, Gefühle und Empfindungen, nur die Erfahrungen gegeben sind, mit denen es umgehen kann. Diese Erfahrungen werden ihm auf sehr spezifische Weise dargeboten, und zwar gewöhnlich in Form von Reizen und Informationen, die die körperlichen Sinne ihm vermitteln.

Das innere Selbst agiert nicht nur bewußt, sondern es ist sich auch seiner selbst bewußt, sowohl als einer sich von anderen unterscheidenden Individualität als auch einer individuellen Wesenheit, die Teil kosmischen Bewußtseins ist. Es ist sich also, ich wiederhole es noch einmal, ständig sowohl seiner Einmaligkeit als auch der Tatsache bewußt, daß es ein Teil des großen Ganzen ist.

Das Bewußtsein des äußeren Ich hingegen erleidet ständig Ausfälle. Es gibt nichts, dessen sich das Ich ständig bewußt wäre. Es vergißt häufig sogar sich selbst. Wenn starke Gefühle sich seiner bemächtigen, droht es sich selbst zu verlieren; es empfindet sich dann zwar als Teil einer Einheit, verliert aber weitgehend das Gefühl seiner individuellen Eigenart. Erlebt es hingegen stark das Gefühl seiner Individualität, verliert es die Bewußtheit, Teil einer größeren Einheit zu sein.

Das innere Selbst ist sich in jedem Augenblick beider Aspekte voll bewußt und ist um seinen Hauptaspekt herum organisiert: seine Kreativität. Es übersetzt ständig die ihm gegenwärtigen Bewußtseinsinhalte in Realität – mittels der elektromagnetischen Energieeinheiten entweder in die Realität eurer Erscheinungswelt oder in andere Realitäten, die ebenso gültig sind. Ihr könnt jetzt Pause machen, wir fahren später fort.«

(Wiederaufnahme der Sitzung um 22.05 Uhr.)

»Was ihr mit euren fünf Sinnen als Wirklichkeit erfahrt, ist die Vergegenständlichung der ursprünglichen Erfahrung eures Selbst, wenn sie in das dreidimensionale System eurer Welt eintritt. Eure Träume, Gedanken und Gefühle werden über die von eurem inneren Selbst organisierten Bewirkungen der euch jetzt bekannten elektromagnetischen Energieeinheiten sinnvoll im wahren Sinne des Wortes in die Wirklichkeiten eurer Welt umgesetzt.

Alles körperlich-materiell Verwirklichte kann daher zu Recht als ›Ausdehnung‹ des Selbst gekennzeichnet werden. Auch euer Körper ist eine Projektion eures inneren Selbst. Es ist offensichtlich, daß der Körper um das innere Selbst herum wächst und die Bäume aus der Erde wachsen, wogegen Gebäude nicht wie Gras oder Blumen aus eigenem Antrieb entstehen ... Doch das ist ein Thema, auf das wir bei anderer Gelegenheit eingehen. Jetzt könnt ihr Pause machen oder die Sitzung beenden, ganz wie ihr wollt.«

(»Dann machen wir Pause.« – 22.30 Uhr. Jane sagte, sie habe gedacht, es seien seit der letzten Pause vielleicht zehn Minuten vergangen; in Wirklichkeit waren es fünfundzwanzig. Wiederaufnahme um 22.43 Uhr.)

»Wir werden die Sitzung bald beenden. Hier soll aber noch gesagt sein, daß das, was ich euch hier gerade erzählt habe, in Zukunft allgemeiner bekannt sein wird. Die Menschen werden, ob ihr es glaubt oder nicht, zunehmend vertrauter mit ihrer inneren Wesenheit und der Möglichkeit der Entfaltung ihres Bewußtseins sein.

Im Laufe der letzten Jahrhunderte haben nicht wenige, aber auch nicht viele Menschen in bestimmten Bewußtseinszuständen ihr inneres Selbst erkannt und ihre Erfahrungen auch im Wachzustand aufrechterhalten. Solchen Menschen ist es natürlich nicht mehr möglich, sich ausschließlich mit dem bewußten Ich zu identifizieren. Sie sind sich zu deutlich dessen bewußt, daß das innere Selbst mehr ist. Wer dieses Wissen einmal erlangt hat, kann dies auch im Erlebnisfeld seines Ich akzeptieren, denn er stellt mit Sicherheit fest, daß ihn seine Erfahrungen zu einer erstaunlichen Erweiterung auch seines Ichbewußtseins führen.

Nun: Es ist ganz einfach nicht wahr – und ich betone das ausdrücklich –, daß sogenanntes ›unbewußtes‹ Material, das man ins Licht der Bewußtheit hebt, der ichverhafteten Individualität einer Persönlichkeit Energie abziehe. Das Ich erfährt, im Gegenteil, eine unmittelbar feststellbare Bereicherung. Nur die Angst, das ›Unbewußte‹ sei chaotisch, veranlaßt einzelne Psychologen zu solchen Behauptungen. Dem liegt nicht zuletzt die Tatsache zugrunde, daß eben dieses gefürchtete ›Unbewußte‹ zugleich faszinierend erscheint und auch ist.

Das Ich hält sein Gleichgewicht, sein scheinbares Gleichgewicht, und seine Gesundheit nicht zuletzt aufgrund ständiger ›Nahrung‹ aus dem Unterbewußten und Unbewußten aufrecht. Zuviel Nahrung wird es nicht umbringen. Kannst du mir folgen?«

(»Ja.«)

»Wenn solche Nahrung allerdings aus irgendeinem Grund weitgehend unterbleibt, dann wird das Ich wahrhaftig vom Hungertod bedroht. Wir werden über die Beziehung des Ich zum ›Unbewußten‹ noch einiges zu erörtern haben. Jetzt aber möchte ich unsere Sitzung beenden, außer ihr habt noch Fragen.«

(»Ich glaube nicht. Es war sehr interessant.«)

»Meine herzlichsten Grüße und euch beiden einen schönen guten Abend.«

Namen- und Sachregister

Begeisterte Leser von Jane Roberts' Seth-Büchern haben sich zum Zweck der Diskussion in der »Vereinigung der SETH-Freunde«, Postfach 3337, 8031 Zürich, zusammengeschlossen, was wir auf Bitte dieses politisch und konfessionell neutralen und nicht auf Gewinn gerichteten Vereins zur Kenntnis geben.